Von
Gemeinsamkeiten
und
Unterschieden

Das transkulturelle Psychoforum
Band 15

herausgegeben von

PD Dr. Dr. Thomas Heise

ISSN 1435-7844

Von Gemeinsamkeiten und Unterschieden

1. Kongress
der transkulturellen Psychiatrie
im deutschsprachigen Raum
6.-9. September 2007
Universität Witten/Herdecke

hrsg. von

Solmaz Golsabahi
&
Thomas Heise

VWB – Verlag für Wissenschaft und Bildung

2008

Titelabbildung:
„Transkulturelles Wechselspiel Nähe – Ferne – Nähe"
Idee: Thomas Heise
Foto: Solmaz Golsabahi

ISBN 978-3-86135-187-0

Verlag und Vertrieb:
VWB – Verlag für Wissenschaft und Bildung
Amand Aglaster
Postfach 11 03 68 • 10833 Berlin
Tel: +49-30-251 04 15 • Fax: +49-30-251 11 36
info@vwb-verlag.com • www.vwb-verlag.com

Inhalt

A. Allgemeines

B. Spezielle Diagnosen

C. Traumatisierungen

D. Begutachtung und juristische Probleme

E. Spezielle ethnische Fragestellungen

Von Gemeinsamkeiten und Unterschieden

Solmaz Golsabahi & Eva van Keuk

„Das Phänomen der Migration (migratio.: Wanderung) ist so alt wie die Menschheit selbst. Die Welt, in der wir leben, war schon immer eine Welt der Verschmelzung. Schon sehr früh haben die Menschen angefangen, ihr Zuhause für bessere Bedingungen und Sicherheit zu verlassen. Seit Beginn des 19. Jahrhunderts hat diese Wanderung eine neue Mobilität erfahren. Der politische, technische und vor allem mediale Umbruch hat uns Menschen einander näher gebracht und gleichzeitig vor Augen geführt, wie weit wir voneinander entfernt sind.

„Migration ist nicht nur Wechsel von einem Ort zum anderen, sondern gerade auch Wechsel zwischen Kulturen, von einer Gesellschaft zur anderen und von einem Gesundheitssystem in ein anderes." [1]

Die Zuwanderungszahlen in den unterschiedlichen deutschsprachigen Ländern sprechen die Sprache der Fakten. Deutschland, um nur ein Beispiel zu nennen, hat sich erst in den letzten Jahren auf politischer Ebene offiziell dazu bekannt, ein Zuwanderungsland zu sein – spätestens seit dem neuen Zuwanderungsgesetz, das 2005 in Kraft trat. Während bis in die 90er Jahre von „Gastarbeitern" die Rede war, was einen vorübergehenden Aufenthalt impliziert, reicht die offizielle Bezeichnung nun von „MigrantenInnen" bis hin zu „Zugewanderten Mitbürgern".

Soweit Überlieferungen reichen, hat es psychische Störungen und Krankheiten im Allgemeinen zu allen Zeiten, in allen Kulturen gegeben. Sie waren Zeugnisse dramatischer Höhepunkte, Reaktionen auf Schicksalsschläge. Gilgamensch, Herrscher von Uruk, wird angesichts des Todes von Schwermut ergriffen. Der Rauschgott des Sophokles lässt Aias (Ajax) aus verletztem Stolz in blinde Raserei verfallen, in welcher er eine Viehherde niedermetzelt, darauf gibt er von der Scham ergriffen sich selbst den Tod.

Nizamis Dichtung „Leila und Majnun", erzählt von der Liebe eines Mannes zu einer Frau. Der Held der Erzählung ist in seiner Liebe zu Leila besessen.[1]

Neben der freiwilligen Migration im Zusammenhang mit Globalisierung, Internationalisierung und Firmenfusionen gibt es die unfreiwillige Migration, Flüchtlinge, die in den Gastländern allzu oft auf Abwehr, strukturelle Benachteiligung und Ausgrenzung treffen.

In diesem Zusammenhang wird die Notwendigkeit, die realen Machtverhältnisse bei der Betrachtung des Phänomens „Kultur" nicht aus den Augen zu verlieren, besonders deutlich. Allzu oft verbergen sich zwischen den augenscheinlich kulturell bedingten Schwierigkeiten in der Kommunikation eigentlich Probleme, die durch eine unterschiedliche Machtasymmetrie entstehen (AUERNHEIMER 2005: 183, ROMMELSPACHER 1998: 155). Wie in jeder Beziehung ist auch in einem Krankenhaus das Macht-Ohnmachtverhältnis im Spiel. „Macht" bedeutet mehr Zugang zu Informationen zu haben, Zeitpunkt und Dauer des Gesprächs zu bestimmen (Diskursive Macht),

---

1. Majnun bedeutet wörtlich „von Geistern besessen", bezeichnet hier aber in übertragenem Sinn einen Menschen, dem der Geist durch die Liebe verrückt ist.

Wissensvorsprung, sichere materielle und rechtliche Position. Damit sind Ungleichgewichte im Machtverhältnis bei einem Patientengespräch im Krankenhaus grundsätzlich gegeben – ob der Patient mit seinem Stationsarzt, der Oberärztin, der Krankenschwester oder dem Seelsorger spricht. Viele engagierte Heilberufler verdrängen ihren Machtvorsprung gerne oder sehen sich selbst als „Opfer im System".

Kommunikation bedeutet Sprache. Aber wie verändern sich kommunikative Prozesse, wenn wir in einer Fremdsprache kommunizieren, oder mittels einer dritten Person, eines Dolmetschers?

„Wie fühlt sich die Sprache an, wenn ich mit ihr umgehe, oder besser noch: Was passiert mit mir, wenn ich rede?"

Von einer Sprache zur anderen verlagern sich die Wahrnehmungen und die Begriffe sowie auch der Ausdruck der Gefühle, denen keine Übersetzung wirklich entspricht. (im Deutschen z.B.: das Unheimliche, im Persischen: Tarouf, u.s.w.) Wir wissen inzwischen aus der neuropsychologischen Sprachforschung, daß unterschiedliche Gehirnareale aktiviert werden, wenn wir unsere Gefühle in unterschiedlichen Sprachen formulieren. Jeder, der eine Fremdsprache neben der Muttersprache sehr gut spricht, wird dies bestätigen können – ob ich auf Niederländisch oder auf Französisch, auf Persisch oder auf Deutsch meinen Kopfschmerz erkläre, fühlt sich unterschiedlich an. Die eine Sprache ist direkter, vermeintlich offener, die andere verschlossener und verschleierter, bringt die „Sache" auf ganz anderen Weg zum Ausdruck.

„Trotz oder Dank solcher Hindernisse kommt die jeweilige Sprache zu sich selber, ihr Inhalt verschärft, verdeutlicht sich angesichts desselben, nur anders ausdrückten Inhalts in der anderen Sprache."[5]

„Zu reisen ist der beste Weg, etwas zu lernen und sich selbst stark zu machen."

„Du musst dich auf die Fremden konzentrieren, die du triffst und musst versuchen, sie zu verstehen. Je besser du einen Fremden und dadurch dich selbst verstehst, desto stärker wirst du sein. ... Um aus Reisen etwas zu lernen zu können, muß man üben, Botschaften aufzufangen ... Das Wertvollste im Gepäck der Fremden ist ihre Andersartigkeit. Und wenn du dich auf das Verschiedene und Unähnliche konzentrierst, kannst du ein kurzes Aufflackern davon wahrnehmen. [2]

Zwischen Menschen bestehen Unterschiede. Diese können sowohl tiefgreifend als auch oberflächlich sein. Sie können ihren Ursprung in unterschiedlichen Bereichen des Alltags, wie etwa Gender, Religion, Bildung, Politik und Umwelt haben. Die Unterschiede sind vielfältig und umfassen alle Bereiche des Lebens. In dem Begriff „Diversität (diversity)" verbinden sich die unterschiedlichen Eigenschaften zu einer Vielfalt an generellen Merkmalen (gender, age, ethnic-cultural, talent, handicap, sexual orientation, religion), die jedes Individuum aufweist (STUBER 2003: 18ff). Wir besetzen viele verschiedene Rollen – als Eltern, als Kollegin, als Freundin, als Tochter, als Ehefrau, als katholisch oder muslimisch oder atheistisch. Erst in einem bestimmten Setting werden spezielle Rollen aktiviert und von Bedeutung.

„So wichtig unsere kulturellen Identitäten auch sein können, sind sie doch nicht völlig isoliert von anderen Einflüssen auf unser Selbstverständnis und unsere Prioritäten ... Erstens ist die Kultur bei aller Bedeutung nicht die einzige Bestimmgröße unseres Lebens und unserer Identitäten. Auch andere Dinge wie Klasse, ethnische Zugehörigkeit, Geschlecht, Beruf und politische Einstellung spielen eine manchmal ganz beträchtliche Rolle. Zweitens ist Kultur kein homogenes Attribut – auch innerhalb ein und desselben kulturellen Milieus kann es große Abweichungen geben. Im heutigen Iran gibt es sowohl konservative Ayatollahs als auch radikale Dissidenten, genau wie Amerika sowohl für wiedergeborene Christen als auch für glühende Atheisten Raum hat (neben einer Vielzahl weiterer Denk- und Verhaltensrichtungen)." (SEN 2007: 122-123)

Diese persönlichen Unterschiede haben eine umso größere Rolle in der klinischen Beziehung zum Patienten, wenn diese nicht „Einheimische" sind. Die am Dialog zwischen dem Patienten und dem Fachpersonal Beteiligten müssen den Bereich des fachlichen Umgangs mit Gesundheit und Krankheit überschreiten. Sie müssen sich der historischen Wurzeln und seiner aktuellen sich rasch wandelnden politischen und ökonomischen Dimensionen der Patienten und ihrer Krankheitsbilder und sowie deren Verständnis bewusst werden.

Die seit WITTKOWER (1972) definierte Bedeutung der transkulturellen Psychiatrie soll zum Leitmotiv der Mediziner werden, wenn diese den Herausforderungen der modernen Globalisierung gerecht werden wollen. Die damalige, bis heute gültige Definition lautet:

> „Die transkulturelle Psychiatrie ist der Zweig der Psychiatrie, der sich mit den kulturellen Aspekten der Ätiologie, der Häufigkeit und Art geistiger Erkrankungen sowie mit der Behandlung und Nachbehandlung der Krankheiten innerhalb einer gegebenen Einheit befasst. Der Begriff ‚transkulturelle Psychiatrie', der eine Erweiterung der kulturellen Psychiatrie ist, bedeutet, dass der wissenschaftliche Beobachter über den Bereich einer kulturellen Einheit hinausblickend andere Kulturbereiche einbezieht." [4]

Kenntnisse der transkulturellen Kompetenz in der Medizin werden entscheidend für die Qualität der medizinischen Versorgung der Zukunft sein. Nicht die exotisierende Faszination in der Beobachtung von fernen Völkern soll im Vordergrund stehen, sondern die praktische Relevanz in der täglichen Gesundheitsversorgung der Zuwanderungsgesellschaften (VAN KEUK 2007: 147ff).

Die Integration eines transkulturellen Faches in die medizinischen Curricula der Hochschulen und regelmäßige Fort- und Weiterbildungsangebote in diesem Bereich sollten keine Randerscheinung im medizinischen Alltag sein, sondern eine Selbstverständlichkeit. Es kann und darf nicht mehr um den Nachweis universell gedachter psychiatrischer Kategorien in anderen Kulturen gehen, um den Blick von „den Zentren in die Peripherie", sondern um die gegenseitige Annerkennung und das Verstehen der jeweils eigenen Referenzsysteme und Bedeutungszusammenhänge. [7]

> „… Hat der Mensch seine körperlichen und seelischen Veranlagungen durch Vererbung, so gewinnt er doch ein tatsächliches Seelenleben nur durch die Tradition, die durch die Umwelt der menschlichen Gesellschaft auf ihn kommt … Unser Lernen, Übernehmen, Nachahmen, unsere Erziehung und unser Milieu machen uns seelisch überhaupt erst zum Menschen …" (KARL JASPERS 1913)

Zitate:

[1] SALMAN R.: In: CYZCHOLL D.: Sucht und Migration", VWB – Verlag für Wissenschaft und Bildung, Berlin 1998, S. 33

[2] PÖCHHACKER, FRANZ: „Kulturelle und sprachliche Verständigung mit Nichtdeutschsprachigen in Gesundheitseinrichtungen". In: MATHIAS DAVID et al.: „Migration, Frauen, Gesundheit", Mabuse Verlag GmbH, Frankfurt am Main, 2000, S. 155-177

[3] GOLSABAHI, S. & FRIEDRICH, MAX H.: „Spital – Ort der Begegnung" – Arzt-[fremder] Patient-Beziehung, dem Mutter-Kind-Pass gleichwertig, Universität Wien, 2003

[4] WITTKOWER, E.D.: „Probleme, Aufgaben und Ergebnisse der transkulturellen Psychiatrie". In: EHRHARDT H.E. (Hrsg): Perspektiven der heutigen Psychiatrie, Frankfurt/Main, 1972, S. 305-512

[5] GEORGES-ARTHUR GOLDSCHMIDT: „Als Freud das Meer sah", Fischer Verlag, Frankfurt am Main, 1999, S. 13.

[6] WOLFAHRT & ZAUMSEIL: „Transkulturelle Psychaitrie-Interkulturelle Psychotherapie", Springer Verlag, Heidelberg, 2000, S. XV

[7] WOLFAHRT & ZAUMSEIL: „Transkulturelle Psychaitrie – Interkulturelle Psychotherapie", Springer Verlag, Heidelberg, 2000, S. XVff

[8]   R. VAN QUEKELBERGHE: „Klinische Ethnopsychologie", Roland Asanger Verlag Heidelberg, 1991,
      S. 11ff

Literatur

AUERNHEIMER G. (Hg) 2002. Interkulturelle und pädagogische Professionalität. Opladen: Leske und Bud-
      rich.
KAKAR S. 2006. Schamanen, Mystiker und Ärzte. Wie Inder ihre Seele heilen. München: Beck.
VAN KEUK E. & GIESSLER W. 2007. Diversity Training im Gesundheits- und Sozialwesen. In: OTTEN M. et al.
      (Hg). Interkulturelle Kompetenz im Wandel. Bd. 2: Ausbildung, Training, Beratung. Frankfurt a.M.:
      IKO Verlag für interkulturelle Kommunikation.
KLUGE U. & KASSIM N. 2006. Der Dritte im Raum. In: WOLFART E. & ZAUMSEIL M. (Hg). Transkulturelle
      Psychiatrie- interkulturelle Psychotherapie. Heidelberg: Springer, S. 177ff.
ROMMELSPACHER B. 1998. Dominanzkultur. Texte zur Fremdheit. 2. Auflage. Berlin: Orlanda Frauenverlag.
SALMAN R. 2006. Gemeindedolmetscher in Psychiatrie und Psychotherapie. In: MACHLEIDT W., SALMAN R.
      & CALLIES I.T. (Hg). Sonnenberger Leitlinien. Integration von Migranten in Psychiatrie und Psycho-
      therapie. Forum Migration Gesundheit Integration Band 4. Berlin: VWB – Verlag für Wissenschaft
      und Bildung.
VON SCHLIPPE A., EL HACHIMI M. & JÜRGENS G. 2003. Multikulturelle systemische Praxis. Heidelberg: Carl-
      Auer-Systeme Verlag.
SEN A. 2007. Die Identitätsfalle. Warum es keinen Krieg der Kulturen gibt. München: Beck.
STUBER M. 2003. Diversity. Das Potenzial von Vielfalt nutzen – den Erfolg durch Offenheit steigerrn. Mün-
      chen: Luchterhand.

Weiterführende Literatur

–   Curare Zeitschriften
–   DOMENING, DAGMAR: „Professionelle transkulturelle Pflege", Hans-Huber-Verlag, 2001
–   DAVID, MATHIAS: „Migration und Gesundheit", Mabuse-Verlag, Frankfurt/Main, 2000
–   HEGEMANN & SALMAN: „Transkulturelle Psychiatrie", Psychiatrie-Verlag, Bonn, 2001
–   PFEIFFER: „Transkulturelle Psychiatrie", Thieme-Verlag, Stuttgart, 1994
–   SAMUEL O. OKAPKU: „clinical methods in transcultural psychiatry", American Psychiatric Press, Inc.
    Washington, 1999
–   WOHLFAHRT & ZAUMSEIL: „Transkulturelle Psychiatrie und Psychotherapie", Springer-Verlag, Heidel-
    berg, 2000

Autorin:
Dr. med. univ. SOLMAZ GOLSABÁHI & EVA VAN KEUK
Transkulturelle Psychiatrie, Psychotherapie und Psychosoamtik
Postfach 2622 • D- 56016 Hamm
www.transkulturellepsychiatrie.de
e-mail: info@transkulturellepsychiatrie.de

Das Spektrum der Transkulturellen Medizin von einem Pol zum anderen

Thomas Heise

Mensch und Kultur

Eine zentrale Aussage ist: *Kulturstärkung* (sowohl in traditioneller Fortführung als auch in einem modernisierten Gewand) *bedeutet „Ich"-Stärkung,* insbesondere, *wenn* sie *verbunden* ist *mit* der Vermittlung *einer reifen, toleranten Haltung.* Dies ist positiv zu bewerten und daher erstrebenswert.

Denn Menschen mit einem starken „Ich" sind körperlich und seelisch weniger anfällig und insgesamt gesünder, anpassungsfähiger und arbeitsfähiger, kritikfähiger und eher in der Lage einen aktiven und kreativen Beitrag in unserer fortschrittsgläubigen Welt zu leisten, in der sich nicht jede Neuerung als wünschenswert und daher als überprüfungsbedürftig erweist.

Der Mensch ist ein in jeder Hinsicht kulturgebundenes Wesen, bewusst wie unbewusst, dies selber wahrnehmend und/oder reflektierend oder auch nicht. So wie jeder Mensch in all seinen Äußerungen nur er selber sein kann, so beinhaltet dies gleichzeitig den Ausdruck seiner kulturellen Bedingtheit, betreffend ebenso den biologischen, psychischen, spirituellen und sozialen Bereich.

Dies zeigt sich daher selbstverständlich auch in den folgenden, hier zur näheren Diskussion stehenden Themenbereichen.

1. *In der Medizin*
    – Auffassung von Wissenschaft und Medizin
    – Erwartung an den Arzt und an die Therapie/Heilung
        a) in den somatischen Fächern
        b) in der Psychiatrie und Psychotherapie
2. *In der Gestaltung von jeder Art von Beziehung*
    a) Partnerbeziehung
    b) Familienbeziehung
    c) Arbeitsbeziehung
    d) außenpolitische Beziehung
    e) wirtschaftspolitische Beziehung
    f) Arzt-Patient-Beziehung usw.

Transkulturelle somatische Medizin

Die Medizin hat sich in ihren Konzepten in den letzten Jahrzehnten kaum verändert und ist immer noch zu sehr am mechanischen Weltbild und Descartes orientiert. Dabei hat die ihr zugrunde liegende Physik sich schon längst mehrfach neu orientiert, was nach Einstein und Planck schließlich Heisenberg so formulierte:

> „Wenn von einem Naturbild der exakten Naturwissenschaften in unserer Zeit gesprochen werden kann, so handelt es sich also eigentlich nicht mehr um ein Bild der Natur, sondern um *ein Bild unserer Beziehungen zur Natur.*"

> „Auch in der Naturwissenschaft ist also der Gegenstand der Forschung nicht mehr die Natur an sich, sondern die der menschlichen Fragestellung ausgesetzte Natur, und insofern *begegnet der Mensch* auch hier wieder *sich selbst*."

Daß folglich auch kulturelle Einflüsse die gesamte Medizin mit Diagnose wie Therapie bestimmen ergibt sich von selbst. Dies hat LYNN PAYER (1988) mit ihrem Werk "Medicine and culture: Varieties of treatment in the United States, England, West Germany and France" sehr schön aufgezeigt. Sie beschreibt z.B. den rasch geplanten, „mit Stumpf-und-Stiel"-Einsatz der Hysterektomie-Op in den USA im Gegensatz zur vorsichtigen und gebärfunktionserhaltenden Herangehensweise in Frankreich bei gleicher Diagnose (Uterus myomatosus) und Person (ihr). Zu den Hintergründen vergleicht sie das heroische Wild-West Denken einerseits mit dem französischen Respekt vor den Frauen und Müttern andererseits.

Jede Art von Medizinausübung – ganz besonders zeigt sich das in den Bereichen der sprechenden Medizin mit der Psychiatrie und der Psychotherapie im Mittelpunkt – ist auch eine kulturgebundene Äußerung. Wir wissen, dass der Mensch nur er selber sein kann und sein Sosein sich in der Musiktherapie, Körpertherapie, Maltherapie, Genußtherapie und ebenso in allen weiteren eher verbal orientierten Therapieformen äußert. Dies zeigt sich ebenso in der Gestaltung der täglichen Partnerbeziehung oder auch der Politik- und Wirtschaftsbeziehung.

Inter- und Transkulturalität im Alltag

Ganz aktuell ein Beispiel aus dem deutsch-chinesischen Wirtschaftsgeschäft. Eine deutsche Firma wechselt ihren Besitzer. Ein Termin mit den zeitweilig in Deutschland weilenden chinesischen Partnern mit denen man seit 3 Jahren im Geschäft ist wird ausgemacht, wird von chinesischer Seite verschoben und in gemeinsamer Absprache erneut fixiert mit der Uhrzeit nach deutschem Vorschlag 11 Uhr und nach chinesischer Bitte zwischen 11.30 und 12 Uhr aufgrund eines längeren Anfahrtswegs. Gegen 10 Uhr erfolgt ein Anruf der chinesischen Seite (in dem Versuch der deutschen Pünktlichkeit gerecht zu werden, dass sie sich um weitere 15 Minuten verzögern wird). Als die chinesische Seite eintrifft, findet sie von der Firmenspitze nur den neuen Außendienstleiter, welcher der neue Ansprechpartner für alles sein sollte neben dem übergebenden vorigen Ansprechpartner, jedoch nicht den neuen Firmenchef. Es werden belegte Brote präsentiert mit dem Hinweis, dass man in der Wartezeit schon zugelangt hätte und bitte, sich zu stärken. Die chinesische Seite geht sofort zur Vorstellung ihrer Aktivitäten in China über; Fotos vom letzten deutschen Trainingsbesuch in China werden gezeigt, inhaltlich erklärt und weitere mittlerweile angelaufene sowie geplante Maßnahmen besprochen. Die deutsche Seite bejaht bereitwillig Bitten um bestimmte Hilfestellungen. Danach legt die deutsche Seite einen Flugplan mit je einem Tag Aufenthalt in Taiwan, Shanghai, Peking, Seoul und Tokio vor und erklärt ihre Absicht vor Ort ihre Geschäftspartner aufsuchen zu wollen, wobei sie die genauen Flugdaten noch durchgeben wolle. Auf den vorsichtigen Hinweis, man wisse nicht wer zu diesem Termin in Peking und

Shanghai sei, antwortet die deutsche Seite, dass ja wohl schon jemand im Büro arbeiten würde. Auf den Einwand, dass diese alle nur chinesisch sprechen, kommt nach kurzem Überlegen die Idee, dass man eine chinesische Studentin aus Deutschland zum Dolmetschen mitnehmen könnte. Von chinesischer Seite erfolgen keine Einwände mehr und die Gespräche werden noch eine Weile fortgeführt bis alle Punkte abgearbeitet sind und man sich verabschiedet. Eine Woche später erfolgt von der chinesischen Seite ein Anruf bei dem früheren Gesprächspartner auf der deutschen Seite, mit der Klarstellung, dass sich diese mit dem neuen Mann nie wieder zusammensetzen würde und die Geschäfte nur wegen der früheren guten Beziehungen und nur mit dem alten Gesprächspartner aufrechterhalten würde. Darauf erfolgt die Einweisung des „neuen Mannes" mit akuter depressiver Reaktion ins Krankenhaus.

Er war sich sicher, alles richtig gemacht zu haben und konnte sein Versagen nicht verstehen. Er hatte die angegebenen Zeitverschiebungen toleriert, ein gutes zügiges Arbeiten mit den belegten Sandwich vorbereiten lassen und darüber hinweg gesehen, dass bei der Terminverschiebung sein Chef nicht dabei sein konnte. Die Wartezeit hatte er damit überbrückt, sich die Fotos vom letzten Delegationsbesuch in China anzusehen und auch die Wiederholung durch die chinesische Seite stillschweigend akzeptiert. Seine Wertschätzung für die chinesische Seite hatte er damit gezeigt, dass obwohl er nur wenig Zeit hatte, er sich sofort bereit erklärte, je einen Tag in Peking und in Shanghai vorbeizuschauen und sich sogar bereit erklärt, das Dolmetscherproblem zu lösen. Die chinesische Seite hatte ja auch außerdem in keinem Punkt mehr widersprochen. Also hatte er doch alles richtig gemacht.

Die chinesische Seite erlebte es folgendermaßen. Der neue Chef hielt es nicht für nötig, sich mit ihnen an einen Tisch zu setzen. Sein Stellvertreter zeigte keinen Respekt und Höflichkeit, indem er weder zu Beginn noch danach zum Essen einlud. Weder bot er direkt die Sandwichs an, noch fragte er nach was man trinken wollte, es gab noch nicht einmal Tee. Auch wurde nicht bemerkt, dass man nichts aß. Die Deutschkenntnisse der chinesischen Seite wurden nicht gewürdigt, die Fotos schweigend angesehen, die Anstrengungen nicht gewürdigt, ja es wurde sogar auf die eigene Anwesenheit in China verzichtet und der Versuch gemacht, diese Fachkompetenz inklusive Übersetzung bei einem selber durch eine übersetzende Studentin zu ersetzen. Außerdem: was wollte man an einem Tag in Shanghai und in Peking erreichen, denn das reichte ja noch nicht einmal für das Begrüßungsessen mit der ganzen Annäherungszeremonie, geschweige denn für ein erstes Kennenlernen der chinesischen Kultur mit touristischen Besichtigungen zum Verstehen unterschiedlicher Standpunkte. Also konnte es sich nur um Kontrollbesuche handeln, d.h. die deutsche Seite versuchte sich höher zu stellen. So ein unhöflicher, dummer und herrschsüchtiger Mensch würde in China die eigene Position gefährden, da er die deutsche Seite als unmöglich darstellte. So wenig Verständnis und Einstellungsfähigkeit war dann auch nicht verbesserbar. Zur Vermeidung eines Gesichtsverlustes musste man jede weitere Zusammenarbeit ablehnen. Man brauchte Partner wie den Vorgänger, mit denen man eine gute und emotionelle Beziehung aufbauen konnte und denen man vertrauen konnte.

Eine Reaktionskette der geschilderten Art ist das, was sich hinter den Schlagwörtern des „immer lächelnden Chinesen", den *guanxi* genannten Beziehungen, welche sich auf die Tradition des Konfuzianismus aber auch teilweise des Daoismus aufbauen, sowie dem „Gesichtsverlust" verbirgt. Letzterer könnte bei eher kollektiv fühlenden Menschen wie in dem genannten Fall auch dazu führen, dass quasi der Gruppenausschluß des Störfaktors „individualistischer und anpassungsunfähiger Deutscher" in China als Allgemeinkonsensus der Vorzug gegeben wird zur Vermeidung von „Gesichtsverlust" in China, selbst wenn es dadurch finanzielle Nachteile gäbe.

	BRD	China
Zeit	Exakt Intensiv nutzend	Flexibel Variabel, nach Situation
Personeneinsatz	Nach Aufgabenbereich	1. Als Respekterweis 2. Nach Aufgabenbereich
Selbstdarstellung	Gefordert	Unerwünscht; Darstellung des Gegenübers durch andere notwendig
Sprachduktus	Bestimmt, klar, eindeutig	Fragend, Möglichkeiten eröffnend
Themenplanung	Unabhängig, vorgegeben	Das Gegenüber in den Vordergrund stellend, wechselseitige Konsens- findung erwartend
Verhalten bei Dissens	Ansprechen, klären	Vorsichtig Verständnis erfragend, schweigen
Sinn eines Arbeits-treffens	Informationsaustausch, exakte Planung	Persönliche Harmoniefindung als Voraussetzung zur Arbeitsplanung
Respektbeweis durch	Klarheit, Geschäftszusagen, rasche Terminerfüllung	Ehren des Gegenübers mit Dankesrede u. Bankett, Zeigen von Verständnis für das Gegenüber u. seine Situation
Beziehungsaufbau	Zielbestimmt (Geschäftsabschluss)	Verständnis- u. harmoniebestimmt, Aufbauen von langfristigen *guanxi*
Worst case	Misserfolg des Geschäftes	Gesichtsverlust

Es gibt Dutzende von Kulturkonzepten, die deskriptiv, historisch, normativ, funktional, struktural, symbolisch, mental etc. sein können. Ein bekanntes, handlungsbezogenes nach KROEBER & KLUCKHOHN (1952) lautet:

> „Kultur besteht aus expliziten und impliziten Verhaltensmustern, die durch Symbole erworben und vermittelt werden, die spezifische Leistung einer menschlichen Gruppe begründen, einschließlich ihrer Verkörperung in Kulturprodukten. Der Wesensgehalt der Kultur besteht aus tradierten (historisch gewachsenen und selektierten) Ideen und damit verbundenen Wertvorstellungen. Kulturelle Systeme können einerseits als Ergebnisse von Handlungen und andererseits als Bedingungselemente von Handlungen betrachtet werden."

Modern formuliert könnte man sagen, Kulturkonzepte sind auch eine Art von „Bedienungsanweisungen" für das Verhalten in der jeweiligen Kultur.

In unserem Beispiel treffen wir auf das Problem des Ethnozentrismus als Auslöser einer depressiven Reaktion in einer zunehmend globalisierten Welt. Das klassische Konzept des Ethnozentrismus geht auf den amerikanischen Kultursoziologen W.G. SUMNER zurück (1906). „Ethnozentrismus bedeutet ein Denkmuster und eine Geisteshaltung in der die eigene Gruppe das Zentrum der Welt ist und alle anderen werden in Bezug darauf bestimmt und bewertet."

Daraus ergibt sich deutlich, dass ethnozentrische Perspektiven nicht nur ein Problem für die Zusammenarbeit in wirtschaftlichen Beziehungen darstellen, sondern auch hinsichtlich der interkulturellen Beziehung in unserem Falle eine zu große Belastung für das seelische Gleichgewicht unseres Patienten darstellten. Aufgrund seiner individuellen Lebenserfahrung und seines daraus entstandenen Selbstbildes war ihm eine wertneutrale, weitgehendere Perspektivenübernahme der Sichtweise einer anderen, hier der chinesischen Kultur nicht möglich. Die Konfrontation damit ließ ihn die Flucht in eine depressive Reaktion als leichter erscheinen als das Angehen einer Korrektur seiner Weltsicht.

Migrationen

Wir sehen heute bezüglich der Gastarbeiter, dass nach pragmatischen wirtschaftlichen Gewinnen mittlerweile inter- und transkulturell eher auf die Schwächen und Probleme sowie die pathologischen Ergebnisse abgehoben wird, statt mindestens gleichermaßen die Stärken und Vorteile zu sehen. Auch hier ist eine veränderte Weltsicht gefragt. 1950 kurz vor den „Gastarbeiter"-Anwerbungen in Deutschland lebten ca. 2,5 Milliarden Menschen auf unserer Erde. Derzeit sind es 6,6 Milliarden Menschen und 2050 werden es mindestens 9 Milliarden sein. Das größte Wachstum findet in den Schwellen- und Entwicklungsländern statt und erhöht die Wahrscheinlichkeit nicht nur von weiteren Migrationsschüben, sondern wird auch noch mehr Kommunikationsmöglichkeiten bringen, die interkulturelle – also als Verständigung zwischen den Kulturen – und damit transkulturelle – also auch kulturtranszendierende – Herausforderungen darstellen. Dabei bieten sie gleichermaßen Gewinn- und Verlustchancen in jeder Hinsicht.

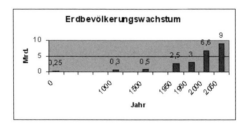

Migrationen sind nichts neues, was wir anhand eines kurzen Exkurses (MÜNZ & REITERER 2007) aufzeigen wollen, eingehend auf die für das Abendland wichtigsten. Immer wieder flohen Ansässige vor angreifenden fremden Heeren oder vor nomadischen Völkern. Als Sargon von Akkad im 23. Jahrhundert vor unserer Zeitrechnung den ersten mesopotamischen Flächenstaat gründete, siedelte er zwangsweise Nomadenstämme vom Norden in den Süden seines Reiches um. Bekannt wurde die viel spätere „babylonische Gefangenschaft der Juden" aus dem „Zweiten Buch der Chroniken", die 586 vor unserer Zeitrechnung begann mit der Einnahme Jerusalems durch die Truppen Nebukadnezars II und die relativ kleine jüdische Oberschicht inklusive des Königs und der Propheten Daniel und Ezechiel betraf. Dies war auch die Zeit, in der sich der jüdische monotheistische Jahwe-Glaube endgültig festigte – auch als abgrenzende Überlebensstrategie – und der babylonische Talmud entstand. In der Spätantike wanderten germanische Stämme durch ganz Europa, den Mittel- und Schwarzmeerraum, teils als Söldner, teils als Gegner von Ost- oder Westrom, teils auch mit Ansiedlung in „Pufferfunktion" an heiklen Grenzen. Diese sogenannten „Stämme" (Ostgoten, Angeln, Vandalen etc.) bestanden aber aus ganz unterschiedlichen ethnischen Gruppen und Sprachzusammensetzungen, die sich über gemeinsame Loyalität, militärische Organisation und soziale Ordnung definierten.

Auch die slawische Besiedlung Ost- und Mitteleuropas im 6. Jahrhundert nach Abzug von Römern und germanischen Stämmen, das Vordringen von Reiternomaden aus Zentralasien wie den Hunnen und Awaren des 5. Jahrhunderts, den turkstämmigen Bulgaren des 7. Jahrhunderts, die Ungarn vom 8.-10. Jahrhundert als auch die Zeit der Islamisierung im 8. Jahrhundert durch die Araber auf der iberischen Halbinsel und im 14. Jahrhundert durch die osmanischen Türken in Südosteuropa, all dies war eine Mischung aus Eroberungs- und Siedlungsmigration. Dabei waren jeweils aktiv im Höchstfall einige 10.000 Menschen beteiligt. Ein Glücksfall für Europa waren die nach dem Tode des Kublai Khan einsetzenden Erbfolgestreitigkeiten der Mongolen, weswegen sie trotz gewonnener Schlacht im Jahre 1241 bei Liegnitz ihre Eroberungszüge nach dem Westen nicht fortsetzten.

Für das Verhältnis zwischen Eroberten und Eroberern gibt es in der Geschichte Beispiele für alle Möglichkeiten, d.h. jeder Teil konnte kurz- oder langzeitig die dominierende Rolle spielen – das entschieden die Umstände. Ursprüngliche Weltkulturen wie die keltische von Spanien bis zu den Galatern in der Türkei reichend müssen sich heute mit kleinen sprachlichen und kulturellen Rückzugsgebieten in Europa begnügen, und es dominiert die Romanisierung weiterhin von Portugal bis Moldawien. Andererseits assimilierte sich die erobernde Oberschicht wie die romanisierten Franken in Gallien und die ursprünglich turksprachigen Bulgaren, die schließlich sogar auf Anordnung ihrer eigenen Herrscher sich an die slawische Mehrheit anpassen mussten. Nur die romanisierten Normannen hielten nach Hastings 1066 in England als Elite an der französischen Sprache fest, ebenso wie die Schweden in Finnland.

Historische Migrationen (Eroberungs- und Siedlungsmigration)

23. Jht v. Chr.
Mesopotamien: Zwangsumsiedlung unter Sargon
586 v. Chr.   Babylonische Gefangenschaft der Juden
Spätantike: „Völkerwanderungen"
5. Jht: Hunnen und Awaren bis Europa
6. Jht: Slawische Besiedlung von Ost-Mitteleuropa
7. Jht: Türkische Stämme nach Bulgarien
8.-10. Jht: Ungarneinwanderung
8. Jht: Islamisierung der iberischen Halbinsel
(1241   Liegnitz: Ritter unterlagen gegen Mongolen)
14. Jht: Osmanische Türken nach Südost-Europa

Interessant ist es in diesem Zusammenhang auch zu sehen, wie Alexander gemäß der lebenslangen Forschung von NICHOLAS HAMMOND (2004) bei seiner Eroberungspolitik von Makedonien bis Indien vorging. Er unterwarf gegen den Rat des Isokrates und des Aristoteles keine „Barbaren" als Sklaven für griechische und makedonische Herren. Als selbsternannter König von Asien waren Plünderungen und Verwüstungen seiner Länder verboten. Tyrannei wie unter den Persern, wo der derzeitige König nur noch von Ferne herrschte und unzureichend informiert wurde ersetzte er nach dem Sieg durch Respektbezeigung gegen tapfere Gegner, gegen fremde genauso wie gegen eigene Götter sowie einer Wiedererrichtung von Demokratien in den befreiten griechischen Städten unter Schutz der abgesetzten Oligarchen. Er befasste sich mit allen persönlich und ließ allen eroberten Ländereien ihre kulturelle Eigenarten und eigene Innenpolitik. Er war klar in seinen Forderungen nach Anerkennung seiner Oberhoheit, nach situationsgemäß gestaffelter sinnvoller finanzieller und militärischer Beteiligung an seiner Außenpolitik und strafte Verrat genau entsprechend der vorherigen Ankündigung. Somit zeigte er nach Erklärung seines Ziels, nämlich der Eroberung Asiens, Kongruenz und Echtheit, Empathie, Respekt vor den kulturellen und religiösen Werten anderer und Klarheit in der Einhaltung seiner und fremder Grenzen. Das war sicherlich mehr als die meisten anderen Herrscher aufweisen konnten und damit der Grund seines Erfolges, der nur durch den Malariatod Alexanders in Babylon schon mit 32 Jahren gestoppt werden konnte.

Zur intra-, inter- und transkulturellen Kommunikation – von außerhalb nach innerhalb der Psychotherapie

Die zahlenmäßige Nachkriegs-Entwicklung der Vertriebenen (HEINL 1993), der Aussiedler, der Gastarbeiter und ihrer Angehörigen sowie Folgegenerationen (HEISE 1998; KENTENICH *et al.* 1990; LEYER 1991; NESTMANN & NIEPEL 1993; OSTERMANN 1990; RIQUELME 1992;), der Flüchtlinge, der Asylanten (HEISE 2000b), der unbegleiteten Kinderflüchtlinge (HEISE 2000b; WOGE E.V. 1999), der Spätaussiedler (COLLATZ & HEISE 2002) und anderer Migranten (COLLATZ 1996; HEISE 2000a) zeigt, dass der sogenannte "Clash of Civilizations" (HUNTINGTON 1998) am Ende des „Jahrhunderts der Kriege" mit seinen Menschenwanderungen zur Alltagserscheinung auch in Deutschland geworden ist. In allen diesen Fällen geht es um ein Verlassen der Heimat und der lokalen Kultur. Ziel ist eine Ansiedlung für kürzere oder unbestimmte Zeit bzw. auf Dauer in einer anderen Region oder einem Land, wo die Kultur meist deutlich verschieden ist von derjenigen in welcher man sozialisiert wurde. Es ist an uns selbst in jedem Einzelfall zu sehen, wie wir mit diesen Neuankömmlingen und ihrem „kulturellen Gepäck" umgehen. Wir können aus dem "Clash" einen „Kampf" machen, wie der auf „westliche" Dominanz pochende Autors es als Menetekel an die Wand malt, oder wir können es zu einem neutralen „Zusammenprall" werden lassen, der politisch wie menschlich unkontrolliert dem Zufall überlassen sich einfach ereignet. Oder aber wir können uns darüber Gedanken machen, Bezüge und Beziehungen erkennen, aus historischen Entwicklungen und kulturellen Unterschieden lernen und versuchen unsere Gewohnheiten auf Einseitigkeiten und Fehler zu überprüfen.

Bei der oben genannten Kulturdefinition ist die Sprache mehr als nur Kulturvermittler, da sie mit dieser in einer wechselseitig prägenden Beziehung steht.

Kommunikation hat sowohl die Vermittlung von rationalen Fakten und Geschehnissen zum Inhalt, als auch das Verständlichmachen von damit verbundenen Gefühlen.

Es ist klar, dass es bei den oben erwähnten Personengruppen um menschliche Schicksale geht, welche – sobald die Mitmenschen durch die Medien informiert wurden – auch immer wieder ungeahnte Wellen der Hilfsbereitschaft auslösen können. Der Mensch ist zu großen empathischen Emotionen fähig, egal ob es für die „Polenhilfe", die „Türkei-Erdbebenopferhilfe" oder die „sächsische Flutkatastrophe" ist, ob es um Beschneidung von Mädchen oder einen Minderheitengenocid in Afrika geht oder den schockierenden Tod von Lady Di. Viele sind bereit und fähig mitzufühlen und mitzuhelfen, so gut sie können, wenn …, ja, wenn was? Wenn sie keine Angst haben! Dies ist keineswegs trivial, da alle exemplarisch genannten Phänomene Angst auslösen oder verstärken können. Die Schicksale Anderer, deren Wünsche und Ansprüche können bedrohlich und als eine mitunter massive Herausforderung des eigenen Selbst erlebt werden. Dies zeigt sich z.B. deutlich bei den arbeitslosen Neonazis und ihren Reaktionen auf die Asylantenwohnheime in auf diese Thematik unvorbereiteten und strukturell überforderten Gemeinden.

Eine gute Voraussetzung für eine relativ angstfreie Begegnung mit den Schicksalen Anderer und Kulturfremder besteht darin, dass man sich selbst als geschützt und aufgehoben empfindet in seinen bio-psycho-sozio-spirituellen Bedingungen, die ihre Basis in der eigenen Kultur haben.

Elementar dafür ist, dass der Kampf um das Überleben nicht alle Kräfte verbraucht und kulturbezogene Dinge und Geschehnisse bewusst erlebt werden können. Erst dann kann man über
den Tellerrand der eigenen Kultur sehen, andere bewusster wahrnehmen, beurteilen und in das
eigene Weltbild integrieren. Das bedeutet dann auch, dass man lernen sollte, mit den Ängsten,
die das Leben heutzutage jedem in unterschiedlichem Maße „bietet", „reif" umzugehen. Man
denke z.B. an drohende Arbeitslosigkeit, an die „Rentenfrage", an Partnerkonflikte, Erziehungs-
probleme, Krankheitsbewältigung etc. Ein „reifer" Umgang bedeutet, dass man aus inneren Ressourcen schöpfen kann, weiß wo und wie man eventuell Hilfe erlangen kann. Dann hat man es
nicht nötig, zum Zweck der psychischen Abwehr allein andere verantwortlich zu machen und
die Schuldigen unter den Minderheiten oder Schwachen zu suchen, seien sie identifiziert durch
Zugehörigkeit zu einem bestimmten Geschlecht, einer sexuellen Orientierung, einer spezifischen
Kultur oder Glaubensrichtung, oder einer bestimmten sozialen Schicht.

Die genannten Punkte erlangen eine besondere Bedeutung, wenn spezifische Hilfe nötig wird,
insbesondere beim Arzt. Das allgemeine ärztliche Gespräch ist die kleinste psychotherapeutische
Einheit, noch vor jeder längeren Psychotherapie, und hier wird der kulturelle Rubikon überschritten. Hier zeigt sich, wie der Kontakt zwischen dem Hilfesuchenden – immer eine besondere
Situation – und seinem Gegenüber verlaufen wird. Negiere ich die kulturelle Diversität aus Un-
wissenheit oder nach dem Motto „alle Menschen sind Brüder", oder betone ich sie übermäßig,
weil ich aus Unsicherheit, Angst oder Faszination überwiegend auf die Unterschiede fokussiere?
Oder schaffe ich es, eine Balance zu entwickeln, die sich an der jeweiligen Bedürftigkeit und
Notwendigkeit orientieren kann. In einer Kurz- oder Langzeit-Psychotherapie wird dies noch
entscheidender sein als in einem singulären ärztlichen Gespräch, da das moderne bio-psycho-
sozio-spirituelle Krankheitsmodell auf der Wahrnehmung und Einbeziehung eines kulturellen
Weltbildes basiert.

Die Einbeziehung kultureller Faktoren in die Psychotherapie erkennt deren Wichtigkeit in
einer Welt an, die kulturelle Werte als zeitlich länger andauernde, Selbstachtung vermittelnde
und damit stabilisierende Eckpfeiler akzeptiert. So kommt man von außerhalb nach innerhalb der
Psychotherapie.

Im „Intra-Raum" der eigenen Kultur gilt dies genauso, obwohl es im Moment so aussieht, als
ob die Kultur in Zeiten der wirtschaftlichen Rezension und Deflation die größte Verliererin ist.
Die Vermittlung kultureller Werte in den Schulen wird marginalisiert, egal in welchem Fach, da
vorgeschriebene nivellierte Lehrplaninhalte in reduzierter Zeit gegen Langweiligkeit, Desinteresse, Aggressivität, Erziehungsmangel einerseits sowie Stundenausfall oder Burned-Out-Syndrom
andererseits – teils auch gegen eigene Überzeugungen – durchgeboxt werden müssen.

Im „Inter-Raum" zwischen den Kulturen geht es um einen Austausch der immer bedeutender
geworden ist, nachdem die Zeit der Nationen und Definition eines Landes aufgrund nur von
Grenzziehungen ohne zu berücksichtigende Kulturen dem Ende entgegen geht. Dieser Austausch
zwischen Kulturen kann ganz verschiedene Wertigkeiten annehmen, die erst einmal neutral zu
definieren sind. Dies reicht von Interesse, über Toleranz bis zur Akzeptanz auf der einen oder der
abgrenzenden Haltung auf der anderen Seite.

Der „Trans-Raum" bezieht das Intrakulturelle und das Interkulturelle mit ein, und damit versucht die transkulturelle Psychotherapie zu vergegenwärtigen, dass kulturelle Faktoren in jedem
Lebenslauf wichtig sind und Erkrankungen, die sich im Rahmen einer Begegnung verschiedener
Kulturen ereignen, häufig von solchen kulturellen Faktoren geprägt sind und Psychotherapeuten
dies alles berücksichtigen müssen.

Dafür ist vor allem ein systematisches therapeutisches Vorgehen, welches im Studium viel zu
wenig vermittelt wird, notwendig. Dies betrifft u.a. das konsequente Erfragen der Familienanam-

nese und das nachgehende Erspüren von Besonderheiten. Lässt sich dies nicht ausreichend auf Deutsch bewerkstelligen, muss ein neutraler Dolmetscher eingesetzt werden, nicht ein befangenes Familienmitglied, wobei z.B. der Sohn seine Sohnesrolle verlassen und über körperliche oder seelische, auch sexuelle Probleme des Vaters dolmetschen soll (SALMAN 1998, S. 41), falls der Vater dann darüber überhaupt sprechen sollte.

Zusätzlich braucht man als Antriebsmotor dafür empathische Neugier am anderen Sosein, keine Sensationslust und keine Nivellierung. Der Patient wird als Fachmann für seine Kultur akzeptiert und darf und muss nach kulturspezifischen Bedeutungen gefragt werden. Dann wird man die Erkrankung unter ihrem kulturspezifischen Gewand besser diagnostizieren und therapieren können (PFEIFFER & SCHOENE 1980; PFEIFFER 1994; WITTKOWER 1978, 1980; WULFF 1978).

Zusätzliches Wissen über fremde Kulturen, eigene Erfahrungen mit anderen Kulturen, besonders im Ausland, und das selbst erfahrene Gefühl des „Ausländerseins" helfen, sich in Patienten anderer kultureller Herkunft einzufühlen.

Alles dies muss selbstverständlich reflektiert werden und fließt in die übliche Thematisierung von Übertragungs- und Gegenübertragungsprozessen mit ein.

Daß es keine Integration zum Nulltarif gibt (COLLATZ 2002), gilt selbstverständlich für beide Seiten. Nicht nur die „Gastgeberseite", von den Politikern über „Deutschkursgarantie" bis zu den Psychotherapeuten mit „Verständnisgarantie" ist dabei gefragt, sondern auch auf der „Gastseite" des neuen Mitbürgers ist ein deutliches Bemühen um ein Verstehen des Aufnehmerlands mit neuer Umgebungskultur und Sprache gefordert.

Seit ein paar Jahren gibt es eine Vielzahl von Büchern und Artikeln zu Themen wie gutachterliche Tätigkeit (COLLATZ et al. 1997, 1999), ambulante wie stationäre Versorgung, beinhaltend viele psychische Erkrankungsdiagnosen (HAASEN & YAGDIRAN 2000; HEISE 1998; MÖHRING & APSEL 1994; VERWEY & Curare 2001), für die in Deutschland „wichtigsten" Kulturen (KOCH et al. 1996) und Gruppen, die viele Konzepte (HEGEMANN & SALMAN 2001; HEINZ 2002; HEISE 2000a) diskutieren.

Spezielle Merkmale transkultureller Psychotherapie

Die Punkte, die speziell im Rahmen der Anwendung einer transkulturellen Psychotherapie zu beachten sind, lassen sich in allgemeinere und spezifischere untergliedern. Erstere werden häufiger mit einem kulturellen Eisberg (LAGO & THOMPSON 1996) verglichen, da man sich nur eines Teils kultureller Prägungen bewußt ist. Dies betrifft z.B. Sprache, Geschichte, Literatur, Sitten, Gebräuche, Küche und Eßgewohnheiten sowie Musik.

Weitgehend unbewusster sind etwa folgende Aspekte:

Kommunikation

– Kommunikationsstil

– Rollenerwartungen

– Non-verbale Kommunikation

– Reihenfolge der Prioritäten

– Muster von zwischenmenschlichen Beziehungen

Arbeitswelt
– Arbeitsverteilungsmuster
– Arbeitsbewältigungsmuster
– Arbeits- und Lernstile
– Motivationsgründe und -arten
– Einstellung zur Arbeit

Einstellungen
– zu Versprechen und Verabredungen
– zur Planung und deren Durchführung
– zur Exaktheit und Qualität

Interaktionsstile
– Verhandlungsstile und –taktiken
– Art des Aufeinanderzugehens
– Verhalten gegenüber Untergebenen
– Verhalten gegenüber Autoritäten (offiziellen / inoffiziellen)
– Arbeitstempo
– Art und Tempo des Wechsels im Umgangsstil von offiziell zu privat
– Wahrnehmung von Professionalität

Umgang mit
– Geschlechtsrollenverteilung, Umgang mit dem anderen Geschlecht
– dem Körper und der Sexualität
– Macht oder Unsicherheit
– Individualismus oder Kollektivismus
– Menschen anderer Kulturen
– Älteren oder Jüngeren

Einstellungen zum
– Sinn des Lebens
– zur Religion / Spiritualität
– zu Mensch, Natur und Umwelt sowie Technik
– zur Erwartungen an einen Arzt
– zur Patientenrolle
– zur Erwartungen an einen Psychotherapeuten
– zur Erwartungen an eine Therapie
– zu Krankheiten und ihren Ursachen
–zu den Helfersystemen bei Erkrankung wie Partner, Familie, Freunde, externe Organisationen.

bio-	psycho-
Schamanen	Schamanen
Medizinmann, Kräuterheiler, Knochenrichter	Medizinmann, Priester
Organmediziner, (Psychosomatiker, Psychiater)	Psychiater/Psychotherap./Psychol.
(Körperpsychotherapie)	(tiefenpsychologisch fundierte,
	Gesprächs-, Körper-, Kunst-,
	u. Musiktherapie

sozio-	spirituelles
Schamanen	Schamanen
Medizinmann, Clan-, Stammesherrscher, König(sheil)	Priester, (Medizinmann)
Sozialarbeiter, -pädagogen, -psychiater, Politiker	Theologen, Priester/Pfarrer/Mönche,
(Verhaltensther., Soziother., Systemische	(humanist.,transpersonale Psychother.)
Fam.-Psychother.)	

Transkulturelles Weltbild für Diagnose und Therapieformen

All die genannten Punkte spielen im Falle einer Psychotherapie eine wichtige Rolle. Und sie tun dies, egal ob man sich dessen bewußt ist oder nicht. Je mehr diese Punkte in der Kultur des Patienten variieren, desto wichtiger ist es, sie in die Gespräche mit einzubinden. Dafür muß das eigene Weltbild offen für neue Erfahrungen sein, nicht wertend sondern neutral annehmend (HEISE 1998e). Die Grundhaltung einer transkulturellen Therapie muß empathisch und kongruent sein, wie es z.B. die klientenzentrierte Gesprächspsychotherapie nach Rogers vermittelt. Das Einbeziehen der ganzen Familiengeschichte, wie es z.B. die systemische Familientherapie tut (OESTEREICH 1998; SKUTTA 1998; MÜLLER-WILLE 2002), ist dabei unerläßlich. Ist ein Patient verbal (z.Zt.) nicht ausreichend zu erreichen, kann man eventuell über die Kunsttherapie (HAENEL *et al.* 2000) oder die Körperpsychotherapie einen Zugang bekommen oder diesen für eine bessere verbale Intervention auf diesem Wege „bahnen". Gegebenenfalls muß auch mehrfach zwischen verschiedenen Psychotherapieformen gewechselt werden (HEISE 1998b), wenn dies dem Patienten mehr hilft als ein „Schulenpurismus" (PAPAKIRILLOU-PAPATERPOU 1998). Auch die Positive Psychotherapie hat für die transkulturelle Anwendung spezielle Hilfen zur Hand (RAHN 2002).

Je nachdem, wie der Patient in das Gastland kam und wie lange er schon hier lebt, muß die Klärung von Aufenthaltsstatus, Migrationsgeschichte der gesamten Familie, bei Flucht auch der Verhältnisse davor und danach sowie traumatisierende Erlebnisse währenddessen, die Zukunftsplanung mit kurz- und langfristigen Zielen usw. mit einbezogen werden. Dies alles ist sowohl für eine korrekte Diagnose als auch die adäquate Therapie wichtig (HEISE 1998d; SCHARFETTER 1998).

GIERLICH und auch HAENEL kommentieren eine von GAEBEL (2005) veröffentlichte Studie, die das Bundesamt für Migration und Flüchtlinge selbst initiierte und gemeinsam mit der Universität Konstanz im Jahre 2003 durchführte. In dieser Studie war in einer Stichprobe von 76 Asylerstantragstellern eine Prävalenz der posttraumatischen Belastungsstörung von 40 Prozent festgestellt worden. Die Entstehungsgeschichten, so die Autoren, hätten in den meisten Fällen asylrelevante Zusammenhänge vermuten lassen. Psychische Erkrankungen anderer Genese sind darunter noch nicht subsumiert. Man kann daher davon ausgehen, dass die Morbiditätsrate psychischer Störungen bei Flüchtlingen und Asylbewerbern in der Bundesrepublik Deutschland außerordentlich hoch ist. Demgegenüber besteht für diesen Personenkreis eine leider noch immer unzureichende ärztliche und psychiatrische Versorgung, die natürlich auch, aber nicht nur auf eine unzureichende sprachliche Verständigung zurückgeführt werden kann. Dies belege, so kommentiert HAENEL weiter, leider die Alltagspraxis im Berliner Behandlungszentrum für Folteropfer fast täglich aufs Neue!

Im Falle einer akuten Migration könnte der gegenwärtige Stand des Patienten gemäß den 5 Phasen (OBERG 1954; SLUZKI 2001) bestimmt werden:

1. Vorbereitungsphase
2. Migration mit auftauchendem Sprachproblem und Kommunikationsbarrieren und
3. großer Anstrengung zur Überwindung der Schwierigkeiten
5. Erreichte Kompensation oder ggf. Dekompensation, resultierend aus der übergroßen Anstrengung oder dem Nachlassen durch z.B. Ruhestand
5. Adaptation (braucht mehr als eine Generation).

In dem Maße, in dem bei uns nun auch zunehmend Psychotherapeuten anderer kultureller Herkunft tätig werden, gibt es neue Punkte zu beachten, die besonders bei Übertragung und Gegenübertragung bzw. ihrer Reflexion im Rahmen von Supervisionen auf zu Bearbeitendes hinweisen (TUNA 1998; BIANCHI-SCHAEFFER 1998; NAMYSLOWSKI 1998).

Die Entwicklung eines Migrantenfragebogens

Um die verschiedenen, in zwei Kasuistiken vorhandenen gemeinsamen und unterschiedlichen Punkte, die hier eine Rolle spielten, deutlich hervorzuheben, wurde nach der kasuistischen Darstellung (HEISE 1998) zur Zusammenfassung eine tabellarische Gegenüberstellung der beiden Fälle vorgenommen. Diese scheinen im Ansatz auf den ersten Blick hin recht ähnlich sind: Beide Patienten wurden vorstellig wegen eines depressiven Syndroms und beide stammten aus dem kurdischen Kulturgebiet und wurden von Familienangehörigen gebracht.

I. Pat.:   Kurde, 15 J.,

Anwesend: ält. Bruder dolmetscht; Vater

Aufenthaltsdauer: gut 2 J. in D.

Deutschkenntnisse: „5"

Beschwerden: Schmerzen im Bauch, - Magen seit 6 Monaten; zahllose Ärzte (u. Not-), Chir.: Op, nichts gefunden, erfolglos; Beschwerden zeitl. unabh., nur wenn er grübele

Essensgewohnheiten: o.B.

Familien- u. Eigenanamnese: leer

eigener Lösungsvorschlag: dt. Fremdenpass ⇒ um wegen heilsamer türkischer Atmosphäre zu Verwandten zu fahren

Krisenauslöser: noch kein Pass, daher keine offizielle Reise in die Türkei möglich

Aufenth.Status: Bruder ist 4 J., Eltern sind 2,5 J. hier. Asylanträge laufen noch

Grund: verfolgt, da der Sekte der Yeziden zugehörig; Yeziden keine geschlossene islam. Gruppe; Schimpfwort „Yezid-sein"; „Teufelsanbeter". Lokaler Umzug hätte Probleme auch verbessert

Sprache: überwiegend türkisch, kaum kurd., kein neutraler Dolmetscher wegen Zeitnot

therapeutisches Vorgehen: ambulant, aufklärender Arztbrief

Diagn.:   jgdl., emotionelle Störung + konversionsneurotische Symptome

Konflikt: massive Sprachprobleme in der Berufsschule ↵ Heimweh, Fam.älteste wollen aus wirtschaftlichen Gründen in D. bleiben ⇒ er darf den Familienwunsch nicht vereiteln, ⇨ eigentliches Problem nicht ansprechbar für ihn als Jüngsten, Unterordnung, ⇨ larvierte Depression, Körpersymptome

II. Pat.:   Kurdin, 35 J.

Anwesend: Nachbar dolmetscht; Schwester

Aufenthaltsdauer: gut 2 J. in D.

Deutschkenntnisse: „5", in Aufnahmesituation „6"

Beschw.:   erweit. SV (+ 1-j. Sohn – gewürgt), depressiv – verzweifelt klagend, teilweise sehr erregt, depressiv seit Wochen langsam zunehmend, akut dekompensiert, ständige Beschwerden, Zunahme wenn sie grübele

Familien- u. Eigenanamnese: leer

eigener Lösungsvorschlag: dt. Fremdenpass ⇒ um Tochter aus Istanbul nachzuholen

Krisenauslös.:   Ausländeramt nahm ihr und der Schwester den Paß

Aufenth.status: anerkannte Asylantin schon nach einem Monat

Grund: „Märtyrerfrau", 1. Ehem. versorgte als Arzt kurd. Rebellen ⇨ von irak. Behörden hingerichtet; später für kurd. Frauenbeweg. publiziert ⇨ von kurd. Talabani verfolgt; eigene Familie + kurd. Barazani können keinen Schutz bieten ⇒ Flucht

Sprache: Sorani-kurd. (Nachbar, EMZ); auf arabisch an der Uni studiert (MHH)

therap. Vorgehen: stationär, Aufklärung + vermittelnde Unterstützung; AB; ambulant

Diagn.:   länger dauernde depressive Anpassungsstörung und akute Suizidalität

Konflikt: Schwester reiste in den Irak um Pat.-tochter zu holen ⇨ Paßverlust durch fam. Hilfe; Scheidung vom 2. Ehem. hier wg. Emanzipaton ⇒ lebt allein im Ausland ⇒ patriarch. Schwager hier macht sie für seine Eheprobleme verantwortlich, verleumdet sie als Prostituierte, droht mit Ermordung hier oder nach Abschiebung im Irak ⇨ kann sich nur durch Zusammenleben mit 15j. Tochter als ehrbar beweisen; Tochter wartet in Istanbul am Rande der Prostitution. ⇒ wenn Prostit. ⇒ Kollektivselbstmord hier wg. Ehrverlust oder ermordet im Irak wg. Familienschande ⇨ ohne Paß handlungsunfähig / 2. Heiratsurkunde mit falschem irak. Datum ⇒ V. a. vorgetäuschte Asylberechtigung ⇨ Paß weg, Abhängigkeit von anderen / Behördenverdacht: Familie (Schwager, gesch. Ehemann) sind Asylanten-Schleuser ⇒ keine Paßherausgabe, behördliche Verschleppung trotz Rechtsanwalt

Diskussion der beiden Kasuistiken

In beiden Fällen führte die starke familiäre Einbindung mit einer anderen Stellung zu unserem abendländischen, von unseren Behörden systemimmanent vorausgesetzten Individualismus zu Konflikten, die eine depressive Reaktion sehr verständlich werden ließen.[1] Dabei stand im ersten Fall die fehlende Anpassungsmöglichkeit an unsere kulturellen Gegebenheiten, insbesondere in sprachlicher Hinsicht, im Vordergrund, während es sich im zweiten Fall eher um das

---

1.   S. hierzu auch HEISE, TH.: Transkulturelle Begutachtung – eine psychiatrisch kasuistische Aufbereitung der Krankheitskarriere eines türkischen Mitbürgers. In: COLLATZ, JÜRGEN u.a. (Hg.): Transkulturelle Begutachtung. Qualitätssicherung sozialgerichtlicher und sozialmedizinischer Begutachtung für Arbeitsmigranten in Deutschland. (*Das Transkulturelle Psychoforum Bd 1*), VWB, Berlin, 1997.

Gegenteil handelte. Dort führte die beginnende Verstärkung schon in der Heimat bestehender emanzipatorischer persönlicher Wesenszüge zu der Ehescheidung und einer Front quer durch die in Deutschland befindliche Familienhälfte. Das Beharren auf der traditionellen absoluten Männervorherrschaft gegen die vorsichtigen emanzipatorischen Tendenzen von Frau O. und zweier ihrer Schwestern führte zur Krise.[2]

Beide Male spielte die ärztliche Unterstützung gegenüber den Behörden eine Rolle, die trotz aller Notwendigkeit kritisch beobachtet werden mußte. Bezüglich des jungen Kurden, der sich in der schwachen Position der Bevormundung befand[3], wurde von seiner Familie dem Arzt das Begehren freundlich aber direkt vorgeschrieben: ein Attest zur raschen Erlangung des begehrten Fremdenpasses. Bei der Kurdin dagegen stand die depressive und suizidale Dekompensation im Vordergrund neben ihrem Mißtrauen und der Ungläubigkeit, daß jemand ihr bezüglich Fremdenpass und Familie helfen könnte – am wenigsten sie sich selbst.

Die Schwierigkeit der therapeutischen Haltung bestand darin, zwar empathisch zu sehen, wie krankmachend die jeweilige menschliche Situation in ihrer kulturellen Verflechtung und der Konfrontation mit Politik und Bürokratie war, jedoch andererseits, nach der diagnostischen Einschätzung, die Therapie und damit die Hilfe zur Selbsthilfe eindeutig in den Vordergrund zu stellen. Dennoch trennt aber gerade die Sozialpsychiatrie den Menschen nicht von seiner sozialen Umwelt ab, da psychische Gesundheit ein intaktes psychosomatisch-somatopsychisches Austauschverhältnis, wie auch eine dialektische Beziehung zwischen Individuum und Gesellschaft, zwischen Natur und Technik, Kultur und Einzelpsyche sowie Fortschritt und Tradition in homöostatischer Ausgewogenheit voraussetzt.[4] Daher erfolgten in beiden therapeutischen Interventionen ärztliche Stellungnahmen zu der diagnostischen Einschätzung, den daraus resultierenden Möglichkeiten der Verarbeitung des Patienten sowie einer anschließenden Empfehlung, was für die „sozial-psychische" Gesundung positiv wäre. Dies geschah bei dem jungen Kurden in Form eines Arztbriefes an den überweisenden Arzt und wie gewünscht an das Gesundheitsamt. Die wegen der Schwere der Dekompensation stationär aufgenommene Kurdin erhielt aufgrund ihres Mißtrauens, verbunden mit einer Regression und der Unmöglichkeit zur Abklärung ihrer sozialen Schwierigkeiten, zu Beginn zusätzliche Interventionshilfe durch Kontaktaufnahme mit den behördlichen Stellen, um die von ihr nicht verstandene Situation und ihre Entstehung klarer werden zu lassen und ihr verdeutlichen zu können. So entstand für sie ein erster positiver Schritt, wodurch sie Mut bekam, selber wieder anzusetzen. Danach konnte sich die weitere therapeutische Haltung in klientenzentrierter Ausrichtung auf die stützenden Gespräche in Zusammenarbeit mit der Dolmetscherin beschränken.

Ergänzend ist seitens der Sprache zu bemerken, daß Herr S., dem es trotz ausreichender Zeit zum Erlernen des Deutschen, bei sicherlich zusätzlich negativ beeinflußendem Heimweh, mißlang, sich ausreichende Grundkenntnisse anzueignen, ohne die Möglichkeit einen Beruf zu erlernen, als Hilfsarbeiter in Deutschland eine sehr schwierige Zukunft vor sich hätte. Hinzu kam, daß sich der Heranwachsende zwischen der kurdischen und der türkischen Identität stehend sah. Laut seinem Bruder sprach er besser türkisch als kurdisch, so daß eine weitere kulturelle Destabilisie-

---

2.   S. auch Tuna, Sona: Leben in zwei Welten. In: Pro Familia, 1996, 22.1, S. 7-9

3.   S. auch Zimmermann, Emil: Gesundheitliche Lage und psychosoziale Probleme ausländischer Kinder in der Bundesrepublik Deutschland. In: Koch, Eckhardt; Metin Özek & Wolfgang Pfeiffer (Hg.): Psychologie und Pathologie der Migration. Deutsch-türkische Perspektiven. Lambertus, Freiburg i. Br., 1995.

4.   Wulff, Erich: Sozialpsychiatrischer Krankheitsbegriff? In: Pfäfflin, F. u.a. (Hg.): Der Mensch in der Psychiatrie. Springer, Berlin & Heidelberg, 1988. S. 33

Migrationsfragebogen   **Patientenaufkleber**

	Selber	Partner	Eltern (M / V)	Großeltern (MvM/ VM/MV/VV)
1. Geburtsort/-land				
2. Religion				
3. Kultur				
4. Muttersprache				
5. Aufenthaltsstatus				
6. Ankunftsdatum				
7. wie gekommen & warum				
8. Deutschkenntnisse von 1 perfekt bis 10				
9. fühlt sich kulturell als				
10. integriert: 1 - 10				
11. Wohnart				
12. Arbeit				
13. Ausbildung				
14. Vorerkrankungen				
15. Erfahrung mit Drogen / Alkohol vor Ankunft in D.				
16. Diagnosen ICD 10				
17. Erstdiagnosejahr				
18. stationäres Erstbe- handlungsjahr				
19.Flucht in:1) Krank- heit 2) Arbeit 3) Gesel- ligkeit / Einsamkeit 4) Phantasie				

© Thomas Heise

rung im Ausland seiner Gesundheit und Ich-Stärkung im Rahmen der Identitätsfindung weniger zuträglich sein dürfte. Frau O. dagegen, die schon ausgezeichnet Arabisch und etwas Englisch sprach, hatte durch all ihre Probleme bisher das Erlernen der deutschen Sprache hintangestellt, jedoch bei einer meist ausreichenden Ich-Stärke und Identitätsbewußtsein die Fähigkeiten dazu.

Da es sich gezeigt hatte, dass neben einer kasuistischen Betrachtung auch eine schematische Darstellung von Hilfe sein kann, wurde zur leichteren standardmäßigen Erfassung von Risiko- faktoren im Rahmen der verschiedenen Arten von Migration vom Autor der folgende Fragebogen entworfen. Hierbei wurde als letzter Punkt eine von Pescschkian entwickelte Fragekategorie hin- zugefügt (PESESCHKIAN, 1998).

Spätaussiedler und Sucht

Ein eigenes Problem in Deutschland stellen die seelischen Erkrankungen von Spätaussiedlern dar. Hierzu wurde in Chemnitz ein spezielles auch anderswo anwendbares Angebot entwickelt, weswegen dies hier gesondert dargestellt werden soll.

Die sowjetische Volkszählung von 1959 ergab 1,62 Mio Rußlanddeutsche, die zu 90% im asiatischen Teil lebten (www.friedlandhilfe.de). Auch nach der Teilrehabilitierung 1964 wurde eine Rückkehr in alte Siedlungsgebiete nicht gestattet.

Zahlenmäßig standen bei uns bis 1999 die Spätaussiedler aus der ehemaligen UdSSR mit 46,8% an erster Stelle, vor Polen mit 35,8% und Rumänien mit 10,6%. Die jährlichen Einwanderungswellen (abgerundet) zeigten für Rumänien einen Anstieg auf ungefähr das Doppelte mit über 10.000/J. ab 1977 und drei Spitzenjahre 1989 mit über 23.000, 1990 über 111.000 und 1991 über 32.000 vor einem stetigen weiteren Absinken. Aus Polen kamen 1957/58 über 200.000, 1971 mit über 25.000 2-3mal so viel wie in den Vorjahren und ab 1976 30-50.000 mit dem großen Anstieg 1988 auf 140.000, 1989 250.00 und 1990 133.000 mit starkem kontinuierlichen Abfall danach. Aus der ehem. UdSSR kamen die Spätaussiedler ebenso 1987 zunehmend auf 14.000, deutlich 1988 48.000, 1989 98.000, 1990 148.000 bis zu 213.000 im Jahr 1994 mit anschließendem Absinken auf ca. 94.000 im Jahr 2000. Dabei führten bei weitem (1992 – 2000 Gesamtzahlen) Kasachstan mit ca. 778.000, die Russ. Föderation mit ca. 501.000 und Kirgisien mit ca. 64.000. (Amtliche Statistik vom Bundesverwaltungsamt Köln. Info-Dienst Deutsche Aussiedler, Heft Nr. 110, Januar 2001)

Die Aussiedlerproblematik betrifft weniger die meist etwas früher und aus kulturell stabileren Verhältnissen nach Deutschland gekommenen (Spät-)Aussiedler aus Rumänien und auch weniger die aus Polen (Namyslowski, 1998), sondern die aus der ehemaligen UdSSR.

Die in den Eltern- und Großelterngenerationen durchgemachten Migrationen auf dem Gebiet der ehem. UdSSR, verbunden mit Gewalterfahrungen, zeichnen die Geschichte der Rußlanddeutschen besonders aus – wiewohl auch das Schicksal vieler heutiger Deutscher, die als Vertriebene aus den östlicheren Gebieten stammen, mit ähnlichen Erlebnissen verknüpft ist und ihre Familien bis in die Gegenwart hinein beeinflußt (HEINL 1994). Ein ebenso noch weitgehend unbearbeitetes Gebiet, wenn man bedenkt, welche Einstellung Frauen zu ihrem vergewaltigten Körper einnehmen können und wie dies ihre Kindererziehung beeinflußt.

In den neuen, unfreiwilligen Siedlungsräumen mußten die Rußlanddeutschen sich klimatischen und geographischen Extremen stellen und konnten ihre bisherige deutsche Kultur meist bei Strafe nicht weiter verfolgen. Erst spät lockerte sich das. So wurden durch die gemeinschaftlichen Siedlungen z.B. Trinksitten von anderen Kulturen übernommen und insgesamt ließ sich die deutsche Kultur als stabilisierender Faktor gegen eine latent feindliche Umwelt nicht bewahren. Dies hatte sicherlich bei vielen Familien sichtbare oder unsichtbare Folgen, die sich offensichtlich spätestens nach erneuter Migration in das „Deutschland der Träume" als eine Retraumatisierung beim Aufwachen aus der Illusion entpuppte. Jetzt fehlte vielerorts die innere familiäre Stabilität bei Versagen der alten Coping-Strategien in Form von Arbeit wegen Sprach- und Ausbildungs- und Berufsanerkennungsproblemen, so daß gerade für die Jugendlichen die Trennung von ihren gleichaltrigen Freunden als zweiter fehlender Anker sich als Katastrophe erwies. Auf der verzweifelten Suche nach Verständnis für ihre Sorgen und Mentalität fanden sie häufig nur andere gleicher Herkunft, die schon am Scheitern waren und so eröffnete sich schnell der gemeinsame und damit verbindende Weg in den Alkohol- und Drogenkonsum als wenigstens zeitweilig Vergessen und Glücksgefühl bringender Weg. Häufig auch ein Weg in den völligen Abgrund.

Die Zeit bis diese Drogenkonsumenten zum harten i.v.-Drogenkonsum gelangen ist ca. dreimal kürzer und die Zeit bis zur Virushepatitis-Durchseuchung (A, B, C) dreimal schneller als bei den übrigen bundesrepublikanischen Drogenkonsumenten – alles eine Folge unterschiedlicher kultureller Hintergründe. Die Zahl der Drogentoten unter den jugendlichen Spätaussiedlern hat sich von 36 im Jahr 1999 auf 162 im Jahr 2000 erhöht (www.bmgesundheit.de/themen/drogen/pm/111201.htm) (MIRETSKI & SCHMIDT 2000). So spektakulär und schlimm sich das anhört und ist – die Schicksale der Alkoholabhängigen und ihrer Familien sind vielleicht nicht menschlich aber sicher zahlenmäßig bedeutender.

Die Vermittlung in der Suchtberatung über eine zweisprachige Person russischer Herkunft ist nicht nur in der „Dolmetschfunktion" sinnvoll, denn viele sprechen gut bis sehr gut Deutsch. Das entscheidendere ist bei entsprechender transkultureller Wahrnehmung und Schulung die vertrauensbildende Maßnahme, die so induziert wird, für ein den Spätaussiedlern verdächtiges und unbekanntes, demokratisches, Rechte und Pflichten gebendes, Eigeninitiative forderndes, Männer und Frauen gleichberechtigt behandeln wollendes System. Verdächtig deswegen, weil eben die eigenen mitgebrachten Voraussetzungen mit den hiesigen von Einheimischen als selbstverständlich vorausgesetzten Gegebenheiten nicht kompatibel sind und sogar trotz gemeinsamer Sprache immer wieder in Schräglage enden können.

Auf therapeutischer Ebene gibt es hier bei Arzt und Patient sehr unterschiedliche Erwartungen und Verhaltensweisen in den betreffenden kulturellen Zusammenhängen, wie PESESCHKIAN (2002) dies verdeutlicht. Auch in der Chemnitzer Suchtberatungsstelle fiel bei einer jüdischstämmigen russischen Therapeutin auf, daß wie dort allgemein üblich der ganze Familienverband zur Suchtberatung kam und dann überwiegend über den Klienten als mit ihm gesprochen und bestimmt wurde. Dies galt es dann bewußt zu machen und in unserem kulturellen Kontext zu relativieren. Auch bestand eine Tendenz gesteckte Ziele, z.B. in der aufsuchenden Sozialarbeit mit Behördengängen, direkt abzuarbeiten, ohne zwischenzeitliche Veränderungen ausreichend mit einzubeziehen. Dagegen schien bei einer Spätaussiedlerin als Therapeutin die Verhaltensweisen der hier üblichen Vorgehensweise viel stärker angenähert zu sein. Der Klient stand im Mittelpunkt und es gab Einzel- sowie Familiengespräche mit einer eher demokratischen und kooperativeren Herangehensweise.

Beide Vorgehensweisen hatten ihre spezifischen Klienten, die gerade das so richtig fanden. Beide wichen aber hinsichtlich der Gesamtatmosphäre von einer üblichen deutschen Suchtberatung ab, waren näher und subjektiver „dran" am Patienten, damit auch gefühlsmäßig beteiligter mit einer engeren Bindung zwischen Klienten und Therapeuten. Dieses mußte dann in Teamgesprächen reflektiert und transkulturell umgesetzt bzw. übersetzt werden.

Viele der bisherigen, gescheiterten Lösungsversuche in der Suchthilfe sind nicht zu verantworten,

I. im Sinne eines kostensparenden Einsatzes öffentlicher Gelder zur Vermeidung von:

   a Drehtüreffekten im Krankenhaus,

   b Polizeieinsätzen wegen Delikten im Rausch,

   c Notarzteinsätzen wegen akuter Intoxikation,

   d Zwangsräumungen durch Fehlverhalten der Mieter und Folgekosten durch neue Quartierbesorgung unter Einschaltung des Sozialamtes etc.,

   e Abbrüche von Sprachkursen, Arbeits- und Ausbildungsplätzen,

   f Überschuldungen/Beschaffungskriminalität,

   g unnötigen Familienkonflikten in der ohnehin schon angespannten Migrationssituation mit verschärften Generationskonflikten,

   h Fluchtverhalten jugendlicher Familienmitglieder (z.B. in die Drogenszene)

II. und andererseits einer humanen, sozialpsychiatrischen und damit auch transkulturell arbeitenden Klienten/Patientenbetreuung

Die Integrationsprobleme von Suchtkranken und ihre Lösung sind nicht mehr allein im Rahmen der „klassischen" Zuständigkeiten lösbar. Eine Suchtberatung für Spätaussiedler und jüdische Emigranten braucht die Möglichkeit vernetzt zu arbeiten und strukturelle Grenzen zu überwinden.

Die russisch-deutsche Suchtberatung bündelt mit dem Klienten alle vorhandenen Ressourcen im Einzelfall und bearbeitet nach der Therapie bzw. Behandlung mit dem Klienten neue Lebensperspektiven mit festen individuellen Vereinbarungen.

Es braucht ein transkulturelles Hilfsangebot, wo durch die interdisziplinäre Vernetzung mit sozialen Diensten und Einrichtungen der Einzelfall eine *Lösung* erfährt und nicht wie bisher nur eine *Vermittlung* in zuständige Instanzen.

Das neue Konzept der Suchtberatung heißt:
– fachliche Beratung von Suchtkranken und Vermittlung in Behandlung
– Angebote im niederschwelligen sozialen Bereich
– enge Zusammenarbeit mit Vereinbarungen zur Nutzung spezieller Einrichtungen und Dienste.

Während des Modellprojekts „Suchtberatung deutschstämmiger Spätaussiedler und jüdischer Emigranten des Suchtberatungszentrums des AWW e.V. Chemnitz" von 1998 - 2001 suchten 500 Spätaussiedler die professionelle Hilfe einer russischen Ärztin auf, um ihre Alkoholsucht- bzw. Drogenabhängigkeit zu überwinden.

Bei der Auswertung fiel immer wieder auf, dass die schulischen und beruflichen Möglichkeiten selbst nach erfolgreicher Therapie nur sehr begrenzt waren. Bedingt durch die lange Arbeitslosigkeit vieler Klienten wurde die Perspektivlosigkeit und Resignation nach der Suchtbehandlung umso deutlicher. Bei erhöhtem Rückfallrisiko kam es oft zu Rückfällen des Suchtkranken in alte Trinkgewohnheiten. infolge gab es auch Probleme im sozialen Umfeld.

Bereits in den letzten drei Jahren hatte daher die russische Suchtberaterin Integrationshilfen geleistet, indem sie mit Arbeitsämtern und Sozialämtern verhandelte. Dort, wo der Klient wieder auf den Arbeitsmarkt konnte, war die Motivation ohne Suchtmittel zu leben um ein vielfaches höher. Durch Kraftfahrerkurse auch in russischer Sprache wurde Mobilität hergestellt, oft nach Führerscheinverlust in der Trinkzeit.

Junge Leute suchten eine Drogenberatung, um endlich etwas lernen zu können, und von der Abhängigkeit weg zu kommen. Der Erfolg des Landmannes motivierte andere, auch auswärtige Klienten zur Suchtbehandlung durch Mund-zu-Mund-Propaganda.

Die Lösung der Integrationsprobleme sollte daher nicht mehr nur im Rahmen „klassischer" Zuständigkeiten gesucht werden. Als neues Konzept bot sich eine sinnvolle Vernetzung sozialer Dienste an, bei welcher der Klient wieder Eigenaktivität und Autonomie erlebt und wo feste Integrationspartner, gemessen an den Kompetenzen des Klientels, sinnvoll Integration begleiten und unterstützen. Ein Suchtkranker kann mit seinem Suchttherapeuten systematisch eigene Fertigkeiten und Fähigkeiten festigen und seine Persönlichkeit stabilisieren und lernen dies ohne ein Suchtmittel zu schaffen.

Suchtbewältigung heißt Chance bei der sozialen, schulischen und beruflichen Integration. Es lohnt sich: mein Suchtberater = mein Integrationsberater mit Hilfeangebot. Integration leben heißt Integration gemeinsam üben!

Daraus ergab sich das neue Konzept, welches in einen Vertrag mit dem Klienten mündete. Folgender Vertrag wird benutzt:

Suchtbehandlungsplan / Integrationsvertrag

Zwischen

(vertreten durch Dipl.soz.päd. Frau D.)

und Herrn / Frau ....

geb. am: .... in: ....

wohnhaft in: ....

Zur Förderung der Chance des Spätaussiedlers zur gleichberechtigten Teilhabe am gesellschaftlichen Leben in der Bundesrepublik Deutschland.

Das Suchtberatungszentrum verpflichtet sich Herrn / Frau .... bei der Integration in die Gesellschaft der BRD aktiv zu unterstützen und wird im Rahmen dieses Vertrages folgende Leistungen erbringen:

1. Das Suchtberatungszentrum stellt einen qualifizierten Suchtberater / Suchtberaterin auch als Integrationspartner zur Verfügung (Spätaussiedler mit Sprachkenntnissen und Mentalität der Landsleute)

2. Die individuellen Voraussetzungen zur Integration werden durch die Suchtberater festgestellt. Bei Suchterkrankung wird durch therapeutische Maßnahmen die Krankheitsbewältigung als Vorschub zur Integration geleistet.

3. In der Suchtberatungsstelle wird deutsch und russisch gesprochen. Ziel ist es, eine Motivation zur Suchtbehandlung zu fördern und die Feststellung, inwieweit Deutschkenntnisse vorhanden sind und genutzt werden können.

4. Kooperation mit Beratungs- und Bildungseinrichtungen, sowie mit Behörden im Auftrag des Klienten, um Lebensperspektiven nach einer Suchttherapie, -behandlung spürbar zu verbessern.

5. 1x wöchentlich findet ein Beratungs-, Gesprächsangebot nach Terminvereinbarung mit dem Klienten zur Erstellung eines Gesundheitsplanes (Therapie) und Förderplanes (Wie geht es sozial, beruflich usw. weiter?) statt.

6. Vermittlung von Hilfsangeboten und Bildungsangeboten, die im Gemeinwesen liegen und wohnumfeldbezogen Integration fördern helfen. Der Suchtberater begleitet den Klienten.

7. Unterstützung und Begleitung bei der Arbeitssuche und Hilfe bei der Berufsanerkennung von Abschlüssen aus der ehemaligen Sowjetunion.(damit Einsparung von Umschulung, dafür evtl. arbeiten im eigenen Beruf mit Weiterbildung)

Herr /Frau .... verpflichtet sich aktiv an der Eingliederung mitzuwirken, Im Rahmen des Vertrages erbringt er / sie folgende Leistungen:

1. Auskunftspflicht gegenüber dem Suchtberater /Integrationspartner

2. Annehmen der Suchtbehandlung und anderer Hilfsangebote

3. Regelmäßiges Aufsuchen des Suchtberatungszentrums des AWW e.V. nach Terminabsprache

4. Aufsuchen von Institutionen und Behörden in Zusammenhang mit der Krankheitsbewältigung und der therapeutischen Nachsorge

5. Teilnahme an Sprachkursen und anderen Maßnahmen zur Förderung der sozialen und beruflichen Integration nach der Krankheitsbewältigung.

6. Aktive Bemühungen zur Eingliederung in den Arbeitsmarkt (Bewerbungen, sich in Betrieben vorstellen)

Die Vertragspartner legen nach Abschluß der Suchtbehandlung fest, welche Integrationsschritte nach individueller Kompetenz des Klienten nun in der ambulanten Nachsorgebetreuung angestrebt werden.

1. Sprachförderung

2. berufliche Orientierung / Weiterbildung

3. berufliche Integration

4. Nachbetreuung im sozialen Umfeld

Unterschrift des Leiters der Einrichtung

Unterschrift von Herrn / Frau

(KNORR & Heise 2002)

Erwartete Vorteile:

1. Die Zusammenarbeit mit Spätaussiedlern und Vertretern von Vereinen und Institutionen schafft mit einer russischen Fachkraft im Suchtberatungszentrum gute Voraussetzungen für eine umfassende Integrationsarbeit. „Spätaussiedler für Spätaussiedler" gewährleistet vertrauensvollen Austausch zu Lebensproblemen beim Klientel.

2. Der Suchtkranke lernt nach einer gelungenen Suchtbehandlung mit deutlicher Steigerung des Selbstwertgefühls wieder aktiv seinen Lebensweg zu gestalten! Der Vertrag mit dem Suchtberatungszentrum hilft ihm, sich selbst bei professioneller Unterstützung nicht zu überfordern und ein realistisches Lebensbild aufzubauen. Bei der Umsetzung der Vorhaben hilft, begleitet und vermittelt der Suchtberater als Integrationspartner.

3. Mit der Hilfe bei der Anerkennung bereits absolvierter Berufe in den GUS-Staaten können im Einzelfall länger dauernde Umschulungen vermieden werden. Der Klient könnte mit Weiterbildung im gelernten Beruf Arbeit finden.

Unter Beachtung individueller Besonderheiten und Kompetenzen des Klienten werden Sprachkenntnisse gefestigt, Sucht überwunden und Hilfe zur Arbeit möglich. (s. Beispiel Mustervertrag nach einer Vorlage Projekt Hessen). Alle Aushänge, Faltblätter und Infos der Suchtberatungsstelle werden auch in russischer Sprache angeboten. Die Erfahrungen der Suchtberatung von Spätaussiedlern mit Hilfen bei der beruflichen Wiedereingliederung werden dokumentiert.

Eine wirkliche Integration gelingt nur durch den Zusammenschluss gemeinsamer Projekte. Diese Erfahrung machte auch das Ethnomedizinische Zentrum (EMZ) Hannover und seine erfolgreichen Ergebnisse haben das bestätigt (HEISE *et al.*, 2000; SALMAN 2001). Seit ein paar Jahren läuft dort eine neue Initiative mit einem weiteren kostenlosen Kurs-Programm zur Ausbildung muttersprachlicher Gesundheitsberater auch für Suchtprävention. Gegen Honorar an die Kursteilnehmer, werden gemeinsam mit den Fortgebildeten die gewonnen Erkenntnisse muttersprachlich über Veranstaltungen und Beratungen an ihre Landsleute vermittelt.

Sie werden informiert über:
– Inhaltsstoffe von Drogen
– Drogenhilfesysteme
– Hintergründe des Drogenkonsums
– Vorbeugende Maßnahmen
– Möglichkeiten der Beratung und Therapie
– Methoden der Erwachsenenbildung.

Dieses Programm ist so erfolgreich, daß das EMZ in Form seines Geschäftsführers Salman dafür schon mehrfach ausgezeichnet wurde.

Eine weite Verbreitung ähnlicher Initiativen wäre für die gesamte Migrantenarbeit sinnvoll und erfolgt auch schon an einigen Orten. Nicht alle Fragen, die jetzt über die Probleme mit Spätaussiedlern auftauchen, sind überraschend und neu, sondern auch in Zusammenhang mit anderen Migrantengruppen bekannt. Über die Unterschiede sind an der Charité in Berlin interessante Aspekte herausgearbeitet worden (PENKA *et al.* 2004).

Traumabearbeitung und Aufklärung außerhalb des therapeutischen Sektors

1984 reiste BETTY MAHMOODY mit ihrem Ehemann „Moody" und ihrer vierjährigen Tochter Mahtab in sein iranisches Heimatland zu einem, wie sie glaubte, zweiwöchigen Besuch. Kurz vor der geplanten Abreise verweigerte Moody seiner Frau und seinem Kind in die USA zurückzukehren und scheute auch nicht vor Gewalt und Hausarrest zurück. Erst nach 18 Monaten gelang es ihr, mit ihrer Tochter in die Türkei zu fliehen, wo sie von der US-Botschaft aufgenommen und in ihre Heimat geflogen wurden. 1988 erschien ihr Buch, das sie zusammen mit einem Journalisten verfasste, welches in viele Sprachen übersetzt wurde und sich weltweit über 8 Millionen Mal verkaufte, davon in Deutschland über 2 Millionen. 1991 wurde es verfilmt.

Dies war eines der ersten Bücher, welches mit Hilfe des Berichts eigener Erfahrungen einerseits bedeutende Aufklärung für die Öffentlichkeit leistete und andererseits aber sicherlich auch eine Art eigentherapeutisches Bemühen darstellte, um das Erlebte durchzuarbeiten und so besser im Sinne von mit weniger negativen Auswirkungen behaftet in das eigene Leben zu integrieren. In diesem Sinne sind sicher auch viele Berichte, Bücher und Filme zu verstehen, die in den letzten Jahren zum Thema Vertreibung und Flucht im 2. Weltkrieg entstanden sind. In der Gerontopsychiatrie trifft man derzeit zunehmend auf Frauen, bei denen manchmal erst jetzt bzw. jetzt erneut die meist sexuell traumatischen Erlebnisse der Kriegs- und Vertreibungszeit wieder hoch kommen und zu bearbeiten sind.

Weltweit zeigen sich aus vielen Krisen- und Kriegsgebieten Werke, die man Aufarbeitungsbücher nennen könnte. Ich erinnere an „Wüstenblume" von Waris Dirie aus Somalia, 1998 erschienen, in dem sie ihre Beschneidung und die Flucht vor ihrer Zwangsverheiratung im Heimatdorf nach mehreren Jahren in London beschreibt. Sie kämpft heute als UNO-Sonderbotschafterin gegen die Genitalverstümmelung, die täglich 6000 Mädchen erleiden müssen. Senait Mehari setzt sich in ihrem 2004 erschienenen Buch „Feuerherz" u.a. mit ihrer Zeit als Kindersoldatin in Eritrea auseinander. Auf diesem Feld gibt es natürlich auch einige literarische Erzeugnisse, die eher vom Sensationseffekt leben wollen. Dennoch sind viele wichtige Werke zu verzeichnen, wie z.B. auch Ayaan Hirsi Ali mit „Ich klage an" und dem Untertitel „Plädoyer für die Befreiung der muslimischen Frau". Juli 2007 gab es bei Arte zwei Sendungen, die sich mit der Tatsache befassten, dass es derzeit weltweit 27 Millionen Menschen gibt, die in Sklaverei gehalten werden, wobei die Ware Mensch so billig sei wie noch nie. Der Fall eines Nigerianers, betitelt „Verschleppt und weggeworfen", illustrierte, wie der ältere Bruder zusammen mit dem Opfer eine erfolgreiche Trauma-Reexposition unternimmt, um ihn zu heilen.

Zur Zukunft der transkulturellen Psychotherapie

In Zukunft werden es sich die Gesellschaften gefallen lassen müssen, dass man sie bezüglich ihres ethischen Entwicklungsstandes auch daran misst, wie sie mit ihren Minderheiten und mit ihren Migranten umgehen. Die Folgediskussion nach dem Werke Huntingtons und auch nach dem „11. September" hat gezeigt, dass dies immer mehr der globale Maßstab wird und die Wertigkeit jeder Kultur als solches als gleichberechtigt anzuerkennen und zu berücksichtigen ist (HEISE 2002, 2003).

Ein weiterer in die Zukunft weisender Punkt ist die Tatsache, dass Psychotherapie ein Exportartikel geworden ist. Das betrifft jede Art von Psychotherapie und jede Kultur. Das heißt, dass aus Deutschland z.B. die Positive Psychotherapie nach Russland (Peseschkian, 2002) und die Systemische Familientherapie nach China (Zhao, 2002) und andere Methoden nach Afrika (MADU et al. 1996) exportiert wurden und Methoden der traditionellen chinesischen Medizin, die auch psychotherapeutische Wirkung haben, nach Deutschland exportiert wurden (HEISE 1996, 1998c, 1999, 2003; KLEINHENZ 2003). Ganz natürlich ist dabei, dass diese Methoden in ihrer neuen kulturellen Umgebung gemäß dem jeweiligen Wissenschaftsverständnis anders als im Ursprungsland erforscht und kulturell adaptiert angewandt werden (GOTTSCHALK-BATSCHKUS & RÄTSCH 1998; HOFFMANN & MACHLEIDT 1997; SCHARFETTER 1987, 1991). So muß z.B. der europäische Individualitätsbegriff inklusive des „Jeder ist seines Glückes Schmied" in China stark verändert werden, um die systemische Familientherapie nutzbar werden zu lassen. Der chinesische Individualitäts-begriff zeigt sich in viel subtileren Zügen und ist der Oberherrschaft der Familie und des Kollektivismus (nicht mehr unbedingt im sozialistischen Sinne) untergeordnet. Auf der anderen Seite wird die traditionelle chinesische Medizin hier in einer Art nach wissenschaftlichen Kriterien kontrolliert und randomisiert erforscht, die nicht dem traditionellen Selbstverständnis der individuell maßgeschneiderten und immer wieder optimierten Therapieanwendung entspricht. Hier steht weitere kulturvergleichende Forschung an, um dem derzeitigen „westlichen" Wissenschafts-begriff seinen historischen Platz zu geben und den von der modernen Quantenphysik schon lange eingeforderten Paradigmenwechsel in der Medizin endlich zu vollziehen.

Innerhalb der transkulturellen Medizin ist Psychotherapie ein wichtiges Mittel der intra-, inter- und transkulturellen Kommunikation. Ihr Stellenwert nimmt weiter zu und sie darf sich gerade dann wenn sie notwendig geworden ist, diesem heilenden kultureinbeziehenden Verständnistransfer auch nicht entziehen.

Literatur

BIANCHI SCHAEFFER, MARIAGRAZIA: Erinnerung: Ein Ariadnefaden aus dem Labyrinth. Zur Auseinandersetzung ausländischer Therapeutinnen mit Fremdenfeindlichkeit und der eigenen Nationalität. In: HEISE, Th. (Hg.): Transkulturelle Psychotherapie. Hilfen im ärztlichen und therapeutischen Umgang mit ausländischen Mitbürgern. VWB, Berlin, 1998.

COLLATZ, JÜRGEN: Die Welt im Umbruch. Zu Lebenssituation, Gesundheitszustand und Krankheitsversorgung von Migrantinnen und Migranten in Deutschland. In: Pro Familia, 1996, 22.1, S. 2-6.

COLLATZ, JÜRGEN u.a. (Hg.): Transkulturelle Begutachtung. Qualitätssicherung sozialgerichtlicher und sozialmedizinischer Begutachtung für Arbeitsmigranten in Deutschland. VWB, Berlin, 1997.

COLLATZ, J., W. HACKHAUSEN & R. SALMAN (Hg.): Begutachtung im interkulturellen Feld. VWB, Berlin, 1999.

COLLATZ, J., TH. HEISE (Hg.): Psychosoziale Betreuung und psychiatrische Behandlung von Spätaussiedlern. VWB, Berlin, 2002.

COLLATZ, J.: Integration nicht zum Nulltarif. In: COLLATZ, J. & TH. HEISE (Hg.): Psychosoziale Betreuung und psychiatrische Behandlung von Spätaussiedlern. VWB, Berlin, 2002, 9-10.

CZERWINSKI, RICO (2002) Wie lernt man die Kälte zu lieben? Der Tagesspiegel, Berlin, 17673, S. 3.

GAEBEL et al. (2005): Prävalenz der posttraumatischen Belastungsstörung und Möglichkeiten der Ermittlung in der Asylverfahrenspraxis, *Zeitschrift Klinische Psychologie und Psychotherapie*, 35.1: 12–20

GOTTSCHALK-BATSCHKUS, CHRISTINE & CHRISTIAN RÄTSCH (Hg.): Ethnotherapien – Therapeutische Konzepte im Kulturvergleich. *Curare*-Sonderband 14. VWB, Berlin, 1998.

HAASEN, CHRISTIAN & OKTAY YAGDIRAN (Hg) Beurteilung psychischer Störungen in einer multikulturellen Gesellschaft.Lambertus, Freibeirg/Br., 2000.

HAENEL, FERDINAND & SYLVIA KARCHER & Carolin TSCHIESCHE: Aus der multidisziplinären Arbeit am Berliner Behandlungszentrum für Folteropfer. In: HEISE, TH. (Hg.): Transkulturelle Beratung, Psychotherapie und Psychiatrie in Deutschland. VWB, Berlin, 2000a.

HEGEMANN, THOMAS & RAMAZAN SALMAN (Hg.): Transkulturelle Psychiatrie. Konzepte für die Arbeit mit Menschen aus anderen Kulturen. Psychiatrie, Bonn, 2001.

HEINL, PETER: Maikäfer flieg. Kösel, München, 1994

HEINZ, ANDREAS: Anthropologische und evolutionäre Modelle in der Schizophrenieforschung. VWB, Berlin, 2002.

HEISE, TH.: Chinas Medizin bei uns. Einführendes Lehrbuch zur traditionellen chinesischen Medizin. VWB, Berlin, 1996

Heise, Th. (Hg.): Transkulturelle Psychotherapie. Hilfen im ärztlichen und therapeutischen Umgang mit ausländischen Mitbürgern. VWB, Berlin, 1998.

Heise, Th.: Katathymes Bilderleben als Wendepunkt in der Therapie einer russischen Migrantin mit chronifizierender, reaktiver Depression. In: Heise, Th. (Hg.): Transkulturelle Psychotherapie. Hilfen im ärztlichen und therapeutischen Umgang mit auslandischen Mitbürgern. VWB, Berlin, 1998b.

Heise, Th.: Transkulturelle Psychotherapie mit *qigong*-Übungen und *taiji quan*. In: Heise, Th. (Hg.): Transkulturelle Psychotherapie. Hilfen im ärztlichen und therapeutischen Umgang mit ausländischen Mitbürgern. VWB, Berlin, 1998c.

Heise, Th.: Pathogenetische und therapeutische Unterschiede bei zwei kurdischen Asylanten mit akuter depressiver Dekompensation. In: Heise, Th. (Hg.): Transkulturelle Psychotherapie. Hilfen im ärztlichen und therapeutischen Umgang mit ausländischen Mitbürgern. VWB, Berlin, 1998d.

Heise, Th.: Besessenheitswahn einer koreanischen Patientin: Hintergründe, Therapie und Folgerungen für ein transkulturelles-transpersonales Weltbild. In: Heise, Th. (Hg.): Transkulturelle Psychotherapie. Hilfen im ärztlichen und therapeutischen Umgang mit ausländischen Mitbürgern. VWB, Berlin, 1998.

Heise, Th.: *Qigong* in der VR China: Entwicklung, Theorie und Praxis. VWB, Berlin, 1999.

Heise, Th. (Hg.): Transkulturelle Beratung, Psychotherapie und Psychiatrie in Deutschland. VWB, Berlin, 2000a.

Heise, Th.: Multidimensionales institutionelles Management psychischer Probleme unbegleiteter minderjähriger Flüchtlinge. In: Heise Th (Hg.): Transkulturelle Beratung, Psychotherapie und Psychiatrie in Deutschland. Berlin: VWB, 2000b, 289-296

Heise, Th.; Collatz, J.; Machleidt, W. & Salman, R. (2000) Das Ethnomedizinische Zentrum Hannover und die Medizinische Hochschule Hannover im Rahmen der transkulturellen Gesundheitsversorgung. In: Heise, Th. (Hg.) Transkulturelle Beratung, Psychotherapie und Psychiatrie in Deutschland. Berlin: VWB.

Heise, Th.: Transcultural Psychotherapy. In: Hersen, Michael & William H. Sledge: Encyclopedia of Psychotherapy. Academic Press, New York, 2002. Vol. 2, p. 841-850

Heise, Th.: Entwicklungsgeschichte, Methodik und Praxis der Transkulturellen Psychiatrie. Psychomed, 2003, 15.2: 70-75.

Heise, Th.: Qigong als erweiterte Körperpsychotherapie in der komplementären Behandlung Psychosekranker. In: Machleidt, W. *et al.* (Hg.) Schizophrenie. Behandlungspraxis zwischen speziellen Methoden und integrativen Konzepten. Schattauer, Stuttgart, 2003

Hitschfeld K, Novikov J & Wall E (2000) Migranten aus der früheren Sowjetunion in stationärer Behandlung in einer psychiatrischen Klinik in Hamburg. In: Heise T. (Hg.) Transkulturelle Beratung, Psychotherapie und Psychiatrie in Deutschland. Berlin: VWB.

Hoffmann, Klaus & Wielant Machleidt (Hg.): Psychiatrie im Kulturvergleich. VWB, Berlin, 1997.

Huntington, S P: Kampf der Kulturen. Europaverlag, München, 1998.

Kentenich, H.; P. Reeg & K.-H. Wehkamp (Hg.): Zwischen zwei Kulturen: Was macht Ausländer krank? Mabuse, Frankfurt/M., 1990.

Kleinhenz, Juliane: Chinesische Diätetik. VWB, Berlin, 2003.

Knorr, Kerstin & Th. Heise: Psychosoziale Betreuung und Suchtberatung von Spätaussiedlern und jüdischen Emigranten in Chemnitz. In: Collatz, J., Th. Heise (Hg.): Psychosoziale Betreuung und psychiatrische Behandlung von Spätaussiedlern. VWB, Berlin, 2002.

Koch, Eckhardt; Metin Özek & Wolfgang Pfeiffer (Hg.): Psychologie und Pathologie der Migration. Deutsch-türkische Perspektiven. Lambertus, Freiburg/Br., 1994.

Kroeber, A. L. & C. Kluckhohn: Culture: A Critical Review of Concepts and Definitions. Paper of the Peabody Museum of American Archaeology and Ethnology 47 (1). Peabody Museum of Harvard University, Cambridge MA, 1952.

Lago, C. & J. Thompson: Race, Culture and Counselling. Open University Press, Buckingham, 1996.

Leyer, E.M.: Migration, Kulturkonflikt und Krankheit. Westdeutscher Verlag, Opladen, 1991.

Madu, Sylvester Ntomchukwu, Peter Kakubeire Baguma & Alfred Fritz (ed.): Psychotherapy in Africa. First Investigations. World Council for Psychotherapy, Wien, 1996.

MIRETSKI, BORIS & LOTHAR SCHMIDT (2000) Drogenabhängigkeit. Eine andere Mentalität. Deutsches Ärzteblatt, 97.38, B 2086.

MÖHRING, PETER & ROLAND APSEL (Hg.): Interkulturelle psychoanalytische Therapie. Brandes & Apsel, Frankfurt/M., 1995.

MÜLLER-WILLE, CHRISTINA: Krisenberatung und systemisch familientherapeutische Ansätze als Integrationshilfen. In: COLLATZ, J., TH. HEISE (Hg.): Psychosoziale Betreuung und psychiatrische Behandlung von Spätaussiedlern. VWB, Berlin, 2002.

NAMYSLOWSKI, JACEK: Problematik der muttersprachlichen Psychotherapie bei den aus Polen stammenden Patienten in stationärem (Reha-Klinik für Alkohol- und Medikamentenabhängige) und ambulantem Setting (eigene psychotherapeutische Praxis) aus 10-jähriger Perspektive. In: HEISE, TH. (Hg.): Transkulturelle Psychotherapie. Hilfen im ärztlichen und therapeutischen Umgang mit ausländischen Mitbürgern. VWB, Berlin, 1998.

NESTMANN , F. & TH. NIEPEL (Hg.): Beratung von Migranten. Neue Wege der psychosozialen Versorgung. VWB, Berlin, 1993.

OESTEREICH, CORNELIA: Systemische Therapie an den Grenzen unterschiedlicher kultureller Wirklichkeiten. In: HEISE, Th. (Hg.): Transkulturelle Psychotherapie. Hilfen im ärztlichen und therapeutischen Umgang mit ausländischen Mitbürgern. VWB, Berlin, 1998.

OSTERMANN, BIRGIT: „Wer versteht mich?" Der Krankheitsbegriff zwischen Volksmedizin und High Tech. Zur Benachteiligung von AusländerInnen in deutschen Arztpraxen. IKO, Frankfurt/M., 1990.

PAPAKIRILLOU-PAPATERPOU, HARITINI: Transkulturelle Verhaltenstherapie: Chancen und Grenzen. In: HEISE, TH. (Hg.): Transkulturelle Psychotherapie. Hilfen im ärztlichen und therapeutischen Umgang mit ausländischen Mitbürgern. VWB, Berlin, 1998.

PENKA S, KRIEG S, WOHLFAHRT E, HEINZ A (2004) Suchtprobleme bei Migranten – Gemeinsamkeiten und Unterschiede. In: Psychoneuro 7: 401-404

PESESCHKIAN, HAMID: Die russische Seele im Spiegel der Psychotherapie. VWB, Berlin, 2002.

PFEIFFER, WOLFGANG M. & WOLFGANG SCHOENE (Hg.): Psychopathologie im Kulturvergleich. Enke, Stuttgart, 1980.

PFEIFFER, W. : Transkulturelle Psychiatrie. Thieme, Stuttgart & New York, 1994.

RAHN, RUDOLF: Hintergründe, Konflikte und Bewältigungsstrategien bei Migranten aus dem russischsprachigen Raum sowie Interventionen nach der Positiven Psychotherapie. In: COLLATZ, J., TH. HEISE (Hg.): Psychosoziale Betreuung und psychiatrische Behandlung von Spätaussiedlern. VWB, Berlin, 2002.

RIQUELME, HORACIO (Hg.): Andere Wirklichkeiten - andere Zugänge. Vervuert, Frankfurt, 1992.

SALMAN, Ramazan: Plädoyer für die Einrichtung von Dolmetscherdiensten. In: HEISE, TH. (Hg.): Transkulturelle Psychotherapie. VWB, Berlin: 1998, 37-48.

SALMAN, R., SONER TUNA & ALFRED LESSING (Hg.): Handbuch interkulturelle Suchthilfe. Psychosozial, Gießen, 1999.

SCHARFETTER, CHRISTIAN & ADOLF DITTRICH (Hg.): Ethnopsychotherapie. Enke, Stuttgart, 1987.

SCHARFETTER, CHRISTIAN: Die schizophrene Ich-Störung in kulturell variabler Gestalt – und die therapeutisch Antwort. In: HEISE, TH. (Hg.): Transkulturelle Psychotherapie. Hilfen im ärztlichen und therapeutischen Umgang mit ausländischen Mitbürgern. VWB, Berlin, 1998.

SCHARFETTER, CHRISTIAN: Der spirituelle Weg und seine Gefahren. Enke, Stuttgart, 1991.

SKUTTA, Sabine: Systemische Ansätze in der psychotherapeutischen Arbeit mit türkischen Migrantinnen. In: HEISE, TH. (Hg.): Transkulturelle Psychotherapie. Hilfen im ärztlichen und therapeutischen Umgang mit ausländischen Mitbürgern. VWB, Berlin, 1998.

SLUZKI, C. E.: Psychologische Phasen der Migration und ihre Auswirkungen. In: HEGEMANN, Thomas und Ramazan SALMAN (Hg.): Transkulturelle Psychiatrie. Konzepte für die Arbeit mit Menschen aus anderen Kulturen. Psychiatrie, Bonn, 2001.

TUNA, SONA: Psychotherapie im interkulturellen Kontext. Beziehungsaufbau und Störung in der Psychotherapie mit Migranten gleicher kultureller Herkunft. In: HEISE, TH. (Hg.): Transkulturelle Psychotherapie. Hilfen im ärztlichen und therapeutischen Umgang mit ausländischen Mitbürgern. VWB, Berlin, 1998.

VERWEY, MARTINE & CURARE (Hg.): Trauma und Ressourcen. VWB, Berlin, 2001.

WITTKOWER, E.D.: Probleme, Aufgaben und Ergebnisse der transkulturellen Psychiatrie. In: WULFF, ERICH (Hg.), 1978, S. 16

WITTKOWFR, E.D. & H. WARNES: Kulturelle Aspekte der Psychotherapie. In: PFEIFFER, W.M. & W. SCHOENE, 1980, S. 312

WOGE E.V., Institut für Soziale Arbeit e.V. (Hg.): Handbuch der Sozialen Arbeit mit Kinderflüchtlingen. Münster: Votum, 1999.

WULFF, ERICH (Hg.): Ethnopsychiatrie. Seelische Krankheit - ein Spiegel der Kultur. Akademische Verlagsanstalt, Wiesbaden, 1978.

ZHAO, XUDONG: Die Einführung systemischer Familientherapie in China als ein kulturelles Projekt. VWB, Berlin, 2002.

Autor:

Priv.Doz. Dr. med. Dr. phil. THOMAS HEISE, Jg. 1953, CA der Klinik für Psychiatrie und Psychotherapie, Psychiater und Sinologe, 2-jähriges Studium der traditionellen chinesischen Medizin in der VR China (www.tradchinmed.de), Leiter des Behandlungszentrums für TCM und Komplementärmedizin am Klinikum Chemnitz, Herausgeber der Buchreihe *Das transkulturelle Psychoforum* (www.vwb-verlag.com).

Klinikum Heinrich Braun gGmbH
Karl-Keil-Str. 35 • 08060 Zwickau
e-mail: thomas.heise@hbk-zwickau.de

Das faszinierende und das ängstigende Fremde.
Erfahrungen und Ergebnisse im Rahmen einer Werkstatt für Psychoanalytiker (Alfred-Adler-Institut Aachen-Köln)

ANNE LIESGES-HILGERS & HEDWIG RECKS

Wir stellten unserem Workshop die folgende Kernthese voraus:

Das Fremde interessiert und fasziniert uns, weil wir gefordert werden, uns weiterzuentwickeln und uns zu individualisieren.

Es ängstigt uns aber auch, weil unser Selbstverständnis erschüttert wird und dies Stabilisierungsarbeit erfordert.

Anhand von zwei sehr unterschiedlichen Fallvignetten versuchten wir zu zeigen, welchen Einfluss eine Migration auf das Identitätsgefühl haben kann.

In der ersten Fallvignette wird eine Selbstentwicklungsstörung mit bruchstückhafter unzureichend ausgebildeter Identität beschrieben.

Die zweite Vignette veranschaulicht die Erschütterung eines schon relativ sicheren Identitätsgefühls durch die Migration analog zur normalen Adoleszenz. Das führt zur Krise, bietet aber auch die Chance, bisher nicht erfolgreich bewältigte Entwicklungsaufgaben erneut in Angriff zu nehmen und realitätsangemessener zu lösen.

Die „Werkstatt" in Aachen

Im Rahmen einer „Werkstatt" beschäftigen sich sieben Psychoanalytikerinnen und Psychoanalytiker aus Aachen und Köln über einen Zeitraum von anderthalb Jahren mit dem Thema Parallelkulturen.

Angeregt wurde dieses Thema durch eine Kollegin, die aus einem Eifeldorf in der unmittelbaren Nähe einer amerikanischen Airbase stammt. Anhand der Beziehungen weiblicher Familienangehöriger zu amerikanischen Soldaten erlebte sie aus eigener Anschauung ganz unterschiedliche Entwicklungen deutsch-amerikanischer Beziehungen und damit verbundene Migrationserfahrungen, sowohl in Deutschland als auch in den USA. Nicht nur die dabei sichtbar werdenden Probleme, sondern auch positive Entwicklungen sensibilisierten sie früh für das Thema Parallelkulturen.

Genauso wie diese Kollegin uns für das „fremde Thema" begeistern konnte, nutzte jeder Werkstatt-Teilnehmer seine lebensgeschichtlich geprägten persönlichen Erfahrungen, um sich mit den für ihn besonders interessanten Teilaspekten des Themas zu beschäftigen.

Indem jeder aufgrund seines persönlichen Bezuges etwas zu dem Thema beitrug, entstand eine faszinierende und bereichernde Arbeitsatmosphäre sowie eine breit gefächerte Themenpalette. Hier einige Beispiele:

- Erfahrungen in Therapien mit ausländischen Patienten.
- Belletristik; z. B. Necla Kelek, Die fremde Braut, und Orhan Pamuk, Schnee.
- Fachliteratur siehe Literaturliste im Anhang;
- Filme: *Wut* von Oktay Özdemir und *Halfmoon* von Bahman Ghobadi.
- Erfahrungen mit der Architektur von Daniel Liebeskind in den Jüdischen Museen in Berlin und Osnabrück.
- Psychoanalyse in verschiedenen Ländern, eine Zeit-Serie.
- Vergleich Ödipus-Mythos und Shaname-Mythos.
- Unterschiede zwischen Scham- und Schuldkulturen.
- Konfliktgestaltung im intrapsychischen oder interaktionellen Raum.
- Migration als Identitätskrise.
- Kollektives vs. individualisiertes Selbst.

Unser Workshop auf dem Kongress

Der Kongress in Witten/Herdecke bot uns die Möglichkeit, im Rahmen eines Workshops interessierte Kollegen aus dem Arbeitsfeld Transkulturelle Psychiatrie an unseren Erfahrungen als Analytiker mit Patienten aus anderen Kulturen teilhaben und etwas von der anregenden Atmosphäre unserer „Werkstatt" lebendig werden zu lassen.

Unsere Arbeitsweise stellten wir anhand von Fallvignetten vor.

Wir wünschten uns im Workshop aber auch den Austausch mit dem Fremden in Form anderer Herangehensweisen und Therapieansätze, weil wir hofften, Berührungsängste abzubauen, gegenseitiges Befremden und Missverstehen zu vermindern, Neugierde entstehen zu lassen, so dass alle Seiten von der Zusammenarbeit profitieren können.

Kernthese: Das Fremde interessiert und fasziniert uns, weil wir spüren, dass wir uns in der Auseinandersetzung damit weiterentwickeln und individualisieren können und uns selber auch besser verstehen lernen.

Es ängstigt uns aber auch, weil unser Selbstverständnis erschüttert wird, weil es Unruhe erzeugt und Stabilisierungsarbeit erfordert.

Im Workshop gaben wir den Teilnehmern die Gelegenheit, in einigen Schweigeminuten mit dem faszinierenden und ängstigenden Fremden in Kontakt zu kommen. Wir ließen den Teilnehmern die Möglichkeit, ihre Erfahrungen mitzuteilen oder für sich zu bewahren.

Einen Teilnehmer, dessen Vater nach Deutschland eingewandert war, drängte es geradezu, uns an seiner Entdeckung teilhaben zu lassen. Er selbst war weit in der Welt herum gekommen und hatte das Fremde in seinem Leben bisher nie als ängstigend erlebt. In der Schweigezeit war ihm ein neuer Blick auf seinen Vater möglich geworden: Hatte er ihn in seinem bisherigen Leben eher als unfähigen Künstler betrachtet, so war er ihm jetzt mit Bewusstwerdung der Migrationsleistung als Lebenskünstler begegnet, der seine Migrationserfahrungen erfolgreich bewältigt hatte.

Zu unserer Freude initiierte er mit seiner persönlichen Schilderung einen offenen und lebendigen Erfahrungsaustausch. Auch für unseren Beitrag war damit der Boden geschaffen. Anhand von zwei sehr unterschiedlichen Fallvignetten wollten wir genau dieses veranschaulichen: Welche psychische Anstrengung nötig ist und welche Konflikte zu bewältigen sind, um zu einer reifen Identität in der Fremde zu kommen.

Geraldine, Das flüssige Selbst

Im Fall der ersten Patientin kommt es im Behandlungsprozess zur Nachreifung der durch die Migration stark gestörten Selbstentwicklung und darüber hinaus zu einem um die Migrationserfahrung erweiterten Selbstverständnis als Europäerin.

Die zum Zeitpunkt der Behandlung gerade 18-jährige Patientin wurde mir von einem befreundeten Psychiater förmlich mit den Worten „auf den Schoß gesetzt": „Kümmere dich mal um die, die ist jetzt alt genug." Er meinte zunächst einmal damit, dass ich sie aufgrund meiner Kassenzulassung für Erwachsene jetzt behandeln könne. Dass damit eine Menge mehr an Bedeutungen verbunden war, wurde mir nach und nach deutlich.

Als ich ihr beim Erstkontakt die Türe öffnete, schaute die Patientin mich aus großen braunen Augen an, die misstrauisch-ängstlich aber auch haltsuchend-freundlich auf mich wirkten. Mir kam ein Foto aus dem Film *The Tramp* in den Kopf. Dort sitzt ein kleines Mädchen auf den Stufen eines Zirkuswagens neben Charlie Chaplin, dem Fahrenden.

Ich erfuhr, dass sie in der Türkei geboren war, mit einem Jahr von der Mutter nach Deutschland geholt wurde, mit 3 Jahren zurück in die Türkei kam und mit 5 Jahren wieder nach Deutschland. Die Einschulung bewältigte sie trotzdem gut.

Sie kam mit der Diagnose Borderline-Störung mit Tendenz zu Selbstverletzung, Depersonalisierungs- und Derealisierungszuständen, auf dem Hintergrund wiederholter, wahrscheinlich traumatischer Trennungserfahrungen.

Zum Zeitpunkt des Erstkontaktes war sie aus einer Jugendwohngruppe ausgezogen und sollte/wollte jetzt alleine wohnen. Der Wegfall der vertrauten haltgebenden Strukturen hatte sie deutlich destabilisiert und zum Facharzt für Psychiatrie geführt.

Sie äußerte mir gegenüber, dass sie gar nicht wisse, wie lange sie noch hier bleibe, sie trage sich mit dem Gedanken, nach Berlin zu ziehen. Damit wollte sie mir schon zu Beziehungsbeginn ganz schnell und deutlich das Gefühl vermittelten, wie es ist, in der Luft hängengelassen zu werden, wie sie es vermutlich erlebt hatte.

So machte sie mir sehr unmissverständlich klar, dass sie weiterhin zu dem Psychiater gehen wolle. Dass ich mit ihrem Vorschlag einverstanden war, schien sie positiv zu überraschen.

Ich verstand ihre Äußerungen einerseits als Notwendigkeit, sich Sicherheit zu schaffen durch Festhalten an einer vertrauten Bindungsform – „mal hier mal dort sein" –, andererseits als Inszenierung früher Trennungserfahrung. So ließ sie mich die Unmöglichkeit spüren, anzukommen und eine verlässliche dauerhafte Bindung einzugehen. Bevor ihr das noch einmal passieren sollte, ginge sie lieber vorher selbst weg.

Die Möglichkeit in der ersten Zeit, nach Absprache mit dem Kollegen durchaus zwischen uns hin- und herzupendeln sowie mein containing der von ihr an mich weitergegebenen unverdauten unerträglichen Gefühle, schafften eine gute Basis; die Patientin stabilisierte sich etwas.

Im weiteren Verlauf wurden vermutlich Nähewünsche mit dazugehörenden Selbstverlustängsten mobilisiert ebenso wie ohnmächtige Wut, dass wieder etwas in ihr mit ihr geschah, was sie nicht beeinflussen konnte.

Konfrontiert mit diesen schrecklichen Spannungszuständen, ausgelöst durch diese frühen heftigen Autonomie-Abhängigkeitskonflikte, äußerte die Patientin den Wunsch, ob wir aus meinem recht kleinen Behandlungsraum vielleicht in den größeren Gruppenraum gehen könnten. Ich gab ihrem Wunsch statt, da ich es als Versuch verstand, die schwachen Ich-Grenzen zu schützen, den Wunsch, Raum zu bekommen, ohne die Bindung zu verlieren und die innere Spannung besser zu regulieren. Auf Äußerungen meinerseits, "das scheint ihnen gut zu tun, hier bei mir sich wegbewegen zu können, ohne dass daraus Schwierigkeiten entstehen", antwortete sie mit leisem Augenzwinkern.

Etwa ab diesem Zeitpunkt äußerte sie über viele Stunden hinweg immer zu Beginn, dass sie sich gar nicht mehr an die letzte Stunde erinnern könne, und immer wieder nahm sie mein Angebot auf, ihr zu erzählen, was ich erinnerte. So äußerte sie in einer heiteren Stunde: „Ich esse Ihre Worte und dann spuck ich sie aus"; als ich zuvor erwähnt hatte, dass wir ja im Deutschen „spuck schon aus" sagen, wenn wir meinen, jemand solle mit der Sprache herausrücken.

Sie erfuhr, dass ich immer wieder Kontinuität herstellte und die Trennung zwischen den Stunden verlässlich überbrückte. Obwohl ich „weg" war zwischen den Stunden, konnten wir so wieder anknüpfen, die Trennung überbrücken, ohne sie zu leugnen, wie sie es aus der Herkunftsfamilie kannte.

Schwer war es für sie, größere Pausen, wie meine Sommerferien, zu ertragen. Da kam ihr die Möglichkeit, sich an den ihr bekannten Kollegen zu wenden als Sicherheit gebendes Moment zu Gute. Darüber hinaus bot ich ihr an, etwas aus „unserem Behandlungsraum" mitzunehmen. Sie nahm einen kleinen Stein von der Fensterbank, einen kantigen mit scharfen Ecken und keinen Handschmeichler, und kommentierte dies: „Das ist er." Mein Befremden, so etwas Unangenehmes für die Hand mitzunehmen, daran könne sie sich doch schneiden, wischte sie vom Tisch und war sich sicher, dass dies der Richtige sei. Erst später verstand ich die symbolische Bedeutung. Sie konnte in Form gerade dieses Steins sowohl die Verbindung halten als auch alle mit der Therapiepause anklingenden schmerzhaften Trennungserfahrungen bei sich behalten, die ja so maßgeblich für sie und ihr bisheriges Leben waren. Ich empfand Freude und Stolz auf ihre gewachsenes Selbstverständnis und ihre Fähigkeit, sich in dieser Weise von mir abzugrenzen. Es wurde für uns beide möglich, getrost in die Ferienpause zu gehen.

Nachdem diese Art krisenhafter Belastungen aushaltbar wurden, konnte sie ab und zu Elemente der vorangegangenen Stunde erinnern.

Als ich dann einmal mit Erschrecken feststellte, dass mir der Inhalt einer Sitzung „verlorengegangen" war und ich dies unsicher zu erkennen gab, lachte sie und meinte nur: „Ach das weiß ich doch", als wäre es das Selbstverständlichste der Welt.

Hiermit war ein erster Abschnitt gelungener Selbstentwicklung markiert.

Insgesamt dauerte der ganze Prozess 3oo Stunden und erstreckte sich über fast 6 Jahre. Die Patientin wurde ausschließlich im Sitzen behandelt und auch meist mit einer Stundenfrequenz von einer Stunde in der Woche.

Als das Ende der Therapie in Reichweite kam, machte sich die Patientin keinerlei Gedanken darüber. Als ich sie darauf ansprach, meinte sie: „Wie soll ich Abschied nehmen, das kenne ich nicht, das wissen Sie doch ganz genau, das müssen Sie mir zeigen". Ich antwortete ihr: „das tu ich ja gerade, indem ich Sie darauf anspreche".

Ab da entwickelte sie verschiedene Vorstellungen, wie wir „den Abschied feiern könnten, schließlich hätten wir ja doch was geschafft". Sie wollte mit mir in ein Cafe gehen. Ich fragte sie, ob das nicht der Versuch sein könnte, mich ins normale Leben zu nehmen, so wie sie es erfahren habe, mal eben in einen anderen Lebensraum verpflanzt zu werden. Das bestürzte sie und sie bat mich, ihr zu helfen. Ich erfuhr, dass ihr Herz am Cafe hing, das sei in der Türkei wichtig. Lachend fügte sie hinzu: „aber für die Männer, da draußen haben die Frauen nichts zu suchen". Wir beschlossen das „Draußen" reinzuholen und tranken in der letzten Stunde im vertrauten Raum gemeinsam Kaffee. Sie brachte mir als Abschiedsgeschenk einen Stein mit, den sie von einer Reise mitgebracht hatte, und ging mit den Worten: „Ich gehe als Europäerin".

Sofia, Verflüssigtes Selbst

Die zweite Fallvignette soll verdeutlichen, wie durch Migration ein weitgehend stabiles Identitätsgefühl erschüttert werden kann, wie lebensstiltypische Bewältigungsmuster wieder aufleben und wie nicht zu Ende geführte Entwicklungsaufgaben eine neue Chance bekommen können.

Nach MACHLEIDT (mündliche Ausführung auf dem Kongress) kann man die Entwicklung eines Menschenlebens als eine Abfolge von „Migrationen" betrachten, durch die der Mensch sich fortschreitend von seinen Primärobjekten entfernt. Nach Geburt und Adoleszenz kann Migration im eigentlichen Sinne als ein dritter Individuationsschritt, als eine Art kulturelle Adoleszenz verstanden werden. Genau wie in der normalen Adoleszenz kann das, was bisher ungenügend bewältigt worden ist, neu in Angriff genommen werden mit der Chance einer befriedigenderen Lösung. Auch GRINBERG (1990) und KOHTE-MEYER (in PEDRINA 1999, S. 71) vergleichen die Migration mit den Vorgängen in der Adoleszenz, in der es auch im normalen Entwicklungsverlauf zu einer Erschütterung der Identität und des schon relativ stabilen Selbstwertgefühls kommt.

Die vorgestellte Patientin wurde mir von einer Kollegin geschickt, ich beantragte eine analytische Psychotherapie, die sich im Anfangsstadium befindet.

Zum Erstgespräch erschien eine ca. 50-jährige Frau, eher konservativ gekleidet, im Kontrast dazu trug sie viel auffälligen Schmuck.

Im Eingangssatz bringt sie verdichtet die verschiedenen Seiten ihres Konfliktes zum Ausdruck: „Ich habe das Glück, mein ganzes Leben mit meiner Mutter zu leben. Sie ist sehr stark und sehr von mir abhängig, ich soll machen, was sie will" und „Ich bin total abhängig von den Stimmungen meiner Mutter".

Die Patientin berichtet, dass ihre Mutter sie nun schon seit Monaten anschweige, so dass sie das Gefühl habe, ein schlechter Mensch zu sein. Jetziger Auslöser sei ein harmloser Abgrenzungsversuch ihrerseits gewesen. Sie habe Besuch gehabt und ihre Mutter gebeten, nicht zu stören. Darüber sei diese so erbost gewesen, dass sie nicht mehr mit ihr rede, sie nicht mehr grüße und nur noch an ihr vorbeischaue. Sie halte die Atmosphäre nicht mehr aus und wünsche sich, dass die Mutter auszöge. „Mit Abstand bin ich vielleicht eine bessere Tochter".

Was sich zunächst wie eine etwas verspätete Ablöseproblematik darstellte, bekam für mich in der Gegenübertragung eine etwas andere Note, als die Patientin mir berichtete, dass sie auf der Krim mit ihrer jüdischen Mutter und ihrem russischstämmigen Vater aufgewachsen sei. Sie sei vor 15 Jahren mit ihrem Mann, ihren beiden Söhnen und ihrer Mutter nach Deutschland gekommen.

Als ich nachfrage, weist sie Zusammenhänge zwischen ihren jetzigen Problemen und ihrer kulturellen Herkunft und der Migration vehement zurück. In Deutschland sei alles besser und deshalb sei es für sie kein Problem gewesen, sich in Deutschland einzuleben. „Nach dem Sprachkurs habe ich nur noch Deutsch gesprochen". Fast kontraphobisch negiert sie jegliche Probleme und Unsicherheiten im Zusammenhang mit der Migration.

Ihr Verhalten befremdet mich und wiederholt drücke ich mein Erstaunen darüber aus, dass sie scheinbar ohne Übergang „in eine Deutsche mutiert" ist.

Das tut offensichtlich seine Wirkung, nach einiger Zeit beginnt die Patientin nun doch, von ihrem Herkunftsland und den Unterschieden zu Deutschland zu sprechen. Innerhalb einer Woche übersetzt sie mir eine Novelle, in der es um eine symbiotisch-sadistische Mutterbeziehung geht und erzählt, dass man in Russland anders mit den Eltern umgehe als in Deutschland. Sie blieben die Autorität, egal wie alt man sei. Abgrenzung sei nicht erwünscht, im Gegenteil, man müsse eigentlich raten, was die Eltern wirklich wollten. Als Beispiel führt sie an: Wenn man die Eltern fragen würde, ob sie Hilfe bräuchten, dürfe man ein Nein nie sofort akzeptieren, sondern müsse noch mehrfach nachfragen. Aus Anstand würden die Älteren zunächst mehrere Male Nein sagen, aber im Endeffekt Ja meinen und das müsse man spüren. Es sei die Aufgabe der Jüngeren solange zu fragen, bis die Älteren Ja sagen könnten. Lachend fügt sie hinzu, das autoritäre Verhalten ihrer Eltern, besonders der Mutter, aber auch das autoritäre Regime in ihrem Herkunftsland habe sie stark geprägt und „steckt mir noch bis heute in den Knochen".

Ihre Eltern, beide Akademiker, hätten zur intellektuellen Elite ihrer Geburtsstadt gehört, ihnen sei vor allem Leistung und Anpassung wichtig gewesen. „Leistung war bei uns in der Familie wichtig, damit „bezahlten" wir unsere Eltern."

Ihre Mutter habe nach der Devise gelebt: „Eine jüdische Mutter „stirbt" für ihre Kinder, darf das aber auch von ihnen verlangen." Da die Mutter seit ihrer Geburt unter Bluthochdruck leide, habe sie sich immer schuldig und der Mutter zu ewigem Dank verpflichtet gefühlt. Nach der Scheidung der Eltern habe die Verantwortung für die Mutter noch stärker auf ihr gelastet.

Beruflich war die Patientin sehr erfolgreich, sie absolvierte zunächst eine Studium nach dem Interessensgebiet des Vaters, während ihrer Ehe absolvierte sie zusätzlich das gleiche Studium wie ihre Mutter, arbeitete sogar auf der gleichen Arbeitsstelle.

Trotz ihrer großen äußeren Kompetenz blieb sie in selbstobjekthafter Weise an ihre Mutter gebunden, auf deren Wunsch hin sie auch den Kontakt zum Vater ganz abbrach. Der Prozess der inneren wie äußeren Ablösung von der Mutter wie auch die Entwicklung einer stabilen eigenen Identität konnte nicht abgeschlossen werden. Die Patientin entschloss sich zur Emigration als sie merkte, dass ihr vorher ausgewanderter Bruder sich in der BRD sehr verändert hatte, er war viel freier geworden. Damit wurden eigene bisher ungelebte Autonomiewünsche angestoßen. Sie hoffte, diese durch den eigenen Ortswechsel verwirklichen zu können.

In Deutschland fand die Patientin sofort Arbeit. Anfangs habe sie bei Besprechungen aufgrund ihrer Sprachprobleme oft nicht folgen können. Als sie das ihrer Chefin gesagt habe, habe diese ihr nicht geglaubt. Aufgrund ihrer kontraphobischen und pseudoprogressiven Bewältigungsversuche hatte sie offenbar einen viel kompetenteren Eindruck hinterlassen. Somit habe sie begonnen, alle Wörter aufzuschreiben, die sie nicht verstanden habe und diese dann zu Hause nachzuschauen. Sie habe niemandem mehr gezeigt, wenn sie etwas nicht gewusst habe. Mit dem, was sie in Russland gelernt hatte, habe sie in ihrer Arbeit in Deutschland nichts anfangen können. So habe sie deutsche Fachbücher gelesen und sich bedingungslos und kritiklos nach ihnen gerichtet.

Während der zwanzig Jahre seit ihrer Migration hatte die Patientin schon wiederholte Male versucht, sich von ihrer Mutter zu emanzipieren, aber immer wieder einen Rückzieher gemacht. Besonders Bruder und Söhne hätten ihr großen Druck gemacht und sie an ihre Pflicht als „gute jüdische Tochter" erinnert. Außerhalb der Familie hatte sie sich sehr an deutschen Normen orientiert, innerhalb der Familie gelang es ihr nicht, sich von der tradierten Frauen- und Tochterrolle zu lösen und zu einer eigenen Identität zu finden. „Meine Mutter wollte nicht, dass wir uns integrieren." „Sie bekam eine Panikattacke als ich ihr gestehen musste, dass ich altes Besteck aus der Heimat weggeworfen habe." „Ich wurde meiner Mutter immer fremder".

Jetzt wünscht sie sich, dass ihre Mutter auszieht, weil sie sich damit überfordert fühlt, in der Beziehung zur Mutter etwas zu verändern. Gleichzeitig hat sie große Schuldgefühle.

Über die dargestellte Problematik ist die Patientin noch einmal gefordert, sich mit ihrer eigenen Identität auseinander zu setzen, was kurz nach der Migration nicht erfolgt war. Damals hatte sie ihre Identität an den Normen ihrer Umgebung ausgerichtet, wie das ja vielfach auch in der Pubertät im Rahmen der entsprechenden Peergroup geschieht, ohne in der Familie oder mit der Mutter die entsprechenden Konflikte auszutragen. In den letzten Sitzungen setzte sie sich intensiv mit den Unterschieden in der Beziehungsgestaltung in ihrem Heimatland und in Deutschland auseinander.

In der therapeutischen Beziehung wird diese Auseinandersetzung jetzt spürbar. Sie entwickelte eine adoleszente Mutterübertragung. In ihrem Verhalten wirkt die Patientin teilweise wie eine Adoleszente, „nicht Fisch noch Fleisch". Einerseits passt sie sich mir sehr an (z.B. kleidungsmäßig) und betont wie sehr sie mich braucht, andererseits hebt sie mit Nachdruck ihre Autonomie hervor. So vermittelt sie mir mit ihrem Lachen oft den Eindruck, als stehe sie über den Dingen und müsse auch mich auf Distanz halten. Zaghaft wird auch Rivalität deutlich, so teilte sie mir verschämt, aber auch triumphierend mit, dass sie in ihrer Heimat eine Führungsrolle gehabt habe. Ihr Auftrumpfen scheint ihr aber auch Angst zu machen, in der nächsten Sitzung will sie dann von mir wissen, was ich über sie denke.

Sie braucht jetzt eine Mutter, mit der sie sich auseinander setzen kann. So könnte es ihr letztendlich gelingen, zu einer eigenen Identität zu gelangen, in der sie sowohl die kulturellen Werte ihres Herkunftslandes, wie auch die ihrer deutschen Wahlheimat integrieren kann.

Hinsichtlich unserer Ausgangsthese gab die Migration bei der Patientin Sofia einen Entwicklungsanreiz und forderte sie auf, sich im Kontakt mit der neuen Kultur weiter zu entwickeln und zu individualisieren. Möglicherweise hätte der Individuationsprozess anders ausgesehen, wenn die Patientin in ihrer Herkunftskultur geblieben wäre. Es ist anzunehmen, dass sie dort den Trennungsschuldkonflikt eher umgangen wäre, um das Eingebundensein in die Familie nicht zu gefährden.

Bei der Patientin Geraldine, die in ihrer Familie keine Bindungssicherheit erlebt hatte, ging es dagegen darum, ihr mit Hilfe einer tragenden und Halt gebenden therapeutischen Beziehung den Individuationsprozess überhaupt erst zu ermöglichen. Es kam im Behandlungsprozess zur Nachreifung der durch die Migration stark gestörten Selbstentwicklung. Darüber hinaus entwickelte sie ein erweitertes Selbstverständnis als Europäerin.

Literatur

ARDJOMANDI, M. E. 2000. Die fremde Kultur der Schiiten. Scham, Schuld und Narzissmus in der psychoanalytischen und psychotherapeutischen Behandlung von Iranern. In STREECK (Hg). Das Fremde in der Psychoanalyse. Gießen. 65-77.

ATABAY, I. 1998. Zwischen Tradition und Assimilation. Freiburg im Breisgau.

GRINBERG, L., GRINBERG, R. 1990. Psychoanalyse der Migration und des Exils. München.

HOSSEINI, K. 2003. Drachenläufer. Berlin.

KELEK, N. 2005. Die fremde Braut. Köln.

KHOSHROUY-SEFAT, H. 2007. Migration und seelische Krankheit. In *Zeitschrift für Individualpsychologie*. 32/3: 255-264.

KOHTE-MEYER, I. 1999. Spannungsfeld Migration: Ich-Funktionen und Ich-Identität im Wechsel von Sprache und kulturellem Raum. In PEDRINA (Hg.), Kultur, Migration, Psychoanalyse. Tübingen. 71-97.

MAIER, C. 2000. Der Ausgang des ödipalen Konflikts bei den Tobriandern in Papua Neuguinea. In STREECK (Hg). Das Fremde in der Psychoanalyse. Gießen. 90-105.

MAIER, Ch. 1998. Adoleszentenkrise und die Angst vor der Fremde. In *Ethnopsychoanalyse 5*, Jugend und Kulturwandel. Frankfurt a. M. 61 -78.

PAMUK, O. 2007. Schnee. Frankfurt a. M.

WOHLFAHRT, ZAUMSEIL (Hg) 2006. Transkulturelle Psychiatrie – Interkulturelle Psychotherapie. Heidelberg.

Zeit-Wissen 2006. Die ganze Welt der Seele. Eine Reise mit Sigmund Freud durch die Kulturen und Kontinente.

Autorinnen:

Dipl.-Psych. ANNE LIESGES-HILGERS, Aachen
e-mail: liesges_hilgers@freenet.de

Dipl.-Psych. HEDWIG RECKS, Köln
e-mail: hedwig_recks@yahoo.de

Kränkung und psychische Krankheit

Wielant Machleidt

Ablösung von der Ursprungskultur

Jeder freiwilligen Migration geht die Neugier auf das neue Unbekannte voraus, verbunden mit der Faszination an den Wandlungsprozessen und Metamorphosen, die durchlaufen werden, und den Errungenschaften und „ungeahnten Möglichkeiten", die sich eröffnen. Das Erleben in dieser Phase des Migrationsprozesses ist von dem Primärgefühl der Neugier und Vorfreude auf das Neue, Unbekannte geprägt. „Die Betrachtung der Migration als Unglück oder auch die dramatisierende Betonung der Gefahrenseite muss wohl als individuelle Angst bzw. Abwehr vor den Verführungen die von der Migration ausgehen gedeutet werden. Denn die ambivalente Haltung vieler Menschen gegenüber Sesshaftigkeit und gleichförmiger Stabilität sowie die Ambivalenz gegenüber der eigenen Kultur wegen der durch sie auferlegten Verzichte und Sublimierungen im Sinne beengender sozialer Spielregeln wird häufig gar nicht in Betracht gezogen" (ERDHEIM 2003). Migration löst entgegen diesen Annahmen nicht nur Ängste und Verzweiflung aus, sondern „vielmehr Hoffnungen auf ein anderes und besseres Leben", und zwar auch dann, wenn die Migration eine durch Krieg und Vertreibung erzwungene war. „Die Hoffnungen richten sich auf ein Leben in denen das realisierbar wird, worauf bisher verzichtet werden musste." Die Migration hat häufig dieses „utopische Moment". Man hofft auf einen radikalen Neuanfang des eigenen Lebens und möchte auch „den Verstrickungen in die Geschichte der eigenen Kultur" entkommen – wie z.B. die Deutschen Emigranten nach dem 2. Weltkrieg (ERDHEIM 2003). Nicht übersehen werden darf, dass die weitaus meisten Migrationsgeschichten Erfolgsgeschichten sind bzw. die Migration ganz gut bewältigt wird. Dies muss einer häufig anzutreffenden Dramatisierung, die Abwehrcharakter hat, entgegengehalten werden. Migration war und ist ein normalpsychologisches anthropologisches Phänomen, das global an Häufigkeit in Zukunft erheblich zunehmen wird. Positive Erwartungen unterschiedlichster Art sind ganz typisch mit dem Auftakt eines Migrationsprozesses verknüpft.

Das zweite Grundgefühl aber ist die unvermeidliche Angst vor dem Unbekannten. Diese Angst hat als eine normalpsychologische „Signalangst" die Funktion der realitätsbezogenen Bewertung und Planung, der Abwägung von Chancen und Risiken und der antizipatorischen Absicherung. Ihre Überwindung geht dem schmerzhaften Handlungsschritt der Trennung und Ablösung als eine Art Vorbereitungsgefühl voraus. Die Entdämonisierung und Entdramatisierung dieser Angst vor dem fremden Unbekannten ist eine notwendige Voraussetzung bei der Verwirklichung einer Migration. Ohne diese wird der Schritt einer freiwilligen Migration nicht getan. Beim Akt der Migration kommt es zum Trennungsschmerz. Der Trennungsschmerz ist ein Primärgefühl, das tief empfunden wird von allen Menschen, die fortgehen und Kulturgrenzen unwiderruflich überschreiten. Man kann diesen ganz ursprünglichen Schmerz einen Schmerz nennen, der Wachstum ermöglicht, also einen „Wachstumsschmerz" nennen (GRINBERG & GRINBERG 1990). Dieser Schmerz ist Schmerz als psychische Qualität und weder Angst noch Trauer. Aber er kann mit beiden assoziiert sein. Erst nach diesem vollzogenen Akt der Trennung erfolgt der Rückblick auf das Zurückgelassene und die Trauer um die erlittenen Verluste. Diese Abschiedstrauer wird von ELIAS als ein Gefühl des sozialen oder „kollektiven Sterbens" (ELIAS 1976) bezeichnet, verknüpft mit der Aufgabe der gewohnten sozialen Rollen und der Alltagsrituale. Bei der glücklichen Ankunft in der Aufnahmekultur treten freudige Gefühle auf. Die Begegnung mit der neuen Kultur ist eine Art "Honeymoon", bei der sich Triumph- und Erfolgsgefühle über die gelungene Ankunft und die Faszination bei der Begegnung mit der Aufnahmekultur zu einem Hochgefühl steigern (MACHLEIDT & CALLIESS 2004: Abb. 1)

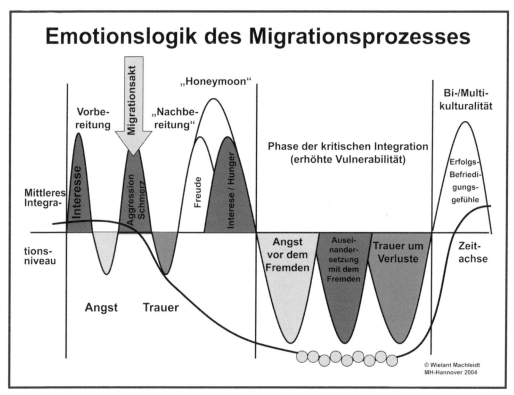

Der Migrationsprozess hat drei für jede Migration typische Phasen, die Vorbereitungsphase mit dem Migrationsakt und dem Honeymoon bei der Ankunft in der Aufnahmekultur. Es folgt die Phase der „kritischen Integration" in der die Leistungen der „kulturellen Adoleszenz" erbracht werden müssen. In dieser Phase, die mit einer erhöhten Stressbelastung einhergeht, ist die Vulnerabilität für psychische Erkrankungen erhöht. Die dritte Phase ist die der generationsübergreifenden Anpassungsprozesse.

Die aufgezeigte Emotionslogik beim Migrationsakt hat zyklischen Charakter. Das heißt, die Gefühlsqualitäten Neugier, Angst, Schmerz, Trauer und Freude werden im Wachen, in Träumen und in Tagträumen immer wieder durchlaufen und dadurch mehr und mehr bewältigt. Diese Gefühle begleiten den Aufbruch in die Aufnahmekultur und münden idealerweise in die Annährungs- und die Integrationsphase nach der Ankunft ein. Während bei freiwilligen Migranten in der Aufbruchsphase im Heimatland und einem Überwechseln in die Aufnahmekultur im Allgemeinen keine psychischen Störungen auftreten, ist dies in der Integrationsphase häufig der Fall (KLEINMAN 2004, MACHLEIDT & CALLIESS 2005, CANTOR-GRAAE & SELTEN 2005).

Integration in die Aufnahmekultur

„Alle Emigranten haben dieselbe Grundgeschichte zu erzählen. Zunächst ein kleines Sterben, wenn sie ihre Heimat verlassen, dann kurzlebige Euphorie, wenn es so aussieht, als wäre ihnen die Chance geschenkt worden, ihr Lebensmanuskript in einer freien Gesellschaft umzuschreiben, und dann lebenslange Traurigkeit, sobald ihnen klar wird, dass sie die unwiderrufliche Wahl getroffen haben, sich von ihren Wurzeln abzuschneiden" (LAPPIN, „Fremde Bräute" 1999, zitiert nach NOVIKOV 2006, S. 186).

Der Prozess der Integration in die Aufnahmekultur erfolgt genauso wie die Ablösung einer zyklischen Emotionslogik, allerdings mit anderen Akzentuierungen (MACHLEIDT & CALLIESS 2004; siehe auch SLUZKI 2001). Die hochgefühlige Ankunftsphase ist mit einem enormen Objekt-Hunger auf die noch unbekannte faszinierende Kultur verknüpft sowie einer großen Auf- und Übernahmebereitschaft erwünschter kultureller Elemente verbunden mit einem hohen Integrationsbemühen. Nach Ablauf von ein bis zwei Jahren folgt dann eine anhaltende Periode des Ringens um die Absicherung der Existenz in den Bereichen Arbeit und Wohnen, des Erhaltes der Kontinuität der Familie und der Gewinnung einer neuen bi-kulturellen Identität. Dies ist die Phase der dritten Individuation, der „kulturellen Adoleszenz", die mit einer erhöhten Vulnerabilität einhergeht und in der typischerweise psychische Störungen auftreten können.

Besonders beeinträchtigend gestaltet sich dieser Prozess, wenn bereits bei der Ankunft im Migrationsland Diskriminierung und Prozesse der sozialen Ausschließung und Isolation greifen. Bei ausgegrenzten Minoritäten führt die soziale Ausschließung aber zu einer chronisch erhöhten Stressbelastung, die sich negativ auf den Gesundheitszustand auswirken kann. Drogenabhängige Migranten beschrieben Erfahrungen sozialer Diskriminierung und Ausgrenzung als wesentliche Faktoren, die ihren Drogenkonsum begünstigten (HUNNER et al. 2001), und arbeitslose drogenabhängige Migranten wiesen höhere Raten an Depressionen und weiteren psychischen Störungen auf als Migranten, die eine bezahlte Tätigkeit ausüben konnten (GRÜSSER et al. 2005). Diese empirischen Befunde bestätigen den Zusammenhang zwischen den psychischen Störungen und Ausgrenzungsprozessen.

Im Zusammenhang mit den psychischen und sozialen Beanspruchungen treten überstarke Ängste, Frustration, Aggression, Trennungsschmerz und Verlusttrauergefühle auf. Es tritt mit der Zunahme negativer Gefühlserlebnisse nach der anfänglichen Euphorie eine Ernüchterung im Kampf um die Lebens- und Überlebensgrundlagen ein und die Infragestellung der alten und die Suche nach einer neuen Identität. Die Konfrontation mit dem Fremden und sozialen Ausschließungsprozessen verursacht Ängste und Aggressionen, aber auch Ambivalenzen und die Neugier sowie den Wunsch nach Anpassung und Übernahme neuer kultureller Angebote. Es geht um das Abschiednehmen bzw. das Bewahren von kulturellen Traditionen oder die Übernahme des neuen kulturellen Zugewinns. Dabei kann eine zu bereitwillige kontraphobische Übernahme kultureller Objekte und Verhaltensmuster unter Verleugnung der eigenen Herkunft im Sinne einer zu schnellen Progression oder das Gegenteil, eine Regression in die Familie geschehen.

Die Familie ist der Ort der Tradition im Sinne der Elterngeneration und des Schutzes vor dem kulturellen „Draußen". Die Familienspielregeln des Umgangs miteinander und auch zwischen den Generationen aber ändern sich und stellen die alte familiäre Identität in Frage, die sich in ihren hergebrachten Gewohnheiten und Ritualen bestätigt sah. Eine Gefahr für Partnerschaften ist eine polarisierende männlich-weibliche Rollenaufteilung, nämlich wenn der Mann gegenwarts- und zukunftsorientierte (instrumentelle) Aktivitäten nach außen entfaltet, wie die Sicherung von Arbeit, Wohnen und Sozialkontakten, die Frau dagegen aber die affektiven gegenwarts- und vergangenheitsorientierten innerfamiliären Aktivitäten übernimmt (Verbindung zur Heimat, Trauerarbeit). Dies führt zur Polarisierung der Partnerschaft in einen autonomiefähigen und autonomieunfähigen Partner. Es steht die familiäre und individuelle „alte" Identität in Frage, und eine neue „bi-kulturelle" oder „multikulturelle" Identität ist noch nicht gefunden. Dies ist eine Art „kultureller Obdachlosigkeit" wo das alte Haus nicht mehr und das neue noch nicht zur Verfügung steht und die Betroffen den Unbilden der sozialen Witterung ungeschützt ausgesetzt sind. Diese Phase ist deshalb die Konflikt- und Problemphase, in der Mitglieder der Migrationsfamilie Symptome entwickeln und typischerweise Hilfe aufsuchen. Die Vulnerabilität für Stresskrankheiten, z.B. funktionelle und psychosomatische Störungen und Suchtverhalten (s.u.), ist besonders hoch. Je größer die Schwierigkeiten sind, unter denen die notwendigen Anpassungsprozesse erbracht werden mussten, umso größer ist die gesundheitliche Gefährdung.

Eine Flucht in die Religiosität oder eine von den Migranten mitgetragene Gettoisierung kann Schutzzonen eröffnen, die aber letztlich die Isolation verstärken. Das entstehen psychischer Symptome muss als ein Alarmsignal für die Gefahr des möglichen Scheiterns eines Migrationsprozesses verstanden werden mit der Folge, dass die Integration in die Aufnahmegesellschaft nicht gelingt. Eine psychische Störung kann den Integrationsprozess blockieren. Der Betroffene ist häufig überfordert von den neuen Erfahrungen und Belastungen. Die psychische Störung kann z.B. als Versuch gedeutet werden sich selbst vor diesen neuen Erfahrungen und Belastungen zu schützen. Die Vermeidung aber der „kulturellen Adoleszenz" (MACHLEIDT 2007) und der Integrationsaufgabe im Rahmen des Migrationsprozesses oder dessen Abbruch z.B. durch psychische Erkrankung oder Überforderung führt zur Isolierung in der Aufnahmegesellschaft und in einer größeren sozialen Dimension gesehen, zu dem was als Parallelgesellschaften, Gettoisierung, Gesellschaft in der Gesellschaft und anderem gemeinhin verstanden wird. Vertraute kommunikative Orte, die Integration fördern, sind „ethnische Kolonien" auf Zeit, die als Sprungbrett für den Integrationsprozess verstanden, im Sinne von Begleiten und Loslassen fungieren.

Regressive Abschottungsprozesse gehen häufig einher mit heftiger Idealisierung bzw. Abwertung der Herkunfts- oder Aufnahmekultur im Sinne einer Spaltung. Es kann zu einer empfindlichen Störung des narzisstischen Gleichgewichts durch Gratifikationsdefizite kommen, weil die Bestätigung und Spiegelung durch das psychosoziale kulturelle Umfeld weitgehend wegfällt. Dies führt zu Identifikationsunsicherheiten und zur kompensatorischen Überidentifikation oder Ausgrenzung von Identifikationsfiguren wie z.B. des Familienvaters oder von Autoritätspersonen der Aufnahmekultur wie Lehrer etc.. Insbesondere in dieser Zeit kann eine hochgradige Emotionalisierung verbunden mit heftigen emotionellen Wechselbädern auftreten. Je mehr „Stress" nicht mehr als Herausforderung erlebt wird oder aufgrund der Ausschließungsprozesse der Aufnahmekultur erlebt werden kann, sondern als Bedrohung, umso leichter entstehen Stresssymptome. Diese Phase ist verbunden mit einer erhöhten Vulnerabilität für psychische Fehlverarbeitungen und Traumatisierungen sowie für die Aktualisierung latenter neurotischer oder psychotischer Persönlichkeitsanteile. Die Resilienz als flexible Widerstandskraft wird beim entstehen von Stresssymptomen überfordert. Die Spur des Affektiven führt dann hinein ins Somatische.

Schließlich geht es in der Phase der Trauer um den Verlust der Werte der Heimatkultur und der vertrauten kulturellen Einbettung, der verarbeitet werden muss. Das erfolgreiche Betrauern von dem, was zurückgelassen wurde, führt zur Erlangung einer neuen bi-kulturellen Identität, die aus einer Mischung von alten und neuen Spielregeln und Gewohnheiten besteht. Solche Identität nach erfolgter Integration alter und neuer Regeln wird als gestärkte Identität erlebt. Besteht aber eine Unfähigkeit, das, was in der Heimat zurückgelassen werden musste, als Verlust zu betrauern, wird dieses im Sinne reaktiver Ethnizität „zunehmend idealisiert (was die Anpassung erschwert) oder verleugnet (was die Trauer und die Verarbeitung des Verlustes erschwert)" (SLUZKI 2001). Bei sehr erfolgreicher Migration tun einige Familienmitglieder so, als gäbe es nichts zu betrauern, weil im Heimatland sowieso alles schlechter war. Diejenigen Familienmitglieder, die dennoch trauern, sind die „Miesmacher" und „Sündenböcke", die aus der Trauerverweigerungsfront ausbrechen und an die die Trauerarbeit, die die Familie zu leisten hat, delegiert wird. Diese setzen sich dann stellvertretend für die anderen Familienmitglieder mit den kulturellen Verlusten auseinander. Das Gegenteil dazu sind Familien, die sich mit der Erfahrung existenzieller Bedrohungen, derer sie durch Migration entkommen sind, immer wieder auseinandersetzen und sich von dieser nicht lösen können. Sie verharren in einer kollektiven Trauer, die zur Haltung gerinnt. Wer daraus ausbricht, ist der „Verräter", der sich auf die neue Realität einlässt, während die Ankläger Verantwortung für das Vergangene tragen. Tatsächlich ist für erfolgreiche Migrationsprozesse sowohl das Eine wie das Andere notwendig (SLUZKI 2001).

Die Phase der kritischen Integration ist eine Zeit des „Zwischen" den Kulturen verknüpft mit den Kernproblemen des Migrationsprozesses: der Gewinnung einer neuen Identität, der Bewältigung der Abschieds- und Verlusttrauer und der interkulturellen Ambivalenz.

Dazwischen
Ich ändere mich und bleibe doch gleich
und weiß nicht mehr, wer ich bin.

Jeden Tag ist das Heimweh unwiderstehlicher,
aber die neue Heimat hält mich fest
Tag für Tag noch stärker.

Und jeden Tag fahre ich zweitausend Kilometer
in einem imaginären Zug hin und her,
unentschlossen zwischen dem Kleiderschrank und dem Koffer,
und dazwischen ist meine Welt.
(ALEV TEKINAY)

Schließlich werden in der Phase der generationsübergreifenden Anpassungsprozesse die tradierten und familientypischen Stile, Regeln, Sitten, Werte und Mythen, die von der Generation der Einwanderer gepflegt werden, von der nachfolgenden Generation, die im Aufnahmeland aufwächst, in Frage gestellt und verändert. Dies findet in Form von Generationskonflikten seinen Ausdruck. Generationskonflikte sind notwendige Auseinandersetzungen, um Anpassungsprozesse in Migrantenfamilien voranzubringen und sich den erforderlichen Adaptions- und Akkulturationsprozessen zu stellen und ihnen letztendlich gerecht zu werden.

Psychische Belastungen (Kränkungen) bei russischen Migranten jüdischer Religionszugehörigkeit

Im Folgenden sollen die besonderen psychischen und sozialen Probleme von Aussiedlern jüdischer Religionszugehörigkeit aus den Gebieten der ehemaligen Sowjetunion in den Blick genommen werden, als anschauliches Beispiel für die Alltagsprobleme in der Phase der „kritischen Integration". Ich gehe auf diese Gruppe näher ein, weil ich zu einer Tagung der jüdischen Gemeinde Frankfurt eingeladen war, wo dies zum Thema gemacht wurde (siehe Tagungsprotokoll von HEIKE VON BASSEWITZ 2003 auf das ich im Folgenden Bezug nehme). In Hannover habe ich bei jüdischen Freunden die Problematiken jüdischer Zuwanderer für die jüdische Gemeinde aus der Nähe miterleben können und es begab sich auch ein jüdischer Kantor in meine Behandlung. So ist mir die Problematik nicht fremd.

Bei dieser Zuwanderergruppe fallen besonders die Kränkungen im Integrationsprozess auf, wie sie in den großen jüdischen Gemeinden in Berlin, Frankfurt, Hannover u.a. wahrgenommen werden und auch Ergebnis von Umfragen und Interviews geworden sind. Dabei lassen sich drei große Bereiche für die Ursachen von Kränkungen unterscheiden:
- die beruflich sozialen Wirklichkeiten, vor allem die Hindernisse für diese Migrantengruppe in Deutschland,
- die Aufnahme durch die Glaubensbrüder und
- die familiären Veränderungen, insbesondere die, die mit der Entfremdung von den Kindern einhergehen.

Die sozialen Kränkungen durch den deutschen Arbeitsmarkt umfassen die Arbeitslosigkeit, die Berufsanerkennungsforderung für Staatsexamina, was zusammen mit dem eher hohen Lebensalter der Betroffenen die Arbeitssuche erschwert und das Vorliebnehmen mit geringerwertigen Jobs, erzwingt. Im Unterschied zu südosteuropäischen Zuwanderern haben die jüdischen Aussiedler, aus den Gebieten der ehemaligen Sowjetunion, eine völlig andere Bildungsstruktur, 2/3 von Ihnen sind Akademiker darunter viele Künstler, Schriftsteller, Musiker usw., Frauen wie Männer hatten befriedigende Beschäftigungen verbunden mit einem hohen Sozialstatus. Wegen des sowjetischen Antisemitismus zogen die sowjetischen Juden ihre positiven Selbstwertgefühle, ihre gesellschaftliche Akzeptanz und ihre Autonomie aus ihren hervorragenden beruflichen Leistungen, als vorbildliche Werktätige, erfolgreiche Künstler und hoch dekorierte Kriegsteilnehmer etc. Sie mussten erfahren, dass dieses alles hier nicht zählt und sich niemand für ihre Narrative interessiert. Dieselben großen Erwartungen nach hohen Ausbildungszielen und klassischer Bildung, die sie an sich selbst gestellt hatten, stellten sie mit Erfolg an ihre Kinder. Als elementare Kränkungen und als beschämend und demütigend erlebt, wurden der Sozialstatusverlust und das fehlende Sozialprestige, d.h. um die Früchte, der in der Herkunftskultur erbrachten Lebensleistung gebracht zu sein. Die Arbeitslosigkeit und das Angewiesensein auf Sozialhilfeempfang wurden als „Betteln" erlebt, das Angewiesensein auf unterprivilegierte Arbeitsplätze als Herabwürdigung.

Ein Zitat JUDITH KESSLERS von der jüdischen Gemeinde Berlin (2003) fasst die Situation der jüdischen Zuwanderer zusammen:

> „Bei jüdischen Migranten kommen einige erschwerende Besonderheiten hinzu: Aufgrund ihres früheren Sozialprestiges, ihrer hohen Bildung, der Zugehörigkeit zur „Intelligenzija" und zum „Bürgertum", aber auch zur einzigen Sieger- und Weltmacht Sowjetunion wirkt sich der mit Arbeitslosigkeit oder fehlender Anerkennung verbundene Statusverlust für sie besonders eklatant aus, zumal wenn sie sich hier eher als Bettler denn als Gewinner vorkommen."

Wie lassen sich diese sozialen und individuellen Kränkungssituationen verstehen? Die Umorientierungsleistung, die ich als „kulturelle Adoleszenz" im Rahmen des Migrationsprozesses bezeichnet habe, wurde mit der Erwartung ausgeblendet, es würde bei den antizipierten gesellschaftlichen Ähnlichkeiten zwischen Deutschland und den Ländern der Sowjetunion, und ganz besonders in einem reichen und weltoffenen Land wie Deutschland, keine Probleme geben. Die Einsicht in die Verleugnung der eigentlichen bevorstehenden Akkulturationsleistung bedeutete für viele die eigentliche Kränkung, weil sie selbst Opfer ihrer Selbsttäuschungen und Wunschbilder geworden waren. Das narzisstische Regulativ der Omipotenzphantasien gegen Angst vor dem

Scheitern und Enttäuschung hatte, nach Ankunft im Aufnahmeland und dem Abklingen der ersten Euphorie seine Aufgabe erfüllt, aber auch seine Funktion als stabilisierendes Element verloren.

Hinzu kamen die familiären Veränderungen, wie die Auflösung der seit Generationen funktionierenden Großfamilien verbunden mit autoritären Rollenverlusten, insbesondere was die „apostolische Position" des Vaters anging. Verbunden mit einer Entfremdung von den Kindern und eskalierenden Generationskonflikten kam es zu einem Orientierungsverlust für die Kinder an den „arbeitslosen" und im doppelten Sinne „sprachlosen" Eltern. Brüche im Elternbild waren unabwendbar. Infolge der schnelleren Akkulturation der Kinder und ihres Auftretens als kulturelle Mediatoren und Dolmetscher gegenüber ihren Eltern, kam es zu einer Umkehr der Eltern-Kind-Rollen was nicht zuletzt zu prekären innerfamiliären Machtverhältnissen beitrug. Eine besonders bittere Erfahrung war es, von den alteingesessenen jüdischen Gemeindemitgliedern, den Glaubensbrüdern, nicht anerkannt zu werden. Diese bittere Erfahrung artikulierte sich in dem Vorwurf der Alteingesessenen, warum die „Neuen" z.B. nach Deutschland statt nach Israel ausgewandert zu seien, dass sie „Russen" und „nicht jüdisch" seien, dass sie säkularisiert oder atheistisch seien, ohne inneren Bezug zum jüdischen Glauben und Leben usw. Das unvermittelte Aufeinandertreffen von Ost- und Westjuden gestaltete sich nicht Kränkungsfreier als das von Ost- und Westdeutschen. Was sich „Deutsche", „Israelis", „Polen", „Russen", „Litauer", „Ukrainer" etc., fast identisch lautend als Juden vorwarfen war: „Frechheit, Überheblichkeit, Bürokratie, Unfreundlichkeit, Inkompetenz etc." Auffallend waren die Heftigkeit der Vorwürfe und das Fehlen von positiven Beurteilungen, von Empathie und von Selbstkritik. Wie ist dies zu erklären?

Es kommt offenbar nach dem Abklingen der Euphorie, nach Ankunft im Aufnahmeland in der Phase der kritischen Integration mit seinen erhöhten seelischen Verletzlichkeiten, zu regressiven Prozessen bei den Betroffenen, die mit einer erhöhten Spaltungsbereitschaft einhergehen und mit der Projektion des „bösen", „kränkenden" etc. auf Andersartige. Etwas spezifisch Russisches aus der Zeit der Sowjetunion kommt hinzu: Die russischen Zuwanderer jüdischen Glaubens sind der Auseinandersetzung mit der Autorität und den Demütigungen des alten Systems, durch Auswanderung „aus dem Feld", gegangen. Die erlittenen alten Aggressionen und Schmerzen sind noch da, wie auch Verbitterung und Misstrauen. Aber auch ein Teil ihrer positiven alltäglichen Orientierungen und Lebensgeschichte ist ihnen für wertlos erklärt worden und seit dem Ende des Sowjetsystems unwiederbringlich verloren gegangen. Die Anerkennung für ihre Lebensleistungen in diesem System werden vorenthalten bzw. fehlen und damit ein wichtiges lebensbestimmendes narzisstisches Regulativ. Es wird so verständlicher, dass sie die um vieles schwerere Trauerarbeit um die erlittenen Verluste, aber auch den „Verrat" an der Heimat als Emigranten, die nicht mehr mögliche Wiedergutmachung erlittener Demütigungen, die schmerzlichen Trennungen vom Vertrauten und die Lösung aus den alten Verstrickungen ins sowjetische System lange verweigern und sich sozusagen vorläufig nur auf oberflächliche Adaptation und nur sehr zögerlich auf Integration einlassen. Die Aufnahme von Neuem als Integrationsleistung erfordert dass schrittweise Loslassen von Altem und Vertrautem. Existentielle Ängste, Aggression als Reaktion auf Kränkung, Nichtloslassenkönnen durch die Unfähigkeit zu trauern, wirken als Blockade. Zu einem Teil geht es dabei auch, so betonen jüdische Psychiater, um die Fixierung auf das eigene Leid, das unbewusste Bedürfnis „immer und ewig Opfer sein zu wollen" („Was willst du? Du warst doch nur in Mittelasien. Ich war im KZ!") und aus dieser Position die Herausforderungen einer „kulturellen Adoleszenz" als Integrationsleistung schwer annehmen und sich darauf einlassen zu können. Dafür bedarf es dem inneren Bedürfnis nach Veränderung z. B. in der Außerkraftsetzung von Wiederholungszwängen. D.h. der Anerkennung der Tatsache, dass das was dort gut und richtig war hier nicht zu gelten braucht und in Frage gestellt werden kann. Dazu gehört spezifisch für osteuropäische Aussiedler den Wunsch „der Staat soll machen, ich halte mich raus" zu ersetzten durch „ich mache es selbst". Die Loslösung aus den Verstrickungen der Ursprungsgesellschaft ist unter diesem Aspekt der Aufgabe einer passiven Versorgungshaltung besonders schmerzlich. Der dort verpönte Individualismus ist hier gefragt und bindet Mengen an psychischen Energien, die nicht jeder aufzubringen im Stande ist.

Die Utopien und Visionen vom Neubeginn sind unter dem Gebot der Realitätsprüfung bis zur Unkenntlichkeit geschrumpft, insbesondere unter dem Zwang eine doppelte Integrationsleistung zu erbringen, einmal an die deutsche Kultur und zum anderen an die deutsch-jüdische Kultur in den jüdischen Gemeinden. Die großen Gefühle und Affekte, existentielle Ängste, Kränkungs-schmerz, Aggression, depressive Trauer etc. müssen in einer Situation „doppelter Sprachlosig-keit" ausgehalten werden. Das Selbstwertgefühl der Elterngeneration ist tief erschüttert ange-sichts der Auflösung der traditionellen Großfamilien und der Entfremdung von den Kindern. Die Familie bietet so keinen Ort mehr für Geborgenheit, Sicherheit und Rückzug. Die schon beschrie-bene Fixierung auf das eigene Leid und das Anrecht auf die Opferrolle blockiert expansive und kreative Kräfte, sich mit den Chancen und Herausforderungen, die die Aufnahmegesellschaft bietet auseinanderzusetzen.

Diese seelischen Belastungen und Herausforderungen der russischen Aussiedler jüdischer Glaubenszugehörigkeit sind trotz ihrer besonderen Konflikthaftigkeit ein „natürliches Durch-gangsstadium" im Migrationsprozess. Sie stimulieren auch protektive salutogenetische Kräfte in den Betroffenen und führen wahrscheinlich nur zu einem geringfügig höheren Prozentsatz zu psychisch behandlungsbedürftigen Störungen als in der Aufnahmegesellschaft.

Interviewausschnitte zugewanderter jüdischer Gemeindemitglieder aus dem GUS-Staaten, ausgewählt unter dem Stichwort „Kränkung" (KESSLER 2003):

Einsamkeit
„Es hat sich viel geändert. Tagelang sehen wir niemanden. In Moskau hatten wir ein offenes Haus … Bei den Deutschen muss man sich anmelden, am besten zwei Wochen im Voraus. Meine Kinder haben das schon übernommen. Sie haben auch keine Zeit …" (Rentner, 75 Jahre).

Entfremdung der Kinder
„Boris hört mir überhaupt nicht mehr zu. Früher war er … doch ein guter Schüler … Er wird immer frecher und kauft sich extra zerrissene Hosen, aber das interessiert die Lehrer gar nicht." (Rentnerin, 63 Jahre).

Abwertung
„Keiner schaut dich an oder sagt Guten Tag, nur: Was willst du hier, geh zurück nach Russland … Wir sind für die Abschaum. Ich schlafe tagelang nicht, wenn ich dahin [zum Sozialamt] muss." (Restauratorin, 45 Jahre).

Differenzwahrnehmung
„Die Deutschen sind anders als wir. Sie denken, sie sind besser, dabei fehlt ihnen die Seele. Sie sind verkniffen, kalt … Sie verstehen unsere Kultur nicht. … So wie die sind, will ich nicht sein." (Dreher, 52 Jahre).

Selbstwerteinbußen
„Ich habe gearbeitet, bis zuletzt. Alle haben mich geachtet zu Hause und als Ärztin … und jetzt weiß ich nicht mal, welche Äpfel am besten schmecken … Ich bin wie ein Kind manchmal, falle auf alles herein. Als der Mann mir die ganzen Versicherungen verkauft hat … Ich bin ein Nichts. Dabei habe ich immer gearbeitet, den Krieg überlebt. Dafür, das ich jetzt beim Sozialamt betteln gehen muss. Wer versteht schon wie ich mich fühle, wenn sie mich wie einen Parasiten behandeln." (Rentnerin, 68 Jahre).

Somatisierung
„Ich kann nicht schlafen, hab dauernd Kopfschmerzen … Ohne Arbeit ist mein ganzes Leben sinnlos. Ich würde alles machen, ich bin geschickt. Aber niemand nimmt mich." (Goldschmied, 52 Jahre).

Heimatlosigkeit
„… Die Menschen haben doch keine Heimat, sie sind krank in ihrer Seele … Auch wenn sie zurückgehen würden nach Odessa oder Moskau, das wäre nicht mehr die Stadt, die sie verlassen haben." (Rentnerin, 68 Jahre).

Symptomkonstellierungen bei jüdischen Aussiedlern

In den Behandlungen der Psychiater, Psychotherapeuten und Nervenärzte tauchen ganz überwiegend die 20-40jährigen auf mit psychosomatischen Beschwerden, wie z.B. Schmerzen in der Brust, im Rücken, im Bauch, Hypertonie, Schwindel, Atemnot, Müdigkeit sowie ängstlichen und depressiven Syndromen. Diese Symptomkonstellierungen sind einerseits assoziiert mit einer ausgesprochenen Abneigung negative Gefühle auszudrücken und einer Verleugnung zwischenmenschlicher Konflikte, andererseits mit einer Höchstbewertung von Selbstbeherrschung, Sich-Zusammenreißen und einem geradezu ideologisierten Glauben an die eignen Willenskraft zur Bewältigung von Krankheiten, wie z.B. Alkoholismus, Köperbeschwerden u.a.. Die unerschütterliche omnipotente Willenskraft war nicht zuletzt vor dem historischen Hintergrund der erfolgreichen Oktoberrevolution eine hoch gelobte sowjetische Tugend mit populären Vorbildern. Die Äußerung von Ärger, Feindseligkeit waren verpönt und mussten zugunsten gemeinsamer sozialer Ziele und kollektiver Gratifikationen verdrängt werden. Unübersehbar ist hier die tiefe narzisstische Kränkung durch fehlende Anerkennung, das Gefühl von Desinteresse ihrer Person gegenüber im Aufnahmeland und das Gefühl unnütz zu sein, durch fehlende als sinnvoll erlebte Aufgaben. Die allgegenwärtige staatliche Kontrolle wird auch hier antizipiert und ist gegenwärtig in Symptombildungen von überwertigem Misstrauen im Sinne eines sensitiven Beziehungswahns mit den Inhalten z.B. von Geheimdienst, Nachbarn etc. ausspioniert, beobachtet oder beschattet zu werden. Darüber hinaus ist die Unfähigkeit zu trauern häufig Ursache für die Entstehung chronifizierender depressiver Syndrome ängstlicher Färbung, mit einer Disposition zum Alkoholmissbrauch.

Die Schwierigkeit für die Emigranten aus Russland jüdischer Glaubenszugehörigkeit (jüdische Kontingent Flüchtlinge) hatten im Aufnahmeland in den jüdischen Gemeinden die besondere Schwierigkeit zu bewältigen, dass sie in der „Adoleszenz" ihres Migrationsprozesses (MACHLEIDT 2007) bei den Alteingesessenen in der deutschen Kultur kundigen Glaubensgenossen nicht die Ersatzeltern, die Elternsurrogatfiguren, fanden, mit deren Unterstützung sie ihre Energien hätten bündeln können, sondern die sich ihnen gegenüber nicht weniger adoleszent, konkurrierend und zum Teil ablehnend begegneten, wie viele in der Aufnahmegesellschaft auch.

Literatur

BASSEWITZ v. H (Hrg.): Kränkung und Krankheit. Psychische und psychosomatische Folgen der Migration von aus der Sowjetunion ausgewanderten Juden. Tagungsprotokoll, Jüdische Gemeinde Frankfurt/M, 2003

CANTOR-GRAAE E, SELTEN JP: Schizophrenia and Migration. In: Meta-Analysis and Review. Am J Psychiatry 2005; 162: 12-24.

ELIAS N: Über den Prozess der Zivilisation: soziogenetische und psychogenetische Untersuchungen. Suhr-
    kamp, Frankfurt/M 1976
ERDHEIM M: Das Kulturelle und die Verarbeitung traumatischer Erfahrungen in der Emigration. In: H. v.
    BASSEWITZ (Hrg.): Kränkung und psychische Krankheit. Psychische und psychosomatische Folgen der
    Migration von aus der Sowjetunion ausgewanderten Juden. Tagungsprotokoll, Jüdische Gemeinde
    Frankfurt/M, S. 11-18, 2003
GRINBERG L, GRINBERG R: Psychoanalyse der Migration und des Exils. Verlag Internationale Psychoanalyse
    München und Wien 1990.
GRÜSSER SM, WOLFLING K, MORSEN CP, ALBRECHT U, HEINZ A: Immigration-associated variables and subs-
    tance dependence. J Stud Alcohol, 2005; 66: 98-104.
HUNNER C, PENKA S, HEINZ A: Latente Ausschließung. Migranten und Drogenhilfe. Kriminologisches Jour-
    nal, 2001;33: 216-224.
KESSLER J: Kränkungen im Integrationsprozess. In: H. v. BASSEWITZ (Hrg.): Kränkung und psychische Krank-
    heit. Psychische und psychosomatische Folgen der Migration von aus der Sowjetunion ausgewander-
    ten Juden. Tagungsprotokoll, Jüdische Gemeinde Frankfurt/M, S. 78-88, 2003
KLEINMANN A: Culture and Depression. N Engl J Med, 2004; 351: 951-953
LAPPIN: Fremde Bräute. Kiepenheuer und Witsch, 1999
MACHLEIDT W: Die „kulturelle Adoleszenz" als Integrationsleistung Migrationsprozess. Psychotherapie und
    Sozialwissenschaft, 2007, 9:13-23
MACHLEIDT W, CALLIESS IT: Psychiatrisch-psychotherapeutische Behandlung von Migranten und transkultu-
    relle Psychiatrie. Berger (Hrsg.), 2. Auflage. Elsevier GmbH 2004: 1161-1183.
MACHLEIDT W, CALLIESS IT: Transkulturelle Psychiatrie und Migration – Psychische Erkrankungen aus eth-
    nischer Sicht. Die Psychiatrie, 2005; 2: 77-84.
SLUZKI CE: Psychologische Phasen der Migration und ihre Auswirkungen. In: HEGEMANN, TR, SALMAN R
    (Hrsg.): Transkulturelle Psychiatrie. Psychiatrie-Verlag Bonn 2001: 101-115.

Autor:

Prof. Dr. WIELANT MACHLEIDT
Medizinische Hochschule Hannover
Carl-Neuberg-Str. 1 • 30625 Hannover
e-mail: machleidt.wielant@mh-hannover.de

Ludwig-Barnay-Str.6 • 30175 Hannover
e-mail: wielant.machleidt@t-online.de

Gemeinsamkeiten oder Unterschiede?
Eine qualitative Untersuchung von Migranten
in teilstationärer Behandlung

Katharina Behrens & Iris Tatjana Calliess

Herausforderungen an das psychiatrisch-psychotherapeutische Versorgungssystem durch die Integration von Migranten

Im Jahr 2005 wird vom Mikrozensus die Anzahl von Menschen mit Migrationshintergrund auf 15,3 Mill. beziffert (Statistisches Bundesamt 2006). Damit sind zahlreiche Anforderungen an das Gesundheitssystem verbunden (Machleidt & Calliess 2005). Insbesondere in der psychiatrisch-psychotherapeutischen Versorgung sind Migranten häufig unterrepräsentiert (Collatz 2001; Yagdiran & Haasen 2002). Sie erhalten mehr Notfallleistungen und weniger ambulante, psychotherapeutische oder rehabilitative Maßnahmen (Borde et al. 2003). In der Psychiatrie sind sie häufiger unfreiwillig, haben kürzere Verweildauern und häufigere Behandlungsabbrüche (Lay et al. 2005; Künzler et al. 2004).

Hindernisse für die Inanspruchnahme der Behandlungsangebote sind sowohl auf Seiten der Migranten als auch auf Seiten der behandelnden Institutionen zu sehen (Machleidt et al. 2007). So ist mit dem oft geringeren sozioökonomischen Status ein Mangel an Informationen über Einrichtungen der Gesundheitsversorgung verbunden (Wittig et al. 2004). Problemlösungen werden zunächst in der Großfamilie, im Hilfenetzwerk der Migranten, oder bei traditionellen Heilern gesucht (Assion et al. 1999, Machleidt 2005). Westlich orientierte psychotherapeutische Konzepte, die auf Selbstreflektion und Raum für individuelle Bedürfnisse basieren werden als befremdlich empfunden, wenn aufgrund kultureller Werthaltungen eher das Wohl der Gemeinschaft im Vordergrund steht (Pfeiffer 1991).

Auf Seiten der Versorgungseinrichtungen ist in den meisten Fällen nicht in erforderlichem Umfang Fachpersonal mit Kenntnissen über Sprache und Kultur der Patienten vorhanden. Im Rahmen der alltäglichen Versorgung kann sich oft keine ausreichende Offenheit und Neugier für andersartige, auch den eigenen Vorstellungen widersprechende Werthaltungen entwickeln.

Dass Migranten die Institutionen des Gesundheitssystems weit weniger in Anspruch nehmen als einheimische Patienten (Razum et al. 2004, Salman et al. 2006), begründet eine kritische Diskussion darüber, welche Modifikationen der Strukturen notwendig sind, um eine adäquate Versorgung für diese Patientenklientel zu gewährleisten. Insbesondere stellt sich die Frage, ob eher Spezialeinrichtungen den besonderen Anforderungen von Patienten mit Migrationshintergund entgegenkommen (Hill & Röhl 2002, Koch 2005), oder ob eine Veränderung bestehender Versorgungsstrukturen in Richtung eines erleichterten Zugangs für Angehörige anderer Kulturen anzustreben ist (GAVRANIDOU & ABDALLAH-STEINKOPFF 2007, MACHLEIDT 2002, SALMAN *et al.* 2006). Eine fundierte Beurteilung dieser Alternativen erfordert zunächst die präzise Untersuchung der Gegebenheiten, d.h. der konkret in psychiatrisch-psychotherapeutischen Behandlungsprozessen von Migranten auftretenden Probleme.

Um Ausmaß und Bedingungen etwaiger Modifikationen der bestehenden Versorgungsstruk turen für Migranten begutachten zu können, wurden in der psychiatrischen Tagesklinik einer Universitätsklinik a) die Behandlungsergebnisse anhand von Fragebogendaten mit denen einhei- mischer Patienten verglichen und b) eine detaillierte Problemanalyse von Behandlungsverläufen von Migranten vorgenommen. Die Ergebnisse sollten zur Identifikation spezifischer Ansatzpunk- te für zielgerichtete Veränderungen bei der psychiatrisch-psychotherapeutischen Behandlung von Migranten dienen (BEHRENS & CALLIESS 2008.

Fragestellungen

– Welche Behandlungsergebnisse erzielen Patienten mit Migrationshintergrund im Vergleich zu einheimischen Patienten in einer bestehenden Versorgungseinrichtung?
– An welcher Stelle treten im Detail Probleme auf und wie lassen sich diese konzipieren?
– Welche Ansätze zu strukturellen und konzeptionellen Modifikationen für die Behandlung von Migranten lassen sich aus diesen Ergebnissen ableiten?

Stichprobe

Untersucht wurden Behandlungsepisoden von N = 55 Migranten der 1. Generation, die im Zeit- raum von 1999 bis 2004 in der Tagesklinik der Abteilung für Sozialpsychiatrie und Psychothera- pie der Medizinischen Hochschule Hannover (MHH) behandelt wurden. Die Patienten stammten zu 60% aus Osteuropa, zu 16% aus der Türkei und zu 10.9% aus Nord- und Mitteleuropa. Sie waren im Schnitt 37.9 Jahre (±11.1) alt und seit 18.2 Jahren in Deutschland (± 8.7). Die Stich- probe kann als in etwa repräsentativ für den Migrantenanteil an niedersächsischen Tageskliniken gelten (BEHRENS *et al.* 2006). Nach den Kriterien Hauptdiagnose, Alter und Geschlecht wurde eine Kontrollgruppe einheimischer Patienten parallelisiert. Die Behandlungsdauer betrug für bei- de Gruppen im Durchschnitt 62 Tage.

Fragebogendaten

Behandlungsvoraussetzungen von Migranten und Einheimischen

Im ersten Teil der Studie wurden Fragebogendaten aus einer unabhängig von dem hier vorgestell- ten Projekt erfolgenden Evaluation und Qualitätskontrolle (SEIDLER *et al.* 2001) zum Vergleich zwischen Migranten und Einheimischen hinsichtlich soziodemographischer und krankheitsbezo- gener Daten herangezogen.

Dabei zeigte sich, dass die Migranten in dieser Untersuchung häufiger über keine oder nur eine geringe berufliche Qualifikation verfügten (N=108, Chi^2=10.118, df=3, p < 0.05). Im Hin- blick auf krankheitsbezogene Daten zeigten die Migranten im Vergleich mit der Parallelstichpro- be ein etwas geringeres globales Funktionsniveau (GAF, DSM IV; SASS *et al.* 1996) zu Beginn der Behandlung (N=109, T=2.477, df=107, p < 0.05).

Aus dem AMDP-System (ARBEITSGEMEINSCHAFT FÜR METHODIK UND DOKUMENTATION IN DER PSYCHIATRIE 1996), einem Instrument zur Erfassung psychiatrischer Befunde und anamnestischer Angaben, wurden hier folgende Items auf einer vierstufigen Skala (nicht vorhanden, leicht, mittel, schwer) beurteilt: Mangel an Krankheitsgefühl, Mangel an Krankheitseinsicht, und Ablehnung der Behandlung. Zu Beginn der Behandlung wurde vom Therapeuten bei Migranten signifikant häufiger ein Mangel an Krankheitseinsicht (N= 110, U= 1257.0, p ≤ 0.05) und eine Ablehnung der Behandlung eingeschätzt (N= 110, U= 1182.0, p ≤ 0.05).

Behandlungserfolge von Migranten und Einheimischen

Art und Ausmaß der Symptombelastung wurden zu Beginn und am Ende der Behandlung mithilfe der Symptom-Checkliste von Derogatis (FRANKE 1995) erfasst, die von den Patienten ausgefüllt wird. In der vorliegenden Studie dienten die Kennwerte der Symptom-Checkliste als eines der Maße für den Behandlungserfolg. Der Vergleich von Patienten mit Migrationsbiographie und einheimischen Patienten ergab keine Unterschiede bezüglich der Veränderung des psychischen Funktionsniveaus (GAF) im Zuge der Behandlung oder im Hinblick auf die Veränderung der Symptombelastung (SCL-90-R). Bezüglich der von den Patienten selbst auszufüllenden Symptom-Checkliste stellt sich hier das Problem, dass von vielen Personen keine Angaben zur Erhebung am Ende der Behandlung vorliegen. Aufgrund der hohen Drop-out-Rate (45%) ist diese Angabe also unter Vorbehalt zu betrachten.

Aus der Psychotherapie-Basisdokumentation (HEUFT & SENFT 1998) wurde für die vorliegende Studie die Einstufung der Behandlungszufriedenheit aus Patienten- und Therapeutensicht herangezogen. In der direkten Veränderungsmessung zeigten sich keine Unterschiede in der Einschätzung der Therapeuten oder der Patienten bezüglich der Behandlungszufriedenheit, des psychischen Wohlbefindens und der Befindensstörung (Psy-BaDo).

Der Unterschied bezüglich des Mangels an Krankheitseinsicht nach AMDP blieb auch nach der Behandlung bestehen (N= 106, U= 1137.0, p ≤ 0.05).

Die Überprüfung der Rahmenkriterien der Behandlungsverläufe ergab keine signifikanten Unterschiede zwischen Einheimischen und Migranten. Das bedeutet, dass die beiden Gruppen sich nicht in der Dauer der Behandlungsepisoden oder der Art der Beendigung der Behandlung (z.B. reguläre Beendigung versus Behandlungsabbruch) unterschieden.

Qualitative Auswertung

Die gesamte Behandlungsdokumentation (Aufnahmeberichte/Vorstellungsgespräche, wöchentliche Verlaufsberichte, Dokumentationen von Einzel- bzw. Familiengesprächen abschließende Behandlungsberichte) wurde mithilfe zuvor eigens entwickelter und theoretisch fundierter Kategorien einer qualitativen Inhaltsanalyse unterzogen (MAYRING 2003). Das Vorgehen bei der Auswertung orientierte sich an der „Inhaltlichen Strukturierung", deren Ziel es ist, bestimmte Themen, Inhalte und Aspekte aus dem Material herauszufiltern und zusammenzufassen.

Aus der unterschiedlichen Behandlungsdauer der Patienten ergaben sich Unterschiede im Umfang und in der Ausführlichkeit des Auswertungsmaterials. Eine Verzerrung durch den Einfluss des Materialumfanges (z.B. aufgrund längerer Behandlungsdauer) auf die Auftretenshäufigkeit bestimmter Kategorien wurde in der Auswertung überprüft und ausgeschlossen.

Für die Migrantenstichprobe wurden die Kategorien *sprachliche Verständigung, kulturspezifische Aspekte, migrationsspezifische Aspekte* sowie *Umgang mit Informationen zum Migra-*

tionshintergrund definiert. In jeder Kategorie wurde zwischen Aufnahmeanlass, Symptomatik und Krankheitsverarbeitung sowie Therapie und Verlauf differenziert.

Kategorie I: Kommunikation

Mithilfe dieser Kategorie wurde der Einfluss der Sprachkenntnisse auf die Gestaltung von therapeutischen Situationen untersucht. Relevant waren z.B. Angaben darüber, wie weit jemand sein psychisches Erleben inhaltlich und emotional in der fremden Sprache ausdrücken konnte, oder an welchen Punkten die mangelnden Sprachkenntnisse zu Schwierigkeiten in der Diagnostik und Behandlung führten. Kulturelle Besonderheiten, die sich auf die Kommunikation auswirken, sollten unter Kategorie II (Kulturspezifische Aspekte) kodiert werden.

Kategorie II: Kulturspezifische Thematik

Durch diese Kategorie wurden Besonderheiten im Behandlungsverlauf, die aufgrund unterschiedlicher kultureller Hintergründe zustande kommen, erfasst. „Kulturspezifisch" bezieht sich auf Werte, Verhaltensnormen und Glaubenseinstellungen, die der sozialen Gemeinschaft zugehörig sind, aus der die betreffende Person stammt (Auffassungen von Geschlechterrollen; inhaltliche Besonderheiten der Kommunikation z.B. bezüglich der Beschreibung von Erkrankungen oder zum Verständnis von Problemsituationen).

Kategorie III: Migrationsspezifische Thematik

Anhand dieser Kategorie sollten Konsequenzen beschrieben werden, die sich aus der Verlagerung des Wohnsitzes in ein anderes Land ergeben. Dazu zählen z.B. die Abwesenheit von Familienangehörigen, Auseinandersetzungen mit Behörden wegen des Aufenthaltsrechtes und Ambivalenzen bezüglich einer Rückkehr ins Heimatland.

Kategorie IV: Reflektion von Informationen zum Migrationshintergrund

Im Unterschied zu den Kategorien I-III, die sich inhaltlich auf die Dokumentation der Therapieverläufe beziehen, erfasste diese Kategorie Hinweise auf den Umgang mit Material und Informationen zum Migrationshintergrund eines Patienten in Diagnostik und Behandlungsgestaltung durch das Behandlungsteam.

Zum einen wurde erhoben (IV.1), ob außer den unter Kategorie II oder III kodierten Inhalten zum Behandlungsverlauf in der Tagesklinik zusätzliche Informationen zum Migrationshintergrund vorlagen (z.B. alte Arztbriefe, die auf eine kulturell geprägte Krankheitsverarbeitung, wie der Glaube, verhext worden zu sein, hinweisen; oder ein erläuternder Brief von Angehörigen zur Entwurzelung einer Patientin).

In einem zweiten Schritt wurde untersucht (IV.2), ob an irgendeiner Stelle der Dokumentation migrations- und/oder kulturspezifische Aspekte nachvollziehbar durch das Behandlerteam reflektiert wurden. D.h. diese Kodierung zielte auf die Frage, ob in Diagnostik und Therapie Konzepte von Kultur und Migration herangezogen wurden bzw. bestimmte Phänomene in diesem Sinne eingeordnet wurden.

Im Vergleich mit der Parallelstichprobe aus einheimischen Patienten wurde zudem u.a. folgende Kategorie zur Anwendung gebracht (siehe auch BEHRENS *et al.* 2008):

Kategorie V (Präferenz von Therapieangeboten)

Mit dieser Kategorie wurden Hinweise auf Bevorzugung oder Ablehnung bestimmter Therapieelemente bei Migranten versus Einheimischen kodiert, z.B. häufiges Fernbleiben von der Gesprächsgruppe, Ausweichen vor Einzelgesprächen, Bevorzugen von körperorientierten oder kreativen Verfahren. Dabei kann die Bevorzugung oder Ablehnung von Therapieangeboten auch mit individuellen Kompetenzen bzw. (krankheitsbedingten) Einschränkungen zusammenhängen, was jeweils differenziert dokumentiert wurde. Unterschieden wurden: 1) Verbal-orientierte Therapieangebote (Einzelgespräche, Gesprächsgruppe, Psychoedukationsgruppe, soziales Kompetenztraining, Systemische Aufstellungen, Imaginationsübungen) 2) Köperorientierte Therapieangebote (Konzentrative Bewegungstherapie, Frühsport, Ballrunde, Laufgruppe, Physiotherapie, Sport und Spiele); 3) Kreative Therapieangebote (Malgruppe, Kreatives Gestalten); und 4) Arbeitstherapeutische Therapieangebote (Cafeteria, Arbeit mit Holz und Stoffen in der Arbeitstherapie-Werkstatt).

Diese Kategorie sollte Hinweise darauf geben, an welcher Stelle eines üblichen therapeutischen Gruppenprogramms systematisch Unterschiede zwischen Einheimischen und Migranten auftreten und wie diese aussehen.

Ergebnisse der qualitativen Auswertung

Im Vergleich der Häufigkeiten der für die Migrantenstichprobe definierten Kategorien über die gesamte Behandlungsdokumentation zeigte sich, dass Sprachprobleme für etwa ein Drittel (29.1%) Behandlungsepisoden eine Rolle spielten, kulturspezifische Aspekte bei 25.5 % der Verläufe kodiert wurden und migrationsspezifischen Aspekten in der Relation in dieser Untersuchung am meisten Bedeutung zukommt (41.8 %). Daher sollen die Ergebnisse zu dieser Kategorie hier beispielhaft detailliert vorgestellt werden (BEHRENS & CALLIESS 2008a):

Migrationsspezifische Aspekte prägen den gesamten Behandlungsverlauf

Als Aufnahmeanlass wurden verschiedene Belastungen im Zusammenhang mit der Migrationsbiographie genannt, wobei sich diese unterscheiden lassen in
1) Erlebnisse, die letztlich die Emigration aus dem Heimatland begründet haben, z.B. Krieg im ehemaligen Jugoslawien,
2) Akkulturationsschwierigkeiten, z.B. Gefühle von Heimatlosigkeit und Einsamkeit, Sehnsucht nach nahe stehenden Personen, familiäre Konflikte um Remigrationsabsichten und
3) Schwierige soziale und rechtliche Bedingungen wie das Leben im Ausländerheim und Einschränkungen aufgrund erschwerter Ein- bzw. Ausreisebedingungen (z.B. in den Iran).

Die Symptomatik vieler Patienten mit Migrationshintergrund war sowohl im zeitlichen Zusammenhang ihres Auftretens als auch in ihrer Gestalt in spezifischer Weise durch migrationsspezifische Aspekte geformt. So berichtete ein Patient in einer paranoid-halluzinatorischen Verarbeitung seiner Migrationsgeschichte, er selbst könne zwar nicht perfekt deutsch, die Stimmen in seinem Kopf würden jedoch perfektes Deutsch sprechen. Ein anderer gab an, er sei wegen

Problemen mit der Telepathie nach Deutschland gekommen, in Polen habe er zuviel gewusst. Bei mehreren Patienten manifestierten sich ihre Erfahrungen im Zusammenhang mit ihrer Migration auch als posttraumatische Symptomatik, so z.B. in Form von Albträumen oder Intrusionen, die Kriegserfahrungen zum Inhalt hatten, im Erleben eines Gerichtstermins als Trigger für traumatische Erfahrungen mit der Justiz in der Heimat oder als anhaltende Angst vor dem Türklingeln vor dem Hintergrund von Problemen mit dem Geheimdienst in der Heimat.

Eins der Kernthemen der migrationsspezifischen Aspekte in Therapie und Verlauf war der häufig zumindest latente Wunsch nach einer Rückkehr. Dies wurde spätestens angesprochen, wenn es um die Planung konkreter Maßnahmen wie berufliche Rehabilitation oder Wohnung ging. Durch die Ambivalenz zwischen dem Wunsch nach Stabilisierung und Integration am jetzigen Aufenthaltsort einerseits und einer inneren Verbundenheit zum Heimatland erlebten mehrere Patienten immer wieder Schwankungen im Befinden während des Behandlungsverlaufes. Ein anderer Aspekt der inneren Bezogenheit war die Sorge um nahe stehende Menschen in der Heimat, insbesondere bei Krankheit, Tod oder Besorgnis erregenden Vorkommnissen in ihrem Land oder der Wunsch nach deren Rat und Unterstützung insbesondere im Rahmen der psychischen Erkrankung.

Kategorie IV (Reflektion von Informationen zum Migrationshintergrund)

Für 70.9% der Behandlungsepisoden von Migranten (N=39) lagen Informationen zum Migrationshintergrund vor, die über kultur- und migrationsspezifische Angaben zu Aufnahmeanlass, Symptomatik und Krankheitsverarbeitung sowie Therapie und Verlauf in der Tagesklinik hinausgehen. Solche Informationen umfassten u.a. Hinweise auf die Umstände der Migration (z.B. politische Verfolgung, Begleitung des Partners), Konsequenzen der Migration (z.B. Familienzerfall, sozialer Abstieg, Ringen um Akzeptanz), und relevante, krankheitsbezogene Informationen aus Vorbehandlungen.

Lediglich für 10.9% der Fälle (N=6) fanden die mittels der Kategorien Kulturspezifische Aspekte (II), Migrationsspezifische Aspekte (III) und Zusätzliche Angaben zum Migrationshintergrund (IV.1) erfassten Informationen nachvollziehbaren Eingang in diagnostische und therapeutische Überlegungen. Eine Betrachtung und Einordnung des Behandlungsverlaufes von einer Meta-Perspektive in Kategorien von Kultur und Migration fand also im Vergleich zu der prinzipiell gegebenen Informationsbasis nur recht selten statt. Ob ergänzende Information im Therapieverlauf reflektiert wurde, erwies sich als unabhängig von der Behandlungsdauer.

Die aus der Dokumentation hervorgehenden ergänzenden Informationen lassen sich unterscheiden in:
1) Angaben zum Migrationsprozess (z.B. Motiv, Entscheidung zur Migration),
2) Traumatisierungen und Verluste im Heimatland und
3) Umgang mit Akkulturationsanforderungen in Deutschland und Entwurzelung.

Die Art der vorliegenden Informationen schien keinen Einfluss auf deren Berücksichtigung in der therapeutischen Arbeit zu haben. Grundsätzlich ist an dieser Stelle anzumerken, dass selbst die Erfassung der basalen Informationen zum Migrationshintergrund aus den Patientenakten sich oft mühsam gestaltete, und diese nur selten aus einer entsprechenden gezielten biographischen Anamnese hervorging.

Kategorie V (Präferenz und Ablehnung von Therapieangeboten)

Für keine der Arten von therapeutischen Angeboten ergaben sich Unterschiede bezüglich der Präferenz oder Ablehnung dieser Angebote zwischen einheimischen Patienten und Patienten mit Migrationshintergrund. Das bedeutet, weder für verbal-orientierte therapeutische Angebote noch für kreative oder körperorientierte Verfahren noch für arbeitstherapeutische Angebote gab es Hinweise für eine unterschiedliche Eignung einer der beiden hier untersuchten Stichproben. Innerhalb der Gruppe von Migranten gab es auch keine Zusammenhänge der Aufenthaltsdauer in Deutschland oder der Herkunftsregion mit einem mehr oder weniger guten Profitieren von den einzelnen Therapieangeboten.

Diskussion

Zunächst begründet der naturalistische Charakter der Studie einige methodische Einschränkungen: Zum einen handelt es sich um eine relativ kleine und sehr heterogene Stichprobe (bzgl. Alter, Herkunftsland, Diagnosen etc.). Hervorzuheben ist, dass bei den untersuchten Migranten eine lange Aufenthaltsdauer im Gastland vorliegt, die potentiell bereits einen erhöhten Akkulturationsgrad impliziert. Grundsätzlich beinhaltet das Setting einer Tagesklinik eine vorhergehende Indikationsstellung mittels Vorgespräch, das tendenziell zu einer positiven Selektion (bzgl. Veränderungsmotivation, psychostrukturellen Voraussetzungen, aktueller Schweregrad der Erkrankung) führt. Trotz dieser grundsätzlichen Einschränkungen beinhalten die Ergebnisse interessante Hinweise für den therapeutischen Umgang mit Migranten im psychiatrisch-psychotherapeutischen Setting.

Die verfügbaren Fragebogendaten (Symptombelastung, psychisches Funktionsniveau) bilden trotz in einiger Hinsicht differierender Eingangsbedingungen (Krankheitseinsicht, Ablehnung der Behandlung) für die Patienten mit Migrationshintergrund zunächst ebenso zufrieden stellende Behandlungserfolge ab wie für einheimische Patienten. Gleichzeitig sind aus der qualitativen Auswertung Ansatzpunkte für notwendige Modifikationen sowohl auf der Ebene der Behandlungsstrategien als auch im Hinblick auf die therapeutische Haltung hervorgegangen (BEHRENS & CALLIESS 2008).

Ein Ergebnis der vorliegenden Studie ist, dass Sprachprobleme im Sinne basaler Verständigungsschwierigkeiten eine deutlich untergeordnete Rolle spielen, was sicherlich auch durch die im Mittel recht lange Aufenthaltsdauer begründet ist. In dieser Untersuchung fanden sich auch verhältnismäßig wenige Fundstellen in der Behandlungsdokumentation hinsichtlich kulturspezifischer Aspekte. Dies könnte daran liegen, dass diese häufig nicht konkret greifbar und somit auch seltener einer bewussten Reflexion zugänglich sind, was für Therapeuten und Patienten gleichermaßen gilt. Diese Problematik kann sich auf Therapeutenseite als diffuse Behandlungsunzufriedenheit und auf Patientenseite als Ablehnung der Behandlung bzw. insuffiziente Krankheitseinsicht manifestieren. Hier konfligieren vermutlich kulturell unterschiedlich bedingte Krankheitskonzepte, Erklärungsmodelle für Gesundheit und Wohlbefinden sowie Rollenerwartungen (FRANZ et al. 2007, HAASEN et al. 2006, KIRMAYER 1989, MC GABE & PRIEBE 2004).

Ein Kernbefund dieser Untersuchung ist die große Relevanz migrationsspezifischer Aspekte, gerade in Anbetracht der Tatsache, dass die hier untersuchten Migranten sich schon recht lange in Deutschland aufhalten (BEHRENS & CALLIESS 2008a).

Für die Prägung des Therapieverlaufes durch migrationsspezifische Aspekte ist insbesondere eine vielfältige innere Bezogenheit auf die Heimat zu verzeichnen (vgl. KOCH 2005). Diese machte sich u.a. dadurch bemerkbar, dass Patienten Möglichkeiten zur Verbesserung ihrer seelischen Gesundheit eher in ihrem Heimatland vermuteten und daher der hiesigen tagesklinischen Behandlung ambivalent bis ablehnend gegenüber standen.

Sowohl für das Verständnis der aktuellen Erkrankung als auch für die Behandlungsmotivation und -gestaltung ist die Berücksichtigung migrationsbedingter Konfliktlagen unabdingbar (HILPERT 2005, GRINBERG & GRINBERG 1990), da der Migrationserfahrung jenseits kulturspezifischer Differenzen der Stellenwert einer überdauernden psychokonstitutionellen Variable zukommt.

Die Auswertung der Kategorie zur Reflektion von Informationen zum Migrationshintergrund zeigte, dass Informationen zwar durchaus vorliegen, aber eher unsystematisch und zufällig. Das erklärt auch, warum diese häufig nicht explizit wieder aufgegriffen wurden. Dieser Befund könnte auf ein mangelndes Bewusstsein hinsichtlich der Relevanz von kultur- und migrationsspezifischen Aspekten hinweisen. Die adäquate Berücksichtigung von Kultur und Migration erfordert zunächst eine systematische Informationserhebung (MEZZICH 1995, CALLIESS et al., in Vorbereitung). Dies erlaubt optimalerweise im zweiten Schritt ein umfassenderes Verständnis der Problemsituation des Patienten.

Die Analyse der Präferenzen von therapeutischen Angeboten zeigte, dass sich Migranten und Einheimische diesbezüglich nicht systematisch unterschieden. Dies steht u.a. dem häufigen Vorurteil entgegen, dass Migranten weniger von verbal-orientierten Therapieangeboten profitieren würden. Zudem werden die o.g. Befunde der Fragebogendaten unterstützt, denen zufolge bei Migranten ein vergleichbarer Behandlungserfolg vorliegt wie bei Einheimischen. Das hierzulande übliche mehrdimensionale Behandlungskonzept (verbal-, körper-, kreativ orientiert, arbeitstherapeutisch) als solches scheint daher auch für Patienten mit Migrationshintergrund durchaus gut geeignet. In der Praxis gängige Vorannahmen, die etwa sprachliche Hürden als unüberwindbar oder hiesige Behandlungskonzepte als grundsätzlich inadäquat für diese besondere Patientengruppe betrachten, sind also zu hinterfragen. Dies entspricht Studienergebnissen, in denen sich Kultursensitivität und Bereitschaft zur Reflektion eigener Annahmen als wichtiger als gleiche ethnische Herkunft für Erfolg und Zufriedenheit der Behandlung von Migranten erwiesen (KNIPSCHEER & KLEBER 2004).

Notwendige Modifikationen von Behandlungsangeboten in der Arbeit mit Migranten

Die vorliegende Studie stützt die Hypothese, dass eine Integration von Migranten in bestehende psychiatrisch-psychotherapeutische Versorgungsstrukturen grundsätzlich gut möglich ist, d.h. dass grundsätzlich in vieler Hinsicht Gemeinsamkeiten mit einheimischen Patienten bestehen. Notwendige Ansatzpunkte für zielgerichtete Veränderungen sind eher auf der Ebene der therapeutischen Haltung und individuellen Strategien als auf der Ebene der generellen Behandlungskonzepte zu verorten. Für eine gleichwertige Behandlung müssen daher durchaus Unterschiede gemacht werden, das heißt Kultur und Migration müssen explizit berücksichtigt werden.

Dies beginnt beim Einsatz von Sprach- und Kulturmediatoren – auch bei Patienten, die recht gute Sprachkenntnisse haben – und bei der Erarbeitung eines gemeinsamen Krankheitsverständnisses (explizites Explorieren kulturell andersartiger Krankheitskonzepte und Behandlungserwartungen sowie Rollenannahmen). Dafür bietet eine systematische kultur- und migrationsspezifische Anamnese eine hilfreiche Basis. Kultur- und migrationsspezifische Aspekte, die in der Auseinandersetzung mit der Aufnahmegesellschaft zur Belastung beigetragen haben oder mit der aktuellen Verarbeitung der Erkrankung verzahnt sind, können optimalerweise im „Mikrokosmos" des (teil-)stationären Settings bearbeitet werden.

Literatur

ARBEITSGEMEINSCHAFT FÜR METHODIK UND DOKUMENTATION IN DER PSYCHIATRIE. 1997. *Das AMDP-System. Manual zur Dokumentation psychiatrischer Befunde (6.Aufl.).* Göttingen: Hogrefe.

ASSION H.J., DANA I. & HEINEMANN F. 1999. Volksmedizinische Praktiken bei psychiatrischen Patienten türkischer Herkunft in Deutschland. *Fortschr Neurol Psychiatr* 67(1): 12-20.

BEHRENS K., CALLIESS I.T., SEIDLER K.P. & HALTENHOF H. 2006. Patienten mit Migrationshintergrund in der psychiatrischen Tagesklinik. *Sozialpsychiatrische Informationen* 36: 6-10.

BEHRENS K. & CALLIESS I.T. Gleichbehandlung ohne gleiche Behandlung: Zur Notwendigkeit der Modifikation therapeutischer Strategien für die Arbeit mit Migranten (zur Veröffentlichung angenommen 2008). *Fortschr Neurol Psychatr Grenzgeb.*

BEHRENS K. & CALLIESS I.T. 2008a. Migration und Kultur als Determinanten diagnostischer und therapeutischer Prozesse bei seelisch erkrankten Migranten. Eine systematische Differenzierung anhand einer qualitativen Inhaltsanalyse von Behandlungsverläufen. *Psychother Psych Med* 58: 162-168.

BEHRENS K., MACHLEIDT W., HALTENHOF H., ZIEGENBEIN M. & CALLIESS I.T. 2008. Somatisierung und Kränkbarkeit bei Migranten im psychiatrisch-psychotherapeutischen Setting – Fakt oder Fiktion? *Nervenheilkunde* 7: 639-643.

BORDE T., BRAUN T. & DAVID M. 2003. Gibt es Besonderheiten in der Inanspruchnahme klinischer Notfallambulanzen durch Migrantinnen und Migranten? In BORDE T. & DAVID, M. (Hg). *Gut versorgt? Migrantinnen und Migranten im Gesundheits- und Sozialwesen.* Frankfurt a.M: Mabuse. 43-81.

CALLIESS I.T., ÜNLÜ A. & BEHRENS K. *Fragebogen zum Migrationshintergrund für Migranten der 1. und 2. Generation. Ein Instrument zur systematischen Exploration migrationsspezifischer Erfahrungen und psychischer Belastung* (in Vorbereitung).

COLLATZ J. 2001. Bedarf und Inanspruchnahme psychiatrischer Versorgung durch Migrantinnen und Migranten. In HEGEMANN T. & SALMAN R. (Hg). *Transkulturelle Psychiatrie. Konzepte für die Arbeit mit Menschen aus anderen Kulturen.* Bonn: Psychiatrie-Verlag. 52-63.

FRANKE G. 1995. SCL-90-R. *Die Symptom-Checkliste von Derogatis – Deutsche Version.* Göttingen: Beltz.

FRANZ M., LUJIC C., KOCH E. et al. 2007. Subjektive Krankheitskonzepte türkischer Migranten mit psychischen Störungen – Besonderheiten im Vergleich zu deutschen Patienten. *Psych Prax* 34: 332-338.

GAVRANIDOU M. & ABDALLAH-STEINKOPFF B. 2007. Brauchen Migrantinnen und Migranten eine andere Psychotherapie? *Psychotherapeutenjournal* 4, 353-361.

GRINBERG L. & GRINBERG R. 1990. *Psychoanalyse der Migration und des Exils.* München, Wien: Verlag Internationale Psychoanalyse.

HAASEN C., BLÄTTER A., YAGDIRAN O. & REIMER J. 2006. Subjektive Krankheitsursachen bei Patienten mit einer psychotischen Erkrankung. Ein Vergleich zwischen türkischen und deutschen Patienten. *Psych Prax* 33: 30-33.

HEUFT G. & SENF W. 1998. *Praxis der Qualitätssicherung in der Psychotherapie. Das Manual zur PsyBaDo.* Stuttgart: Thieme.

HILL J. & RÖHL M. 2002. Muss sich unser Gesundheitssystem auf die Betreuung von Migranten einrichten? In DETTMERS C., ALBRECHT N.J. & WEILER C. (Hg): *Gesundheit, Migration, Krankheit. Sozialmedizinische Probleme und Aufgaben in der Nervenheilkunde.* Bad Honeff: Hippocampus Verlag. 113-121.

HILPERT H. 2005. Migration aus psychoanalytischer Sicht. *Psychoanalyse im Widerspruch* 34: 105-118.

KIRMAYER L.J. 1989. Cultural variations in the response to psychiatric disorders and emotional distress. *Soc Sci Med* 29: 327-339.

KNIPSCHEER J.W. & KLEBER R.J. 2004. A need for ethnic similarity in the therapist-patient interaction? Mediterranean migrants in Dutch mental-health care. *J Clin Psychol* 60(6): 543-54.

MEZZICH J.E. 1995. Cultural formulation and comprehensive diagnosis. *Psychiatr Clin North Am* 18: 649-657.

KOCH E. 2005. Institutionelle Versorgung von psychisch kranken Migranten. In ASSION H.J. (Hg): *Migration und seelische Gesundheit*. Heidelberg: Springer. 167-183.

KÜNZLER N., GARCIA-BRAND E., SCHMAUSS M. & MESSER T. 2004. Deutschkenntnisse psychiatrischer Patienten anderer Kulturen: Einfluss auf Freiwilligkeit und Dauer der stationären Behandlung. *PsychiatrPrax 31*: 21-23.

LAY B., LAUBER C.& ROSSLER W. 2005. Are immigrants at a disadvantage in psychiatric in-patient care? *Acta Psychiatr Scand* 111(5) :358-366.

MACHLEIDT W. 2002. Die 12 Sonnenberger Leitlinien zur psychiatrisch-psychotherapeutischen Versorgung von MigrantInnen in Deutschland. *Nervenarzt* 73: 1208-1209.

MACHLEIDT W. 2005. Migration, Integration und psychische Gesundheit. *Psychiatr Prax* 32: 55-57.

MACHLEIDT W. & CALLIESS I.T. 2005. Transkulturelle Psychiatrie und Migration – Psychische Erkrankungen aus ethnischer Sicht. *Die Psychiatrie* 2: 77-84.

MACHLEIDT W., BEHRENS K., ZIEGENBEIN M. & CALLIESS I.T. 2007. Integration von Migranten in die psychiatrisch-psychotherapeutische Versorgung von Migranten in Deutschland. *Psych Prax* 34: 325-331.

MAYRING P. 2003. *Qualitative Inhaltsanalyse* (8.Aufl.). Weinheim: Beltz Verlag.

MC GABE R. & PRIEBE S. 2004. Explanatory Models of illness in schizophrenia: Comparison of four ethnic groups. *Brit J Psychiat* 185: 25-30.

PFEIFFER M.W. 1991.Wodurch wird ein Gespräch therapeutisch? Zur kulturellen Bedingtheit psychotherapeutischer Methoden. *Psychother Psychosom Med Psychol* 41: 93-110.

RAZUM O., GEIGER I. ZEEB H. & ROLLENFITSCH U. 2004. Gesundheitsversorgung von Migranten. *Deutsches Ärzteblatt* 101: 2882-2887.

SALMAN R., STICKAN-VERFÜHRT M. & GRIEGER D. 2006. Migration, Gesundheitsversorgung und Integration. In BEAUFTRAGTE DER BUNDESREGIERUNG FÜR MIGRATION, FLÜCHTLINGE UND INTEGRATION (Hg). *Gesundheit und Integration. Ein Handbuch für Modelle guter Praxis*. Berlin: Bonner Universitäts-Buchdruckerei. 17-22.

SASS H., WITTCHEN H.U. & ZAUDIG M. (Hg). 1996. *Diagnostisches und Statistisches Manual psychischer Störungen DSM-IV*. Göttingen: Hogrefe.

SEIDLER K.P., GARLIPP P., BRÜGGEMANN B. & HALTENHOF H. 2001. Evaluation und Qualitätskontrolle tagesklinischer Behandlung. *Sozialpsychiatrische Informationen* 31: 36-44.

STATISTISCHES BUNDESAMT 2006. Migrationserfahrung der Bevölkerung 2005. In: *Leben in Deutschland. Mikrozensus* 2005.

WITTIG U., MERBACH M., SIEFEN R.G. & BRÄHLER E. 2004. Beschwerden und Inanspruchnahme des Gesundheitswesens von Spätaussiedlern bei Einreise nach Deutschland. *Gesundheitswesen* 66: 85-92.

YAGDIRAN O. & HAASEN C. 2002. Therapeutische Arbeit mit Migranten in der Praxis und Klinik. In DETTMERS C., ALBRECHT N.J. & WEILLER C., (Hg): *Gesundheit, Migration, Krankheit. Sozialmedizinische Probleme und Aufgaben der Nervenheilkunde*. Bad Honeff: Hippocampus. 163-172.

Autorinnen:

KATHARINA BEHRENS; Psychologische Psychotherapeutin
Klinikum Region Hannover (Wunstorf), Abteilung für Allgemeinpsychiatrie
Südstr. 25 • 31515 Wunstorf
e-mail: katharina.behrens@googlemail.com

IRIS TATJANA CALLIESS
e-mail: Calliess.Iris@mh-hannover.de

Die ethnopsychiatrische Intervision an der Psychiatrischen Universitätsklinik Zürich

HEIDI SCHÄR SALL & BERNHARD KÜCHENHOFF

Rahmenbedingungen

Die ethnopsychiatrische Intervision ist neben den ethnospychiatrischen Gruppengesprächen fester Bestandteil der transkulturellen Psychiatrie, wie sie an der Psychiatrischen Universitätsklinik Zürich konzeptualisiert wurde und heute praktiziert wird.

Bereits seit mehr als 12 Jahren entstand aufgrund unserer Zusammenarbeit an der Psychiatrischen Universitätsklinik eine interdisziplinäre ethnopsychiatrische Intervisionsgruppe. Dadurch konnte die Komplementarität von Ethnologie (Sozialanthropologie), Psychologie und Psychiatrie, die für die transkulturelle Praxis sinnvoll ist, genutzt werden. Diese Gruppe wird dreiwöchentlich unter unserer Leitung durchgeführt und dauert eineinviertel Stunden. Eine TeilnehmerIn stellt jeweils einen Patienten oder eine Patientin vor. Die Gruppe ist offen für alle Berufsgruppen und es nehmen neben den KlinikmitarbeiterInnen, KollegInnen aus der psychiatrischen Poliklinik sowie aus der Praxis teil.

Bei den vorgestellten PatientInnen geht es im Zusammenhang der Krankheitsgeschichte zusätzlich um die Kindheitsgeschichte, die Migrationsgeschichte und in der Intervisionsgruppe um die Beziehungen, die Uebertragungen und kulturellen Gegenübertragungen. Ausserdem kommen die unterschiedlichen Vorstellungen und Konzepte von Gesundheit oder Krankheit, Familie und der soziale Kontext zur Sprache. Die entstehenden Hypothesen und unterschiedlichen Interpretationen wiederum führen zu verschiedenen neuen Perspektiven und Sichtweisen, in Bezug auf die Diagnose oder die Therapie. Die Perspektivenvielfalt, die sich aus den verschiedenen Interpretationen ergibt, eröffnet neue Haltungen und neue Zugänge zum Patienten, und dienen damit auch bei späteren Gespräch mit den PatientInnen dem wechselseitigen Erkenntnisgewinn.

Komplementäre Disziplinen und Konzepte

Die Intervisionsgruppe in dieser interdisziplinären Zusammensetzung hat den Vorteil, dass unterschiedliche komplementäre Konzepte aus Psychiatrie, der modernen Sozialanthropologie, Medizinethnologie, Psychotherapie, Ethnopsychoanalyse und Psychotherapie, gegebenenfalls auch der Neuropsychologie, einfliessen.

Die sozialanthropologischen Konzepte berücksichtigen die Globalisierungsprozesse, die Migration ebenso wie die Tatsache der unterschiedlichen Kulturprozesse, transnationalen Bezüge und kulturellen Gruppen, in denen die meisten Menschen auf unterschiedliche Weise leben. Statische Konzepte von Kultur treten in einer pluralen komplexen Gesellschaft mehr und mehr in den

Hintergrund zugunsten eines prozesshaften Verständnisses von kulturellen Inhalten. Die Gesund-
heitspraxis ist auch als kulturelle Praxis zu verstehen und betrifft uns alle. Nicht nur die Patienten
sind von diesen Prozessen eingeschlossen, sondern alle Akteure, also auch das Gesundheitsper-
sonal. Bewusste und unbewusste Grundannahmen, auch unsere Kategorienbildungen, werden
in Frage gestellt, müssen neu mit den Patientinnen und eventuell ihren Verwandten erschlossen
werden. Die interdisziplinäre Intervision ist gerade deshalb so hilfreich, weil sie die Diversität der
Sichtweisen fördert und so auch dem kulturell Verschiedenen besser entspricht. Die Kontextualisierung ist ein wichtiger Teil in der ethnopsychiatrischen Intervision. Sie fördert die Neugierde
anstelle der Abwehr. Dazu gehört auch das Bewusstwerden der Abwehr des Patienten (z.B. der
Abwehr von Trauer, von Aggression, von Hoffnungslosigkeit), die sich auf die TherapeutInnen
übertragen können.

Unsere Erfahrung ist, dass die Gruppe den Anforderungen mit PatientInnen, mit zum Teil
sehr belastenden Vorgeschichten, besser gewachsen ist als eine Einzelsupervision. Für die PatientInnen ergibt sich hier ein Denkraum, der nicht von Zeit- und Handlungsdruck geprägt ist.
In diesem Raum zeigt sich immer wieder, dass die PatientInnen häufig psychisch noch gar nicht
im Gastland angekommen ist. Die Psychiatrische Klinik stellt damit einen für MigrantInnen oft
bedeutsamen Uebergangsraum zur Verfügung, der als Denk- und Verstehensraum für die Behandlung und Therapie der PatientInn fruchtbar gemacht werden kann.

U.a. Ursachenerklärungen des Patienten werden in der interdisziplinären Intervision neu reflektiert, wie auch unsere ethnozentrischen Vorstellungen.

Paradigmen und Methodische Konsequenzen

Zu den Spezialisten, zählen wir im transkulturellen psychiatrischen Setting auch die PatientInnen, da sie selbst die entscheidenden InformantInnen sind. Dies erfordert eine forschende refle-
xive Haltung, in der anstelle der "Compliance", in welcher der Gestus der Unterordnung mit-
schwingt, auch die Ansichten und Übertragungen der TherapeutInnen hinterfragt werden und ein
Verstehensprozess in Gang gesetzt wird. In der Intervision hat die Dezentrierung, das heisst das
Auseinanderhalten eigener und fremder kultureller Hintergründe, Konzepte und sozialer Konst-
ruktionen, respektive die Reflexion der eigenen kulturellen Gegenübertragungen, ebenso Bedeutung wie in den direkten Gesprächen mit den PatientInnen, kann aber in der Intervision eingeübt
werden und hilft dann für die weitere Therapie.

Daher ist es notwendig, dass in der Intervisionsgruppe immer auch der behandelnde Arzt/
Ärztin, wenn möglich eine Bezugsperson aus der Pflege, dabei sind, da die Erkenntnisse als Prozess und nicht als Resultat zu verstehen sind. Dieses Verstehen hat Auswirkungen in Bezug auf
die Haltung, die stationäre Behandlung, auf Entlassung oder Verbleib, auf die Diagnose und das
adäquate therapeutische Angebot.

Wirkungen der ethnopsychiatrischen Intervision

Die Intervision dient dazu, die vorgestellten PatientInnen besser zu verstehen, einerseits auf dem
Hintergrund ihrer Lebenswelt, Migration, Kindheitsgeschichte und ihrer kulturellen Annahmen,
andererseits aber auch dazu, die eigenen Grundannahmen, kulturellen Uebertragungen wie auch
die Interaktionen in der eigenen Institution zu klären. Sie hat darüber hinaus einen kontinuierlichen Weiterbildungseffekt. Diese Reflexionsmöglichkeiten führen anstelle eines abrufbaren
Teilwissens zu neuem Interesse am Patienten/in, an der eigenen Arbeit und gibt den Erfahrungen

der PatientInnen mit Migrationshintergrund, die sich oft wenig verstanden fühlen, einen neuen Wert. Ebenfalls zeigt die Intervision auch Lücken auf in der Forschung.

Dank der Kontextualisierung und der Reflexionen können Fehldiagnosen eher erkannt werden. Ausserdem können Ueberforderungen, die oft zu frühzeitigen Pattsituationen, Fehlbehandlungen oder verfrühten Entlassungen führen, vermieden werden.

Des weiteren kann die Zusammenarbeit mit anderen Institutionen, z.B. somatischen Kliniken, verbessert werden, was wichtig ist für die Effektivität der Behandlungen.

Auf dem 1. Kongress für transkulturelle Psychiatrie im deutschsprachigen Raum stellten wir diese ethnopsychiatrische Intervisionsgruppe in einem Workshop vor. An Hand eines Patientinnenbeispiels einer Teilnehmerin des Workshops wurde unser Vorgehen konkret dargestellt und erfahrbar gemacht.

Uns ist wichtig darauf hinzuweisen, dass ohne allzu grossen Aufwand, bei entsprechend geschulten therapeutischen MitarbeiterInnen, empfohlen werden kann, auch in anderen psychiatrischen Institutionen solche Intervisionsgruppen einzurichten.

Autoren:

lic.phil. HEIDI SCHÄR SALL, Ethnologin/Psychologin.1981-1989 Studium der Ethnologie, Ethnopsychoanalyse, Medizinethnologie, Psychologie und Sozialpädagogik an der Universität Zürich mit Feldforschung im Senegal, u.a. an der Psychiatrischen Universitätsklinik in Dakar-Fann.1992-2005 Aufbau und Leitung des Ethnologisch-Psychologischen Zentrums EPZ für Traumatisierte und psychisch erkrankte Flüchtlinge in Zürich.2007-2008 Psychologin im Kindesschutz und seit 2005 Tätigkeit als Ethnologin/Psychologin in der Psychiatrischen Universitätsklinik PUK Zürich. Zusammen mit Dr. med. B. Küchenhoff Aufbau der Transkulturellen Psychiatrie in der PUK Zürich, resp. Moderation der ethnopsychiatrischen Gruppen- und Intervisionssitzungen. Div. ethnopsychologische Lehrtätigkeiten, Supervision sowie Publikationen zu: Migration, Ethnopsychoanalyse, Flüchtlinge, Trauma, Transkulturelle Psychiatrie

Psychiatrische Universitätsklinik
Lenggstrasse 31 • CH 8008 Zürich • Schweiz
e-mail: heidi.schaer@puk.zh.ch

Dr.med. BERNHARD KÜCHENHOFF; nach Medizinstudium, Zweitstudium in Philosophie u. Germanistik; Facharzt für Psychiatrie, Psychotherapie und Neurologie; seit 1989 an der Psychiatrischen Universitätsklinik in Zürich; Arbeits- und Forschungsschwerpunkte, neben der täglichen klinischen Tätigkeit: Geschichte der Psychiatrie; Psychiatrie und Philosophie; Angehörigenarbeit; transkulturelle Psychiatrie.

Leitender Arzt – Psychiatrische Universitätsklinik
Lenggstrasse 31 • CH 8008 Zürich • Schweiz
e-mail: Bernhard.Kuechenhoff@puk.zh.ch

Problem-Portrait-Technik (nach Malcolm MacLachlan) – Kultursensible Handlungsdiagnostik –

Lydia Hantke

Diagnosen sind nicht kulturneutral. Leiden, seine Symptomatik und seine Klassifizierung werden durch die ganz unterschiedlichen Kontexte geprägt, aus denen unsere Klienten kommen. Eine Migräne z.B. kann vieles bedeuten und die unterschiedlichsten Ausformungen haben. Diese Erkenntnis setzt sich immer mehr auch in einer breiteren klinisch tätigen Öffentlichkeit durch, führt dann aber oft nur zu weiterer Handlungsunfähigkeit im interkulturellen klinischen Kontakt. Das eigene diagnostische Know-how wird angezweifelt und die Erkenntnis führt eher zum Ausschluss von Klientel („Ich kann damit nicht richtig arbeiten") und Überforderung angesichts der neuerlichen fachlichen Anforderung an die Kliniker. Auch wenn in den Diagnosemanualen inzwischen einige culture-bound-syndromes als buntes Beiwerk zum weltweit standardisierten Diagnoseschlüssel ihren Platz gefunden haben, so reichen sie doch bei weitem nicht aus, die Vielfalt an Symptomatik abzubilden, mit der sich KlinikerInnen weltweit gerade auch im Zusammenhang mit Migrationsbewegungen konfrontiert sehen. Die meist erzwungene Migration formt ihre eigenen Symptomatiken, die oft eine erste Möglichkeit/Form sind, sich innerhalb fremder Zusammenhänge Sinn zu schaffen. Wo die gemeinsame Sprache noch fehlt, wird der Körper zum Sprachrohr, wird das Symptom zum Mittel der Verständigung.

Hier bedarf es einer handlungsorientierten Diagnostik, die für den klinischen Alltag Leitlinien und Zielbestimmungen erarbeiten hilft. Diagnostik, die hilft den Blick zu erweitern und den Handlungsspielraum zu vergrößern.

Im vorliegenden Artikel möchte ich Ihnen ein Instrument vorstellen, das der schottisch-irische Psychologe Malcolm MacLachlan in der Arbeit mit MigrantInnen und Flüchtlingen entwickelt hat. MacLachlan hat einige Jahre als klinischer Psychologe mit Bürgerkriegsflüchtlingen in verschiedenen Länder Afrikas gearbeitet und hat einen Lehrstuhl für Klinische Psychologie und Counselling an der Trinity University, Dublin inne. Die Problem Portrait Technik beschreibt er in seinem Buch "Culture and Mental Health", das im letzten Jahr neu aufgelegt worden ist. Die „Problem Portrait Technique" ist ein einfaches Instrument, mit dem Kliniker und Klient zusammen die vielen Bedeutungen und Begründungszusammenhänge erarbeiten und in ihren Wertigkeiten betrachten können, die im Laufe eines Lebens in unterschiedlichen Kulturen so zusammenkommen.

Diese Technik ist überall dort anwendbar, wo Menschen sich begegnen, die unterschiedliche Traditionen und Wertkontexte haben. Was die Verständigung zwischen einem alten palästinensischen Einwanderer und der jungen deutschen Psychologin erleichtert, hilft vielleicht auch bei drohenden Mißverständnissen zwischen ost- und westdeutsch sozialisierten Menschen. Und natürlich findet transkulturelles Handeln ganz häufig in eben jenen unsicher zu verortenden Zusammenhängen statt, die ineinanderfließende kulturelle Bedingungen und Hintergründe ausmachen - dem zahlenmäßig wachsenden Normalzustand einer Welt, die in Bewegung ist.

Prämissen

MACLACHLAN geht von einem kulturspezifischen Hintergrund von Leiden aus, Symptome sind für ihn nicht generalisiert und kategorisierbar abzubilden. Eine seiner zentralen Thesen besagt, daß Kultur die Entstehung von Leiden und Symptomatik ebenso beeinflusst wie dessen Erleben, seinen Ausdruck und die Konsequenzen, die daraus entstehen. „Wenn Leiden nicht im Bezugs-system der Leidenden betrachtet wird, entkleidet man das Leiden seines Sinns, seiner Bedeutung und seiner Symbolik und bedroht damit die Integrität des Leidenden", schreibt MACLACHLAN und leitet daraus ab, daß der kulturelle Hintergrund für unser Verständnis körperlicher Krankheit entscheidend ist.

Lassen Sie mich als einfaches Beispiel eine muslimische Frau anführen, die einmal jährlich zu je unterschiedlichen Zeiten für ca. zwei Monate extreme Schwächeanfälle erlitt, während des übrigen Jahres aber mehr oder weniger beschwerdefrei blieb. Es wurde nun versucht, die Symp-tomatik mit den unterschiedlichen Lebensumständen und Erklärungszusammenhängen zu ver-knüpfen: es fand sich keine genetische Prädisposition, die familiären Gegebenheiten schwankten nicht sonderlich im Verlauf des Jahres, auch waren keine spezifischen Stressoren auszumachen, die Vorerfahrungen ließen keine posttraumatische Reaktion angezeigt erscheinen. So wurde Frau S. jährlich wieder mit einem Erschöpfungssymptom eingewiesen, da der Zustand in der Familie nicht hinreichend überwacht werden konnte. Im Verlauf der Jahre wurde aus dem Krankheitsbild eine mittelschwere Depression – anders waren die Klinikaufenthalte den Kassen gegenüber nicht mehr begründbar. Erst als eine türkischstämmige Krankenschwester ihren Dienst auf Station an-trat, die sich gut mit der Frau verstand und für den Verlauf der Krankheit interessierte, wurde dem Stationsteam ein Zusammenhang klar, der bislang nicht aufgeschienen war: die Erschöpfungs-zustände begannen immer ca. 2-3 Wochen vor dem Beginn des Ramadan, der jährlich wandern-den muslimischen Fastenzeit. Im Verlauf des Jahres traten sie nur kurzfristig auf. Bei einer nun genaueren Befragung stellte sich heraus, daß die Frau durch ihre Erkrankung gleichzeitig die Regeln der Religion aufrecht erhielt und sich gegen den streng islamischen Vater zur Wehr setzte – indem sie eine Symptomatik entwickelte, die allen erlaubte, das Gesicht zu wahren – denn bei schweren Krankheiten ist die Zufuhr von Nahrungsmitteln und Wasser in der Fastenzeit tagsüber auch praktizierenden Muslimen erlaubt. Ein Nachholen des Fastens zu anderen Zeiten des Jahres hatte dann einige Male kurz das Auftauchen der Symptomatik zur Folge, bald wurde der Versuch vollends abgesetzt.

Wir können uns nicht für jeden spezifischen Fall Fachwissen und diagnostisches KnowHow aneignen. Es ist nicht notwendig und noch viel weniger möglich. Aber wir sollten uns den Streß bewusst machen, in den dieses Nicht-Wissen uns und unsere Gegenüber im Kontakt versetzen kann. Vielleicht können wir uns dann erlauben, uns aus der Position der Allwissenden zu entfer-nen und uns gemeinsam mit den Klienten auf die Suche nach Erklärungen zu machen. Wichtig dabei ist, dann unterschiedliche Erklärungsmodelle gleichzeitig zuzulassen, denn gerade aus sol-chen Spannungsfeldern entstehen ja Symptomatiken. Am Beispiel von Frau S. kann das heißen: ich möchte gerne ausscheren aus dem islamischen Ritual, das für mich meinen Vater und alle patriarchale Strenge meines Hintergrundes ausmacht, kann mich aber gegen den überwältigenden Druck der Exilgemeinde, die an den strengen Regeln oft noch eherner festhält, nicht wehren und greife so zur Symptombildung, die mir beides erlaubt: die Regeln zu befolgen und mich ihnen gleichzeitig zu entziehen. Gerade wenn wir im multikulturellen Zusammenhang arbeiten, müssen wir unsere Erklärungsansätze erweitern lassen durch die Vielfalt von Begründungszusammen-hängen, die uns aus den Leben unserer Gegenüber entgegentreten: Lassen Sie sich überraschen! Oft ist in den Annahmen, die unsere Klientinnen über die Ursache und Wirkung von Krankheiten haben, viel zu erfahren über die Wertesysteme, die sozialen Mythen und Erwartungen, die sich im sozialisatorischen Hintergrund gebildet haben.

Ein Aspekt, den MacLachlan für die Einordnung möglicher Bedeutungszusammenhänge bei Menschen angibt, die aus anderen Kulturen in unser Gesundheitssystem kommen, ist folglich auch der Hinweis, daß Symptome immer auch nach ihrer Bedeutung analysiert werden sollten. Das gilt nicht nur für das Rentenbegehren oder den Aufenthaltsstatus. Und die Symptomatik ist natürlich nicht weniger echt oder weniger leidvoll, nur weil sie kontextualisiert werden kann. Hat man den Bedeutungshorizont eines Leidens gemeinsam entziffert, so gilt es, einen Ersatz für das Symptom insofern zu finden, als seine Aufgabe von etwas anderem, weniger leidvoll empfundenen übernommen werden sollte.

Aber lassen Sie mich das nun an einem Beispiel erläutern.

Problem Portait Technik (PPT)

Die Hilfsmittel, die Sie benötigen, sind ganz wenige und in fast jeder Situation ohnehin vorhanden: ein Blatt Papier und ein Stift. Und natürlich können Sie ihrer Fantasie freies Spiel lassen, indem sie ein Flipchart bemühen oder mit bunten Farben aufwarten – für die Technik wichtig ist eine zu bemalende Fläche und ein Stift oder eine Kreide. Natürlich brauchen Sie eine Klientin oder einen Klienten, dem Sie dieses Spiel schmackhaft gemacht haben, vielleicht mit den Worten: „Ich habe noch nicht so ganz verstanden, was es mit Ihren Beschwerden auf sich hat, haben Sie nicht Lust, mir das noch einmal genauer zu erklären? …" – und nun zeichnen Sie einen kleinen Kreis in die Mitte des Blattes, in dem sie das Problem beim Namen nennen können. Doch aufgepasst: An diesem Punkt ist es wichtig, daß Sie das Problem so bezeichnen, wie es sich für ihren Klienten darstellt, nicht Ihre Version der Formulierung. Wenn Herr K. wegen Kopfschmerzen zu Ihnen in Behandlung und Beratung kommt, dann gehen Sie *davon* aus und nicht von dem Erschöpfungszustand, der ihnen entgegenschlägt, nicht von den Alpträumen, von denen er auch berichtet hat oder den Sorgen um seine Tochter: es geht an dieser Stelle um das, was dem Patienten wichtig ist, von da aus kann sich alles weiterentwickeln. Denn Sie wollen ja etwas von ihm erfahren - oder mögen Sie es besonders gerne, wenn Sie zum Arzt gehen, um eine Hautsalbe verschrieben zu bekommen und der Ihnen erzählt, daß Sie besser auf Ihre Beziehungen achten und vielleicht doch den Kontakt zu den Eltern wiederaufnehmen sollten? Indem Sie das vom Klienten benannte, seine ureigenste „Diagnose", im wahrsten Sinne des Wortes in den Mittelpunkt stellen, erkennen Sie die Erfahrung des Klienten an; wenn Sie das Glaubenssystem der Klientin mit der PPT zum Ausgangspunkt ihrer Arbeit machen wollen, fangen Sie gleich damit an: „Wie würden Sie das denn nennen, worunter Sie am meisten leiden, was soll ich hier denn in die Mitte schreiben?" Nun schreiben Sie „Kopfschmerzen" ins Zentrum.

Da wir ja nun erfahren wollen, welche Bedeutungszusammenhänge es im Leben des Klienten gibt, der uns gerade gegenübersitzt, schlägt uns MacLachlan für den nächsten Schritt eine einfache, aber wirkungsvolle Reduzierung vor. Man könnte ja nun alle möglichen Kontexte benennen und in ihrer Einflußnahme erforschen: die Herkunftsfamilie, die zur Hälfte in Berlin-Neukölln, zur anderen in Alanya lebt, die islamische Religion als Kindheitsfolie, die offen laizistische Sozialisation im Studium in Istanbul, die Kollegen im Büro, in dem Herr K. arbeitet und was da noch alles eine Rolle spielen könnte. Und wer wüßte das schon, und in welche Richtung sollte man da noch fragen, um nicht etwas Wichtiges zu übersehen? Aber all das erspart uns MacLachlan durch einen einfachen Kunstgriff: Er läßt uns fragen, wer im Leben unserer Klientinnen jetzt oder irgendwann eine wichtige Rolle gespielt hat, in der Annahme, daß damit auch die wesentlichen Einflüsse auf Handeln und Denken und die Entwicklung von Symptomen abgebildet sind.

Herr K. benennt nun den Onkel aus Alanya, die Mutter, die vor zwei Jahren verstorben ist, den Vater, der wieder zurückgegangen ist in die Türkei, die Tochter und den kleinen Sohn („aber der kann solche Fragen noch nicht beantworten" – „das ist egal", sagen Sie: „es kommt darauf an, was Sie meinen, was er sagen würde"). Dann ist da noch Herr M. aus dem Büro mit dem er seit einem Jahr im Streit liegt und natürlich die Ehefrau. Ach ja, und der Professor damals im Studium, der war ihm schon auch wichtig, aber zu dem hat er keinen Kontakt mehr. Macht nichts, der muß mit aufs Blatt.

Und nun erhalten alle, unabhängig von der Rolle im Leben des Klienten, der momentanen Wichtigkeit oder dem zeitlichen Stellenwert einen Platz auf einem Rad, das sie in gebührendem Abstand um den kleinen Kreis zeichnen, jeder an einem Fadenende des Spinnennetzes. Wenn einige davon offen bleiben und unbenannt, so haben Sie Platz für eventuell noch auftauchende wichtige Menschen, wenn sehr sehr viele benannt werden, dann schlagen Sie doch bitte vor, ob da nicht Gruppen gebildet werden könnten: der Onkel und der Vater zum Beispiel sind ohnehin immer derselben Meinung.

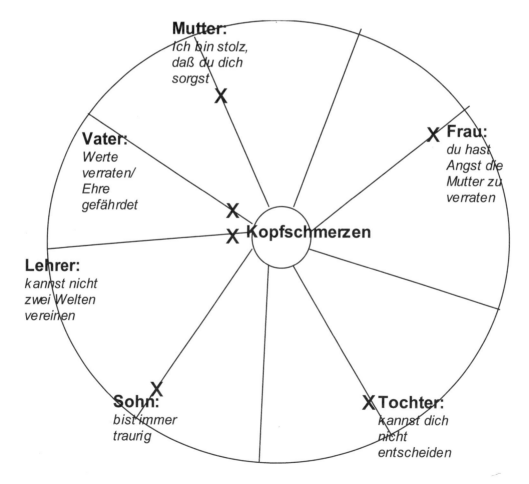

VWB – Verlag für Wissenschaft und Bildung

Nun beginnt das Erfragen der Zusammenhänge mit einer sehr einfachen Frage, die Sie in Variationen jedes Mal wiederholen: „Was hält x für die Ursache Ihrer ..." und hier setzen Sie das vom Klienten benannte ein: „... Kopfschmerzen". „Wenn Sie x fragen würden, woran es liegt, daß Sie diese Kopfschmerzen haben, was würde er/sie sagen?" Sie haben in dem ganzen Gespräch eine – wie ich finde – sehr angenehme und einladende Rolle: Alles, was Sie tun ist zu fragen, neugierig zu sein und dem Klienten zu helfen, sich in die Fragestellung hineinzudenken: „Aber meine Mutter ist doch schon tot ... aber mein Sohn ist noch viel zu klein ... Aber was der Lehrer sagen würde, das weiß ich nun wirklich nicht!" – „Wenn Sie sie fragen könnten, was würde sie antworten ... Wenn er schon reden könnte, ... Wenn Sie es wüßten, was könnte es sein?" Und lassen Sie Zeit, sich und dem anderen, da erkundet jemand sein Leben und das geht mit Zeit und Ruhe besser.

Sie schreiben die Quintessenz jeder Aussage der einzelnen Menschen unter deren Namen, und auch diese Quintessenz stimmen sie natürlich mit ihrem Gegenüber ab: „Mein Vater meint bestimmt, ich habe mich zu weit von unseren traditionellen Werten entfernt und lasse auch meiner Tochter zuviel Spielraum, die Ehre setze ich aufs Spiel, so wie ich sie groß werden lasse. Und er will mich auch nicht mehr so gerne sehen, er ruft nur noch selten an, und dann immer mit Vorwürfen." Sie könnten also fragen, ob das Zentrale von alldem sei, daß der Vater meint, er habe sich zu weit von den traditionellen Werten entfernt, und wenn Herr K. das richtig findet, schreiben Sie das aufs Blatt. Sonst fragen sie nach, diskutieren sie es aus, aber halten Sie das Blatt einigermaßen übersichtlich, wenn es denn geht, das erleichtert Ihnen die gemeinsame Weiterarbeit. Nun steht da vielleicht beim Vater „Du hast die traditionellen Werte verraten und gefährdest die Familienehre." Bei der Mutter steht: „Du machst dir immer zuviel Sorgen, aber gerade darauf bin ich stolz".

Bei der Tochter steht: „Du kannst dich nie entscheiden", bei dem kleinen Sohn steht „du bist immerzu traurig", bei dem Istanbuler Lehrer: „du versuchst zwei Welten zu vereinen und das tut dir nicht gut" und die Frau sagt auf dem Blatt „Du hast Angst, daß du deine Mutter verrätst, wenn du dich von deinem Vater abwendest."

Da gibt es so einiges, was Sie sich nicht gedacht hätten, nicht wahr? Und so einiges, was Sie sehr interessant finden, es juckt Ihnen schon auf der Zunge, und vor allem die These der Frau finden Sie sehr überzeugend und möchten eigentlich gerne gleich darauf einsteigen ... Aber halt! Unsere Technik sieht hier anderes vor. MacLachlan geht davon aus, daß unsere Klienten inzwischen schon lange ins Denken gekommen sind, und sieht weitere Nachfragen unsererseits oder gar einseitige Parteinahme für uns genehme Aussagen hier nicht vor. Natürlich können Sie gemeinsam bedenken, was dem Klienten auftaucht und bedenkenswert erscheint. Aber Sie geben nichts vor, die Richtung der Überlegungen bestimmt der Klient.

Der nächste Schritt unsererseits ist ein anderer. Wieder fragen Sie den Klienten: „Nachdem wir uns nun alle angeschaut haben und sie zu Wort haben kommen lassen, was davon scheint Ihnen wichtig? Wenn wir mal sagen, die Position außen am Kreis heißt: nicht wichtig und die ganz innen: sehr wichtig und der ganze Strich zwischendrin steht Ihnen zur Verfügung, um Unterschiede zu machen: wo würden Sie bei den einzelnen ein Kreuzchen machen? Wenn Sie also bei dem, was Ihre Frau sagt, ein Kreuz für die Wichtigkeit dieser Aussage für Sie machen wollen, wo setzen Sie es hin?" Und er macht das Kreuz in das äußere Drittel, nahe am Außenkreis und Sie sind ganz enttäuscht und fragen nach, ob er richtig verstanden hat. Aber er ist schon weiter, nickt zum Verständnis und macht bei seinem Lehrer ein Zeichen ganz weit innen und nach einigem Zögern bei seinem Vater auch. Alle anderen Erklärungen bekommen nicht mehr diesen Stellenwert. Nun haben Sie den Salat, aber manchmal haben wir auch mehr Glück. Lassen Sie sich nur jetzt nicht den Blick verstellen: da haben wir zwei Erklärungen, die so gar keine Hoffnung zuzulassen scheinen. Wie soll es denn da weitergehen?

Es ist nun ihre gemeinsame Aufgabe das herauszufinden. Ein Ansatzpunkt dafür ist zu allererst, den Riesenbrocken ernstzunehmen, den Sie da gemeinsam freigelegt haben: da lasten nicht weniger als zwei Kulturen und ihre widersprüchlichen Forderungen auf dem Familienvater. Aber auch hier geht es nicht darum, die gesamte Kultur zu reflektieren und zufrieden zu stellen, sondern darum, mit den Repräsentanten im Innern des Klienten ein Auskommen zu finden: der Einfluß von Vater und Herkunftskultur mag uns als Fessel erscheinen, wo sie die Bewegungsfreiheit der Enkelin einschränkt. Für Herrn K. ist das, was uns eine Kultur ausmacht, ein Mensch, der ihn liebt und verachtet gleichzeitig. Und die Frage, die nun ansteht, ist die, wie ein Ausgleich gefunden werden kann, ein Ausgleich im Leben dieses Mannes. „Was könnten Sie denn tun, um Ihre Probleme zu mindern, wenn Sie so sehr gegen die Maßregeln Ihres Vaters verstoßen?" „Ich dürfte meine Tochter nicht ausgehen lassen und müßte ihr Kopftuch und einen Ehemann aus unserem Dorf vorschreiben. Das will ich aber nicht!" Nein, das soll er ja auch nicht, dagegen hat er sich ja entschieden. Manchmal ist es schon ein wichtiger Schritt anzuerkennen, was für eine Leistung hier vollbracht wurde. Noch mal nachzufragen, ob die Tochter das weiß und die Frau und ob er sich schon genug dafür gelobt hat, was er tut, um sich selbst darin zu wertschätzen, für die Kinder den Spagat zwischen den Kulturen zu machen. Und dann kann selbst noch hier aus der scheinbar zerstörten Beziehung zum Vater eine Ressource werden: „Jetzt mal abgesehen von dem, *was* Sie getan haben – das ist ja schon eine reife Leistung für einen Familienvater, sich so für seine eigenen Werte und seine Familie einzusetzen oder? Wenn Ihr Vater mal von dem konkreten Inhalt absehen würde, wie würde er das finden?" Und seien Sie nicht allzu erstaunt, wenn Herr K. plötzlich strahlt: „Er wäre stolz auf mich! Und übrigens: er ist damals auch gegen den Willen seines Vaters nach Deutschland gekommen!"

Oft sind die Handlungsempfehlungen, die sich aus den Befragungen der wichtigen Repräsentanten eines Lebens ergeben allerdings auch sehr viel konkreter. Das kann im Falle von Kopfschmerzen auch einfach sein, daß man mal Nein sagen soll an ganz konkreter Stelle, daß ein religiöses Ritual zu vollziehen ist oder man mit einer ganz bestimmten Person reden sollte. Aber oft liegt die Lösung auch alleine schon in der Erkenntnis dessen, was alles eine Rolle spielt.

Probieren Sie es doch mal aus, und nehmen Sie als allererstes ein eigenes Symptom zur Übung heran, das abendliche Nüsse-Essen oder die Aufschieberitis und lassen Sie sich überraschen, wer da alles ein Wörtchen mitzureden hat!

Die lösungsorientierte Variante:

Statt einer Problems können Sie in die Mitte des Kreises natürlich auch ein Lösungsverhalten schreiben, das sich schwierig gestaltet oder noch nicht ganz erfolgreich ist. Die Annahme für dieses Verfahren ist dann die, daß sich die Lösungsmöglichkeit noch nicht ganz so gut umsetzen läßt, weil eine „Stimme" aus dem System der Klientin dieses Vorgehen vielleicht behindert oder noch nicht genau genug auch nach zusätzlichen UnterstützerInnen in eben diesem Innenleben der Klientin gesucht wurde. So stünde im Mittelpunkt des Blattes von Herrn K. zu einem anderen Zeitpunkt vielleicht „ruhig mit meinem Vater reden" – er möchte das eigentlich, es ist ihm aber bisher noch nicht gelungen ohne auszurasten und hinterher wieder ein schlechtes Gewissen zu haben. Nun bekämen dieselben Menschen im Außenkreis einen Platz, ihre Meinungsäußerung bezöge sich aber nicht mehr auf die „Kopfschmerzen", sondern auf „ruhig mit dem Vater reden". Die Frage wäre dann: „Was würde ihre Frau sagen, warum Sie es noch nicht schaffen, ruhig mit Ihrem Vater zu reden, was Ihr Vater, was der Professor, der Sohn, die Tochter, die Mutter?" Es ergeben sich so neue Zusammenhänge, die noch mehr direkt auf eine Erleichterung der Lösung abzielen. Das macht dann fast noch mehr Spaß!

Literatur

MALCOLM MACLACHLAN 2006: Culture and Health. A Critical Perspective Towards Global Health, Wiley & Sons

Autorin:
LYDIA HANTKE; Diplompsychologin und ressourcenorientierte Traumatherapeutin (EMDR), systemische und Hypnotherapie, Ausbilderin u.a. am Institut für Traumatherapie Oliver Schubbe in Berlin und dem Institut an der Ruhr, Bochum. Eigenes Curriculum zu Traumaberatung und -pädagogik (DeGPT), derzeit in Siegen, München, Berlin. Veröffentlichungen zu Traumatheorie, -therapie und -beratung.
e-mail: info@institut-berlin.de

Parameter psychischer Krankheit und Gesundheit bei unbegleiteten minderjährigen Flüchtlingen in Österreich

Julia Huemer, Sabine Völkl-Kernstock & Max H. Friedrich

Ziel dieses Berichtes ist es, einen Überblick über das Design der Studie „Parameter psychischer Krankheit und Gesundheit bei unbegleiteten minderjährigen Flüchtlingen in Österreich" zu geben. Die Studie geht von der Universitätsklinik für Psychiatrie des Kindes- und Jugendalters, AKH Wien, unter der Leitung von o. Univ. Prof. Dr. Max H. Friedrich und der Supervision von Univ. Ass. Dr. Völkl-Kernstock aus und wird von der Österreichischen Nationalbank finanziert.

Der vorliegende Artikel ist in 3 Abschnitte gegliedert. Zunächst soll es darum gehen, ein aktuelles Bild über die momentane Situation von unbegleiteten minderjährigen Flüchtlingen in Österreich – aus politischer, soziodemographischer und rechtlicher Sicht – zu beschreiben. Weiters wird das Studiendesign – einerseits die verwendeten Instrumente, die Rekrutierung der Probanden, andererseits die organisatorischen Fragen und die Umsetzung des Befragungssettings – näher erklärt werden.

Schließlich wird es darum gehen, die Grundhypothesen und die damit zusammenhängenden Fragestellungen vorzustellen.

1. Politische, soziodemographische und rechtliche Aspekte zur Situation von unbegleiteten minderjährigen Flüchtlingen in Österreich

Weltweit sind aktuell rund 17 Million Menschen auf der Flucht, rund 43% davon sind jünger als 18 Jahre[1]. Ein Flüchtling ist eine Person, die „... aus der begründeten Furcht vor Verfolgung wegen ihrer Rasse, Religion, Nationalität, Zugehörigkeit zu einer bestimmten sozialen Gruppe oder wegen ihrer politischen Überzeugung sich außerhalb des Landes befindet, dessen Staatsangehörigkeit sie besitzt, und den Schutz dieses Landes nicht in Anspruch nehmen kann oder wegen dieser Befürchtungen nicht in Anspruch nehmen will"[2].

Als unbegleiteter Minderjähriger gilt, „... wer von beiden Elternteilen getrennt ist und für dessen Betreuung niemand gefunden werden kann, dem durch Gesetz oder Gewohnheit diese

---

1. Derluyn, Broekaert & Schuyten. Emotional and behavioural problems in migrant adolescents in Belgium. Eur Child Adolesc Psychiatry 2007
2. "UNHCR's founding mandate defines refugees as people who are outside their country and cannot return owing to a well-founded fear of persecution because of their race, religion, nationality, political opinion or membership of a particular social group … When people flee their own country and seek sanctuary in another state, they often have to apply for 'asylum'—the right to be recognized as bona fide refugees and receive legal protection and material assistance." UNHCR 2007. www.unhcr.org

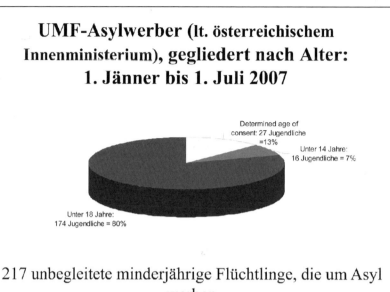

UMF-Asylwerber (lt. österreichischem Innenministerium), gegliedert nach Alter: 1. Jänner bis 1. Juli 2007

Determined age of consent: 27 Jugendliche =13%

Unter 14 Jahre: 16 Jugendliche = 7%

Unter 18 Jahre: 174 Jugendliche = 80%

217 unbegleitete minderjährige Flüchtlinge, die um Asyl werben

Abb. 1

Verantwortung zufällt"[3]. Laut UNHCR sind vier Prozent der Asylbewerber in Europa unbegleitete Minderjährige[4].

Von 1. Jänner bis 30. November 2007 suchten insgesamt 520 unbegleitete minderjährige Flüchtlinge aus 42 Nationen um Asyl in Österreich an, 430 von ihnen waren jünger als 18 Jahre, 35 jünger als 14 Jahre und 55 Personen wurden einer Altersbestimmung unterzogen. Der größte Anteil an unbegleiteten minderjährigen Flüchtlingen unter 18 Jahren stammte aus Afghanistan (n=74), gefolgt von Moldavien (n=59), Somalia (n=43), Nigeria (n=29), Serbien (n=25), der Russischen Föderation (n=23) and Gambia (n=22). Bei den unter 14-Jährigen kamen die meisten Personen aus Russland (n= 11)[5].

Die angeführten Graphiken zeigen einen Halbjahresschnitt (1.Jänner bis 1. Juli 2007) bezüglich Anzahl und Nationalität von unbegleiteten minderjährigen Asylwerbern an (Abb. 1 und 2).

In Österreich angekommen, werden die Jugendlichen zunächst im Flüchtlingsheim Traiskirchen oder Talham untergebracht. Von dort sollte innerhalb von 72 Stunden eine Zuteilung zu den Einrichtungen der Grundversorgung in den jeweiligen Bundesländern stattfinden. Die Asylantragsstellung wird durch einen rechtlichen Beistand begleitet, der Abschluss des Asylverfahrens dauert mitunter bis zu 3 Jahren.

Die rechtliche Stellung und die Kompetenzverteilung zwischen den Institutionen hinsichtlich dieser vulnerablen Bevölkerungsgruppe war und ist konfliktreicher Diskussionspunkt.

3.   Refugee Children: Guidelines on Protection and Care, UNHCR, Geneva, 1994

4.   UNHCR 2007; www.unhcr.org

5.   Ministry for Inner Affairs. Section III: Law. 30 November 2007

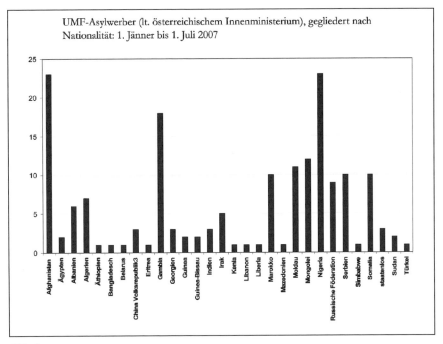

Abb. 2

Die aktuelle Gesetzeslage sieht eine Aufteilung der Kompetenzen zwischen Jugendwohlfahrt und Bundesbetreuung vor. Im Rahmen der Grundversorgungsvereinbarung – Art. 15a B-VG, die am 1. Mai 2004 in Kraft trat, wurde folgende Bestimmung verankert: Ziel der Vereinbarung ist die bundesweite Vereinheitlichung der Gewährleistung der vorübergehenden Grundversorgung für hilfs- und schutzbedürftige Fremde, die im Bundesgebiet sind, im Rahmen der bestehenden verfassungsrechtlichen Kompetenzbereiche. Die Grundversorgung soll bundesweit einheitlich sein, partnerschaftlich durchgeführt werden, eine regionale Überbelastung vermeiden und Rechtssicherheit für die betroffenen Fremden schaffen.

Die Grundversorgung wird repräsentiert durch ein Gremium, das sich zu 60% aus dem Bund und zu 40% aus Ländern zusammensetzt. Folgend dem Grundversorgungsgesetz, in denen Verpflichtungen zum Umgang mit Asylwerbern festgelegt sind, werden hier Einigungen über die Betreuung auch von unbegleiteten minderjährigen Flüchtlingen erzielt. Dies bezieht sich auf die Unterbringungseinrichtung, die Betreuungsstruktur (z.B.: das Recht auf einen Deutschkurs), die finanzielle Unterstützung (monatliches Taschengeld etc.).

Per Definitionem fällt ein unbegleiteter minderjähriger Flüchtling jedoch gleichzeitig in den Zuständigkeitsbereich der Jugendwohlfahrt, der die Obsorge vom Obersten Gerichtshof übertragen werden kann. Die Jugendwohlfahrt kann sich nun verschiedener Träger, im häufigsten Fall der Grundversorgung selbst bedienen, um die Betreuung der Jugendlichen zu gewährleisten. Dies führt oft zu Interessenskonflikten, da die Jugendwohlfahrt andere Richtlinien und Standards zur Umsorge von Minderjährigen postuliert als dies in der Grundversorgung verankert ist.

2. Vorstellung des Studiendesigns

In dem Artikel "Review of Child and Adolescent Refugee Mental Health" der Harvard Medical School Boston (Lustig et al., 2004)[6] wird, in der Rückschau auf die internationale wissenschaftliche Tätigkeit der Jahre 1999-2003 zum Thema psychische Gesundheit und Fluchterfahrung bei Kindern und Jugendlichen, ein Bedarf an näherer Erforschung besonders der Gruppen von Kindern und Jugendlichen in Schubhaft und von unbegleiteten minderjährigen Flüchtlinge geäußert. Sowohl hinsichtlich klinischer Forschung als auch Betreuung fand dieses Gebiet, laut Lustig et al., bisher zu wenig Beachtung.

In Österreich gab es bis in die späten 90er Jahren kaum öffentliche Aufmerksamkeit bezüglich der vulnerablen Gruppe der unbegleiteten minderjährigen Flüchtlinge. Es war die Asylkoordination Österreich, die die Diskussion ins Rollen brachte und seither in zahlreichen Initiativen – wie Patenschaftsprojekten, politischen Kampagnen etc. – aktiv ist. Die asylkoordination österreich beschäftigt sich in den letzten Jahren intensiv mit den Lebensbedingungen von unbegleiteten jugendlichen Flüchtlingen in Österreich. Aus den umfangreichen Recherchen entstand im Herbst 1998 zunächst die von der asylkoordination österreich gemeinsam mit UNICEF herausgegebene Studie „Die Situation von unbegleiteten minderjährigen Flüchtlingen in Österreich"[7]. Die Studie analysiert den Umgang der Politik und der Behörden mit jungen Flüchtlingen und übt scharfe Kritik daran, dass minderjährige Flüchtlinge häufig in Schubhaft genommen werden, die Unterbringung fast immer im Rahmen der Bundesbetreuung in für Minderjährige ungeeigneten Einrichtungen erfolgt, es keine Clearingstellen gibt, die Asylverfahren nicht auf die spezielle Situation von Jugendlichen eingehen und ihnen die Zugänge zu Deutschkursen, Ausbildungen und Arbeit häufig verwehrt bleiben.

Bezugnehmend auf diese Entwicklung in Österreich und den Artikel von Lustig et al. soll es in der vorliegenden Studie darum gehen, psychopathologische Profile von Jugendlichen dieser vulnerablen Bevölkerungsgruppe zu erstellen und auch eine wissenschaftliche Grundlage für den Betreuungsbedarf der Jugendlichen darzustellen.

2.1 Rekrutierung und Zusammensetzung der Probanden

In der geplanten Studie wurden 41 unbegleitete minderjährige Flüchtlinge befragt.

Die Befragungen fanden in den Unterbringungseinrichtungen der Jugendlichen, also den Wohnheimen der Grundversorgung, statt. Diese sind aktuell in allen Bundesländern Österreichs außer in Kärnten und im Burgenland vorhanden.

Die Jugendlichen sind zwischen 15 und 18 Jahren alt und befinden sich nicht länger als 1,5 Jahre in Österreich. Es werden Länder aus Afrika eingeschlossen, der Fokus liegt auf 3 afrikanischen Ländern, nämlich auf Somalia, Nigeria und Gambia. (Abb. 3-6)

Gründe für die Auswahl der genannten Länder war einerseits die einheitliche Befragungsmöglichkeit in englischer Sprache, andererseits die Möglichkeit durch die Auswahl der erwähnten Länder unterschiedliche Populationen und daher unterschiedliche Gründe von Flucht, die je-

---

6.   Lustig, Kia-Keating, Knight et al. Review of child and adolescent refugee mental health. J Am. Acad. Child Adolesc. Psychiatry, 43:1, January 2004 pp. 24-36

7.   Fronek, Heinz. Die Situation von unbegleiteten minderjährigen Flüchtlingen in Österreich. Studie aus dem Projekt: Entwicklung und Initiierung von Maßnahmen zur Unterstützung von unbegleiteten minderjährigen Flüchtlingen. Ein Beitrag zum UNO-Menschenrechtsjahr 1998

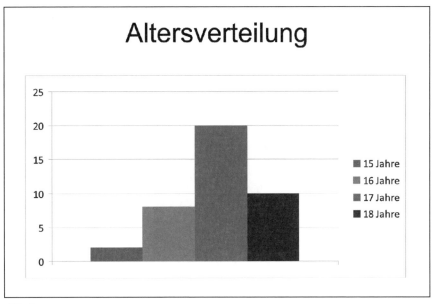

Abb. 3

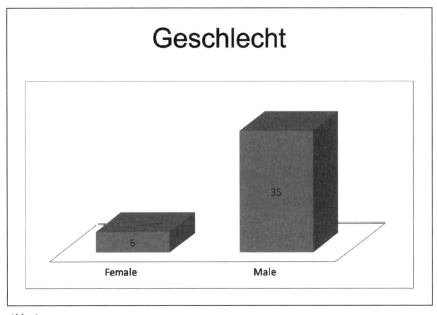

Abb. 4

weils in besonderer Weise Einfluss auf das psychische Gleichgewicht von Jugendlichen nehmen, abzubilden.

Diesbezüglich ein kurzer Diskurs:

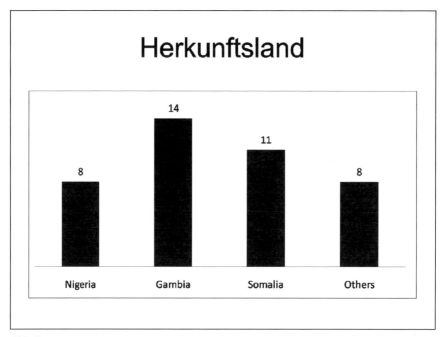

Abb. 5

– Zur politischen Lage in Somalia: Der Bürgerkrieg in Somalia (Einwohnerzahl: 9 bis 12 Millionen (Stand 2006), Bevölkerungsdichte: 13,90 Einwohner pro km²) begann mit dem bewaffneten Widerstand diverser Akteure gegen die Herrschaft Siad Barres und erreichte seinen Höhepunkt nach dem Sturz Barres 1991. Seither existiert in Somalia keine funktionierende Zentralregierung mehr. Im somalischen Bürgerkrieg spielen verschiedene Konfliktlinien und Interessen eine Rolle, was die Situation unübersichtlich wirken lässt. Hierzu gehören die Konflikte um knappes Wasser und Land, Konflikte zwischen der Minderheit sesshafter Ackerbauern und der nomadisch lebenden Mehrheit, Konflikte im Rahmen des Clansystems der Somali und nicht zuletzt der persönliche Machthunger von Clanführern, Kriegsherren (Warlords) sowie Geschäftsleuten mit ihren Privatmilizen. Diese Konflikte überschneiden sich zuweilen. Hinzu kommt, dass die Nachbarländer nur bedingt an einer Stabilisierung der Lage in Somalia interessiert sind. Die Beziehungen zwischen Äthiopien und Somalia sind traditionell gespannt, da Somalia und Somali-Separatisten Anspruch auf das von Somali bewohnte, Ende des 19. Jahrhunderts von Äthiopien eroberte Gebiet Ogaden erheben; ein geeintes und stabiles Somalia könnte diese Gebietsansprüche wiederbeleben. Die beiden miteinander verfeindeten Staaten Äthiopien und Eritrea werden beschuldigt, entgegen einem Waffenembargo der Vereinten Nationen Kriegsparteien mit Waffen beliefert und Truppen in Somalia stationiert zu haben und dort einen „Stellvertreterkrieg" auszutragen. Seit 2001 hat der internationale „Krieg gegen den Terror" auch Somalia erreicht.

In der ersten Jahreshälfte 2007 kam es in Mogadischu zu heftigen Kämpfen zwischen regierungstreuen Truppen, islamistischen und *Hawiye*-Kämpfern, die Hunderttausende in die Flucht trieben. Gemäß Schätzungen sind seit 1991 etwa 350.000 bis eine Million Somalier als Folge des Bürgerkriegs umgekommen. 400.000 wurden zu Binnenflüchtlingen. Weitere Hunderttausende flohen in Flüchtlingslager in den Nachbarländern, in die Staaten der Arabischen Halbinsel, nach Nordamerika oder Europa. Ein großer Teil der somalischen Bevölkerung ist zum Überleben auf

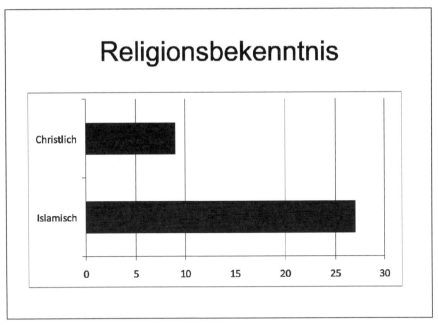

Abb. 6

die Geldüberweisungen im Ausland lebender Verwandter angewiesen. Ein Bericht von Human Rights Watch kommt zum Schluss, dass die äthiopischen und Übergangsregierungstruppen wie auch die Aufständischen bei den Kämpfen 2007 durch Angriffe ohne Rücksicht auf die Zivilbevölkerung Kriegsverbrechen begangen haben.

– Zur politischen Lage in Gambia: Gambia (Einwohnerzahl: 1.688.359 (Schätzung Juli 2007), Bevölkerungsdichte: 149 Einwohner pro km²) ist eine Republik mit einer demokratisch gewählten Mehrparteienregierung unter dem Präsidenten Yahya Jammeh. Der junge Leutnant Jammeh kam 1994 durch einen militärischen, aber weitgehend unblutigen Staatsstreich an die Macht, der aus einem Protest der Soldaten über verspätete Soldauszahlungen entstand. Er kündigte damals an, mindestens bis zum Jahr 1998 allein regieren zu wollen. Dennoch wurden – vielleicht um den Tourismus, von dem Gambia wirtschaftlich stark abhängig ist, nicht zu gefährden – bereits 1996 wieder Wahlen abgehalten, aus der Jammeh klar als Sieger hervorging. Eine neue Verfassung wurde eingeführt. Tatsächlich sind die Jahre von 1996 bis 2000 von einer gewissen Stabilität und wirtschaftlichem Aufschwung geprägt: Der internationale Flughafen in Banjul sowie zahlreiche Straßen wurden modernisiert, ein neues Krankenhaus, neue Schulen, eine Fernsehstation und ein riesiges Revolutionsdenkmal entstanden, der Tourismus war wieder eine gute Einnahmequelle. 2000 wurden (laut Amnesty International) mindestens 14 Personen bei einer Straßenschlacht zwischen studentischen Demonstranten und der Polizei getötet. Schulen waren zeitweilig geschlossen, Patrouillen prägten das nächtliche Stadtbild. 2001 wurde Jammeh erneut wiedergewählt. 2002 gewann die Alliance for Patriotic Reorientation and Construction (APRC) die Wahl zur Nationalversammlung, allerdings boykottierte die Oppositionspartei UDP die Wahl. Sie kritisierte die Wahl, die von der Independent Electoral Commission (IEC) organisiert wurde, weil nach ihrer Ansicht das Wahlsystem fehlerhaft war. Es kommt in Gambia immer wieder zur Verschleppung und Ermordung von Gegnern der Regierung und zu massiven Protesten seitens studentischer Verbindungen.

– Zur politischen Lage in Nigeria (Einwohnerzahl: 140.003.542, Bevölkerungsdichte: 151,6 Einwohner pro km²)**:** Nigeria ist mit Abstand das bevölkerungsreichste Land Afrikas und versucht sich nach Jahren der Militärdiktatur an seiner Demokratisierung und wirtschaftlichen Entwicklung. Nigeria konnte bisher seine reichen Erdölvorkommen nicht zur erfolgreichen Armutsbekämpfung nutzen. Korruption, Gewalt und ethnische Konflikte zwischen dem muslimischen Norden und dem christlich-animistischen Süden sind die Haupthemmnisse, um Nigerias Bevölkerung ein besseres Leben zu ermöglichen. Insbesondere seit dem Ende der Militärdiktatur 1999 haben sich in Nigeria zahlreiche Bürgerwehren, Schutztruppen, Milizen, Geheimbünde und Gangs formiert, die sich teils als ethnische, teils als religiöse, teils als politische Bewegungen verstehen. Neben den allgemeinen Kriminalitätsformen treten drei Kriminalitätsfelder immer wieder in den Fokus des öffentlichen Interesses: 1. Kriminelle Banden zapfen Öl-Pipelines an und verkaufen die abgezapften Ölmengen auf dem Schwarzmarkt. Da dies sehr oft unter Billigung der Bevölkerung geschieht, kommt es häufig zu Menschenansammlungen an den illegalen Entnahmestellen. Ausgelöst durch Funkenbildung, hat es schon eine Vielzahl von Explosionen gegeben, die teilweise mehrere Hunderte Menschenleben gefordert haben. 2. Eine weitere sehr verbreitete Kriminalitätsform ist der Vorschussbetrug 3. In Nigeria sind Entführungen keine Seltenheit. Dahinter stehen in der Regel kriminelle Banden oder Rebellenorganisationen. Während kriminelle Organisationen sich von der Entführung ein Lösegeld versprechen, kämpfen Rebellenorganisationen oft für politische Forderungen. Die meisten Geiseln kommen nach Zahlung eines Lösegeldes nach einigen Tagen wieder frei.

So lässt sich zusammenfassend feststellen, dass in Nigeria meist wirtschaftlich bzw. religiös motivierte Fluchtgründe vorherrschen, während besonders in Somalia und auch in Gambia politische Aspekte eine Rolle spielen.

2.2 Untersuchungsinstrumente

Die Jugendlichen werden im Rahmen eines 3-stufigen Befragungsmodells untersucht. An 3 aufeinanderfolgenden Tagen kommt es – im besten Fall im Rahmen des Deutschkurses – am Vormittag zum Ausfüllen der Fragebögen, am Nachmittag zur Videoaufnahme.

Die Befragung beginnt mit einer ausführlichen Informationsvermittlung, Erklärung der Studie und schließlich mit der Aushändigung einer Einverständniserklärung.

Darauffolgend kommen folgende Fragebögen zum Einsatz:
– Scales for Children Afflicted by War and Persecution (SCWP), entwickelt von der Universitätsklinik für Kinderpsychiatrie Hamburg, Riedesser et al., 2003 zur Erfassung von: Me and My Family, Experiences in your home country and during the flight, How I have been feeling over the last week, What I think and feel, Children's Somatization Inventory, What children do when they have problems, Attitude towards the enemy, 2 drawings.
– Meaning of Life Scale (MOLS) (Steiner et al.): zur Erfassung von weiteren demographischen Daten und Aspekten der Lebenszufriedenheit.
– JTCI (Goth et al.): zur Erfassung von Temperament und Charakter
– REM-71 (Steiner et al.): zur Erfassung von Abwehrmechanismen, folgend den Kategorien "reif" und „unreif".
– ILC (Mattejat et al.): zur Erfassung der Lebensqualität.
– UCLA PTSD Index for DSM IV (Steinberg et al.): zur Erfassung des Vorliegens von Posttraumatischer Belastungsstörung.
– UCLA Trauma Psychiatry Service Grief Inventory (Steinberg et al.): zur Erfassung von Verlusterfahrungen und Trauerreaktionen.

– Trauma/Loss Exposure Profile (STEINBERG *et al.*): zur Erfassung der Exposition hinsichtlich traumatisierender Erlebnisse.
– WAI-84 (STEINER *et al.*): zur Erfassung der Unterdrückung von negativem Affekt. 3 Subskalen: distress (anxiety, depression, low self-esteem, low well-being), restraint (suppression of aggression, impulse control, consideration of others, and responsibility), and defensiveness (repressiveness, denial of distress).
– YSR (ACHENBACH *et al.*): Fragebogen für Jugendliche (YSR/11-18), ACHENBACH, 1991; erfasst werden drei Kompetenzskalen (Aktivitäten, Soziale Kompetenz und Schule), acht Problemskalen (Sozialer Rückzug, körperliche Beschwerden, Angst/Depression, soziale Probleme, schizoid/zwanghaft, Aufmerksamkeitsstörung, delinquentes Verhalten, aggressives Verhalten) sowie übergeordnete Skalen (internalisierende Auffälligkeiten, Autoaggression/Identitätsproblematik, Gesamtauffälligkeit
– VAAS und SIST (STEINER *et al.*): Visual Arousal Analogue Scale, Stress Induced Speech Task.

2.3 Organisatorische Fragestellungen, ethische Aspekte

In den Befragungen war nach einer ausführlichen Einführung in die Studie wenig Skepsis spürbar, die Inhalte der Fragebögen wurden nur in wenigen Einzelfällen negativ diskutiert. Vielmehr war das Durchhalten über das 3-stufige Befragungssetting und die individuell stark unterschiedliche Aufmerksamkeitsspanne problematisch und Grund für die Drop-out Fälle.

Was das organisatorische Setting betrifft, so stellte sich heraus, dass Jugendliche in Betreuungseinrichtungen mit einem erhöhten Betreuuerschlüssel zu einem signifikant höheren Anteil an der Befragung teilnahmen.

Der Umgang mit den Jugendlichen richtete sich nach den Richtlinien des *"Statements of Good Practice"*, Standards für den Umgang mit unbegleiteten Minderjährigen[8].

In drei Fällen von befragten Jugendlichen wurde eine psychotherapeutische Betreuung dringend angeraten, in 1 Fall wurde eine psychologische Diagnostik empfohlen.

Generell werden die Jugendlichen in den verschiedenen Einrichtungen sehr uneinheitlich betreut, es gibt keinen gesetzlich festgelegten Betreuungsschlüssel für die Einrichtungen noch eine gesetzlich festgelegte Verpflichtung zur Zuziehung von psychologisch, psychiatrisch oder psychotherapeutisch geschultem Fachpersonal. In einzelnen Einrichtungen bieten Psychologen im Abstand von rund 2 Wochen Beratungsgespräche an, auf Initiative der Betreuer kommt es auch in manchen Fällen zu einer Etablierung von Psychotherapie, wobei das Finden von in der Muttersprache arbeitenden Therapeuten eine große organisatorische Hürde darstellt.

3. Fragestellungen in der vorliegenden Untersuchung

– Soziodemographische Profile von unbegleiteten minderjährigen Flüchtlingen in Österreich.
– Prävalenz von Posttraumatischer Belastungsstörung, Korrelation mit Lebensqualität und intrinsischer Religiosität.
– Vergleich von 2 Messinstrumenten zur Erfassung von Posttraumatischen Belastungsstörung.

---

8. *"Statements of Good Practice"*, Standards für den Umgang mit unbegleiteten Minderjährigen, Separated Children in Europe Programme/Bundesfachverband Unbegleitete Minderjährige Flüchtlinge e.V. (Hrsg.) 2006

– Prävalenz des gesamten Spektrums an Psychopathologie.
– Methodologische Fragestellungen im Umgang mit Studien im Bereich von transkultureller Jugendpsychiatrie.
– Persönlichkeitsprofile von unbegleiteten minderjährigen Flüchtlingen und deren Korrelation zu resilientem Verhalten.
– Biologische Reaktivität und Traumatisierung.

Schlussbemerkung

Der vorliegende Bericht sollte die aktuelle Studie grob skizzieren. Mögen die Ergebnisse zwar noch ausständig seien, so ist jedoch schon jetzt deutlich hervorzuheben, dass es eine große Notwendigkeit für weiterführende Studien hinsichtlich der erwähnten, sehr vulnerablen, Patientengruppe gibt.

Der spezifischen Situation der Jugendlichen im Spannungsfeld zwischen Trennung von primären Bezugspersonen, vollzogener Flucht, Identitätsentwicklung und kultureller Disparität muss sowohl durch spezifisch strukturierte jugendpsychiatrische Behandlungssettings als auch im Hinblick auf sensible, rechtlich geregelte Interventionen für das Wohn-, Arbeits- und Freizeitumfeld Rechnung getragen werden.

Autoren:

Dr. med. univ. Julia Huemer, geb.1981, Ärztin, in Facharztausbildung zur Kinder- und Jugendpsychiaterin, Universitaetsklinik fuer Psychiatrie des Kindes- und Jugendalters, Medizinische Universitaet Wien.

Univ. Klinik für Psychiatrie des Kindes- und Jugendalters
Medizinische Universität Wien
Währinger Gürtel 18-20 • 1090 Wien • Österreich
e-mail: julia.huemer@meduniwien.ac.at

Ass. Prof. Dr. Sabine Völkl-Kernstock, Klinische Psychologin.
Universitätsklinik für Psychiatrie des Kindes- und Jugendalters
Medizinische Universität Wien
Währinger Gürtel 18-20 • 1090 Wien • Österreich
e-mail: sabine.voelkl-kernstock@meduniwien.ac.at

o. Univ. Prof. Dr. Max H. Friedrich, Vorstand der
Universitätsklinik für Psychiatrie des Kindes- und Jugendalters
Medizinische Universität Wien
Währinger Gürtel 18-20 • 1090 Wien • Österreich
e-mail: max.friedrich@meduniwien.ac.at

Einige Thesen zu Schmerzsyndromen bei PatientInnen mit Migrationshintergrund[1]

VERA SALLER

Wie allgemein bekannt, weisen epidemiologische Studien von PatientInnen mit Migrationshintergrund schon seit deren Bestehen ein gehäuftes Auftreten psychosomatischer Phänomene so wie chronifizierter Schmerzsyndrome aus. In dieser Arbeit soll gezeigt werden, dass psychoanalytische Erklärungsmodelle zur Psychosomatik, wenn sie mit medizin- und sozialanthropologischen Ansätzen kombiniert werden, zu neuen, ergiebigeren Thesen führen.

Schmerz und Sinn

ELAINE SCARRY hat mit ihrem 1985 erschienenen "The Body in Pain" eine Studie vorgelegt, in der das Phänomen Schmerz in seinen Bezügen zum Sinn, mit dem wir ihn belegen, untersucht wird. Das Ziel der Studie ist, den Beitrag des Schmerzes und der Verletzlichkeit für die Evolution der menschlichen Kultur zu ergründen. Ich werde hier nur einen einzelnen ihrer Denkschritte herausgreifen, ein Gedanke, der mich aufhorchen liess und fasziniert hat. Ich beginne mit ihrer Charakterisierung des Schmerzes als primär körperlichem Zustand ohne Sinn. Diese Beschreibung scheint mir für unsere Fragestellung, die Untersuchung der Schmerzsyndrome im interkulturellen Kontext, bedeutsam. SCARRY stellt dar, dass der Schmerz als sinnentleerte Katastrophe erlebt werde. Er stehe immer in einer gewissen Feindschaft zur Sprache und sei deshalb nur bedingt mitteilbar. Er isoliere den „Körper im Schmerz" (so der deutsche Titel) von den Menschen seiner Umgebung, seiner Kultur, seiner Welt.

Versuchen wir, den Stellenwert von Schmerzen im subjektiven Erleben zu lokalisieren. Dabei gehen wir davon aus, dass jeder einzelne Mensch in einer subjektiven Welt lebt, die sich aus Gedanken, Imaginationen und harten Realitäten zusammensetzt. Scarry lässt vor den Augen ihrer Leserin eine Skala mit zwei Polen erscheinen. Auf der einen Seite dieser Skala finden sich körperliche Zustände. Sie entsprechen der nackten, uninterpretierten Realität, der die Welt der Imagination am anderen Pol gegenübersteht. Alles Erleben, Denken, Fühlen und Erfahren spielt sich nun zwischen diesen beiden Polen ab. Ich fand es einen sehr interessanten und fruchtbaren Gedanken, dass Scarry den Schmerz als Gegenstück zur reinen Imagination sieht. Der Schmerz steht damit für das reine Erleiden einer als äusserlich gedachten Realität, die Imagination dagegen denkt sich die Welt und gestaltet sie gleichzeitig.

Die Charakterisierung des Schmerzes als körperlicher Zustand ohne Sinn schliesst indessen nicht aus, dass er sowohl im gesellschaftlichen und kulturellen Kontext wie auch durch Prozesse der individuellen Psychodynamik mit Sinn belegt wird. Die erste der genannten Möglichkeiten ist im Weiteren der Untersuchungsgegenstand von SCARRYS Studie, während wir uns hier mehr dafür

---

1. Diese und ähnliche Thesen werden ausführlicher in der Publikation „Neue psychiatrische Diagnosen im Spiegel sozialer Veränderungen" dargestellt, die 2008 im Seismo-Verlag, Zürich erscheint.

interessieren, welchen Stellenwert einzelne Individuen aufgrund ihrer je individuellen Geschichte ihren körperlichen Schmerzen geben.

Psychoanalytische Thesen zur Psychosomatik

Schmerzsyndrome lassen sich als psychosomatische Erscheinungen fassen. Diese haben innerhalb der psychoanalytischen Theorie im Laufe der 70er Jahre ihren Status geändert. In einer ersten Phase der nachfreudschen Psychoanalyse waren nämlich körperliche Phänomene genau wie die hysterischen Symptome mit Konversionscharakter erklärt worden: als Ausdruck verdrängter Konflikte. Die Klagen der Patienten über körperliche Symptome wurden also als Symbole für Konflikte verstanden, die nicht anders haben ausgedrückt werden können. So hätten damals zum Beispiel Magenprobleme mit dem bildlichen Ausdruck „es schlägt ihm auf den Magen" in Beziehung gesetzt werden können. Die Deutung hätte dann eine unbewusste Aggressionsneigung, oder/und eine orale Problematik diagnostiziert.

Seit den amerikanischen Arbeiten zur Alexithymie (NEMIAH/SIFNEOS 1970)[2] und denjenigen des französischen Autors PIERRE MARTY, der das Konzept der „Pensée operatoire" (1980) prägte, gilt diese Sichtweise jedoch als veraltet. Übereinstimmend stellten die Autoren der französischen und der amerikanischen Schule der Psychosomatik fest, dass PatientInnen, die zu psychosomatischen Beschwerden neigen, für den Psychoanalytiker schwerer zugänglich seien als ihre neurotischen Pendants. Die neurotischen Patienten suchen den Analytiker auf, weil sie sich bewusst sind, dass etwas sie aus dem seelischen Gleichgewicht gebracht hat. Im Gegensatz dazu werden die Psychosomatiker oft von somatischen Ärzten zum Psychiater, respektive Psychotherapeuten geschickt. Die somatischen Ärzte hatten ihnen mit den ihnen zur Verfügung stehenden Mitteln nicht mehr weiter helfen können.

Diesen Patienten wurde nun von den erwähnten Autoren über die Unfähigkeit hinaus, die spezifische psychische Problematik zu erkennen, die ihre Erkrankung verursacht hat, generell eine Neigung attestiert, die psychische Dimension ihrer Lebensgestaltung auszublenden. Sie seien in ihrem Denken stark rational, ausschliesslich auf Mittel und Ziele ausgerichtet (operationales Denken), Phantasien würden oft fehlen und Hoffnungen, Befürchtungen und Enttäuschungen würden kaum Platz eingeräumt. Die These dazu war, dass die Patienten es in ihrer Entwicklung versäumt hätten, konflikthafte Gefühlsrealitäten zu symbolisieren, so dass sie später nicht in der Lage seien, Worte für ihre seelische Verfassung zu finden. Für letzteren Gedanken wurde das griechisch-lateinische Kunstwort Alexithymie geprägt, das besagt, dass Gefühle nicht in sprachlichen Zeichen ausgedrückt werden können. Ein anderer Fachbegriff für das Gemeinte ist die Symbolisierungsstörung. Hier steht im Vordergrund, dass diese Patienten in ihrer Fähigkeit, Sachverhalte durch Symbole auszudrücken, einen grundlegenden Mangel aufwiesen. Die Spannungen, die gesunde Menschen in symbolischer Weise auszudrücken und so in gewisser Weise auch abzubauen im Stande seien, würden bei diesen Menschen direkt in den Körper „abgeführt", was mitunter gar zu physischen Fehlentwicklungen oder zum Fehlfunktionieren von Organen führe.

Während meines Studiums hatten mich diese Schriften zu Symbolisierungsstörungen sehr beeindruckt und ich war gespannt, das Gelernte in der therapeutischen Tätigkeit einzusetzen. Angesichts meiner ersten als Psychosomatiker diagnostizierten Patienten aber, die alle aus dem türkischen Sprachraum stammten und als Migranten in die Schweiz gekommen waren, war ich lediglich irritiert. Der Diskurs zum operationalen Denken passte so gar nicht zu meinen Klientinnen, die in bildreicher Sprache berichteten und durchaus auch Träume, Tagträume, ja sogar Mär-

---

2.   Vgl. zum Konzept der Alexithymie auch MONICA GRECO 1998.

chen und Novellen in ihren Diskurs einfliessen liessen. Ich musste also die gelernten Theorien vorerst beiseite legen.

Eine Formulierung für das, was ich erlebte, fand ich dann bei einem Autoren vollkommen anderer Prägung, beim französischen Ethnopsychoanalytiker TOBIE NATHAN (1986). Dieser Autor hält an der Universität VIII in Paris eine Sprechstunde für Angehörige afrikanischer und maghrebinischer Kulturen. Gemäss seiner Sicht sind Kultur und Psyche quasi spiegelbildlich aufeinander bezogen. Die Teilnehmer einer Kultur leben umgeben von bedeutenden Symbolen, die für sie relevant sind. Die kulturell angebotenen Zeichen, Geschichten und Handlungsentwürfe helfen, psychische Konflikte auszudrücken und auch zu äussern. Die psychische Struktur, die sich aufgrund der kulturellen und sprachlichen Eigenheiten der betreffenden Kultur entwickelt hat, erhält durch ihren Bezug auf die Umgebung täglich, ja, in jedem Augenblick, Rückmeldungen von ihrer Kultur. Damit wird die psychische Struktur der Einzelnen und die sie enthaltenden Symbolisierungen dauernd bekräftigt und in Gang gehalten.

NATHAN erzählt von einem Migranten, einem Mann aus einem maghrebinischen Land, der nach einer langen Zeit klagloser Integration einen Arbeitsunfall erlitten hatte. Medizinisch gesehen wurde dieser Unfall als Bagatelle klassifiziert. Jedoch trotz physischer Genesung fühlte sich der Patient weiter schwach und sah sich nicht in der Lage, seine körperlich anstrengende Arbeit wieder aufzunehmen. NATHAN meint, dass der Mann zwar über Jahre hinweg fähig gewesen sei, ohne die tägliche Rückversicherung aus seiner Kultur und mit den nur behelfsmässig verstandenen Rückmeldungen der fremden Kultur einigermassen integriert zu leben. Erst angesichts der stärker belastenden Situation nach dem Unfall jedoch wurde die narzisstische und objektale Bestätigung aus der eigenen Kultur schmerzlich vermisst und der Patient „missbrauchte" den eigenen Körper als Ersatz für die fehlende Verdoppelung seiner seelischen Struktur. NATHAN konnte in der Arbeit mit dem Patienten auch herauskristallisieren, dass die Situation krisenmässig aufgeladen war, weil der Unfall genau in dem Augenblick geschah, als der erste Sohn des Patienten heiratete, also eine massive Veränderung im Status und Selbstbild bevorstand. Nathans Interpretation besagt, dass die Migranten in Situationen, die als Krise erlebt werden, den gewohnten Rückhalt in den symbolischen Systemen der Kultur schmerzlicher vermissen und deshalb die Gefahr besteht, dass somatische Symptome auftreten können.

Die Vorstellung der seelischen Verdoppelung durch die Umwelt als Spiegelung und Rückkoppelung, die Halt gewährt, lässt die kulturelle Symbolwelt als schützende Hülle erscheinen. Gleichzeitig kann die Relation, die der Einzelne zu seiner Kultur aufrechterhält, auch als eine Situation der Triangulierung verstanden werden. Der Einzelne kann die duale Situation des inneren Dialoges immer wieder triangulieren, indem er auf das „wie man es immer gemacht hat" zurückgreift. Indessen besteht beim Fehlen einer spiegelnden Umwelt die Gefahr, dass sich eine duale Spaltung zwischen „Körpei-Ich" und Ich einstellt.

Der Ansatz aus der Psychoanalyse, der eine grundlegende Symbolisierungsschwäche als psychodynamischen Mechanismus bei PatientInnen mit psychosomatischen Krankheitsbildern vermutete, bekommt in meinen Überlegungen zur Spezifik der Migrationsproblematik einen neuen Sinn. Nicht ein verpasster Entwicklungsschritt in der frühen Kindheit macht es dem Patienten in der Migration schwer, seine Konflikte in symbolisierter, sublimierter Form zu äussern, sondern die Tatsache, dass die von ihm erlernten Symbolsysteme im Aufnahmeland in der interpersonalen Begegnung nicht gespiegelt und beantwortet werden.

Wechselwirkung zwischen Umwelt und Patient

Während bei NATHAN die Vorstellung einer nicht genügend empathischen Umwelt die Regression zu befördern scheint, ist es in einer Arbeit von LAURENCE KIRMAYER und ALLAN YOUNG (1998) die Vorstellung einer unguten Wechselwirkung zwischen fremder Umwelt und Migrant, die zu einem Circulus vituosus führt (vgl. Grafik unten). Hier geht es darum, dass körperliche Empfindungen nicht eingeordnet werden können. Krankheitssorge und Katastrophen-Gedanken produzieren emotionale Erregung und Angst, die ihrerseits wieder somatische Symptome begünstigen, z.B. Hyperventilation, Herzklopfen und Panikattacken (vgl. Grafik unten: A). Dies führt zu einer gesteigerten Körperwahrnehmung und zu weiterer emotionaler Erregung. Das Vermeiden von Aktivität, das in südlichen Ländern und ländlichen Kulturen, wo die Menschen oft ohne Arzt auskommen müssen, als das geeignete Mittel zur Gesundung empfohlen wird, führt zu Verlust von körperlicher Kondition, Schlafstörungen, noch mehr Angst und oft auch zum Verlust des Arbeitsplatzes (B). Die Krankenrolle selbst kann ebenfalls zu belastenden Interaktionen mit anderen Familienmitgliedern führen, so dass auch hier das psychische Gleichgewicht gestört und der Leidensdruck erhöht wird (E). Vor diesem Hintergrund kann die Interaktion zwischen medizinischem System bei uns und Patienten mit Migrationshintergrund oft nur noch verzerrte Ergebnisse hervorrufen. Das Verhängnisvolle an fehlgeleiteten Arzt-Patienten-Kontakten dieser Art ist, dass das, was der Arzt sagt und tut, das Katastrophengefühl des Patienten oft nicht eindämmt, sondern sogar noch steigert (C, D und E). So werden aufgrund persönlicher Neurose, Problemen in der Familie, die durch die Schwierigkeiten der Migration und durch die emotionale Isolierung oft überbelastet ist, früheren Krankheitserfahrungen und schlechten Arbeitsbedingungen manchmal Symptome verfestigt und wirken dann quasi als Plombe, indem sie Existenzängste verschliessen. Auch KIRMAYER und YOUNG verstehen also die Konzentration auf den eigenen Körper als Ersatz für andere Lösungsmöglichkeiten, Lösungsmöglichkeiten sozialer Natur.

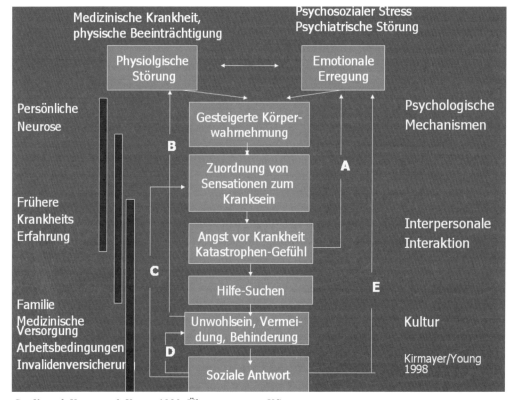

Grafik nach KIRMAYER & YOUNG 1998, Übersetzung von V.S.

VWB – Verlag für Wissenschaft und Bildung

In den Ausführungen von KIRMAYER und YOUNG hat mich der Ausdruck „Katastrophengefühl" berührt. Die Katastrophe bezeichnet in der griechischen Tragödie den Wendepunkt, der zum Untergang des Helden führt. Die Krankengeschichten der Migranten erinnern an diese klassischen Helden: Derjenige, der seine Heimat verlässt und in der Fremde sein Glück sucht, fühlt sich zumindest ein bisschen wie ein Held. Der Unfall oder die Krankheit beraubt ihn seiner körperlichen Kraft. Diese war indessen, angesichts der anderen Kulturfertigkeiten, die in der Fremde verlangt werden, sein einziges Kapital! Deshalb muss der Verlust derselben in der subjektiven Optik des Helden zu seinem Untergang führen.

Ritual: Schmerz und Lernen

Kommen wir nochmals zurück auf die Bedeutung der Schmerzen. Es gibt auch Schmerzen, die Menschen anderen zufügen, um ihnen etwas beizubringen, um sie zu prägen. Schmerzen werden also mit Lernen in Zusammenhang gebracht. Die schwarze Pädagogik weiss, dass man nur durch Schmerzen klug wird und auch der Folterer und Gehirnwäscher weiss sich der Einprägsamkeit der Qualen, die er beifügt, zu bedienen. Sogar die Psychoanalyse, die sich gemäss ihres eigenen Selbstbildes fern von jeglicher Theorie des Lernens positioniert, spricht mit den Begriffen des Traumas und der Trauer Prozesse der Reifung der Persönlichkeit an, die mit dem Ertragen (seelischer) Schmerzen einhergehen. Weitere Stichworte dazu sind Trennungen und Frustrationstoleranz.

Die beiden Zugänge zum Lernen verbindet in ungewohnter Weise der bereits genannte Ethnopsychoanalytiker TOBIE NATHAN (1994). Seine Untersuchung der Heilrituale lässt ihn auf die Charakterisierung derselben als Übergangsrituale zurückgreifen, die der holländische Autor ARNOLD VAN GENNEP in seiner zum Klassiker avancierten Studie von 1909 eingeführt hat. Die Idee dabei ist, dass Änderungen im Status der Individuen im Laufe ihres Lebens als gefährlich für die Gemeinschaft eingeschätzt, und sie deshalb durch Rituale abgesichert werden. Alle Übergangsrituale lassen sich in drei Phasen unterteilen. Im ersten Stadium geschieht die Loslösung von der alten Zugehörigkeitsgruppe, danach folgt eine Zwischenphase, in der der Initiand praktisch ausserhalb jeder Zugehörigkeitsgruppe verharrt, um dann in der letzten Phase von der neuen Gruppe mit dem neuen Status versehen zu werden. Die Thesen, die Nathan zur Bedeutung dieser Kulte entwickelt, besagen, dass die in Ritualen vorkommenden Traumatisierungen des Individuums eine echte Metamorphose der Persönlichkeit einleiten. Im geschützten Rahmen des Rituals werden Traumatisierungen gezielt eingesetzt, um die Umwandlung der Charakterstruktur zu bewerkstelligen. Verändert werden also durch diese Riten nicht lediglich die Zugehörigkeit und der Status im Aussen, sondern die Persönlichkeiten werden auch in Innern verwandelt und zwar in vollständiger Weise.

NATHANS Ritualanalyse lässt sich meiner Ansicht nach auf die Situation der Migration anwenden. Daraus ergäbe sich die folgende These: Das Gesundheitswesen und die Sozialversicherungen kommen in den von uns untersuchten Fällen ungewollt in die Rolle der rituellen Rahmen, innerhalb derer sich eine Verwandlung vollzieht. Im Prozess des Unfallgeschehens (oder der Erkrankung) und der nachfolgenden Chronifizierung scheinen sich alle Werte umzudrehen. So verstanden bekommt ein Satz, den viele meiner Patienten fast formelhaft immer wieder anführen, einen tieferen Sinn: „Früher, als ich meine Gesundheit noch hatte, scheute ich keine Arbeit. Ich liebte die Arbeit. Ich wollte überhaupt nicht zu Hause bleiben, aber jetzt …"

Die These besagt, dass Migranten, die es schwer haben, eine Rolle in der Aufnahmegesellschaft zu finden, durch die Bedeutung, die ihnen als PatientInnen zuzukommen scheint, verführt werden, diesen Status als Rolle für sich weiter zu reklamieren.

Falls diese These zutreffen würde, müsste man daraus Konsequenzen für das therapeutische Handeln ableiten können. Dies ist nicht leicht, denn diese Lesart der Situation lässt sich mit Bestimmtheit nicht in Form einer Deutung dem Patienten mitteilen. Er verstünde diese Deutung vermutlich so, dass wir ihm unterstellen, mit Absicht den Krankheitsverlauf herauszuzögern.

Immerhin ist bereits etwas gewonnen, wenn wir die Ersterkrankung oder den Unfall, der den chronifizierenden Prozess ausgelöst hat, als Trauma verstehen. Anlässlich der Erkrankung sind beim Patienten wohl schlagartig all die Ängste aufgetreten, die angesichts der fremden Umwelt eigentlich schon bei Ankunft im Gastland hätten erwartet werden können. Sie waren aber bis dahin durch die sichere Aussicht auf Erfolg verdeckt oder ausbalanciert. Mit der Aussicht, in naher Zukunft mit Geld und all den begehrten westlichen Kulturgütern beladen als Held in die Heimat zurückkehren zu können, konnten Orientierungslosigkeit und Verlustängste abgewehrt werden. Die Phantasie des Patienten war vielleicht, wie einst Friedrich Dürrenmatts alte Dame ins Dorf zurückzukehren und sich für die in der Kindheit erlittenen Kränkungen und Erniedrigungen zu rächen, indem man die erworbenen Reichtümer mit Bedacht unter den Zurückgebliebenen aufteilt, oder sie ihnen vorenthält. Diese Zuversicht ist mit dem Verlust der narzisstischen Integrität und der so hoch bewerteten körperlichen Arbeitskraft plötzlich einem Zustand vollständiger Orientierungslosigkeit und Hilflosigkeit gewichen. Das chronifizierte Krankheitsbild, die andauernden Schmerzen, geben dann neuen Sinn und Beschäftigung, so dass die gefürchtete Orientierungslosigkeit, die auch Zweifel am gewählten Lebensweg beinhaltet, sich nicht weiter ausbreiten kann.

Ich denke, vor dem Hintergrund der so verstandenen Geschichte des Patienten lassen sich produktive Deutungsmuster finden. Wenn die Patientin sich verstanden fühlt, wird sie uns vielleicht erlauben, zusammen mit ihr Auswege aus ihrer Lethargie zu suchen und zu finden.

Literatur

Greco, Monica (1998). *Illness as a Work of Thought*. London: Routledge.

Kirmayer, Laurence J. & Allan Young (1998): Culture and somatization: clinical, epidemiological, and ethnographic perspectives. *Psychosomatic Medicine* 60: 420-430.

Marty, Pierre (1980). *L'ordre Psychosomatique: Les Mouvements Individuels de Vie et de Mort*. Paris: Payot.

Nathan, Tobie (1986). *La folie des autres*. Paris: Dunod.

Nathan, Tobie (1994). *L'Influence Qui Guérit*. Paris: Editions Odile Jacob.

Nemiah, John C. & Sifneos, Peter E. (1970). Psychosomatic illness: a problem in communication. In: *Psychotherapy and Psychosomatics* 18: 154-60.

Scarry, Elaine (1992). *Der Körper im Schmerz. Die Chiffren der Verletzlichkeit und die Erfindung der Kultur*. Frankfurt am Main: S. Fischer [*The Body in Pain,* 1985]

Van Gennep, Arnold (1999). *Übergangsriten. Les Rites de Passage*. Frankfurt am Main: Campus. [*Les rites de passage*, 1909]

Autorin:

Dr. Phil. Vera Saller, Ethnologin und Psychoanalytikerin. Arbeitet seit ca. 19 Jahren in eigener Praxis in Zürich, unter anderem mit MigrantInnen in spanischer und türkischer Sprache. Beschäftigt sich mit der theoretischen Vermittlung von Gesellschaftstheorie und Psychoanalyse. In ihren Vorstellungen zum Denken orientiert sie sich an den Konzepten des Philosophen und Semiotikers Charles S. Peirce und jenen des kleinianischen Psychoanalytikers Wilfred R. Bion. Mit „Wanderungen zwischen Ethnologie und Psychoanalyse" veröffentlichte sie 2003 eine vorläufige Bestandesaufnahme ihrer Tätigkeit als interkulturelle Therapeutin.

Ottostrasse 25 • 8005 Zürich • Schweiz

e-mail: vera.saller@hispeed.ch

Schmerz bei Migrationshintergrund

Ursula Neuhauser-Onyejiaka, Brigitte Saurwein & Angelika Bösch

Einleitung:

Bei Schmerz handelt es sich um eine Empfindung, die durch kulturbedingte Einflüsse sehr geprägt wird. Es erscheint deshalb erklärbar, dass daraus Auswirkungen auf die Wahrnehmung und das Verhalten der Krankheit resultieren. Sowohl kulturspezifische Unterschiede als auch Verständigungsschwierigkeiten erschweren das Verständnis der Erkrankung und können somit die Therapie der Patienten mit chronischem Schmerz bei Migrationshintergrund maßgeblich beeinflussen. Bei den im Jahr 2006 an unserer Abteilung behandelten Patienten bestand bei 12,75% ein Migrationshintergrund. Es dominierten hierbei vor allem die Länder Türkei, ehem. Jugoslawien, ehem. Sowjetunion und afrikanische Staaten.

Wir arbeiten als Teil eines multiprofessionellen Teams, bestehend aus ÄrztInnen, Dipl. Gesundheits- und Krankenpflegepersonen, PsychologInnen, PsychotherapeutInnen, PädagogInnen, Dipl. Ergo- und PhysiotherapeutInnen sowie DiplomsozialarbeiterInnen. Oft begegnen wir Menschen, die in ihrer Kindheit Gewalt, Einschüchterung, Verlust von wichtigen Bezugspersonen und sexuellen Missbrauch erlebten. Hierbei fielen uns zwei verschiedene Arten des Krankheitsverlaufes auf:

1. Patienten mit funktionellen Erkrankungen (dies betrifft die Mehrheit der Patienten): Es besteht eine funktionelle Organfunktionsstörung, die überwiegend durch Ängste aktiviert und aufrecht erhalten wird, aber auch im Rahmen von depressiven Verstimmungen auftreten kann.

2. Patienten, die in ihrer Entwicklung Gewalterlebnisse, sexuellen Missbrauch oder Vernachlässigung erfahren mussten. Diese Patienten neigen zu chronischem Kranksein. Es scheint Ihnen nicht möglich, mit Erkrankungen umzugehen.

Zudem beobachten wir bei unseren PatientInnen mehrere Arten, ihre Missempfindung zum Ausdruck zu bringen:

1. Der Patient zeigt ein passives Verhalten, er zieht sich zurück, Mitpatienten werden als Informanten eingesetzt.

2. Der Patient äußert seinen Schmerz vor Publikum in Form demonstrativ-lauter Schmerzäußerungen, die so lange andauern bis der Patient annimmt, die richtige Behandlung zu erhalten.

3. Der Schmerz dient als Kontaktaufnahme, weil das Benennen von Gefühlen eine Bedrohung für den Patienten darstellt. Der Schmerz als Grenze vor innerseelischen Konflikten.

Die Verschiedenheit der kulturellen Einflüsse, der Biographien und Persönlichkeiten der PatientInnen, die sich mit demselben Symptom „Schmerz" an uns wandten, möchten wir anhand dreier Fallbeispiele veranschaulichen.[1]

Fallbeispiele:

3.1. Fallbeispiel 1: Herr H.

Aktuelles Geschehen
Herr H kommt zur stationären Aufnahme aufgrund einer bestehenden Schmerzsymptomatik im Bereich der gesamten Wirbelsäule mit Maximum im Schulter-/Nackenbereich.

Herr H ist ein 46-jähriger, großer korpulenter Mann aus einem Nachfolgestaat des ehemaligen Jugoslawien mit guten Deutschkenntnissen. Er ist verheiratet, hat 2 Kinder.

Er war früher als Hilfsarbeiter am Bau tätig, seit einem Arbeitsunfall lebt er vom Pensions-Vorschuss. Seit dem Unfallereignis besteht die Schmerzsymptomatik.

Die organischen Befunde zeigten einen Bandscheibenvorfall im LWS-Bereich, der weder operativ behandelt werden musste noch eine Nervenschädigung verursachte.

Kuraufenthalte mit physiotherapeutischer Behandlung brachten keine Entlastung – laut Angaben des Patienten eher eine Aggravation des Schmerzes.

Der Schmerz
Zu Hause, so meinte der Patient, wäre er nicht imstande „körperliche Arbeit" zu leisten, er könne kaum gehen, liege viel im Bett. Er habe keine Tagesstruktur, sei sozial sehr isoliert; es blieben ihm seine ihn umgebende Familie und der Fernseher als einzige Informationsquellen.

Die wichtigsten Kontaktpersonen sind seine Angehörigen – die Ehefrau, die Kinder und seine Mutter, die gemeinsam mit seinem Bruder und seiner Schwester im Nebenhaus wohnt.

Mit der Mutter pflegt der Patient täglich telefonischen Kontakt, hierbei wird sehr viel über seinen Schmerz gesprochen.

Die Stimmung zum Aufnahmezeitpunkt ist gedrückt. Herr H zieht sich vom Stationsgeschehen zurück, gibt sich völlig dem Schmerz hin.

Der Schmerz als dramaturgischer Akt der Verzweiflung fesselt ihn drei Tage an das Krankenbett – gehunfähig und begleitet von nächtlichen Ein- und Durchschlafstörungen. Die Schmerzäußerungen sind laut und aggressiv. Soll Herr H den Schmerz beschreiben, so verwendet er das Bild von Maschinen, mit denen er am Bau gearbeitet hat.

Nur im Schmerz spüre er sich, dieser Schmerz fühle sich an wie eine Bohrmaschine, die immer an derselben Stelle bohrt oder als würden ihm Nägel in die Gelenke geschlagen.

Der Schmerz & die Pflege
Die Pflegebegegnung gestaltet sich aus der Sicht des Pflegepersonals schwierig und ambivalent.

Herr H äußert, sich an einer psychosomatische Abteilung nicht richtig zugeteilt zu fühlen.

Er brauche keine psychiatrische Behandlung, denn sein Problem sei ausschließlich der Schmerz. Herr H möchte den Aufenthalt abbrechen, bleibt aber dennoch und sucht Hilfe in der Neurologischen Ambulanz, ohne das Pflegepersonal von diesem auswärtigen Besuch zu informieren. Er beklagt sich, zu wenig Aufmerksamkeit zu erfahren; trotz seines Schmerzes müsse

---

1.   Aus Datenschutzgründen wurden die persönlichen Daten der Patienten anonymisiert.

er vieles selbständig machen, „zumindest das Essen und die Medikamente könnte man ihm ans Bett bringen".

In seiner Grundhaltung bleibt Herr H in der Pflegebeziehung misstrauisch und ängstlich, kann diese Gefühle aber nicht verbalisieren. Die Pflegebegegnung spielt sich ausschließlich über den Schmerz ab, der Kontakt ist meist dramatisch.

Körperliches Erscheinungsbild:
Die Körpererscheinung zeigt sich bildlich wie „aufgebahrt" im Bett liegend, erstarrt vor Schreck.

Er wird umgeben von seinen nahen Verwandten, die Nachtglocke betätigend und damit um Hilfe rufend. Er präsentiert sich mit einer großen Erwartungshaltung an die Angehörigen und an das Pflegepersonal.

Außerhalb des Bettes sieht man ihn den Stationsstützpunkt aufsuchend, in einer „gebärenden Körperhaltung" und von stöhnenden Lauten begleitet. Der Schmerz im Zentrum der Aufmerksamkeit.

In einer ruhigen und nicht aufgeregten Haltung, Verständnis für den momentanen Schmerz vermittelnd, gelingt ein Zugang zu Herrn H.

In der mütterlichen Fürsorge liegt ein Schlüssel zur Entlastung: Durch Anwendung von Ölkompressen, Wärmebehandlungen und Einreibungen mit speziellen Ölen im Bereich der Schulter und des Rückens reagiert der Patient mit Entspannung und Zufriedenheit, die von einigen Stunden bis zu einem Tag anhalten können.

In dieser Phase der Entspanntheit im Rahmen der vollzogenen Pflegehandlungen kann sich der Patient öffnen und spricht sodann in ungewohnt eloquenter Art und Weise.

Der Patient nach einer Schmerzattacke:
Hier zeigt sich eine andere Seite des Herrn H.

Nach behandelter Schmerzattacke kommt ein Mensch zum Vorschein, dessen Charakterzüge sonst nicht erfahrbar gewesen wären: Voll Temperament, gestikulierend, mit lebendigen Augen und entspannter Mimik erzählt Herr H stolz von seiner Lebensleistung. Die Leistung dominiert als Lebensprinzip, verbunden mit Geselligkeit und mit einem Instinkt für gute Geschäfte. Mit handwerklichem Geschick gelingt es Herrn H im Gastland Wohlstand zu erreichen. Sein Ziel sei stets gewesen, seiner Frau und seinen Kindern das Beste zu bieten. Seit seinem Arbeitsunfall vor zwei Jahren begann sein sozialer Abstieg. Er fühle sich nicht mehr „ganz", er sei wertlos geworden, sei nun das schwarze Schaf der Familie. Nichts sei mehr wie früher, derzeit lebe er vom Pensions-Vorschuss, finanziell werde er durch seine Frau unterstützt, die nun für das Familieneinkommen sorgt. Es sei eine Schande, dass es so weit gekommen sei.

Zudem bestehen sexuelle Probleme mit seiner Frau.

Herr H erzählt vom Krieg im ehemaligen Jugoslawien, in dem er vieles verlor, was ihm wichtig war. Er erzählt von all diesen dramatischen Lebensereignissen mit großer Distanz zu sich selbst. Trauer um den Verlust der Heimat, die erlebte Gewalt. Eine Anpassungsleistung an die neuen Lebensumstände ist nicht spürbar.

Trotz dieser kurzen verbalen Öffnung bleibt das dramatische Beschwerdebild des Schmerzes, das einer Achterbahn gleicht, bestehen.

Andere Therapieformen wie Gruppengesprächstherapie und tägliche Gymnastik lehnt Herr H ab, Ergotherapie und Physiotherapie werden konflikthaft erlebt, die damit verbundenen Gefühlsausbrüche des Weinens und der Aggression werden sogleich abgewehrt und gehen in eine Schmerzattacke über.

Die Hinweise von Seiten der Pflege, dass diese Gefühlsausbrüche einen Zugang zu seinen verschütteten Gefühlen bedeuten können, erreichen Herrn H nicht. Auf Konflikte reagiert er mit massiver Schmerzüberschwemmung am gesamten Körper, das Element Wasser in der Physiotherapie wird als Bedrohung erlebt bis hin zu Erstickungsgefühlen.

Die Pflegepersonen finden keinen Zugang zu Herrn H, sobald sie Forderungen an ihn richten. Die Öffnung von Herrn H gelingt nur über Pflegehandlungen direkt am Körper im Schmerzbereich. Es gestaltete sich schwierig, diese Konfliktbegegnungen als Aufarbeitung heranzuziehen, um das Muster Konflikt – Anspannung – Schmerz zu durchbrechen.

Der Schmerz & die Angehörigen
Die Angehörigen äußern sich besorgt, ob Herr H bei uns die richtige Hilfe bekommt.

Der Wunsch nach einem Dolmetscher wird geäußert – bei gleichzeitiger Sorge, ob dieser selbst bezahlt werden muss oder von der Klinik gestellt werde.

Die Nichte glaubt, sein Deutsch sei nicht ausreichend, um die Schmerzsymptomatik richtig beschreiben zu können. Dies führe zu vielen Missverständnissen und Herr H bekomme nicht das, was er brauche.

In Gesprächen in seiner Muttersprache stellte sich heraus, dass Herr H auch in dieser keine eigenen Worte zur Beschreibung seiner Schmerzen kannte.

Die Nichte beschreibt die Situation zu Hause als unerträglich, sehr viel Spannung beherrsche den Raum, die Angehörigen seien verzweifelt. Es gäbe keine Lebensqualität mehr, sie seien an seinen Schmerz gebunden.

Die Pflegebeziehung zu Herrn H blieb ambivalent. Die Entlastung vom Schmerz gelang lediglich durch wohltuende Pflegemaßnahmen und einfühlsames Zuhören.

Die Angst vor Veränderungen, die Scheu über erlebte Kränkungen zu sprechen, der primäre und sekundäre Krankheitsgewinn ließen den Patienten am Schmerz festhalten.

Es mangelte dem Patienten am Bewusstsein der Kränkungen als Co-Faktor seiner Beschwerden und dem Erkennen, dass sein Umfeld sehr unter den Umständen leidet.

Daher wurde das Pflegeziel – nämlich sich mit dem Schmerz und der zugrunde liegenden Ursache auseinander zu setzen – nicht in ausreichendem Maße erreicht.

Herr H bricht nicht gänzlich unerwartet nach einem 26-tägigen stationären Aufenthalt die Therapie ab. Als Begründung gibt er an, dass es ihm zu Hause besser erginge, da er dort von seinen Angehörigen versorgt werde. Die psychosomatische Klinik wäre nicht die richtige Anlaufstelle für seine Beschwerden. Herr H verlässt, ohne großes Aufsehen durch eine Schmerzattacke zu erregen, die Station. Er äußert lediglich die Bitte um Information über Entspannungstechniken und Akupunktur. Die Belastung der Angehörigen und deren Hilflosigkeit nimmt Herr H nicht wahr.

Kommentar
Im oben genannten Fallbericht ist ein akuter Einstieg durch das Anwenden der Aromapflege, einer die Sprachbarriere überschreitenden Kompetenz, gelungen.

Durch die mütterliche Fürsorge konnte ein Wohlbefinden hervorgerufen werden, das die Bereitschaft über seine Belastungsfaktoren zu sprechen, ermöglichte.

Auch Probleme im sexuellen Bereich, die den Patienten an seiner Männlichkeit zweifeln ließen, konnten exploriert werden.

Zudem gelang es seine Kompetenzen, die er durch den Hausbau im Herkunftsland und das Versorgen seiner Familie über viele Jahre bewiesen hatte, wahrzunehmen und zu würdigen.

Kritisch betrachtet hätte es sinnvoll sein können der Bedeutung der sexuellen Funktionsstörung mehr Aufmerksamkeit zu schenken und diese in einer sensiblen Weise weiterzuverfolgen.

Es war für uns wichtig zu erkennen, dass der Patient nicht gewohnt war, seine Gefühle wahrzunehmen und zu benennen, und es dadurch leicht zu einer Überforderung kommen konnte.

Es ist viel Geduld nötig, den Patienten in seinem Schmerz anzunehmen ohne konfrontativ zu werden und damit Gefahr zu laufen, dass der Patient sich nicht ernst genommen bzw. angegriffen fühlt.

Beim genannten Fallbeispiel ist gut zu veranschaulichen, dass die Verluste in seinem Herkunftsland durch den Krieg und nun den Rückgang seiner körperlichen Aktivität, über die er sich lange Zeit definierte, dazu führte, dass er für sich nur den Weg in die Krankheit sah, um ständigen Frustrationen zu entgehen.

3.2. Fallbeispiel 2: Frau A

Eine 31 jährige Frau mit burschikoser Erscheinung flüchtet gemeinsam mit ihrem Mann vor drei Jahren aus einem Nachfolgestaat der ehem. Sowjetunion nach Österreich. In Österreich wird um politisches Asyl angesucht. Frau A spricht perfekt Deutsch, sie ist ausgebildete Dolmetscherin. Im Rahmen einer gynäkologischen Untersuchung wird eine Unfruchtbarkeit festgestellt.

Dadurch entsteht die Angst, von ihrem Mann und seiner Familie verstoßen zu werden. Eine suizidale Einengung macht eine stationäre Aufnahme notwendig.

Pflegegespräche:
Die erste Kontaktaufnahme zu Frau A gestaltet sich schwierig. Misstrauisch, introvertiert, abweisend, den Augenkontakt meidend. Das Symptom „Kopfschmerz" ist der einzige Zugang für eine Pflegebegegnung, Frau A macht ansonsten deutlich, sie wolle in Ruhe gelassen werden.

Der Stationsalltag mit seinen Ritualen wird teilweise angenommen, sonst dominiert der Rückzug das Verhalten von Frau A. Das Bett als Refugium kindlicher Versorgungswünsche bleibt für kurze Zeit aufrecht und wird Frau A von der Pflege zugestanden.

Seelische Krisen
Es dauert nicht lange bis es zu einer schweren Krise kommt. Frau A wird, begleitet von Mitpatienten, zum Stationsstützpunkt gebracht, am ganzen Körper zitternd. Sie äußert, nicht mehr leben zu wollen – sie wolle z.B. Rattengift nehmen. Es kommt zu einer unerwarteten Affektüberschwemmung mit Wut und der Äußerung, es sei sinnlos sich einer Therapie in einem Land zu unterziehen, in dem sie nicht willkommen sei.

Ein Pflege- und Arztgespräch entschärft die Situation, ein auf ärztliche Anordnung verordnetes Medikament zur Spannungslösung zeigt sich erfolgreich.

In dieser Zweitbegegnung zeigt sich eine wichtige Information für die weitere Entwicklung in der therapeutischen Beziehung mit Frau A:

Die latent bestehende Suizidalität untertags zeigt sich als Flucht vor sozialer Überforderung, drohendem Beziehungsverlust, Ohnmachtsgefühlen und der Selbstentwertung als Frau.

In diesen Krisen erlaubt sich Frau A, sich seelisch zu öffnen:
– der gewalttätige, alkoholkranke Vater;
– die geringe Wertschätzung des Vaters gegenüber seiner Frau und seiner Tochter;

– die Hassgefühle der Tochter gegenüber der Mutter, weil sie sich nicht aus der Gewaltbeziehung mit dem Vater lösen konnte.

Aus der Biografie

Im häuslichen Klima der Gewalt und Respektlosigkeit entwickelte sie früh Suizidgedanken mit ausgeführten Suizidversuchen, welche sie jedoch überlebte.

Ihr Eingesperrtsein, die Freiheitsbehinderung durch den Asylstatus, die lange Dauer des Verfahrens stehlen ihr aus ihrer Sicht wichtige Lebenszeit. Die tiefe Frustration aufgrund des politischen Ausgeliefertseins und die vermeintliche Benachteiligung aufgrund von Vorurteilen der österreichischen gegenüber der Bevölkerung der ehemaligen Sowjetunion lösen Gefühle der Wut aus.

Im weiteren stationären Verlauf kommt es zu nächtlichen Albträumen, sie wacht mit verzweifeltem und erschrecktem Gesicht auf, schweißgebadet angesichts solcher Bilder.

Situationen wie die Begegnung mit einem schwarz gekleideten Mann untertags lösen zusätzlich Panikattacken aus und die fragende Ungewissheit, wohin diese Bilder gehören und was sie bedeuten.

Der stationäre Verlauf

Durch medikamentöse Unterstützung, Zuwendung, Verständnis und Aufklärung über Symptome und deren Zuordnung zur Diagnose kann sich Frau A langsam aus dem erstarrten System der Suizidgedanken und der Schmerzen lösen – gleich einer Schlangenhäutung, einer Erneuerung.

Anfänglich war es Frau G nicht möglich Hilfe einzufordern. Sie war zu sehr in einer passiven Erwartungshaltung gefangen. Das Symptom als Sprachersatz blieb für lange Zeit erhalten. Es zeigte sich im Kopfschmerz als Appell nach Zuwendung und gleichzeitiger Schonung.

Durch die konstante Pflegebegegnung im stationären Setting konnte sie schließlich das therapeutische Angebot für sich nützen – wie z.B. sich in der Ergotherapie über Malerei mit dem Thema ihres eigenen Frauseins zu beschäftigen. Dort wurden auch ihre Schwierigkeiten deutlich, selbstverantwortliche Entscheidungen zu treffen.

Die Wende

Durch das Freiwerden der nicht mehr an den Schmerz gebundenen Energien gelangte Frau A von einer passiven Erwartungshaltung zu einer aktiven Handlungsbereitschaft.

Durch Hinweise seitens *Sozialberatung* nahm sie mit den zuständigen Asyl-Institutionen selber Kontakt auf, mit ihrer außerordentlichen Sprachkompetenz verhandelte sie erfolgreich und erreichte ihr Ziel:

Sie erhielt die Bewilligung, das Flüchtlingsheim zu verlassen und mit ihrem Mann in einer Privatunterkunft zu wohnen. Finanzielle Unterstützung für den Start erhielt sie von kirchlichen Hilfsorganisationen.

Frau A verließ unsere Klinik mit einer erweiterten, positiven Sicht auf das Leben, obwohl nach wie vor ein Schatten auf ihrer Zukunft liegt, solange der Ausgang des Asylverfahrens ungewiss ist.

Kommentar

Durch das Zugestehen des initialen Rückzuges fühlte sich die Patientin ernst genommen.

Es gelang ihr zu vermitteln, dass sie erwünscht war. Die zu Beginn sehr verschlossene Patientin hatte Vertrauen gefasst und sich uns gegenüber geöffnet.

Das Thema „Frausein", das bei Frau A aus gegebenen Gründen ein wichtiger Inhalt war, konnte besprochen werden.

Nach Bewusstmachung und mit Hilfe medikamentöser Unterstützung konnte Frau A die zuvor zur Abwehr verwendete Energie für aktive, zukunftsträchtige Handlungen nützen.

3.3.: Fallbeispiel 3: Frau M

40 Jahre, afrikanischer Herkunft, lebt seit 17 Jahren in Österreich. Sie war 6 Jahre mit einem Österreicher verheiratet, seit einem Jahr geschieden. Sie hat 2 in Österreich lebende Kinder (13 und 7 Jahre) sowie eine Tochter (19 Jahre), die in Afrika lebt.

Aktuelles Geschehen
Frau M leidet seit dem Jahr 2000 an einer Depression. Es erfolgten viele Therapieversuche mit verschiedenen Medikamenten, die keine ausreichende Wirkung zeigten. Frau M hatte im letzten Jahr vier Suizidversuche unternommen, sie wurde immer von ihren Kindern aufgefunden.

Pflegegespräche
Im ersten Pflegegespräch erscheint Frau M weinerlich-gedrückt, hoffnungslos, vermeidet Blickkontakt und ist desinteressiert. Sie spricht leise, hält den Kopf nach unten geneigt, ihr gepflegtes Erscheinungsbild ist nicht stimmig mit dem Verlust ihrer Lebensvitalität.
Die nächsten Tage des Aufenthaltes verlaufen in einer besseren Stimmung. Frau M gibt an, durch die Aufnahme sehr entlastet zu sein. Sie schließt Kontakte zu Mitpatienten und lässt sich nicht irritieren, als es in ihrem Zimmer zu einem Zwischenfall kommt: eine Mitpatientin wollte nicht mit einer „Schwarzen" in einem Zimmer schlafen.
Frau M lässt sich auf Pflegegespräche ein und erzählt über die belastende Situation als Alleinerziehende, ohne Freunde lebe sie isoliert in einem Dorf und habe das Gefühl, dort seien alle aufgrund ihrer Hautfarbe gegen sie. Im Hotel ihres Ex-Mannes arbeitet sie vier Stunden täglich als Kellnerin. Die Arbeit sei anstrengend und mache ihr keinen Spaß, sie wollte immer Krankenschwester werden.

Stationärer Verlauf
Über mehrere Tage bleibt die Stimmung stabil, motiviert nimmt Frau M an den Therapien teil und baut zu den einzelnen Pflegepersonen eine Vertrauensbasis auf. Im Verlauf dieser Pflegebeziehung fiel auf, dass Frau M sich je nach Sympathie gegenüber der einzelnen Pflegeperson entscheidet, wie und wann sie sich in die Tagesstruktur einbinden lässt. Auch konnte es sein, dass sie sich trotzig zeigte und sich beispielsweise ins Bett fallen lässt, wenn eine Leistungsanforderung vom Pflegepersonal an sie gestellt wird. Bockig und sich unverstanden präsentierend, ähnlich dem Verhalten eines Kleinkindes, zieht sich Frau M zurück. Sie möchte nicht aufstehen, versäumt die morgendliche Gymnastik mit der Erklärung, sie sei einfach zu müde.

Aus der Biografie
Frau M sagt, dass es bei uns wegen der vielen an sie gestellten Fragen sehr anstrengend sei.
Sie habe nie gelernt, sich selbst zu fragen, was sie vom Leben möchte. Irgendwie lebe sie von einem Tag auf den anderen. Die Armut in ihrer Ursprungsfamilie habe sie sehr geprägt, sie habe tägliche Gewalt in der Familie erlebt und es sei ihr stets vermittelt worden, dass sie nach Europa geschickt werde um Geld zu verdienen, und damit die Familie mit ihren vier Geschwistern zu unterstützen. Ihre Familie wolle nur Geld von ihr. Es werde nicht nachgefragt, wie man sich fühle. Hauptsache sei als „Geldmaschine" zu funktionieren.

Unbewältigte Gefühle

Der Hass auf die Mutter sei so tief, dass all ihre Energien sich auf diese Gefühle konzentrierten. Darüber zu sprechen war für sie tabu. Mit eigenen Wünschen oder Lebenszielen beschäftigte sie sich nicht, auch ihre älteste Tochter im afrikanischen Heimatland sei ihr gleichgültig.

Frau M ist sehr gekränkt über diese Situation. Opfer und Täter zugleich, gelingt es ihr nicht, eine andere Sicht der die Dinge zu entwickeln.

Sie vermisse ihre Heimat, denke eventuell an eine Rückkehr. Sie vermisse das Laute und Bunte, die vielen Menschen, unter denen man nie allein sei. Den Wohlstand in Europa bezahle man mit Einsamkeit und das sei ein hoher Preis.

In Tirol zu leben habe zwar auch einen Vorteil, denn man müsse keinen Hunger leiden: „Jeden Tag kannst Du ein Huhn essen, wenn Du willst …“

Materielle Ansprüche

Die Wohnung sei ihr das wichtigste, nur die besten Geräte seien gut genug und ihre Kinder müssten vor allem sauber sein und schöne Kleidung tragen. Mit den Kindern etwas zu unternehmen findet sie nur anstrengend und hat keine Freude dabei. Die beste Zeit für sie sei Ende der 80er Jahre gewesen — jung und hübsch als Au Pair-Mädchen kommend, Geld verdienend in einer Gruppe von Afrikanern aufgehoben, die alle selbst jung und voller Hoffnung auf dieses Leben in Europa blickten.

Privilegiert sei sie gewesen, wie eine Prinzessin habe sie sich gefühlt und sich rasch in einen Studenten verliebt, den sie später heiratete.

Die Probleme hätten begonnen, als sie mit ihrem Mann von Innsbruck wegzog, da er das Hotel seiner Eltern übernahm. Nie sei sie von seinen Eltern akzeptiert worden. Die Scheidung von ihrem Mann sei aus einer Laune heraus entstanden und die Gründe waren: zu wenig Geschenke, zu wenig Aufmerksamkeit und zu wenig Geld. Sie hatte große Erwartungen an die Ehe gehabt, die alle nicht eingetreten seien.

Pflege & Beziehung

Es gelang relativ rasch eine vertrauensvolle Pflegebeziehung zu Frau M aufzubauen. Sehr bald zeigten sich aber auch Widerstände gegen das Einhalten von klaren Tagesstrukturen.

Eigenwillig und ohne Neugierde auf den Alltag wird die Flucht in den Schlaf deutlich. Vermeidungsverhalten und die Angst davor, etwas nicht zu schaffen, werden offenkundig, als Frau M selbständig die Physiotherapie aufsuchen sollte. Konflikte mit den Mitpatienten entstehen durch egozentrisches Verhalten.

Im Streben nach materiellen Gütern zeigt sich der einzige Ehrgeiz von Frau M. Dadurch verliert sie die anfänglich geknüpften Beziehungen auf der Station und gerät in eine Isolation. Sie kann Beziehungen im Sinne von wechselseitigem Geben und Nehmen nicht gestalten. Diese Haltung ist ihr nicht bewusst und daher kann sie ihr Verhalten auch nicht reflektieren.

Von der *Sozialberatung* erwartete Frau M Vorschläge zur Verbesserung ihrer beruflichen Lage. Darunter versteht sie eine leichtere und besser bezahlte Arbeit. Sie ist der Meinung aufgrund ihrer österreichischen Staatsbürgerschaft einen Anspruch darauf zu haben.

Sie fühlt sich benachteiligt, macht ‚Rassendiskriminierung' dafür verantwortlich.

Sie kann nicht erkennen, dass ihre fehlende Alphabetisierung ein wesentlicher Faktor für ihre schlechten Chancen am Arbeitsmarkt ist.

Das therapeutische Angebot konnte sie nur bedingt nützen.

Frau M verlässt nach einem 24-tägigen Aufenthalt die Station mit der Begründung, dass die Kinder zu Hause keine Betreuung mehr hätten.

Kommentar

Aus der Sicht der Pflege ist der Aufbau einer vertrauensvollen Pflegebeziehung gelungen. Unbeeinflussbar waren jedoch ihre destruktive Grundhaltung und ihre regressive Verhaltensweise.

Es war uns wichtig der Patientin nahe zu bringen, welche Fähigkeiten für eine Verbesserung der Lebenssituation in Österreich hilfreich sind – z.B. eine Alphabetisierung.

Wir versuchten unter Berücksichtigung ihrer Biographie die Bedürfnisse zu erfassen.

Wir bemerkten, Frau M damit zu überfordern, sie nach ihren Lebenszielen und Hobbies zu befragen, da ihre Kindheit und Jugend von existenziellen Sorgen wie Hunger und Gewalt geprägt waren. Für sie war damals nur wichtig, den nächsten Tag zu überleben.

Aus ihrer Lebensgeschichte erklärten wir uns die immense Bedeutung von materiellem Besitz für Frau M und die Tatsache, dass sie meist „in den Tag lebte" und sich nicht mit längerfristigen Zielen befasste.

Es bestand ein großes Missverhältnis in der Erwartungshaltung bezüglich des Zusammenhangs zwischen Geben und Nehmen, welches wir ihr reflektierten.

Wir versuchten, ihr einfühlsam zu begegnen, scheuten uns jedoch nicht, sie mit Konflikten, die aus Ihrem Verhalten resultierten, zu konfrontieren.

4. Schlussworte

In den drei angeführten Beispielen zeigte sich eine Ähnlichkeit bezüglich der Kontaktaufnahme, die Patienten begaben sich zu Beginn in den Rückzug.

Es bewährte sich, diese passive Haltung vorerst zu akzeptieren um ein Vertrauensverhältnis entstehen zu lassen. Zu frühe Konfrontation führte zu rascher Überforderung und Gefährdung der therapeutischen Beziehung.

In der therapeutischen Beziehung wird der Schmerzpatient allgemein als schwierig erlebt.

Den Auftrag zu erfüllen, den Schmerz zu nehmen, obwohl der Patient im Schmerz all seine medizinische und menschliche Aufmerksamkeit erhält, stellt eine schwierige Gratwanderung dar.

Gegenüber diesen Patienten zeigt sich die vorbehaltlose und positive Haltung in der Annahme ihrer Schmerzen und ein Zuhören in Verbindung mit wohltuenden Pflegemaßnahmen als hilfreich. Nur auf diese Weise kann in der täglichen Pflegebegegnung eine Beziehung des Vertrauens entstehen. Durch diese Einstellung kann es zu einer Öffnung des Menschen kommen, als Voraussetzung einen seelischen Konflikt wahrzunehmen.

Möglichkeiten der Pflege auf Schmerzäußerungen zu reagieren finden sich beispielsweise in der Aromapflege, in einer die Sprachbarriere überschreitenden Kompetenz. Diese findet an unserer Abteilung in Form von Ölkompressen, Bäder, Geruchsanwendungen und Einreibungen (im speziellen bei muskulären Verspannungen, die durch Mechanismen der Angst ausgelöst werden) Anwendung.

Die Vorteile der Aromapflege liegen in einem unkomplizierten Einstieg sowie im Setzen einer Handlung, die der Patient meist als Entlastung wahrnimmt und mit einer kurzfristigen Schmerzlinderung und Entspannung einhergeht.

Zudem kann die Aromapflege Rahmenbedingungen für einen Beziehungsaufbau zum Patienten schaffen.

Die fachliche Pflegekompetenz bezieht sich im Wissen von der jeweiligen Lebenssituation des Patienten, der hohen Anpassungsleistung an eine andere Kultur, die viele Unsicherheiten und damit auch Stressfaktoren beinhalten. Die Verarbeitung dieser Stressoren ist abhängig von der Persönlichkeit aber auch von den vorhandenen Ressourcen des Einzelnen. Für viele Patienten ist der Schmerz oft die einzige Möglichkeit sich Gehör zu verschaffen.

Die Sensibilität in der Pflegebegegnung liegt in der Beobachtung des Schmerzes, der so verschieden sein kann wie das Individuum.

Durch die Neugierde, den Mensch hinter dem Schmerz zu entdecken, können wir lernen, dessen Bedürfnisse besser zu verstehen.

Dadurch ist es letztlich möglich, den Patienten darin zu unterstützen, neue Bewältigungsstrategien im Umgang mit seiner Erkrankung zu entwickeln. erscheint es wichtig, den Patienten auf seine Selbstverantwortung hinzuweisen.

Unsere Erfahrung zeigt, dass es sich oft um Menschen handelt, die keine befriedigende Beziehungserfahrung in ihren Ursprungsfamilien erfahren durften und danach streben, durch den Schmerz in Beziehung zu treten.

Oft liegt ein langer Leidensweg hinter ihnen, unzählige Arztbesuche sind bereits erfolgt.

Gerade bei Schmerzpatienten mit Migrationshintergrund ist eine umfassende Exploration der Biographie sehr wichtig. Oft begegnen wir Menschen, die ihr gewohntes Umfeld verlassen mussten, die Anforderung in einer fremden Umgebung ein neues Leben aufzubauen wurde an sie gestellt.

Die Bereitschaft, kulturelle Zusammenhänge und verschiedene Lebenswelten zu erkennen und ein Verständnis dafür zu entwickeln, mit welchen Ansprüchen diese Patienten an das Gesundheitssystem herantreten, scheint ein elementarer Bestandteil einer erfolgreichen Behandlung.

Autoren:

Ursula Neuhauser-Onyejiaka, Diplomkrankenschwester der klinischen Abteilung für Psychosomatische und Psychosoziale Psychiatrie der Universitätsklinik Innsbruck
e-mail: ursula.neuhauser-onyejiaka@uki.at

Brigitte Saurwein, Diplomsozialarbeiterin klinischen der Abteilung für Psychosomatische und Psychosoziale Psychiatrie der Universitätsklinik Innsbruck
e-mail: brigitte.saurwein@uki.at

Angelika Bösch, Assistenzärztin der klinischen Abteilung für Psychosomatische und Psychosoziale Medizin der Universitätsklinik Innsbruck

Universitätsklinik Innsbruck
Anichstrasse 35 • 6020 Innsbruck • Österreich
e-mail: angelika.boesch@uki.at

Depression und Somatoforme Störung – Ein Vergleich zwischen deutschen und ausländischen Patienten

Julia Wehe, Solmaz Golsabahi & Karl H. Beine

Anliegen

Um psychische Erkrankungen wie Depression und Somatoforme Störung bei Patienten ausländischer Herkunft richtig diagnostizieren und adäquat behandeln zu können, sind klinische Untersuchungen im Forschungsfeld der transkulturellen Psychiatrie unabdingbar.

Im Rahmen der Studie sollten mögliche Unterschiede im klinischen Bild der Depression zwischen deutschen und ausländischen Patienten erfasst, sowie die Häufigkeit der Somatoformen Störung bzw. einer Komorbidität von Depression und Somatoformen Störung in diesen beiden Gruppen untersucht werden.

Methode

In der Klinik für Psychiatrie und Psychotherapie des St. Marien-Hospitals in Hamm wurden 139 Patienten (60%) deutscher und 91 Patienten (40%) ausländischer Herkunft anhand eines eigens dafür entwickelten Fragebogens im Hinblick auf psychische, vegetative und somatische Symptome einer Depression und/oder einer Somatoformen Störung untersucht. Die ausländischen Patienten sollten ihr Heimatland in erster Generation verlassen haben und im Zeitraum vom 01.08.04 bis zum 30.07.06 stationär oder teilstationär in der Klinik behandelt worden sein. Es sollte die Diagnose einer Depression und/oder einer Somatoformen Störung vorliegen. Die deutschen Patienten sollten äquivalent in Diagnose, Alter und Geschlecht sein. Befragt wurden Patienten zwischen 18 und 80 Jahren.

Ergebnisse

Die ausländischen Patienten kamen aus folgenden Herkunftsländern: Polen (33), Türkei (30), Russland (8), Iran (4), ehem. Jugoslawien (4), Italien (4), Marokko (2), Tschechien (1), Bosnien (1), Kroatien (1), Großbritannien (1), Kasachstan (1) und Sri Lanka (1).

Die deutschen Patienten hatten signifikant höhere Schulabschlüsse und wiesen einen signifikant höheren Anteil an Akademikern, leitenden Angestellten und Freiberuflern auf als die ausländischen Patienten.

	Deutsche Patienten	Ausländische Patienten	Unterschied
Zahl	139	91	
Geschlechtsverteilung	52 Männer 87 Frauen	40 Männer 51 Frauen	nicht sig.
Alter	46,4 ± 15 Jahre (MW ± SD)	45,7 ± 13 Jahre (MW ± SD)	nicht sig.
Alleinige Diagnose: Depression	95%	89%	nicht sig.
Alleinige Diagnose: Somatoforme Störung	2,9%	3,3%	nicht sig.
Komorbidität: Depression & Somatoforme Störung	2,2%	7,7%	nicht sig.
Schulabschluss: Abitur oder Fachhochschulreife	46,8%	26,4%	p< 0,05
Ausgeübte Tätigkeit: Akademiker oder leit. Angestellte	20,1%	3,3%	p< 0,05

Tab.1 Basisdaten der befragten Patienten

Es fand sich in 70-90% ein gemeinsamer Kern einer depressiven Symptomatik wie z.B. Traurigkeit, Antriebslosigkeit und mangelnde Konzentrationsfähigkeit.

Signifikant häufiger wurden von den deutschen Befragten Schuldgefühle und Selbstzweifel geschildert. Etwa 54% der deutschen Patienten und lediglich 25% der ausländischen Patienten erlebten sehr häufig oder durchgehend Schuldgefühle. Ein Gefühl der Wertlosigkeit empfanden 63% der deutschen Befragten, jedoch nur 32% der ausländischen Patienten.

Die ausländischen Patienten waren mit ihrem sozialen Umfeld zufriedener als die deutsche Vergleichsgruppe. So äußerten sich etwa 70% der ausländischen Patienten zu ihren persönlichen Beziehungen zufrieden bis sehr zufrieden. Bei den deutschen Patienten lag dieser Anteil bei nur 30%.

Die ausländischen Befragten klagten signifikant häufiger über somatische Beschwerden wie Kopfschmerzen, Nackenschmerzen, Herzschmerzen bzw. -stolpern. Während 88% der ausländischen Patienten sehr häufig bis immer unter Kopfschmerzen litten, war dieser Anteil bei den deutschen Befragten niedriger (72%). Schmerzen an Schulter oder Nacken verspürten 80% der ausländischen Patienten und 65% der deutschen Befragten.

58% der ausländischen Patienten und lediglich 18% der deutschen Befragten klagten über Herzschmerzen. Hinsichtlich des Herzstolperns war eine ähnlich große Differenz zu beobachten: 56% der ausländischen Patienten und lediglich 19% der deutschen Patienten gaben diese Beschwerde an.

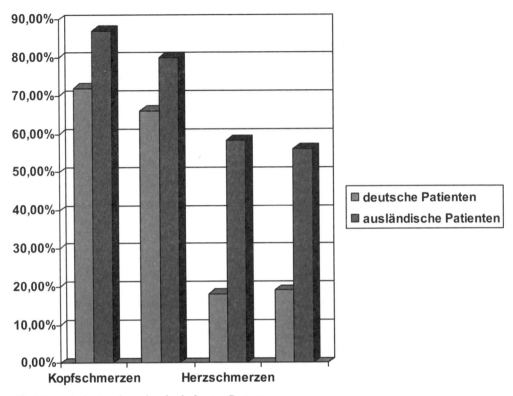

Abb.1 Somatische Beschwerden der befragten Patienten

Die Diagnose einer Somatoformen Störung oder auch einer Komorbidität von Depression und Somatoformer Störung wurde bei den ausländischen Befragten häufiger gestellt.

So fand sich die Somatoforme Störung als alleinige Diagnose oder in Form einer Komorbidität mit einer Depression bei 10% der ausländischen Patienten und bei 5% der deutschen Befragten. Eine Komorbidität von Depression und Somatoformer Störung fand sich bei 7,7% der ausländischen und bei 2% der deutschen Patienten.

Schlussfolgerung

Die Depression war in ihren Grundzügen bei den befragten Patienten unterschiedlicher Herkunftsländer gleich, während sich das klinische Bild der Depression innerhalb der Patientengruppen unterschied. Nach einem Vergleich der Ergebnisse mit anderen Studien bleibt anzunehmen, dass diese Unterschiede in der Symptomatik zwischen deutschen und ausländischen Patienten in einem gewissen Maß sowohl kulturelle Variationen darstellen, als auch durch schichtspezifische Einflüsse und durch die gemeinsame Migrationserfahrung der ausländischen Patienten begründet sind. Besonders gestützt werden die Ergebnisse der Untersuchung durch eine Studie der WHO von Sartorius und Jablenski.[1]

---

1.   Vgl. SARTORIUS N., JABLENSKI A. & GULBINAT W.: Application of WHO scales for the assessment of depressive States in different cultures, 1980, *Acta Psych Scand* 62:204-211

Auch hier fanden sich ein gemeinsamer Kern einer depressiven Symptomatik und Unterschiede hinsichtlich von Schuldgefühlen, Suizidgedanken und somatischen Beschwerden bei Patienten unterschiedlicher Herkunftsländer.

Für den klinischen Alltag ist es wichtig, sich dieser Unterschiede in der Symptomatik bewusst zu sein, um sowohl Patienten deutscher und als auch ausländischer Herkunft adäquat therapieren zu können und überflüssige Behandlungskosten zu vermeiden.

Autoren:

Cand. med. JULIA WEHE
Lutherstraße 20 • 58452 Witten

Dr.med. univ. SOLMAZ GOLSABAHI:
e-mail: Solmaz.Golsabahi@marienhospital-hamm.de

Prof.Dr.med. KARL H. BEINE:
e-mail: Karl-H.Beine@marienhospital-hamm.de

Somatoforme Schmerzstörung bei PatientInnen aus dem ehemaligen Jugoslawien: Psychologische Aspekte, psychiatrische Komorbidität, muttersprachliche Psychoedukation und Gruppentherapie

SANELA PIRALIC SPITZL, ALEXANDER FRIEDMANN, GERHARD LENZ &MARTIN AIGNER

1.   Migration

Migration bedeutet ein freiwilliger oder nicht freiwilliger Wechsel des Wohnortes als Folge wirtschaftlichen Drucks (Arbeitsmigration, vor Hunger Fliehende) oder aus Sicherheitsgründen (politisch Asylsuchende, die vor Kriegen flüchtenden Menschen).

Der Migrationsprozess stellt für die Betroffenen eine tiefe Verunsicherung dar, verbunden mit massiven Verlusterlebnissen. Diese Verunsicherung oder auch der Migrationsschock ist umso tiefgreifender, wenn die MigrantInnen in ihrem Herkunftsland bisher durch ihre Verwandten oder Familie im Migrationsland mitversorgt wurden, in ihrem unmittelbaren Lebensumfeld und ihrer Nachbarschaft ein gutes Auskommen hatten, und ein gewisses Ansehen genossen. Am neuen Ort begegnen sie nun häufig einer massiven Abwertungshaltung, sei es sozial, am Arbeitsmarkt, oder ökonomisch.

Laut dem Migrations- und Integrationsbericht 2007 der Österreichischen Akademie der Wissenschaften (FASSMANN 2007: 165) hat in Wien fast jeder Dritte Einwohner einen Migrationshintergrund (Österreich gesamt 16,3%, Wien 31,4%.)

Mehr als die Hälfte aller Personen mit Migrationshintergrund in Wien kommt aus den Nachfolgestaaten des ehemaligen Jugoslawien, wobei hierbei MigrantInnen aus Serbien-Montenegro – vor Bosnien-Herzegowina und Kroatien – den größten Anteil bilden. Die zweitgrößte Gruppe von Personen mit Migrationshintergrund in Wien stammt aus der Türkei. (FASSMANN 2007: 174).

Die internationale Literatur über Migration lässt keinen Zweifel daran, dass MigrantInnen, je nach ihrem unterschiedlichen sozioökonomischen Status in z.T. extremen Ausmaßen Stressoren in der Wahlheimat, die durch Assimilationsdruck der Aufnahmegesellschaft entstehen, ausgesetzt sind. Auch in der seelischen Entwicklung zeigt die Migration erhebliche Auswirkungen und ist oft Anlass zu seelischen Störungen und Erkrankungen. Als Folge der Migration können sich einmal sowohl gesellschaftliche Konflikte entwickeln (familiäre Konflikte, Spannungen am Arbeitsplatz, das ungewohnte Freizeitverhalten, fehlende Unterstützung durch das Umfeld), als auch Schwierigkeiten und Irritationen im Zusammenleben mit Teilen der Mehrheitsgesellschaft auftreten, die zu seelischen Störungen und Erkrankungen führen können (SCHMID 1992, KOCH 1998 und 2000, DAVID 1999, ZIMMERMANN 2000, HEGEMANN 2001, PELINKA 2001, BORDE 2003).

MigrantInnen erleiden einen dreifachen Verlust:

– Verlust von Lebenssinn und Zukunftsperspektiven
– Verlust an ausreichend befriedigenden sozialen Beziehungen
– Verlust von Enfaltungsmöglichkeiten
    Darüber hinaus müssen sie sich meist mit einem niedrigeren sozialen Status als im Herkunfts-
land abfinden. Das Trauma ist u. a. auch durch Verlust der Angehörigen und der Freunde, die zurück lassen musste, verursacht. Die MigrantInnen fühlen sich schuldig, weil sie etwas verlassen
haben, das sie bis dahin als ihre Heimat liebten und wertschätzten, weil sie ihrer eigenen Kultur
den Rücken gekehrt haben und weil sie die Menschen, die ihnen am nächsten standen, verlassen
haben. Im Gastland gelten sie als Fremde, als Zaungäste. Die MigrantInnen leben in ständiger
Angst vor Verlust ihrer individuellen und kulturellen Identität. Die Verarbeitung der Migration
ist ein langer, oft lebenslanger Prozess und wirkt häufig bis noch in die fünfte Generation einer
Familie hinein (Leyer 1991).

2. Transkulturelle Kompetenz - Körperliche und emotionale Wahrnehmungsprozesse

Die kulturgebundene Sozialisation spielt beim Erwerb von Schmerzbewältigungsstrategien und
bei der Erwartung sowie Überzeugung, Krankheiten und Schmerz mit den erlernten Strategien
kontrollieren und bewältigen zu können eine wichtige Rolle. Menschen aus unterschiedlichen
kulturellen Kontexten erleben Depression, Angst oder Schmerz unterschiedlich, interpretieren ihr
Erleben kulturspezifisch und präsentieren ihre Symptome auch entsprechend den Konventionen
ihrer kulturellen Herkunft (Kirmayer 2001).
    Als Beispiel für die unterschiedliche kulturelle Konzeption von Schmerz kann folgende Studie
angeführt werden: In einer Studie von Kohen wurden philippinische Fischer aufgefordert, ihnen
bekannte Krankheiten entsprechend der Schmerzhaftigkeit zu klassifizieren. Die Studienteilnehmer reihten die Tuberkolose als die am schmerzhaftesten empfundene Erkrankung an die 1.Stelle,
die Lepra an die 4. Stelle, den Hundebiss an die 7. Stelle; an 10. Position standen Zahnschmerzen,
an 18. Geistesschwäche, an 33. Blindheit und an 39. Schmerzen nach Verbrennungen. Auf weitere
Befragung antworteten die Studienteilnehmer, dass Lepra deshalb schmerzhaft sei, weil man bei
dieser Krankheit von der Familie getrennt in einem Leprosorium isoliert werde. Geistesschwäche
und Blindheit schmerzen wegen der körperlichen Funktionseinbußen, die sie hervorrufen, der
Arbeitsunfähigkeit und der sozialen Abseitsstellung. An das empfundene Schmerzerleben sind
also psychosoziale Dimensionen deutlich mehr gekoppelt als die körperlich-sensorische Empfindungen (Schmiedebach 2002).
    Somatische Symptome stellen kulturelle Idiome psychischer Befindlichkeit dar. Die Sprache
seelischen Leids – artikulatorisch, körperlich, mimisch, gestisch – kann nicht vom jeweiligen
kulturellen Referenzsystem getrennt interpretiert werden. Es geht hierbei um eine Dekodierung
somatischer oder dissoziativer Symptome, wobei unter Dekodierung immer Verhandlung, Gespräch, Auseinandersetzung, zu verstehen ist (Kirmayer 2001). Transkulturelle Kommunikation
ereignet sich im Zuhören und Erfassen von verschiedenen Erklärungsansätzen über Krankheit
und Schmerz.
    In arbeits- und sozialmedizinischen Gutachten über PatientInnen aus dem ehemaligen Jugos-
lawien finden sich häufig Aussagen wie:
    „Ihr Verhalten ist leidensbetont mit demonstrativen Schmerzangaben; jede Bewegung des Körpers
    wird von Schmerzbekundungen begleitet."

Kultur ist in der Anlage unseres Nervensystems, in den seelischen Empfindungen und Ausdrucksformen, sowie in unseren Interaktionsmustern verankert und präsent. So ist der Umgang mit Emotionen, seelischen und körperlichen Verhaltensweisen, was akzeptabel ist und was nicht, aufgrund kultureller Konvention geregelt (KIRMAYER 2001). Jede Kultur hat innerhalb ihrer eigenen Werte und Normen Schmerzbewältigungsstrategien entwickelt. Im Umgang mit Schmerz sind kulturelle Verhaltensmuster feststellbar: So neigen Menschen in Irland eher zum Rückzug, weil es unstatthaft ist, Schmerz zu äußern. In den USA wiederum kann beobachtet werden, dass PatientInnen ihren Arzt oder ihre Ärztin so früh wie möglich aufsuchen, die Beschwerden dabei relativ emotionslos schildern, damit sofort eine rationale Behandlung eingeleitet werden kann. In Italien kann Schmerz laut und deutlich geäußert werden, damit einem familiäre Anteilnahme zukommt; auf den Philippinen neigen Menschen hingegen dazu, sich dem Schmerz fatalistisch zu fügen und vermeiden so jeden weiteren Stress (KOHNEN 2006).

Wenn es nicht möglich ist, die eigenen kulturell erlernten Krankheits- und Schmerzbewältigungsstrategien anzuwenden, kommt es zu Hilflosigkeit, Verzweiflung, erhöhtem Stress und insgesamt zu einer verminderten Schmerztoleranz (KIRMAYER 2001).

2.1 Verständigung – Das Finden einer gemeinsamen Sprache

Die Sprache ist
– Ausdruck der Befindlichkeit
– Träger von Emotionen und Befindlichkeit
– Verbunden mit Selbstwertgefühl und Selbstbewusstsein
Sprache und Ausdrucksfähigkeit tragen wesentlich zum Gelingen zwischenmenschlicher Kommunikation bei. Sprache enthält und vermittelt kulturelle Muster, sie tradiert Formen der Deutung von Wirklichkeit und reagiert kreativ auf gesellschaftliche Veränderungen. Sprache formt und sozialisiert diese Verhaltensmuster. Sprache ist somit von größter Bedeutung für die individuellen Einflussfaktoren auf Krankheit und Krankheitserleben, da beispielsweise Gefühle und Schmerzen in der eigenen Sprache genau beschrieben werden können.

In der sprachlichen Kommunikation über den Schmerz kommen immer auch Bedeutungszusammenhänge zum Ausdruck, die auf kulturell unterschiedliche etymologische Bezüge verweisen, mit denen das Wort *Schmerz* in der verschiedensten Lebenszusammenhängen verstanden wird.

Berichte von MigrantInnen aus dem ehemaligen Jugoslawien weisen darauf hin, dass Mitteilungen, Empfehlungen, Anordnungen und auch die durchgeführten Untersuchungen der ÄrztInnen von den MigrantInnen sehr häufig nicht genau verstanden werden. Vor allem MigrantInnen, die aus dem ländlichen, nicht-urbanen Raum kommen, zeigen mangelhaftes Wissen über Aufbau und Funktion des eigenen Körpers bzw. haben eine andersartige Vorstellung darüber. Ihr Wissen über mögliche Ursachen von gesundheitlichen Beschwerden bzw. deren Verhinderung ist begrenzt (DAVID 2000; MEYER-EHLERT 1986).

Bei komplexen Beschwerden wie chronischen Schmerzen, die auch in der Muttersprache schwer in Worte zu fassen sind, ist die verbale Verständigung besonderes schwierig. Eine unserer PatientInnen drückte das folgendermaßen aus:

> „Bei einfachen Problemen wie Halsschmerzen kann ich mich gut ausdrücken. Aber bei diesen Schmerzen kann ich dem Arzt nicht alles erzählen. Manchmal versuche ich etwas zu erklären, aber es geht nicht. Manchmal merke ich auch, dass er es nicht verstanden hat."

Bei den PatientInnen ist aufgrund dieser erschwerten Verständigung eine große Verunsicherung festzustellen, die bei vielen zu einem grundsätzlichen Misstrauen gegenüber der gestellten Diagnose oder dem diagnostizierten Schweregrad der Krankheit führt. Auf der anderen Seite äußert auch das medizinische Fachpersonal wiederholt, dass die sprachliche Verständigung das Hauptproblem bei Anamnese, Diagnose und Behandlung und „zeit- und nervenaufreibend" sei (CSITKOVICS *et al.* 1997).

Das Finden einer gemeinsamen Sprache betrifft jedoch nicht nur die fremdsprachlich-linguistische sondern auch die inhaltlich-konzeptionelle Ebene. Es wir davon ausgegangen, dass Menschen mit geringerer Ausbildung und stark begrenzten sozioökonomischen Ressourcen verstärkt zur Somatisierung neigen. Dabei tragen sie ihre Konflikte häufig als psychosomatische Reaktionen aus, was jedoch subjektiv seelisches Leiden nicht ausschließt. Es darf nicht außer acht gelassen werden, dass bei allen Formen depressiver und angstbezogener Störungen auch körperliche Beschwerden und funktionelle Symptome als Begleiterscheinung (Komorbidität) auftreten.

Schmerz ist ein komplexes Feld. Schmerzerleben wird durch die tatsächliche oder vermeintliche Ursache der Störung in seiner Erträglichkeit moduliert. Schmerzen, die durch verständliche und von den PatientInnen durch gut nachvollziehbare Krankheitsursachen ausgelöst werden, werden zumeist weniger bedrohlich erlebt, als wenn die Ursachen unklar sind. Hierin besteht die Herausforderung für das Behandlungsteam einer Spezialambulanz für somatoforme Schmerzstörungen.

2.1.1 Diffuse Symptompräsentation: Alles Schmerz

Ein Phänomen, welches teilweise auch mit zu geringen Sprachkenntnissen zusammenhängt, ist die diffuse Symptompräsentation (ZIMMERMANN 2000).

Die kulturell geformten Sichtweisen von seelischer Gesundheit und Krankheit bei MigrantInnen zeigen eher eine körpernahe ganzheitliche Auffassung von Körper und Psyche und dementsprechend einen körpernahen Artikulationsstil von psychosozialer Gesundheit und Gestörtheit. Der Körper wird als Austragungsfeld der psychosozialen Konflikte erlebt.

Im Alltag unserer Spezialambulanz wurde von PatientInnen wiederholt eine körpersprachliche Begrifflichkeit gewählt, die auf volksmedizinische Überlieferungen zurückgeht. Diese drückt zum Beispiel aus, dass Organe bei Krankheit „fallen" oder „nicht mehr am richtigen Ort sitzen". PatientInnen aus dem ehemaligen Jugoslawien machten bei psychosomatischen Befindlichkeitsstörungen Aussagen wie „alles schmerzt", „keine Kraft", „meine Knochen sind kaputt", „Gefühl, dass Ameisen spazieren", „mein Blut geht nicht", „meine Knochen machen krc-krc Geräusche" oder „meine Knochen stehen nicht gut, sie haben ihre Position gewechselt".

Hier ist zu erkennen, dass solche Beschreibungen sehr deutlich von den unterschiedlichen kulturellen Auffassungen geprägt sind, die in kulturtypischen verbalen und nonverbalen Darstellungsweisen geäußert werden.

2.2   Somatoforme Störungen

Somatisierung kann als Prozess verstanden werden, bei dem psychosoziale Belastungen körperlich wahrgenommen werden und dafür medizinische Hilfe in Anspruch genommen wird. Eine somatoforme Störung wird diagnostiziert, wenn ein Muster medizinisch unerklärter körperlicher Beschwerden besteht. Im Diagnostischen und Statistischen Manual Psychischer Störungen der American Psychiatric Association (DSM-IV-TR) werden folgende Subtypen beschrieben: So-

Tab. 1:
Diagnostische Kriterien für die somatoforme
Schmerzstörung nach DSM-IV

A	Schmerz an einer oder mehreren anatomischen Stellen, die von ausreichender klinischer Relevanz sind.
B	Der Schmerz verursacht klinisch signifikantes Leiden oder Beeinträchtigung in sozialen Bereichen, am Arbeitsplatz oder in anderen wichtigen Funktionsbereichen.
C	Psychologische Faktoren spielen eine wichtige Rolle bei der Schmerzauslösung, der Aufrechterhaltung und dem Schweregrad der Schmerzen.
D	Die Symptome sind nicht Ausdruck einer vorgetäuschten Störung.
E	Der Schmerz ist nicht besser durch eine affektive Störung, eine Angststörung, oder eine psychotische Störung erklärt und erfüllt nicht die Kriterien der Dyspareunie. Man spricht von chronischem Schmerz bei einer Dauer von 6 Monaten oder länger.

Tab. 2:
Zwei Subtypen der Somatoformen Schmerzstörung:

Code	ICD 10 - Kapitel V (F)
F307.80	Schmerzstörung assoziiert mit psychologischen Faktoren
F307.89	Schmerzstörung assoziiert mit psychologischen *und* medizinischen Faktoren

matisierungsstörung, Undifferenzierte somatoforme Störung, Schmerzstörung, Hypochondrie/ Körperdysmorphophobie und Konversionsstörung (Saß/APA 2003).

Die somatoforme Schmerzstörung (siehe Tab. 1) ist seit dem DSM-III eine diagnostische Entität. Das DSM-IV-TR (Saß/APA 2003) unterscheidet zwei Subtypen an somatoformen Störungen (siehe Tab. 2). Der Subtyp *Schmerzstörung assoziiert mit einem medizinischen Faktor* wird natürlich nicht als psychische Störung gesehen. ICD-10 berücksichtigt die diagnostische Aufgliederung in der Psychosomatik (DILLING/WHO 2000).

2.2.1 Somatoforme Schmerzstörung

Schmerz ist nach der Definition der International Association for the Study of Pain (IASP) *ein unangenehmes heftiges Sinnes- und Gefühlserlebnis, das mit tatsächlichen oder möglichen Gewebeschäden verbunden ist oder in solchen Kategorien beschrieben wird,* (MERSKEY 1994). Es gibt also Schmerzzustände, die ohne messbaren peripheren Gewebsschaden ablaufen. Diese Syndrome, bei denen Schmerzzustände klinisch im Vordergrund stehen und für die keine ausreichende medizinische Erklärung gefunden werden kann, werden unter der psychiatrischen Diagnose der somatoformen Schmerzstörung zusammengefasst.

2.2.2 Schmerz und psychiatrische Komorbidität

Schmerz wird als psychophysisches Ereignis definiert. Die psychiatrische Komorbidität und die damit verbundenen psychometrischen Dimensionen stellen wichtige Aspekte von Schmerzsyndromen dar. Standardisierte Interviewverfahren (SKID I und II nach DSM IV) erlauben eine valide Diagnose psychischer Störungen und können zur Erhebung psychosozialer Faktoren beitragen.

Bei 84% der PatientInnen mit somatoformer Schmerzstörung finden sich Schlafstörungen, bei 67% findet sich eine depressive Symptomatik und bei 45% der PatientInnen lassen sich hypochondrische Ängste feststellen. Das Verhältnis von psychosozialer Beeinträchtigung und Schmerzintensität ("Pain Disability Index") kann mit einer Sensitivität von 0,8 als Screeninginstrument für somatoforme Störungen verwendet werden (BACH 2001).

Psychiatrische Störungen und psychische Dimensionen sollten als ein wichtiger Teil der Schmerzsymptomatik schon frühzeitig erhoben werden, insbesondere um weiteren Chronifizierungsprozessen vorzubeugen und wichtige Therapieanleitungen zu geben.

2.3   Psychoedukation und psychologische Schmerzbewältigung

Im Rahmen des psychoedukativen therapeutischen Ansatzes erfolgt psychologische Schmerzbewältigung auf der Grundlage eines integrativen Konzeptes, das jedes Störungsbild als eine Einheit aus körperlichen, psychischen und sozialen Anteilen betrachtet. Wesentlich ist zunächst ein Informationsteil, in dem die Unterschiede zwischen akuten und chronischen Schmerzen, der Zusammenhang zwischen Stress und Schmerz sowie die wichtigsten Erklärungsansätze für chronische Schmerzen expliziert sind. Darauf aufbauend können Strategien im Umgang mit individueller Schmerzsymptomatik entwickelt werden.

Ausgangspunkt einer psychoedukativen Schmerzbewältigungsgruppe ist die Auseinandersetzung mit den psychosozialen Bedingungen und Folgen chronischer Schmerzzustände. Das Hauptziel der psychoedukativen therapeutischen Intervention ist nicht primär die Schmerzfreiheit, die bei chronischen Schmerzen oft nicht erreicht werden kann, sondern die Förderung von Eigenaktivität und Selbstkompetenz der Betroffenen im Umgang mit ihren Schmerzen. Durch Vermittlung von psychotherapeutisch – insbesondere verhaltenstherapeutisch – ausgerichteten Techniken zur aktiven Schmerzlinderung und Schmerzbewältigung werden Schmerzkranke angeregt, „ExpertInnen ihrer eigenen Erkrankung" zu werden (BACH et al. 2001).

Ziel einer psychoedukativen Schmerzbewältigungsgruppe ist die Veränderung einer als maladaptiv angesehenen Krankheitsbewältigung, durch Vermittlung eines psychophysiologischen Verständnisses der Störung und das Erlernen von Selbstkontrollstrategien, die es den PatientInnen ermöglichen, Häufigkeit, Dauer und Frequenz ihrer Störung zu minimieren (PFINGSTEN 1996).

Die in der Verhaltensmedizinischen Schmerzambulanz angebotene psychoedukative Gruppentherapie in bosnischer/kroatischer/serbischer Sprache wird für jeweils fünf aufeinander folgende Wochen mit einer therapeutischen Doppeleinheit pro Woche angeboten, wobei jede Gruppe etwa 12 PatientInnen umfasst.

In diesen 10 psychoedukativen Einheiten wurden folgende Schwerpunkte gemeinsam erarbeitet:

– Vermittlung eines modernen und für die Betroffenen internalisierbaren bio-psycho-sozialen Schmerzmodells (Definition, Entstehung, Ursachen, Stressoren, Lebensqualität);
– Anleitung zur Selbstbeobachtung, zur Erkennung von und zum Umgang mit Stressoren, internen und externen Schmerzauslösern oder -verstärkern (präventive Stressverarbeitung);
– Gemeinsames Erarbeiten von gesundheitsfördernden Schmerzbewältigungsstrategien, Anleitungen zum Erkennen, zum Umgang mit und zur Bewältigung von Schmerzen;

– Vorstellung, Übung und Wiederholung von Entspannungs- und Selbstkontrolltechniken zur Förderung der Schmerzkontrolle und Schmerzdistanzierung (Progressive Muskelrelaxation nach Jacobson, Aufmerksamkeitshin- und -ablenkung, Imaginationsverfahren);
– Anleitung zum Führen eines Schmerz-Tagebuchs zur Selbstbeobachtung des Schmerzes;
– Aufklärung über den Circulus vitiosus: Depression – Angst – Schmerz;
– Besprechung des Spannungsfeldes Familie, Angehörige und Schmerz;
– Informationen zum richtigen Umgang mit Schmerzmedikamenten;
– Informationen zum Gesundheitssystem.

Die einzelnen Behandlungsschritte werden durch Übungsaufgaben ergänzt, die auch außerhalb der Gruppentherapie durchzuführen sind. Durch die Einbindung dieser Übungsaufgaben in ihren normalen Tagesablauf können die PatientInnen ihre Schmerzen und ihren Umgang damit nach und nach positiv beeinflussen.

3.   Methodik und Erhebungsinstrumentarium

Die diagnostische Abklärung erfolgte mit dem *Strukturierten Klinischen Interview nach DSM-IV (SKID I und SKID II)* in bosnisch/kroatisch/serbischer Version (FIRST 2000a, 2000b).

Weiters wurde mittels psychometrischer Skalen die Schmerzsymptomatik erfasst. Die Items des *Allgemeinen Schmerzfragebogens* (Bosnisch/Kroatisch/Serbisch) umfassen Angaben zu Alter, Geschlecht, Zivilstand, Lebenssituation und Berufstätigkeit. In Folge werden Informationen zu Krankheitsdauer und zum Ausprägungsgrad der Symptomatik erhoben. Die PatientInnen wurden gebeten, den Bereich ihrer Schmerzen anzugeben, wobei neun verschiedene Lokalisationen zur Auswahl standen. Die konkreten Fragestellungen erfolgten in Anlehnung an die Achse I der IASP-Klassifikation (INTERNATIONAL ASSOCIATION FOR THE STUDY OF PAIN, MERSKEY 1994).

Die Schmerzintensität wird für die mittlere Schmerzstärke, die minimale Schmerzstärke und die maximale Schmerzstärke im letzten Monat an Hand jeweils einer Visuellen Analog Skala (VAS: 0 = kein Schmerz, 10 = maximal vorstellbarer Schmerz) erhoben. Ebenso wurden, basierend auf dem Sheehan Disability Inventory (SDI), die psychosoziale Beeinträchtigung in Arbeit, Freizeit und Familie (Sheehan 1996) mit jeweils einer Visuellen Analog Skala (VAS: 0 = keine Behinderung, 10 = maximale Behinderung) evaluiert.

Die TeilnehmerInnen der psychoedukativen Schmerzbewältigungsgruppen wurden jeweils vor der ersten und nach der letzten gemeinsamen Einheit, in Anlehnung an Sheehans Disability Inventory (SDI) (SHEEHAN 1996), mittels Visuellen Analog Skalen (VAS), hinsichtlich ihrer aktuellen funktionellen Beeinträchtigung in Arbeit, Familie und Freizeit, ihrer aktuellen allgemeinen subjektiven Schmerzwahrnehmung, ihrer Kontrolle über den Schmerz, und ihre allgemeine Befindlichkeit befragt. Zur Evaluierung der durch die Gruppentherapie erreichten positiven Veränderungen, diente ein 14 Items umfassender Fragebogen, der von den TeilnehmerInnen nach der letzten Gruppeneinheit ausgefüllt wurde.

3.1   Statistik

Die statistische Datenauswertung erfolgte mit SPSS (Version 14.0). Non-parametrische Daten wurden mittels Mann-Whitney-Test analysiert. Bei parametrischen Daten wurde ein Mittelwertvergleich mittels t-Test gerechnet.

4.　　Ergebnisse

4.1　　Ausgewählte soziodemographische Variablen

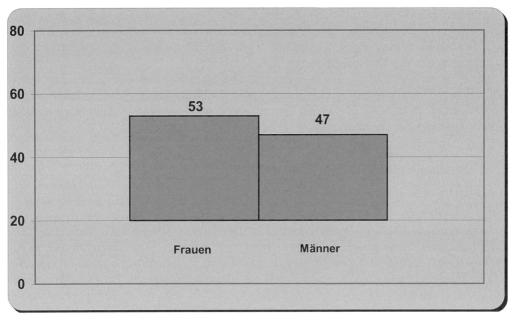

Grafik 1: Geschlecht in Prozent (n=202)

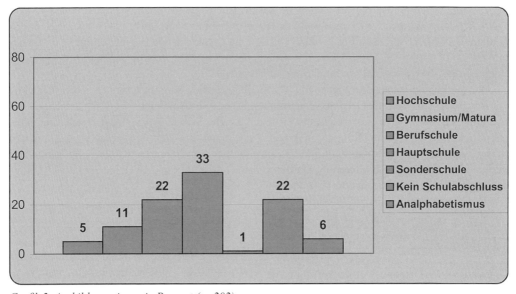

Grafik 2: Ausbildungsniveau in Prozent (n=202)

Bei Betrachtung der deskriptiven Statistik zum Bildungsumfang der untersuchten PatientInnen ergibt sich gesamt betrachtet eher ein mittleres bis niedrigeres Bildungsniveau. So hatten 33% nach der Hauptschule keine weitere Schulbildung genossen und rund 22% die Berufschule absolviert, während der AkademikerInnenanteil mit 5% sehr gering war. Rund 22% der PatientInnen haben keine Schule besucht oder können keinen Grundschulabschluss aufweisen. 6% der PatientInnen können weder lesen noch schreiben. Hierbei ist im besonderen zu berücksichtigen, dass bei PatientInnen mit geringer Bildungserfahrung eine formaldidaktische Adaption im Test- und Interview-Setting vorzunehmen ist.

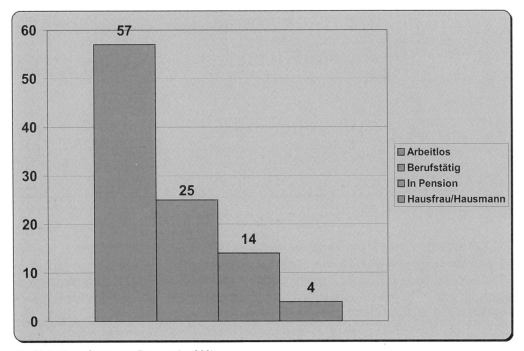

Grafik 3: Erwerbstatus in Prozent (n=202)

Von den interviewten PatientInnen sind 25% berufstätig; 57% waren zum Zeitpunkt der Untersuchung ohne Beschäftigung. Von den derzeit berufstätigen PatientInnen arbeiteten 69% als Reinigungspersonal, rund 20% als Bauarbeiter. Weitere 4% arbeiteten als VerkäuferInnen und rund 2% waren selbständig.

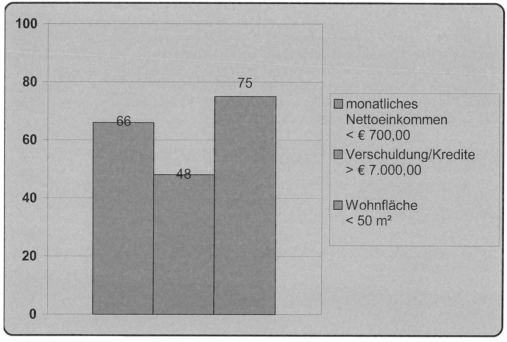

Grafik 4: Sozioökonomische Faktoren (n=100)

Dass zwei Drittel der untersuchten PatientInnen mit weniger als 700 Euro pro Monat auskommen müssen, die Hälfte hoch verschuldet ist, und drei Viertel von ihnen in Wohnungen unter
50 m² wohnen, deckt sich im Wesentlichen mit dem Österreichischen Migrations- und Integrationsbericht 2007, in dem das Armutsgefährungsrisiko für Personen mit Migrationshintergrund
etwa doppelt so hoch wie für die restliche Bevölkerung beziffert wird (FASSMANN 2007).

4.2   Ausgewählte klinisch-diagnostische Variablen:

Grafiken 5a, 5b, 5c: Psychische Störungen

Mittels psychometrischer Skalen und einem Strukturierten Klinischen Interview (SKID-I und
SKID- II für DSM-IV) wurden die PatientInnen in ihrer Muttersprache untersucht (First M
2000a, 2000b).

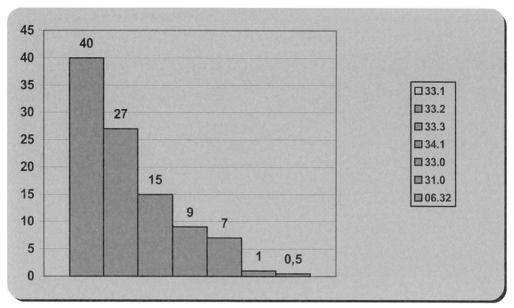

Grafik 5a): Affektive Störungen in Prozent (n = 202)

ICD-10 (F) **33.1** *rezidivierende depressive Störung, gegenwärtig mittelgradige Episode*
ICD-10 (F) **33.2** *rezidiv. depressive Störung, gegenwärtig schwere Episode ohne psychotische Symptome*
ICD-10 (F) **33.3** *rezidiv. depressive Störung, gegenwärtig schwere Episode mit psychotische Symptome*
ICD-10 (F) **34.1** *Dysthymia*
ICD-10 (F) **33.0** *rezidivierende depressive Störung, gegenwärtig leichte Episode*
ICD-10 (F) **31.0** *bipolare affektive Störung, gegenwärtig hypomanische Episode*
ICD-10 (F) **06.32** *organische depressive Störung*

Zum Zeitpunkt der Untersuchung wurde bei 99,5% der PatientInnen aus dem ehemaligen Jugoslawien eine affektive Störung festgestellt. 42% hatten eine schwere bzw. sehr schwere depressive Episode (F33.2, F33.3). Insgesamt leiden 9% an einer Dysthymie, also einer dauerhaften chronisch depressiven Verstimmung. An bipolaren Störungen (Hypomanie) leiden 1% der befragten PatientInnen.

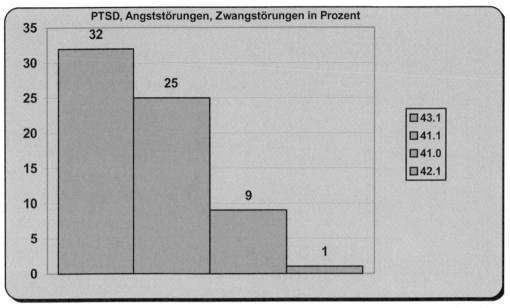

Grafik 5b): Angststörungen, Zwangsstörungen und posttraumatische Belastungsstörungen (PTSD) in Prozent (n =202)

ICD-10 (F) **43.1** *Posttraumatische Belastungsstörung (PTSD)*
ICD-10 (F) **41.1** *generalisierte Angststörung*
ICD-10 (F) **41.0** *Panikstörung*
ICD-10 (F) **42.1** *Zwangsstörung*

32% der PatientInnen erfüllen die Kriterien für eine Posttraumatische Belastungsstörung (PTSD), 34% hatten eine Angststörungen, 1% hatte ein Zwangstörung. Die hohe Rate an Posttraumatischen Belastungsstörungen (32%) ist bei einem Drittel der PatientInnen durch Kriegserlebnisse zu erklären. Bei zwei Drittel der PatientInnen stellen schwere Autounfälle, Arbeitsunfälle und Gewalterfahrungen die Ursache für die Posttraumatische Belastungsstörung dar.

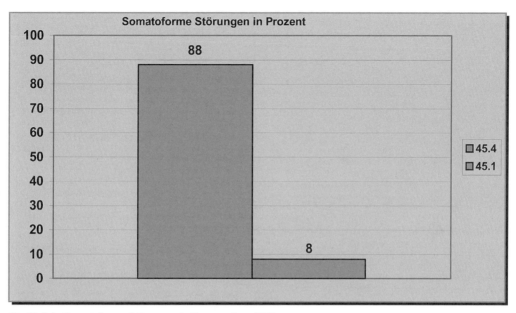

Grafik 5c): Somatoforme Störungen in Prozent (n = 202)

ICD-10 (F) **45.4** *anhaltende somatoforme Schmerzstörung*
ICD-10 (F) **45.1** *undifferenzierte Somatisierungsstörung*

88% PatientInnen erfüllen die Kriterien für eine anhaltende somatoforme Schmerzstörung und 8% für eine undifferenzierte Somatisierungsstörung.

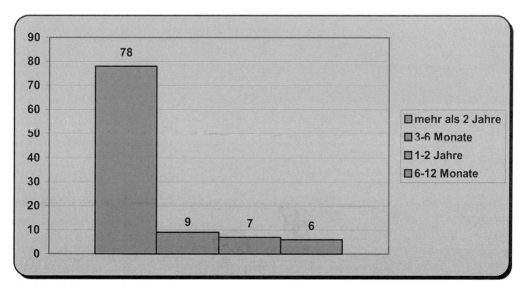

Grafik 6: Zeitlicher Verlauf der Schmerzen in Prozent (n=202)

78% des gesamten Patientensamples beschreiben ein Schmerzgeschehen, das bereits seit mehr als 2 Jahren vorhanden war. Schmerzen von relativ kurzer Dauer (weniger als 12 Monate) wurden von 15 % angegeben, während 7% der PatientInnen die mittlere Kategorie (1-2 Jahre) wählte.

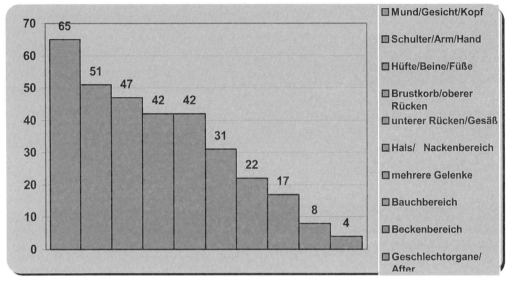

Grafik 7: Schmerzlokalisation in Prozent (n=202)

Bei Betrachtung des gesamten Patientensamples gaben 65% der PatientInnen an, im Bereich Mund/Gesicht/Kopf Schmerzen zu verspüren.

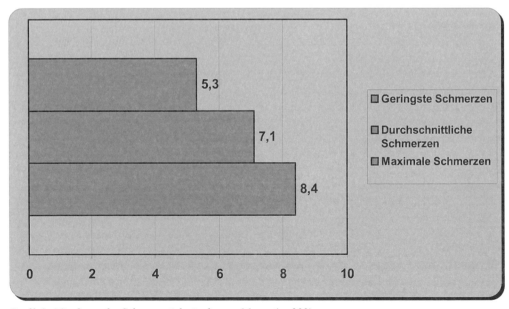

Grafik 8: Mittelwert der Schmerzstärke im letzten Monat (n=202)

Die Frage nach der Schmerzstärke im letzten Monat wurde anhand von Visuellen Analog Skalen (VAS) als maximale Schmerzstärke, durchschnittliche Schmerzstärke und minimale Schmerzstärke erhoben.

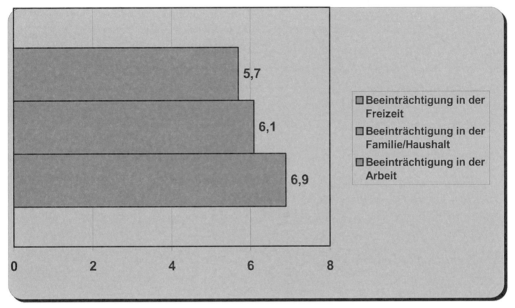

Grafik 9: Mittelwert der schmerzbedingten Beeinträchtigungen in Arbeit, Familie und Freizeit (n=202)

Die Mittelwerte für das Beeinträchtigungsausmaß wurden anhand einer Visuellen Analog Skala (VAS) erhoben: 0 bedeutet keine Beeinträchtigung, 10 maximale Beeinträchtigung. In Arbeit und Beruf lag der Beeinträchtigungswert bei 6,9, während die Beeinträchtigungen in der Freizeit bei 5,7 lagen.

4.3   Ergebnisse der Psychoedukativen Schmerzbewältigungsgruppe

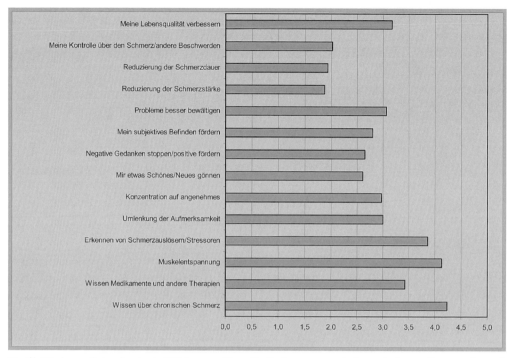

Grafik 10: Ausmaß der durchschnittlichen positiven Veränderungen nach der ambulanten Gruppentherapie (Schmerzbewältigungsgruppe) in einer Skala von 0-5 (n = 100) (siehe Kapitel 2.3)

Die psychoedukative Schmerzbewältigungsgruppe wurde von den PatientInnen vor allem in den Bereichen *Wissen über chronischen Schmerz*, *Muskelentspannung*, und *Erkennen von Schmerzauslösern/Stressoren* als hilfreich empfunden.

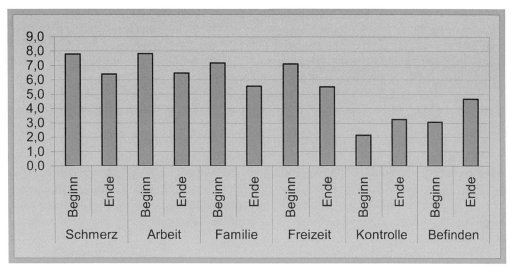

Grafik 11: Ausmaß der Veränderungen während der ambulanten Gruppentherapie von Beginn bis zum Ende auf einer Skala von 0 bis 10 (n=100)

Die Ergebnisse zeigen, dass sich die allgemeine Schmerzstärke der PatientInnen nach der Teilname an der Gruppentherapie vermindert hatte (präVAS 7,8 ± 2,1; postVAS 6,4±2,3) p<0,001. Auch die Werte hinsichtlich psychosozialer Beeinträchtigung in Arbeit (präVAS 7,8±2,2; postVAS 6,5±2,3), Familie (präVAS 7,2±2,3; postVAS 5,56±2,5) p<0,01 und Freizeit (präVAS 7,1±2,2; postVAS 5,5±2,5) p<0,05, die Kontrolle über Schmerzen (präVAS 2,1±2,3; postVAS 3,3±2,5) p<0,05 und das allgemeine Befinden (präVAS 3,1±2,4; postVAS 4,7±2,5) p<0,05 zeigten eine Besserung.

5.   Diskussion

Bei der Erhebung körperlicher Beschwerden ist die Sprachkompetenz der PatientInnen unbedingt zu beachten. Es konnte gezeigt werden, dass MigrantInnen in ihrer angestammten Umgebung und in ihrer Sprache wesentlich genauere und präzisere Angaben machen können als im Migrationsumfeld. Je konkreter die Angabe der Beschwerden, desto seltener wird Schmerz genannt. Die erhöhte Klagsamkeit und Ungenauigkeit der Angaben nennt Ots „linguistische Infantilisierung" (Ots 1989).

Die MigrantInnen, die sich sprachlich nicht adäquat ausdrücken können, überbetonen deswegen auch ihre Beschwerden. Die westliche Medizin bringt funktionale Beschwerden möglichst mit einem Organ oder Organsystem in Beziehung beziehungsweise mit dem Bereich des Körpers, der einem bestimmten Fach zugeordnet ist (chronischer Schmerz im Unterbauch/Beckenbereich > Gynäkologie, Fibromyalgie > Rheumatologie, mandibulare Schmerzen > Kieferchirurgie, etc.) Damit wird die Vielfalt von Beschwerden zunächst reduziert. Es werden nur mehr die vermeintlich fachrelevanten Bereiche angesprochen. Bei Fibromyalgie wird beim Rheumatologen dann die Information über den Reizdarm „*weggelassen*". Der Schmerz als Leitsymptom erhält aber dadurch eine stärkere Bedeutung. Je weniger organische Läsionen gefunden werden, desto mehr müssen die PatientInnen auf ihren Schmerz beharren, wenn sie möchten, dass ihr funktionelles Leiden akzeptiert wird (Schmiedbach 2002).

Neben der Sprachkompetenz stellt auch das kulturelle Referenzsystem der PatientInnen einen wichtigen Faktor dar, der zu berücksichtigen ist. Die kulturgebundene Sozialisation spielt beim Erwerb von Schmerzbewältigungsstrategien und bei der Erwartung sowie Überzeugung, Krankheiten und Schmerz mit den erlernten Strategien kontrollieren und bewältigen zu können eine wichtige Rolle. Menschen aus unterschiedlichen kulturellen Kontexten erleben Depression, Angst oder Schmerz unterschiedlich, interpretieren ihr Erleben kulturspezifisch und präsentieren ihre Symptome auch entsprechend den Konventionen ihrer kulturellen Herkunft (KIRMAYER 2001).

Somatische Symptome stellen sich in Form kultureller Idiome psychischer Befindlichkeit dar. Die Sprache seelischen Leids – artikulatorisch, körperlich, mimisch, gestisch – kann nicht vom jeweiligen kulturellen Referenzsystem getrennt interpretiert werden. Es geht hierbei um eine Dekodierung der somatischen Symptome (KIRMAYER 2001). Transkulturelle Kommunikation ereignet sich im Zuhören und Erfassen von verschiedenen Erklärungsansätzen über Krankheit und Schmerz. Die Untersuchung von MigrantInnen erfordert daher eine transkulturelle Kompetenz (KOHEN 2006).

Des weiteren darf nicht außer acht gelassen werden, dass der Migrationsprozess selbst für die seelische Entwicklung langfristig erhebliche Auswirkungen hat und häufig Anlass für seelische Störungen und Erkrankungen ist. Migration ist als wichtiger Vulnerabilitätsfaktor bei der Diagnose und Behandlung von MigrantInnen aus dem ehemaligen Jugoslawien zu berücksichtigen.

Bei der in dieser Studie untersuchten PatientInnengruppe mit somatoformer Schmerzstörung besteht eine beachtliche Komorbidität hinsichtlich affektiver Störungen und posttraumatischer Belastungsstörung (PTSD). Dieses hohe Ausmaß an Komorbidität wird auch bei einem Vergleich mit österreichischen SchmerzpatientInnen zu Ungunsten der MigrantInnen deutlich sichtbar.

So konnten in einer Case-Control-Design Studie mit alters- und geschlechtsgematchten Personen (AIGNER et al. 2006) deutliche Unterschiede zwischen PatientInnen aus Österreich und dem ehemaligen Jugoslawien bei anhaltender somato-former Schmerzstörung festgestellt werden. Die beiden PatientInnengruppen unterschieden sich hoch signifikant hinsichtlich ihrer depressiven Symptomatik im Beck Depressions Inventar (BDI). Auch die hypochondrischen Ängste waren in der ex-jugoslawischen Patientengruppe signifikant stärker ausgeprägt. Die Patientengruppe aus dem ehemaligen Jugoslawien erfüllte zu 100% die Kriterien einer affektiven Störung, die österreichische Patientengruppe nur zu 80%. Die Patientengruppe aus dem ehemaligen Jugoslawien wies mit 48% signifikant häufiger eine Posttraumatische Belastungsstörung (PTSD) auf. Hinsichtlich Angststörungen und Substanz-abhängigkeit (Alkohol, Nikotin, Sedativa) unterschieden sich beide Patientengruppen jedoch nicht signifikant (AIGNER et al. 2006).

Die hohe Prävalenz an posttraumatischen Belastungsstörungen bei den SchmerzpatientInnen aus dem ehemaligen Jugoslawien ist im Kontext mit dem Krieg von 1991 bis 1995 zu sehen. Hierbei ist nicht nur an Personen zu denken, die unmittelbar vor Ort Kriegsereignisse erlebt haben. Der überwiegende Teil der MigrantInnen aus dem ehemaligen Jugoslawien ist nach Österreich gekommen, um die besseren wirtschaftlichen Gegebenheiten zu nutzen, und in der Folge am Herkunftsort eine eigene Existenz aufzubauen. Viele von ihnen haben jedoch während des Krieges ihr gesamtes Eigentum verloren.

Im Hinblick auf die Chronifizierung von Schmerzen dürften bei den untersuchten PatientInnen psychosoziale Faktoren, wie der hohe Anteil an Arbeitslosigkeit, geringe formelle Ausbildung, unzureichende Wohnverhältnisse und eine allgemein niedrigere Lebensqualität eine wichtige Rolle spielen (vide Grafiken 2, 3 u. 4).

Werden die oben angeführten transkulturellen und sozioökonomischen Faktoren außer acht gelassen, besteht die Gefahr, dass im Rahmen der Behandlung das Gesundheitssystem selbst zu Chronifizierungsprozessen beiträgt.

Die psychoedukative Gruppentherapie wurde von den bosnischen/kroatischen/serbischen PatientInnen gut angenommen. Die TeilnehmerInnen waren aktiv und sehr motiviert. Von den insgesamt 103 TeilnehmerInnen haben nur 3 die Gruppentherapie abgebrochen. Im abschließenden Feedback gab der überwiegende Teil der PatientInnen an, dass die Gruppe zu einer deutlichen Verbesserung ihrer Lebensqualität geführt hat, mit einem besseren Erkennen von Schmerzauslösern und Stressoren und einer besseren Problembewältigung. Viele der PatientInnen äußerten den Wunsch die Gruppentherapie wiederholen zu wollen.

In den psychoedukativen Gruppen sollte auch erreicht werden, dass die PatientInnen mit dem Gesundheitssystem besser umgehen lernen, damit sie aus dem Circulus vitiosus des Doktor-Shoppings aussteigen können. Eine Annäherung an dieses Ziel ist rückblickend betrachtet augenscheinlich, da viele PatientInnen im Rahmen der weiteren oder Nachbehandlung von sich aus explizit äußerten, dass sie sich in der Spezialambulanz „gut aufgehoben" fühlen.

6.   Ausblick

Die vorliegende Studie stellt Ergebnisse über somatoforme Störungen und psychische Morbidität von PatientInnen aus ehemaligen Jugoslawien bereit, die im deutschen Sprachraum in dieser Form bislang noch nicht erhoben wurden. Damit kann diese Arbeit als Grundlage für neue integrations- und gesundheitspolitische Maßnahmen dienen bzw. können die Ergebnisse auch als Basis für weitere Forschungsarbeiten und Follow-up Studien zum vorliegenden Themenkreis dienen.

PatientInnen mit somatoformen Störungen gehen 9x öfter zum Arzt als die Allgemeinenbevölkerung, sind doppelt so lange im Krankenhaus wie andere PatientInnen, werden im Verlauf der Krankheit im Schnitt 5x operiert, gehen doppelt so oft zum Arzt wie andere PatientInnen und haben pro Monat im Schnitt 2-5 Krankenstandstage (BACH 2003).

Für eine effiziente, optimierte Behandlung von MigrantInnen mit chronischem Schmerz stellen transkulturelle und sprachliche Kompetenz seitens des Behandlungsteams zwei unabdingbare Prämissen dar.

Es ist leicht nachvollziehbar, dass sich PatientInnen in einer Gesundheitseinrichtung mit transkultureller Kompetenz (Horizontverschmelzung) wohler und besser aufgehoben fühlen. Dies hat zuallererst einen positiven Effekt auf die allgemeine Befindlichkeit (Gesundheit) der PatientInnen, auf das gemeinsame Gespräch, und in der Folge auch auf die Einhaltung der vereinbarten therapeutischen Maßnahmen (Wechselwirkung von Vertrauen und Compliance).

Gesundheitseinrichtungen mit transkultureller und sprachlicher Kompetenz tragen zu einer Minderung erwarteter psychischer Stigmata bei und wirken aufgrund dessen einer verspäteten Behandlungsintervention entgegen. Denn worüber PatientInnen in ihrer Muttersprache nur äußerst zurückhaltend sprechen, sprechen sie für gewöhnlich in einem für sie als fremd empfundenen kulturellen Setting und in einer für sie nur begrenzt verständlichen Sprache überhaupt nicht.

Eine unzureichende Symptomerfassung oder –interpretation und fehlerhafte Diagnosen führen zu ungeeigneten oder vor allem nicht notwendigen Behandlungmaßnahmen. Daraus resultieren eine verlängerte Krankheitsdauer (Krankenstandstage), abnehmende Compliance (Schmerzmittelabusus), höhere Behandlungskosten (Gesundheitsbudget), und als Folge eine verschlechterte sozioökonomische Lage der PatientInnen (Arbeitslosigkeit, Frühpensionierung) (KIRMAYER 2001).

Transkulturelle und sprachliche Kompetenz im Gesundheitsbereich wirken präventiv und verhindern somit, dass das Gesundheitssystem selbst aufgrund inadäquater Maßnahmen zu weiteren Chronifizierungsprozessen beiträgt.

7.   Danksagung

Das Projekt „Transkulturelle Probleme bei somatoformer Schmerzstörung" wurde durch den *Jubiläumsfonds der Stadt Wien für die Österreichische Akademie der Wissenschaften* und durch die *Stadt Wien, Bereichsleitung für Sozial- und Gesundheitsplanung* gefördert.

8.   Literatur

AIGNER M., PIRALIC SPITZL S., FREIDL M., PRAUSE W., FRIEDMANN A. & LENZ G. 2007. Transcultural comparison of quality of life in somatoform pain patients. *WCPRR* Apr/Jul 2007: 57-62.

AIGNER M., PIRALIC SPITZL S., FREIDL M., PRAUSE W., LENZ G. & FRIEDMANN A. 2006: Transkulturelle Unterschiede bei somatoformer Schmerzstörung – eine Vergleichsstudie von Patienten mit Herkunft aus dem ehemaligen Jugoslawien und Österreich. *J. Neurol. Neurochir. Psychiatr.* 2/2006: 38-42.

ANGERMEYER M.C., KILIAN R. & MATSCHINGER H. 2000. *WHOQOL-100 und WHOQOL-BREF. Handbuch für die deutschsprachigen Versionen der WHO Instrumente zur internationalen Erfassung von Lebensqualität.* Göttingen.

BACH M., AIGNER M. & BANKIER B. (Hg). 2001. *Schmerzen ohne Ursache – Schmerzen ohne Ende.* Wien.

BACH M. 2003: *Multimodale verhaltensmedizinische Therapie bei somatoformer Schmerzstörung.* Wien. [Unveröffentlichtes Vorlesungsskriptum. Folie 3.]

Bacher J. & Gerzer G. 1993: *Wir sind Anders. Ergebnisse einer sozialwissenschaftlichen Untersuchung der Lebenssituation von GastarbeiterInnen in der Stadt Wels.* Linz.

BECK A.T. &STEER R.A. 1987. *Beck Depression Inventory—Manual.* San Antonio.

BRUCKS, U., V. SALISCH E. & WAHL W.B. 1987: *Soziale Lage und ärztliche Sprechstunde. Deutsche und ausländische Patienten in der ambulanten Versorgung.* Hamburg.

BORDE T. & DAVID M. (Hg). 2003. Gut versorgt. Franfurt am Main.

CSITKOVICS M., EDER A. & MATUSCHEK H. (Hg). 1997. *Die gesundheitliche Situation von MigrantInnen.* Wien.

DAVID M., BORDE H. & KENTENICH H. (Hg). 1999. *Migration und Gesundheit.* Franfurt am Main

DILLING H., MOMBOUR W. & SCHMIDT M.H./WHO (Hg). 2000. *Internationale Klassifikation psychischer Störungen – ICD-10,* Kapitel V(F). Göttingen.

ENGEL J. 1990. *Kulturelle Einflüsse auf das Schmerzerleben.* In: WOERZ R. (Hg): Chronischer Schmerz und Psyche. Stuttgart.

ENGEL J., HOFFMANN S.O. 1993. *Transkulturelle Aspekte des Schmerzerlebens.* In: EGLE U.T. & HOFFMANN S.O. (Hg). Der Schmerzkranke. Stuttgart.

FAROOQ S., GAHIR M.S., OKYERE E., SHEIKH A.J. & OYEBODE F. 1995. Somatization: A transcultural study. *Journal of Psychosomatic Research* 39: 883-888.

FASSMANN H. & KOMMISSION FÜR MIGRATIONS- UND INTEGRATIONSFORSCHUNG DER ÖSTERREICHISCHEN AKADEMIE DER WISSENSCHAFTEN (Hg). 2007. *2. Österreichischer Migrations- und Integrationsbericht 2001-2006. Rechtliche Rahmenbedingungen. Demographische Entwicklungen. Sozioökonomische Strukturen.* Klagenfurt.

FIRST MICHAEL B. *et al.* (ed). 2000a. *SKID I – Strukturirani klinički intervju za poremećaje s osi I iz DSM-IV. Jastrebarsko.* (Bosnisch/Kroatisch/Serbisch.)

FIRST MICHAEL B. *et al.* (ed). 2000b. *SKID II – Strukturirani klinički intervju za poremećaje ličnosti s osi II iz DSM-IV. Jastrebarsko.* (Bosnisch/Kroatisch/Serbisch.)

FRIEDLER P. 1996. *Verhaltenstherapie in und mit Gruppen.* Weinheim.

HAUTZINGER M., BAILER H., WORALL H. & KELLER F. 1995. *Beck-Depressions-Inventar (BDI).* Bern.

HEGEMANN T. & SALMAN R. (Hg). 2001. *Transkulturelle Psychiatrie. Konzepte für die Arbeit mit Menschen aus anderen Kulturen.* Bonn.

HEISE T. (Hg). 1998. *Transkulturelle Psychotherapie. Hilfen im ärztlichen und therapeutischen Umgang mit ausländischen Mitbürgern.* Berlin.

HUBER H. & WINTER E. 2005. *Checkliste Schmerztherapie.* Stuttgart.

IGLESIAS E., ROBERTSON E., JOHANSSON S.E., ENGFELDT P. & SUNDQUIST J. 2003. Women, international migration and self-reported health. A population-based study of women of reproductive age. *Soc Sci Med* 56: 111-24.

KAPFHAMMER H. P. & GRÜNDEL H. 2001. *Psychotherapie der Somatisierungsstörungen.* Stuttgart.

KENTENICH H., REEG P. & WEHKAMP K.H. (Hg). 1990. *Zwischen zwei Kulturen – Was macht Ausländer krank?* Franfurt am Main.

KIRMAYER L.J. 2001. Cultural Variations in the Clinical Presentation of Depression and Anxiety: Implications for Diagnosis and Treatment. *J Clin Psychiatry* 62 [suppl 13]: 22–28.

KOCH E., SCHEPKER R. & TANELI S. (Hg) 2000. *Psychosoziale Versorgung in der Migrationsgesellschaft. Deutsch-türkische Perspektiven.* Freiburg im Breisgau.

KOCH E., ÖZEK M., PFEIFFER W.M. & SCHEPKER R. (Hg) 1998. Chancen und Risiken von Migration. Freiburg im Breisgau.

KOHNEN, N. 2006. Schmerzerleben, Schmerzbewältigung und Kontrollüberzeugung in verschiedenen Kulturen. *Der Schmerz* Bd. 20 Suppl 1 Sonderheft: 7.

KRONSTEINER R. 2003. Kultur und Migration in der Psychotherapie. Ethnologische Aspekte psychoanalytischer und systemischer Therapie. Frankfurt am Main.

KRÖNER-HERWIG B., FRETTLÖH J., KLINGER R. & NILGES P. (Hg). 2007: *Schmerzpsychotherapie.* 6. akt. U. überarb. Auflage. Berlin.

KRÖNER-HERWIG B. 1997. *Chronischer Schmerz aus psychologischer Sicht.* In: WEITKUNAT R., HAISCH J. & KESSLER M. Public Health und Gesundheitspsychologie: Konzepte – Methoden – Prävention – Versorgung – Politik. Bern.

KRÖNER-HERWIG, B. 1996. *Die Behandlung chronischer Schmerzsyndrome: Plädoyer für einen integrativen Therapieansatz.* In: BASLER H.D. *et al.* (Hg). Psychologische Schmerztherapie. 3. erw. Auflage. Berlin. 519-530.

LEYER E.M. 1991. *Migration, Kulturkonflikt und Krankheit.* Beiträge zur psychol. Forschung. Bd. 24. Opladen.

MERSKEY H. & BOGDUK N. 1994. *Classification of chronic pain: description of chronic pain syndromes and definitions of pain terms.* New York.

MEYER-EHLERT B. & WOHLFAHRT-SCHNEIDER U. 1986. *Gesundheitsbildung und Beratung mit AusländerInnen.* Berlin.

OTS T. 1989. „*Herr Doktor ich fühl mich nicht gut".* In: GREIFILT *et al.* (Hg). Schmerz – interdisziinäre Perspektive. Wiesbaden.

PELINKA A., AMESBERGER H. & HALBMAYR B. (Hg). 2001. *Zugewanderte PatientientInnen im Wiener Gesundheitssystem.* Wien.

PFEIFFER W. M. (1994): *Transkulturelle Psychiatrie.* Ergebnisse und Probleme. Stuttgart.

PFINGSTEN M., FRANZ C., HILDEBRANDT J., SAUR P. & SEEGER D. 1996. Das Göttinger Rücken Intensiv Programm (GRIP). Teil 3. Psychosoziale Aspekte. *Der Schmerz* 1996 Bd. 10/Heft 5.

PILOWSKY I. 1967. Dimensions of hypochondriasis. *Br J Psychiatry* 113: 89-93.

PIRALIC SPITZL S. 2006: *Depressive Störungen bei Frauen – Migrantinnen aus dem ehemaligen Jugoslawien, die in 15. Wiener Gemeindebezirk wohnen.* In: GUTIERREZ-LOBOS K., TRAPPL E. & STADT WIEN (Hg). Wiener Psychiatriebericht 2004. Wien.

PIRALIC SPITZL S., AIGNER M., FREIDL M., PRAUSE W., FRIEDMANN A. & LENZ G. 2006. Lebensqualität bei Patienten mit somatoformer Schmerzstörung – Transkultureller Vergleich zwischen Patienten aus Ex-Jugoslawien und aus Österreich. *Der Schmerz* Bd. 20/Heft4: 350

PORTER M. & HASLAM N. 2001. Forced Displacement in Yugoslavia: A Meta-Analysis of Psychological Consequences and Their Moderators. *Journal of Traumatic Stress* 14, No. 4.: 817-834.

RIEF W. (1995): *Multiple somatoforme Symptome und Hypochondrie. Empirische Beiträge zur Diagnostik und Behandlung.* Bern.

SASS H., WITTCHEN H.U., ZAUDIG M. & APA (Hg). 2003. *Diagnostisches und statistisches Manual psychischer Störungen.* Textrevision. DSM-IV-TR. Göttingen.

SCHMIDBACH H. 2002. Bundesgesundheit. *Gesundheitsforschung – Gesundheitsschutz* 45: 419-424. Berlin.

SCHMID et al. 1992. *Ausländer und Gesundheit.* Wien.

SHEEHAN D.V., HARNETT-SHEEHAN K. & RAJ B.A. 1996. The measurement of disability. *International Clinical Pharmacology* 11 Suppl 3: 89-95.

STADT WIEN (Hg) 2001. *Wiener Gesundheit und Sozialsurvey.*

WHOQOL GROUP (ed) 1998. Development of the World Health Organization WHOQOL-Bref quality of life assessment. *Psychological Medicine* 28:551-558.

WIENER INTEGRATIONSFONDS (WIF) (Hg). 2002. *MigrantInnen in Wien 2001 – Daten, Fakten, Recht.* Teil II. Wien.

WOHLFAHRT E. & ZAUMSEIL M. (HG). 2006. *Transkulturelle Psychiatrie – Interkulturelle Psychotherapie. Interdisziplinäre Theorie und Praxis.* Berlin.

ZIMMERMANN E. (Hg). 2000. *Kulturelle Missverständnisse in der Medizin. Ausländische Patienten besser versorgen.* Bern.

Autoren:

MAG. PIRALIC SPITZL, SANELA; Klinische und Gesundheitspsychologin, Psychotherapeutin in Ausbildung unter Supervision [SF]
Universitätsklinik für Psychiatrie und Psychotherapie – Medizinische Universität Wien
Währinger Gürtel 18-20 • 1090 Wien • Österreich
e-mail: sanela.piralic-spitzl@meduniwien.ac.at
e-mail: gerhard.lenz@meduniwien.ac.at
e-mail: martin.aigner@meduniwien.ac.at

Überlegungen zur Problematik kulturvergleichender psychopathologischer Untersuchungen am Beispiel der Schizophrenie

Thomas Stompe

Einleitung

Kulturvergleichende Untersuchungen sind mit vielfältigen methodischen Problemen behaftet. In der methodenkritischen Reflexion wird der Schwerpunkt zumeist auf pragmatische Durchführungsprobleme wie die semantische Adäquatheit von übersetzten Untersuchungsinstrumenten und, damit verbunden, die Gütekriterien von Frage- und Interviewbögen (Validität, Interrater-Reliabilität) gesetzt. Aus dem Blickfeld gerät dagegen häufig die Problematik, dass die von uns verwendeten kulturellen, soziologischen und psychiatrischen Begriffssysteme konstruktivistischen Charakter haben und keineswegs ontologisch-essentialistische, das heißt kontextunabhängige Gültigkeit beanspruchen können. Diese Feststellung birgt allerdings die Gefahr des Kultur- und Methodenrelativismus, des häufig falsch verstandenen postmodernen "anything goes", wodurch kulturvergleichende Studien wieder obsolet werden würden, da ja kein fixer Bezugspunkt mehr in Sicht ist. Um nicht den Erkenntnisgewinn preis zu geben, der in den komparatistischen Untersuchungen liegt, gilt es daher, im Vorfeld die wesentlichen semantischen Felder in ihrer Breite darzustellen, die Implikationen der Wahl der für die eigene Studie verwendeten Termini aufzuzeigen und damit auch die Reichweite der Aussagekraft der Ergebnisse sinnvoll einzugrenzen. Konkret sollen folgende Fragestellungen diskutiert werden:

– Was verstehen wir unter Kultur? Welcher Kulturbegriff ist für psychiatrische Vergleichsuntersuchungen geeignet?
– Wie kann man sich den Einfluss von Kultur und Gesellschaft auf Erkrankungen (Genese?, Pathoplastizität?) vorstellen? Wie kann man diesen Zusammenhang konzeptionalisieren?
– Welche Vorstellungen von Normalität liegen dem Studienkonzept zugrunde?
– Die Wahl des psychiatrischen Klassifikationssystems
– Die Wahl der Wahndefinition

Was verstehen wir unter Kultur?

Der Begriff Kultur, der unserem heutigen Verständnis nahe steht, ist relativ jungen Datums. Er taucht erstmals in der Zeit der Frühaufklärung auf, wandelte sich mehrfach in seiner Intension und Extension und erfuhr diametral entgegen gesetzte Wertungen. Der folgende Abschnitt erhebt keinen Anspruch auf Vollständigkeit, sondern beschränkt sich darauf, einige wesentliche Positionen der letzten 350 Jahre zu markieren: In der Mitte des 17. Jahrhunderts: „Kultur macht glücklich, denn sie unterscheidet die Lebensumstände des Menschen von der Not der Tiere" (v. PUTEN-

DORF 1994); ein Jahrhundert später: „Kultur macht unglücklich, denn sie unterwirft die Natur des Menschen den künstlichen Regeln zivilisierten Verhaltens" (ROUSSEAU 1983); zur Wende vom 18. zum 19. Jahrhundert: „Seiner Kultur, der gemäß jeder Mensch in seiner Weltengegend und zu seiner Zeit anders lebt als andere Menschen in anderen Gegenden und anderen Zeiten, verdankt der Mensch die Fähigkeit, das Unterscheidende unterscheidend zu sagen." (HERDER 1990); der große deutsche Aufklärer: „Kultur ist die Hervorbringung der Tauglichkeit eines vernünftigen Wesens zu beliebigen Zwecken überhaupt." (KANT 1968a); sein Schüler: „Die Kultur des Menschen besteht darin, seinen sinnlichen Trieb vor seiner Freiheit und seinen Freiheitswillen vor seinem sinnlichen Trieb zu schützen" (SCHILLER 1966); und im 20. Jahrhundert: „Kultur ist das äußere Zeichen unserer inneren Ambivalenz." (BATESON 1947); „Kultur ist, worauf wir uns verlassen, wenn wir die Religion nicht mehr haben." (PARSON 1973); „Kultur ist das, was sich von sich selbst unterscheidet" (DERRIDA 1991); „Kultur ist das Gedächtnis der Gesellschaft, das es dieser Gesellschaft ermöglicht, sowohl zu vergessen als auch zu erinnern" (LUHMANN 1997); „Kultur ist die Summe unserer zum Teil bewussten, zum Teil unbewussten Wertehaltungen." (SCHEIN 1985); „Kultur ist ein Rechner, der es uns ermöglicht, ein Verhalten, das wir für richtig halten, von einem Verhalten, das wir für falsch halten, zu unterscheiden, gleichgültig aus welchem Anlass, und gleichzeitig im Hinblick auf diese Unterscheidung lernfähig zu bleiben." (PARSON 1964); „Die Kultur ist nicht nur das Programm der Gesellschaft, das es erlaubt zu definieren, wie der Mensch zum Mensch wird, sondern auch der Einwand gegen diese Gesellschaft, wenn sie dem Menschen zumutet, was dieser für unzumutbar hält." (BAECKER 2002).

Nun erfasst jede dieser Definitionen wichtige Aspekte dessen, was wir in unserem Alltagsverständnis unter Kultur verstehen. Keine Definition kann jedoch beanspruchen, den ganzen semantischen Umfang abzudecken. Die Definition von Schein beinhaltet den für die transkulturelle Psychiatrie wichtigen Aspekt der Wertehaltungen, die sich pathoplastisch und in manchen Fällen sogar pathogenetisch auf psychisches Kranksein auswirken.

Eng mit dem Begriff der Kultur verbunden, ist die Frage, was wir unter Gesellschaft verstehen. An dieser Stelle sei nur auf das systemtheoretische Verständnis der Bielefelder Schule der Soziologie verwiesen, die unter Gesellschaft einen in sich relativ geschlossener Zusammenhang von Handlungen und Kommunikationen, der alle Strukturen und Prozesse, die in ihm beobachtbar sind, selbst erzeugt (Autopoesis), verstehen (LUHMANN 1994).

Ein mit Kultur und Gesellschaft verwandter Begriff ist die ethnische Zugehörigkeit. Unter Ethnie versteht man eine Gruppe von Personen, die dieselbe Sprache sprechen, derselben Kultur angehören und sich dessen auch bewusst sind. Diese begrifflichen Unterscheidungen sind zentral für die transkulturell-psychiatrischen Forschung: Während zwar in vielen europäischen Staaten wie zum Beispiel Österreich die ursprünglich bestehenden Unterschiede zwischen bajuwarischen und alemannischen Bevölkerungsgruppen durch die Jahrhunderte weitgehend nivelliert wurden, ist es problematisch bzw. muss gerechtfertigt werden, wenn man bei Vergleichsuntersuchungen mit afrikanischen Ländern wie Ghana oder Nigeria bzw. asiatischen Ländern wie Pakistan von homogenen Populationen ausgeht. Unsere Untersuchungen zu Wahnthemen oder Geschwisterkonstellationen von Schizophrenen in Österreich und Pakistan (STOMPE et al. 1999a,b) wurden in Wien und Lahore durchgeführt, somit wurden in Pakistan ausschließlich Punjabis befragt. Es ist nicht auszuschließen, dass wir bei den Pathanen, Belutschen oder Sindh, die sich in Sprache und Kultur von den Punjabis deutlich unterscheiden, zu etwas anderen Ergebnissen gekommen wären.

Komplexer noch gestalteten sich unsere Untersuchungen in Nigeria. Die 320 interviewten Patienten mit Schizophrenie stammten aus sieben verschiedenen Ethnien (Hausa, Fulbe, Yoruba, Tiv, Ibo, Ijaw und Ibibo). Bevor wir sie mit den europäischen Patienten aus Österreich, Polen,

Litauen und Georgien vergleichen konnten, mussten wir berechnen, ob sich die Psychopathologie dieser Patienten ganz unterschiedlicher ethnischer Herkunft homogen darstellt, d.h. ob man doch von einem gemeinsamen kulturellen Hintergrund der nigerianischen Patienten ausgehen kann. Es zeigte sich, dass es anscheinend eine westafrikanische „kulturelle Matrix" gibt, dass sich die Wahnthemen und Halluzinationen der Nigerianischen und Ghanaesischen Patienten wenig unterscheiden und sich dagegen deutlich von den europäischen und pakistanischen Patienten abheben (STOMPE *et al.* 2006a)

Wie kann man sich den Einfluss von Kultur und Gesellschaft auf Erkrankungen vorstellen? Wie lässt sich dieser Einfluss konzeptionalisieren?

Bei Überlegungen zum Einfluss der Kultur auf die Schizophrenie gilt es zwei Bereiche voneinander zu unterscheiden:

1. Die Existenz und Verbreitung der Schizophrenie

Die Theorie von der ubiquitäre Verbreitung der Schizophrenie ist eine gängige Lehrmeinung, die nicht von allen Autoren geteilt wird. TORREY beispielsweise fand in einer Felduntersuchung bei Stämmen in Papua-Neu Guinea, dass bei Populationen, die in den unwegsamen Bergregionen lebten und keinen Kontakt zu Europäern oder Amerikanern hatten, zwar akute Psychosen vorkamen, echte Schizophrenien jedoch nicht zu finden waren (TORREY 1974). Psychiatriehistorische Untersuchungen zu den Entwicklungen der Prävalenz der Schizophrenie bestätigten die Schlussfolgerungen Torreys, dass die Ausbreitung dieser Erkrankung ein Phänomen der letzten 200 Jahre ist. Analysen vielfältiger Daten ergaben etwa in England und Wales einen Anstieg von 0,67/1.000 im Jahre 1807 auf 3.00/1,000 im Jahre 1961 (TORREY & MILLER 2002). TORREY geht von einer sich kontinuierlich ausbreitenden Slow-Virus-Epidemie aus. Andere Autoren meinen in den Lebensbedingungen der Moderne mit der damit verbundenen Selbstentfremdung des Individuums die Ursache gefunden zu haben (z.B.: DELEUZE & GUATTARI 1974), wieder andere vermuten einen Zusammenhang zwischen dem endgültig vollzogenen Übergang von einer hierarchisch strukturierten in eine funktional differenzierte Gesellschaft zu Beginn der Moderne (LUHMANN 1994), einer damit verbundenen Umstrukturierung wichtiger Persönlichkeitsanteile (Lenk 2002) und einer daraus resultierenden Vulnerabilität für chronische Prozesspsychosen (ORTWEIN-SWOBODA & STOMPE 2002).

2. Verlauf und Phänomenologie schizophrener Erkrankungen

Das Faktum eines kulturellen Einflusses auf Phänomenologie, Verlauf und Ausgang der Schizophrenie ist eine evidente, allgemein akzeptierte Tatsache (z.B. STOMPE & FRIEDMANN 2007). Die Frage, die sich allerdings für einen im transkulturellen Bereich arbeitenden und speziell mit Vergleichsstudien befassten Forscher stellt, welcher Art dieser Einfluss ist und mit welchen Methoden man diesen „festmachen" kann. Zu bedenken ist, dass in den meisten Fällen der postulierte Zusammenhang von empirisch gefundenen Unterschieden zwischen Kranken unterschiedlicher Herkunft und kulturellen Mustern nur indirekt, hermeneutisch hergestellt werden kann. Dazu ein Beispiel aus einer Studie unserer Arbeitsgruppe zur Untersuchung psychotischer Symptome ("International Study on Psychotic Symptoms"): Bei der Auswertung der Daten zur Einjahresprävаlenz von Schuldwahn bei Schizophrenen stießen wir auf deutliche Verteilungsunterschiede in den sieben beteiligten Ländern (Österreich, Polen, Litauen, Georgien, Ghana, Nigeria und Pakistan), die letztlich auf die Verankerung in oft nur impliziten religiösen Bezugsystemen („verborgene Religion" nach LUCKMANN) zurückgeführt werden konnte (STOMPE et al. 2006b). Es scheint eine unbewusste kulturelle Matrix zu existieren, die auch dann wirksam ist, wenn sich der Einzelne bewusst von der Mehrheitsreligion seiner Gesellschaft distanziert. In Österreich boten selbst Patienten, die sich atheistisch bezeichneten, häufiger einen Schuldwahn als bekennende Moslems in Nigeria oder Pakistan. Viele weitere Beispiele könnten gebracht werden, dass sich der Einfluss der Kultur oft nur indirekt erschließen lässt, viele Fallen sind zu umgehen. Unterschiede, die man findet, können manchmal auch auf soziale Unterschiede innerhalb eines Landes zurückzuführen sein, was wieder die Frage aufwirft, wie man die Schichtzugehörigkeit bei schizophrenen Patienten bestimmt, die ja zumeist beschäftigungslos sind und oft auch die Ausbildung abgebrochen haben. In unserer Arbeitsgruppe einigten wir uns das Sozialprestige der Person, die die Familie ernährt, dafür heranzuziehen. Die Arbeiten von KLEINING & MOORE (1968) sind im deutschsprachigen Raum die Referenzliteratur für diese Thematik, für die anderen beteiligten Länder musste ein ähnliches Konzept erst erarbeitet werden (STOMPE et al. 1999a).

Welches Normalitätskonzept ist für transkulturellen Untersuchungen zur Schizophrenie geeignet?

Ausgangspunkt für unsere Überlegungen zur Normalität psychischer Zustände und Erlebnisweisen ist die von JÜRGEN LINK (2006) aufgestellte Theorie, dass Normalität nicht als ahistorische, jederzeit parate, anthropologisch konstante Kategorie, sondern als von der Westlichen Moderne nicht ablösbares Diskurs- und Dispositivsystem, dessen Ursprung im 18. Jahrhundert liegt, aufzufassen ist. Ein wesentlicher Faktor liegt in der mehr oder weniger variablen Situierung von Normalitätsgrenzen. Durch die Lage der Normalitätsgrenzen wird gesellschaftliche bzw. kulturelle Inklusion bzw. Exklusion geregelt. Link postuliert zwei fundamental verschiedene normalistische Strategien, die sich jedoch für gewöhnlich ergänzen (Tabelle 1).

Die protonormalistische Strategie zielt auf eine Komprimierung der Normalitäts-Zone, was mit einer tendenziellen Fixierung und Stabilisierung einhergeht. Sie wird dadurch in die Nähe der Normativität gerückt, einer sanktionsbedrohten binären (ja oder nein) Erfüllungsnorm. Im Gegensatz dazu zielt die flexibel-normalistische Strategie auf ein maximale Dynamisierung und Expansion der Normalitätszone. Beide Strategien werden in Forschungsarbeiten über Schizophrenie und psychopathologischen Phänomene wie z.B. den Wahn angewandt, ohne dass die Implikationen der jeweiligen Vorgangsweisen klar gelegt werden.

Flexibel-normalistische Strategien postulieren ein breites Übergangsfeld zwischen normalen (in der transkulturellen Psychiatrie oft normalen kulturgebundenen Phänomenen) und psychopathologischen Zustandsbildern. Bei der Erforschung der Psychosen steht dieser Ansatz allerdings vor zwei Problemen: (a) eine dimensionale Betrachtungsweise von Psychosen ist entweder bedroht, den Forschungsgegenstand zu verlieren oder ist gezwungen, einen mehr oder weniger artifiziellen „Cut-off point" zu setzen und (b) verliert aus dem Auge, dass das Erleben psychotischer Patienten sich radikal vom Erleben nicht-psychotischer Menschen unterscheidet, ein Unterschied, der oft von Patienten in der Remissionsphase in der retrospektiven Betrachtung selbst gesehen und berichtet wird. Unser Vorschlag (Abbildung 1) wäre daher eine Anwendung von flexibel-normalistischen Betrachtungsweisen bis zum Ausbruch der Psychose.

Protonormalistische Strategien	Flexibel-normalistische Strategien
Bildung von Normalfeldern	
• möglichst offensiv, mit maximaler Ausklammerung von • Friktionsfaktoren	• möglichst defensiv, mit minimaler Ausklammerung von Friktionsfaktoren
Status der Normalitätsgrenze	
• Fixe und stabile Grenze • „Harte" semantische und symbolische Markierung dieser • Grenze • Tendenz zur Anlehnung der Normalität an Normativität	• Dynamische und in der Zeit variable Grenze • „weiche" und „lockere" semantische und symbolische • Markierung der Grenze • Tendenz zur Entfernung der Normalität von der Normativität
Struktur des Normalitäts-Spektrums	
• Kompakt und atomistisch massiv • Binnendifferenzierung nach Teilblöcken • Bevorzugung von typologischen Block-Diagrammen • Anlehnung an Typologien	• Hochauflösend, fein graduiert, atomistisch mobil • Binnendifferenzierung gleitend-kontinuierlich • Kurvenartige Profile
Homöostatische Taktiken	
• Maximale Kompression der Normalitätszonen • Fixe Normal- und Grenzwerte	• Maximale Expansion der Normalitätszonen • Flexible und dynamische Normal- und Grenzwerte

Tabelle 1: Normalistische Strategien nach J. LINK (2006)

Der Ausbruch der Psychose bedeutet das Auftauchen des radikal Anderen im psychischen Erleben des Patienten, erfordert daher in seinem Bruch mit den bisherigen Erfahrungen des Betroffenen eine protonormalistische Betrachtungsweise. Der Wandel psychotischer Phänomene hingegen ist wieder flexibel-normalistischen Strategien zugänglich. Neben der Tatsache, dass dieses Modell den Einbruch der Psychose vermutlich realitätsnäher abbildet, wird erst durch die Postulierung eines kategorialen Bruchs überhaupt möglich, phänomenologisch auf den ersten Blick ähnliche Verfassungen wie dissoziative Zustandsbilder klar von schizophrenen Psychosen abzugrenzen. Damit ist der Untersucher aber vor die Aufgabe gestellt, klare Definitionen für Krankheitsbilder und Symptome zu finden, ohne den konstruktivistischen Charakter dieser Bemühungen aus den Augen verlieren zu dürfen.

Die Wahl des psychiatrischen Klassifikationssystems

Der Umfang des Begriffs Schizophrenie hängt ganz entscheidend vom verwendeten Klassifikationssystem ab. Gerade in der transkulturellen Psychiatrie erscheint es aus folgenden Gründen

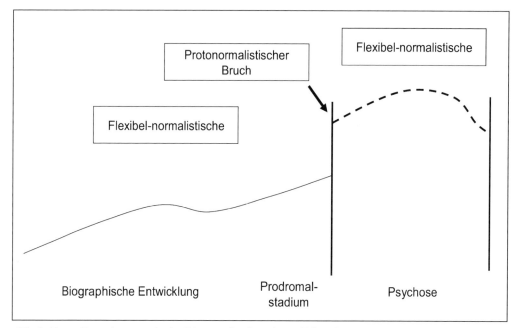

Abb. 1: Normalismuskonzepte in der Diagnostik schizophrenr Erkrankungen

besonders wichtig, explizit zu machen, in welchem semantischen bzw. epistemischen Raum man sich bewegt:

1. Es ist bekannt, dass in traditionellen Kulturen stark affektgetragene, gut remittierende akut-psychotische Zustände (transiente Psychosen, Bouffée délirante) häufiger sind als in (post) modernen Gesellschaften (JILEK & JILEK-AALL 1970).

2. Die Meinungen der psychiatrischen Fachwelt über die Zurechenbarkeit dieser psychotischen Zustandsbilder zur Gruppe der Schizophrenien gehen auseinander.

3. Mit dieser Problematik verbunden ist auch die Theorie über den günstigeren Verlauf von Schizophrenien (?) in traditionellen Kulturen.

4. Um diesen Fragekomplex einigermaßen sicher beurteilen zu können, müssen diese akut-psychotischen Zustände zuerst von den Schizophrenien konzeptuell getrennt werden, um mit diesen verglichen werden zu können.

Allerdings werden akute Psychosen in verschiedenen Klassifikationssystemen unterschiedlich von den Schizophrenien abgegrenzt. Dies sei anhand von drei Klassifikationssystemen erläutert.

Weltweit am häufigsten verwendet werden die Diagnosesysteme der American Psychiatric Association (DSM-IV) und der World Health Organization (ICD-10) (APA 1994, WHO 1992). Beide Systeme trennen die akuten Psychosen von den Schizophrenien durch ein zeitliches Kriterium (Abbildung 2). Damit enden allerdings die Gemeinsamkeiten. Das DSM-IV nimmt eine zweifache zeitliche Abstufung vor und spricht bei einer Zeitdauer der Psychose von einem Tag bis zu einem Monat von einer „kurzen psychotischen Störung", bei einer Zeitdauer zwischen einem Monat und einem halben Jahr von einer schizophreniformen Störung. Erst wenn die Symptomatik mehr als ein halbes Jahr andauert ist es gerechtfertigt, von einer Schizophrenie zu sprechen. Die Phänomenologie dieser einzelnen Diagnosen wird nicht weiter differenziert. Die Länge der Verlaufsdauer, bevor im DSM-IV die Diagnose einer Schizophrenie gestellt werden darf,

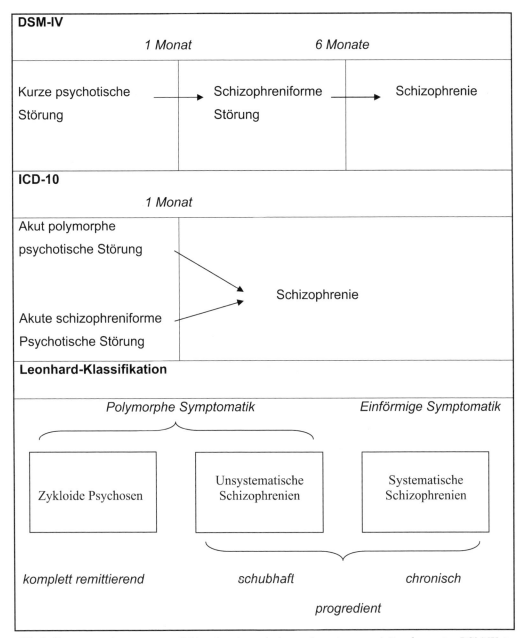

Abb. 2: Konzeptionalisierung von Schizophrenie und akuten (transiente etc.) Psychosen im DSM-IV, im ICD-10 und im Klassifikationssystem nach KARL LEONHARD

ist auf den Einfluss von EMIL KRAEPELIN (1899) zurückzuführen, der unter Dementia praecox, der Vorläuferbezeichnung für Schizophrenie, chronisch verlaufende Erkrankungen mit Defekt-bildung verstand.

Anders die Abgrenzung im ICD-10. Hier werden zwei Typen akuter schizophrenieähnlicher Psychosen unterschieden: (a) die akute polymorphe Psychose, (b) die schizophreniforme Psychose. Während die schizophreniforme Psychose eine eher einförmige Symptomatik zeigt, zeichnet sich die polymorphe psychotische Störung durch Vielgestaltigkeit aus. Für beide Formen ist die Zeitgrenze mit einem Monat festgesetzt, sollte die Krankheitsdauer ein Monat überschreiten, ist eine Schizophrenie zu diagnostizieren. Im ICD-10 wird der Einfluss von EUGEN BLEULER (1916) deutlich spürbar, der auch gutartige Verläufe schizophrener Erkrankungen fand.

Eine gänzlich andere Art akute Psychosen von Schizophrenien abzugrenzen findet sich in der Wernicke-Kleist-Leonhard Schule (LEONHARD 1985). Hier wird das Spektrum schizophrener Erkrankungen und akuter schizophrenieähnlicher Formen in drei Übergruppen (zykloide Psychosen, unsystematische Schizophrenien, systematische Schizophrenien) mit zahlreichen Subtypen geteilt. Ein zeitliches Kriterium spielt dabei keine entscheidende Rolle. Neben einer spezifischen Phänomenologie unterscheiden sich die zykloiden Psychosen (akute Psychosen) von den anderen Formen durch die komplette Remission ohne Residualbildung nach jeder psychotischen Episode. Mit den unsystematischen Schizophrenien verbindet die zykloiden Psychosen ihre Vielgestaltigkeit, während die systematischen Schizophrenien vom Ausbruch der Erkrankung an eine sehr einförmige Symptomatik zeigen. Die unsystematischen und die systematischen Schizophrenien wiederum verbindet die Defektbildung, wobei erstere einen schubhaft-progredienten, die letzteren einen chronisch-progredienten Verlauf zeigen.

Diese unterschiedlichen Weisen akute Psychosen von echten Schizophrenien zu trennen hat nicht unerheblichen Einfluss auf psychopathologische, epidemiologische aber auch transkulturelle Studien. In einem Sample von 262 österreichischen Patienten mit Psychosen, die nach den drei oben beschriebenen Diagnosesystemen klassifiziert wurden, fand sich ein wesentlich höherer Anteil von Patienten, die nach ICD-10 (90,8%) die Kriterien einer Schizophrenie erfüllten als in den beiden anderen Klassifikationssystemen (DSM-IV: 84%, Leonhard-Klassifikation: 82,8%). Die Auswirkungen auf transkulturelle Vergleichsuntersuchungen sind evident. Untersuchungen in traditionellen Kulturen aus der ersten Hälfte des 20. Jahrhunderts fanden hohe Anteile an akut-psychotischen Verfassungen, die sich gut von Schizophrenie abgrenzen ließen. Problematisch ist allerdings, dass kaum einer der Autoren erwähnte, welches Diagnosesystem angewendet wurde. Derlei wurde in diesen Zeit noch nicht problematisiert, die meisten Autoren verwendeten implizit die klassischen, bei EMIL KRAEPELIN und EUGEN BLEULER beschriebenen Subtypen zur Beschreibung und Erfassung der Symptomatik der Schizophrenie und betrachteten, im übrigen wie KRAEPELIN, Schizophrenien als defektbildende Erkrankungen. Wenn man unter Anwendung der ICD-10 Kriterien eine neuerliche epidemiologische Untersuchung in einer traditionellen Kultur unternimmt und die Ergebnisse mit denen der älteren Autoren vergleicht, so müsste man schlussfolgern, dass die Zahl an akuten (transienten) Psychosen zurückgegangen ist und die Rate der Schizophrenien zugenommen hat. Dieser Fall ist weniger hypothetisch als es im ersten Augenblick erscheint. Die großen transkulturellen Vergleichsuntersuchungen der WHO, die die ICD-9 Kriterien verwendeten, fanden in Ländern mit traditionellen Kulturen, wie Indien oder Nigeria eine hohe Rate an gut remittierenden „Schizophrenien", die vermutlich unter Anwendung der beiden anderen oben besprochenen Klassifikationssysteme nicht die Kriterien einer Schizophrenie erfüllt hätten.

Was ist Wahn?

Um die ganze Komplexität und letztlich Uneindeutigkeit der Wahnkonzepte zu verdeutlichen, seien Definitionen bedeutender Psychopathologen der Vergangenheit und Gegenwart einander gegenübergestellt: „Wahnideen sind Störungen des Urteils und der Schlussbildung" (KRAEPE-LIN 1899); „Wahnideen entstehen durch Affektwirkung, haben immer eine bestimmte Richtung, entsprechend den Affekten des Patienten und sind der Korrektur durch neue Erfahrungen oder Belehrungen unzugänglich" (E. BLEULER 1916); Nach JASPERS (1973) sind die äußeren Merkmale der Wahnideen: (a) Die außergewöhnliche Überzeugung, mit der an ihnen festgehalten wird, die unvergleichliche subjektive Gewissheit, (b) Die Unbeeinflussbarkeit durch Erfahrung und zwingende Schlüsse und (c) Die Unmöglichkeit des Inhalts; „Der Wahn ist Beziehungssetzung ohne Anlass" (GRUHLE 1951); „Im Wahn tritt der Anspruch auf objektive Geltung einer an sich subjektiven Wertung und das Nicht-von-mir-Ausgehen dieser Geltung im Erleben auf" (JOSS-MANN 1921); „Pathologisches Bedeutungserleben ist durch die Unfähigkeit gekennzeichnet, empfangene Eindrücke integrativ zu verarbeiten und mitzuteilen" (BLANKENBURG 1993); „Wahn ist der Ausschluss des Zufalls bei fehlender Affekteinengung" (BERNER 1982); „Wahn ist eine Zufälligkeit oder nur subjektive Gültigkeit ausschließende Überzeugung, solange sie sich einer sie aufhebenden Desaktualisierung entzieht" (JANZARIK 1988); „Wahn ist durch einen Verlust an Freiheitsgraden bestimmt. Der fundamentale Wechsel des Bezugssystems, der Überstieg könnten nicht mehr vollzogen werden. Dies führe zum Gefühl, im Mittelpunkt zu stehen und zu abnormen Bedeutungsideen" (CONRAD 1958); „Wahn sind inhaltlich falsche, nicht aus anderen Erlebnissen ableitbare Überzeugungen, die mit apriorischer Evidenz auftreten und an denen bei erhaltener Intelligenz trotz der Unvereinbarkeit mit dem bisherigen Erfahrungszusammenhang und der ob-

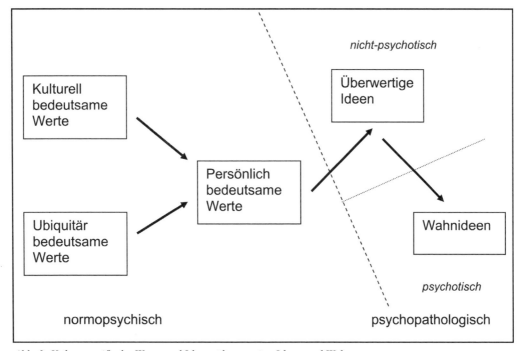

Abb. 3: Kulturspezifische Werte und Ideen, überwertige Ideen und Wahn

jektiv nachprüfbaren Realität festgehalten wird " (HUBER & GROSS 1977); „Beim Wahn handelt es sich um Aussagen, die mit der Sicherheit von Aussagen über eigene mentale Zustände geäußert werden, bei deren Inhalt es sich aber nicht um mentale Zustände, sondern um intersubjektiv zugängliche Sachverhalte handelt" (SPITZER 1989); „Wahnphänomene sind falsche Überzeugungen, die gewöhnlich mit einer Fehldeutung von Wahrnehmungen und Erfahrungen einhergehen … Ideen, die in einem Kulturkreis als wahnhaft erscheinen, können in einem anderen üblich sein" (APA 1994).

Wie schon im Abschnitt über Normalitätskonzepte besprochen, meinen wir, dass sowohl Psychose und als auch der Wahn ein Bruch im Kontinuum des menschlichen Erlebens ist. Der Wahn gehorcht daher den Prinzipien der Protonormalität. Diese Ansicht wird jedoch nicht von allen Wahnforschern geteilt. Es gab in den letzten 20 Jahren mehrfach Versuche, Wahn dimensional, das heißt nach flexibel-normalistischen Konzepten fassbar zu machen. Diese Konzepte stehen immer wieder vor dem Problem einen letztlich künstlichen "Cut-off point" setzen zu müssen um den Wahn von (sub)kulturspezifischen oder überwertigen Ideen abzugrenzen (Abbildung 3), was häufig nicht gelang.

Wir entwickelten daher für unsere eigenen Studien zu transkulturellen Aspekten von Wahnthemen eine formale Wahndefinition, die bewusst alles Inhaltliche wie Bizarrheit oder Unmöglichkeit des Inhalts ausklammert und ihre Wurzeln in der transzendentalen Philosophie KANTS, sowie der analytischen Philosophie (und hier speziell in der nordamerikanischen Richtung der *Philosophy of Mind*) hat: „Eine Wahnidee ist ein synthetisches Apriori als Konklusion eines induktiven Schlusses". Unter „synthetisch" versteht man in Anschluss an KANT (1968b) Bezeichnungen für Sätze, die nicht allein auf Grund logischer und definitorischer Vereinbarungen gelten, also nicht analytisch sind, sondern nur in Bezug auf nicht-sprachliche Sachverhalte begründet werden können. Zu unterscheiden sind weiter empirisch (a posteriori) von nicht-empirisch begründbaren und dennoch sachhaltig-erkenntniserweiternden synthetische Urteile a priori (MITTELSTRASS 1995).

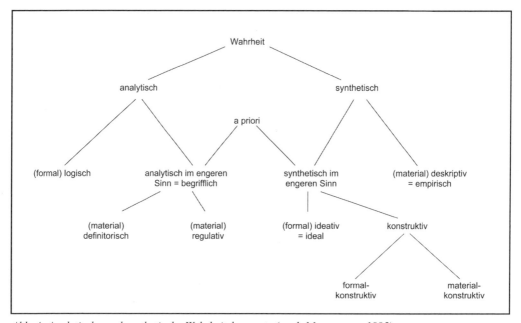

Abb. 4: Analytische und synthetische Wahrheitskonzepte (nach MITTELSTRASS 1995)

VWB – Verlag für Wissenschaft und Bildung

Zum Bereich der synthetischen Urteile a priori gehören etwa die Grundvoraussetzungen einer mathematisch gefassten empirischen Physik, aber auch einige grundlegende strukturelle Züge jenes Begriffsystems, mit denen wir über unsere Erfahrungswirklichkeit denken und reden. Unsere Definition des Wahns versucht deutlich zu machen, dass der Wahrheitsbegriff des Kranken auf miteinander inkompatiblen Aussageformen beruht. Die Wahnideen sind auf empirischem Weg durch Wahrnehmung (Wahnwahrnehmungen) oder durch induktive Schlüsse aufgrund von Wahneinfällen gewonnen, haben sich jedoch von dieser Grundlage abgelöst und werden mit der unmittelbaren Evidenz eines synthetischen Aprioris behauptet.

Diese Definition erlaubt die Abgrenzung von den überwertigen und den kulturgebundenen Ideen, die beide nicht den Eigenschaften eines synthetischen Aprioris haben. Klar ist, dass diese Wahndefinition eine relativ geringe Extension hat und eine weitere Wahndefinition in transkulturellen Vergleichsuntersuchungen zu anderen Ergebnissen kommen würde. Aber erst durch eine kulturunabhängige Definition des Wahns wird ein Vergleich von Wahnthemen von Patienten aus verschiedenen Kulturen überhaupt möglich.

Schlussfolgerungen

Diese Überlegungen beschränken sich bewusst auf einen ganz bestimmten Bereich der Voraussetzungen transkultureller Forschung. Hinterfragt werden sollen unsere häufig eben nicht weiter hinterfragten Vorannahmen, dass uns implizit sowieso klar ist, was wir mit Begriffen wie Normalität, Kultur, Schizophrenie oder Wahn eigentlich meinen. Alle diese Begriffe sind geschichtlich gewachsene Konstrukte, die in facettenreichen Fassungen vorliegen. Verschiedene Implikationen von unterschiedlichen begrifflichen und methodischen Vorannahmen galt es für die transkulturelle Erforschung der Schizophrenie herauszuarbeiten. Wichtig ist, dass jeder Forscher sich bewusst macht, welche impliziten Modelle er verwendet und welche Vorzüge und Grenzen dies hat. Psychiatrische Modelle können immer nur konstruktivistische Modelle sein, die Vorstellung, dadurch das „Wesen der Erkrankung" fassbar zu machen, auf den ontologischen Kern der Erkrankung zu stoßen, erscheint obsolet. Diese Ansicht soll allerdings nicht einem postmodernen Methodenpluralismus, radikaler gesprochen, einem "anything goes" die Lanze brechen. Ein gutes Modell beweist sich letztlich auf verschiedenen Ebenen wie der logischen Stringenz, der Eleganz, der Plausibilität von Schlussfolgerungen oder dem Erkenntnisgewinn und kommt idealerweise in seinen Erklärungsansätzen dem Erleben des Patienten möglichst nahe. Bewusst ausgeklammert wurden an dieser Stelle die pragmatischen Probleme der Planung und Durchführung von transkulturellen Studien wie Auswahl oder Konstruktion von Untersuchungsinstrumenten, Bestimmung von Gütekriterien etc., eine Thematik, die an anderer Stelle ausführlich besprochen werden soll.

Literatur

AMERICAN PSYCHIATRIC ASSOCIATION (APA). 1994. *Diagnostic and Statistical Manual of Mental Disorders, Fourth Edition.* Washington, DC: American Psychiatric Association.

BAECKER D. 2002. *Wozu Kultur?.* 2., erw. Aufl., Berlin: Kulturverlag Kadmos,

BATESON G. 1947. Review of James Feibleman´s "The Theory of Human Culture". *Political Science Quaterly* 62: 428-430.

BERNER P. 1982. *Psychiatrische Systematik.* Bern Stuttgart Wien: Huber.

BLANKENBURG W. 1993. *Wahn.* In: BETTEGEY R., *et al.* (Hg) Handwörterbuch der Psychiatrie. Stuttgart: Enke: 648-661.

BLEULER E. 1916. *Lehrbuch der Psychiatrie.* Springer: Berlin.

CONRAD K. 1958. *Die beginnende Schizophrenie*. Stuttgart: Thieme.

DELEUZE G., GUATTARI F. 1974. *Antiödipus*. Frankfurt am Main: Suhrkamp.

DERRIDA J. 1991. *L'autre cap*. Paris : Minuit.

GRUHLE H.W. 1951. Über den Wahn. *Nervenarzt* 22: 125-126.

HERDER J.G. 1990. *Auch eine Philosophie zur Geschichte der Menschheit: Beitrag zu vielen Beiträgen des Jahrhunderts*. Stuttgart: Reclam,.

HUBER G, GROSS G. 1977. *Wahn*. Stuttgart: Enke.

JANZARIK W. 1988. *Strukturdynamische Grundlagen der Psychiatrie*. Stuttgart: Enke.

JASPERS K. 1973. *Allgemeine Psychopathologie*. Berlin, Heidelberg, New York: Springer.

JILEK WG, JILEK-AALL L. 1970. Transient psychoses in Africans. *Psychiatr Clin* 3: 337-364.

JOSSMANN P. 1921. Das Problem der Überwertigkeit. *Z. Ges. Neurol. Psychiatr* 64: 1-82.

KANT I. 1968a. *Kritik der Urteilskraft*. Frankfurt am Main: Suhrkamp.

KANT I. 1968b. *Kritik der reinen Vernunft*. Frankfurt am Main: Suhrkamp.

KLEINING G, MOORE H. 1968. Soziale Selbsteinstufung (SSE). Ein Instrument zur Messung sozialer Schichten. *Kölner Zeitschrift für Soziologie und Sozialpsychologie* 20:502-552.

KRAEPELIN E. 1899. *Ein kurzes Lehrbuch für Studirende und Aerzte*. 6., vollständig umgearbeitete Auflage. 2 Bände. Barth: Leipzig.

LENK E. 2002. *Die unbewusste Gesellschaft*. Berlin: Mathes & Seitz.

LEONHARD K. 1995. *Aufteilung der endogenen Psychosen und ihre differenzierte Ätiologie*. New York: Thieme.

LINK J. 2006. Versuch über den Normalismus. Göttingen: Vandenhoeck & Ruprecht.

LUHMANN N. 1994. *Die Gesellschaft der Gesellschaft*. Frankfurt am Main: Suhrkamp.

LUHMANN N. 1997. *Kultur als historischer Begiff*. In: ders, Gesellschaftsstruktur und Semantik: Studien zur Wissenssoziologie der modernen Gesellschaft, Bd. 4. Frankfurt am Main: Suhrkamp, S. 31-54.

MITTELSTRASS J. (Hg) 1995. *Enzyklopädie Philosophie und Wissenschaftstheorie*. Stuttgart, Weimar: Metzler,.

ORTWEIN-SWOBODA G., STOMPE T. 2001. *Das träumende und das künstliche Ich*. In: RÜTHER E. *et al.* (Hg.): Träume. Innsbruck: Verlag Integrative Psychiatrie, S. 277-299.

PARSONS T. 1964. Evolutionary Universals in Society. *American Sociological Review* 29: 339-357.

PARSONS T. 1973. *Culture and Social System Revisited*, in: SCHNEIDER L., BONJEAN C.M. (eds.). The Idea of Culture in the Social Sciences. Cambridge: Cambridge University Press, S. 33-46.

PUTENDORF S.v. 1994. *Über die Pflicht des Menschen und des Bürgers nach dem Gesetz der Natur.* Bd. 1. Frankfurt am Main: Insel.

ROUSSEAU J.-J. 1983. *Über Kunst und Wissenschaft*. In: ders. Schriften zur Kulturkritik. Hamburg: Meiner, S. 1-59.

SCHEIN E.H. 1985. *Organizational Culture and Leadership*. San Francisco: Jossey-Bass.

SCHILLER F. 1966. *Über die ästhetische Erziehung des Menschen*. In: Werke, Bd. 4, Frankfurt am Main: Insel, S. 193-286.

SPITZER M. 1989. Ein Beitrag zum Wahn. *Nervenarzt* 60: 95-101.

STOMPE T, FRIEDMANN A, ORTWEIN G, STROBL R, CHAUDHRY HR, NAJAM N, CHAUDHRY MR. 1999a. Comparison of Delusions Among Schizophrenics in Austria and in Pakistan. *Psychopathology* 32: 225-234.

STOMPE T, ORTWEIN-SWOBODA G, FRIEDMANN A, CHAUDHRY HR. 1999b. Sibling Orders of Schizophrenic Patients in Austria and Pakistan. *Psychopathology* 32: 281-291.

STOMPE T. KARAKULA H., RUDALEVICIENE P., OKRIBELASHVILI N., CHAUDHRY H.R., IDEMUDIA E.E., GSCHEIDER S. 2006a. The Pathoplastic Effect of Culture on Psychotic Symptoms in Schizophrenia. *World Cultural Psychiatry Research Review* 1(3/4):157-163.

STOMPE T., BAUER S., ORTWEIN-SWOBODA G., SCHANDA H., KARAKULA H., RUDALEVICIENE P., CHAUDHRY H.R., IDEMUDIA E.S., GSCHAIDER S. 2006b. Delusions of guilt: The attitude of Christian and Islamic confessions towards Good and Evil and the responsibility of men. *J Muslim Mental Health* 1:43-56.

STOMPE T., FRIEDMANN A. (2007) *Culture and Schizophrenia*. In: BHUGRA D (ed.): Textbook for Cultural Psychiatry. Cambridge: Cambridge University Press, S. 314-322.

Torrey E.F., Torrey B., Burton-Bradley BG. 1974. The epidemiology of schizophrenia in Papua New Guinea. *Am J of Psychiatry* 131:567-573.

Torrey F., Miller J. 2002. *The invisible plague*. New Brunswick, New Jersey, and London: Rutgers University Press.

World Health Organisation (WHO). 1992. *Tenth Revision of the International Classification of Diseases, Chapter V (F)*. Geneva: World Health Organisation.

Autoren:

Univ.-Prof. Dr. Thomas Stompe & Gerhard-Ortwein Swoboda

Klinische Abteilung für Sozialpsychiatrie, Universitätsklinik für Psychiatrie und Psychotherapie

Medizinische Universität Wien

Währinger Gürtel 18-20 • 1090 Wien • Österreich

e-mail: thomas.stompe@meduniwien.ac.at

Modellprojekt „Ambulanz für Transkulturelle Psychiatrie und migrationsbedingte Störungen des Kindes- und Jugendalters" an der Wiener Universitätsklinik für Psychiatrie des Kindes- und Jugendalters

Türkan Akkaya-Kalayci, Kanita Dervic & Max H. Friedrich

Einleitung

Das vorliegende Projekt, dessen Ziel es war, eine sprach- und kultursensible Betreuung für Migranten-Kinder und -Jugendliche anzubieten, wurde 1996 begonnen und von der Stadt Wien finanziert. Bisher wurden im Rahmen des Projektes Kinder und Jugendliche aus 22 Ländern (Immigranten, Asylanten und unbegleitete minderjährige Flüchtlinge) betreut.

Methode

Das Projekt verlief bisher in 4 Phasen:

Phase I: Bedarfsanalyse der Betreuung der Zielgruppe sowie Erörterung der Zugangsbarrieren

Phase II: Psychoedukation der Migranten-Familien über migrationsbedingte psychische Störungen bei Kindern und Jugendlichen

Phase III: Transkulturelle Forschung

Phase IV: Sensibilisierung der Fachpersonen im psychosozialen Bereich (Multikulturelles Mental Health Training)

Ergebnisse

Die *Phase I* zeigte Ängste vor psychiatrischen Einrichtungen auf. Die Gründe dafür waren:

- sprachliche und kulturelle Barrieren
- Angst vor möglichen falschen Diagnosen und inadäquater Behandlung
- Angst vor Stigmatisierung
- Angst vor dem Verlust der Aufenthaltsbewilligung
- Angst vor der Gefährdung der schulischen Zukunftsperspektiven der Kinder
- Informationsmangel bezüglich psychiatrischer Einrichtungen, psychiatrischer Störungen und deren Behandlung
  All dies führte zu „Doctor-Shopping" und einer mangelhaften Compliance.

Phase II: Es wurde eine *community-based* organisierte Psychoedukation der Migranten-Eltern aus der Türkei und Ex-Jugoslawien durch muttersprachliche Kinderpsychiater durchgeführt. Dies inkludierte:

- Vorträge in Vereinen und Moscheen in Wien.
- Informationsvermittlung über Entwicklungspsychologie, psychiatrische Störungen
- mit besonderem Augenmerk auf migrationsbedingten psychiatrischen Störungen,
- deren Behandlung und Betreuung.
- Thematisierung kultureller Konflikte in der zweiten und dritten Generation.
- Informationen über Behandlungsmöglichkeiten an der Uniklinik in Wien.

Im Rahmen dieser Phase konnte eine wesentliche Sensibilisierung der Eltern für migrations-bedingte Störungen der Kinder sowie eine Reduktion des kulturellen Misstrauens beobachtet werden. Ferner kam es zu einer dreifachen Erhöhung der Vorstellungen an unserer Klinik, wobei eine signifikant verbesserte Compliance zu beobachten war.

Phase III: Die transkulturelle kinderpsychiatrische Forschung befasste sich mit:
- der Evaluation der psychiatrischen Diagnosen im transkulturellen Kontext,
- der Untersuchung der relevanten psychosozialen Faktoren (z.B.: die Einstellung der Eltern zu psychiatrischen Diagnosen und deren Behandlung sowie zur Religion; Bildung der Eltern; Migrationsgründe)
- und der medizinisch-anthropologischen Aspekte (z.B. kulturspezifisches *help-seeking behavior* (psychiatrische Einrichtungen vs. traditionelle Heiler).

Während dieser Phase wurden wertvolle Informationen für soziale und medizinische Strategiefindungen und für die klinische Praxis gewonnen. Ferner stellte das neu gewonnene Wissen die Grundlage für die Entwicklung der zukünftigen "Practice Guidelines" für Kinder- und Jugendpsychiater dar.

In der *Phase IV* wurde ein „Multikulturelles Mental Health Training" für Fachpersonal im psychosozialen Bereich sowie für anderes medizinisches Personal, Sozialarbeiter, Lehrer und Kindergartenpädagogen angeboten und durchgeführt.

Dieses Training umfasste u.a. folgende Inhalte:
- spezifische Aspekte der therapeutischen Beziehung sowie
- Besonderheiten der Diagnostik und Behandlung der Migranten-Familien und deren Kindern.
- Arbeit an der Verbesserung der Qualität der Diagnostik und Behandlung.
- Arbeit an der Erhöhung des kulturellen Verständnisses.

Conclusio

Unsere Erfahrungen zeigen, dass eine psychiatrische Behandlung, die kulturelle und religiöse Hintergründe sowie Migrationsgründe und -prozesse berücksichtigt bzw. kultur- und sprachsensibel ist, die Zuverlässigkeit der psychiatrischen Diagnosen erhöht. Dies führt empirisch zu einer signifikanten Verbesserung der Compliance und trägt zu optimalen Behandlungsergebnissen bei.

Autorin:
Dr. TÜRKAN AKKAYA-KALAYCI; FÄ für Psychiatrie, FÄ für Kinder- und Jugendpsychiatrie, Leiterin des Projektes „Ambulanz für Transkulturelle Psychiatrie und Migrationsbedingte Störungen im Kindes- und Jugendalters" an der Universitätsklinik für Psychiatrie des Kindes- und Jugendalters, Medizinische Universität Wien; Systemische Familientherapeutin im FEM-SÜD (Frauengesundheitszentrum-Süd), Wien.
e-mail:Tuerkan.Akkaya-Kalayci@meduniwien.ac.at

Der Diskurs des „mentalen Traumas"
und seine transkulturelle Anwendung

SEBASTIAN VON PETER

Einleitung

In der letzten Dekade ist es zu immenser Kritik an psychosozialer Hilfe von NGOs und Hilfsorganisationen in Krisengebieten gekommen. Hierbei wurde vor allem kritisiert, dass meist un-
gefiltert westliche, psychiatrische Kategorien auf betroffene Populationen angewendet wurden,
ohne Rücksicht auf soziale, historische und politische Faktoren (SUMMERFIELD 1999; LITTLEWOOD
2000; KLEINMAN 1988; MEZEY 2001). So wurde in der transkulturell-psychiatrischen Szene das
„traumatisierte" Gedächtnis populär: es war nicht nur Dreh- und Angelpunkt der Diskussionen in
Bezug auf die Auseinandersetzungen auf dem Balkan, sondern auch anlässlich von Konflikten in
Afrika und Asien, so dass Marsella es sogar als die Diagnose der 90er Jahre bezeichnete (MAR-
SELLA 1996)

Die Proliferation des Begriffes des mentalen „Traumas" wurde verschiedentlich erklärt und
in Bezug zum kontemporären Zeitgeist gesetzt: BRACKEN korreliert die Verbreitung des „Trauma"- Konzeptes mit dem Verlust von sozialer Stabilität und Kohärenz innerhalb der Postmoder-
ne, sowie der Schwächung sinnstiftender Institutionen (BRACKEN 1995). Andere, wie GIDDENS,
beschreiben eine steigende Tendenz in der westlichen Welt, Schwierigkeiten in psychologischen
Begriffen auszudrücken (GIDDENS 1991). McFarlane erklärt die Popularisierung des „Trauma"-
Diskurses mit dem sinkenden Einfluss der psychoanalytischen Theorie; während erstere auf
life-events bei Erwachsenen ziele, konzentriere sich letztere auf Unbewusstes in der Kindheit
(MCFARLANE 1990). Man mag in Bezug auf diese Theorien anderer Meinung sein, jedoch zeigen
sie alle, dass der Begriff des „Traumas" an spezifische sozio-historische Faktoren geknüpft ist.
Denn sie zeigen, dass die Kategorie des „mentalen Traumas" ein Phänomen ist, welches im Verlauf der Zeit und durch spezifische Praktiken und Technologien entstanden und hierdurch eben
weder zeitlos noch unumschränkt „wahr" ist [1].

So soll im Folgenden der Begriff des „Traumas", wie er in verschiedenen psychosozialen In-
terventionsmanualen von Hilfsorganisationen im Zusammenhang mit der Tsunami- Katastrophe
verwendet wurde, kritisch hinterfragt werden. Die Manuale wurden entweder aus dem Internet
heruntergeladen oder bei den Hilfsorganisationen angefragt. Hierunter sind Texte von CARE,
Red Cross International (RCI), World Health Organization (WHO), the Global Development
Group (GDG) und the National Centre for Post-Traumatic Stress Disorder (NCPTSD). Alle Tex-

---

1. Was spätestens nach ALLAN YOUNGS beeindruckenden Genealogie "Harmony of Illusions" sicherlich
    keine neue Erkenntnis ist.

te wurden von internationalen Gesundheitsexperten geschrieben, mit dem Ziel, Lehrer, Volontäre und Gesundheitsdienstleister anzulernen[2]. Sie beschreiben die Betroffen als „emotional vernarbt", „psychologisch zerstört", „hoffnungslos" etc. So stellt zum Beispiel die WHO fest, dass jede einzelne Person der entsprechenden Regionen psychologisch betroffen ist und folgert daraus, dass psychosoziale Interventionen notwendigerweise jeden Menschen des Areals erreichen muss (WHO 2005). Das sogen. "Fact Sheet" vom National Center for PTSD fasst Studien aus Sri Lanka, Indien und Thailand zusammen und beschreibt, dass 81% der Untersuchten durch die Tsunami Katastrophe traumatisiert wurden – andere Experten schätzen die Prävalenz auf 95%.

Es soll nicht abgestritten werden, dass die Menschen nach dem Tsunami durch den Verlust von Verwandten, Freunden, Besitz und Perspektive stark gelitten haben. Es stellt sich nur die Frage, ob sich die konkrete Erfahrungsebene des Leidens der Betroffenen im Konzept des „mentalen Traumas" abbilden lässt. Hierbei bin ich mir vollends darüber bewusst, wie komplex und divers sowohl westliche als auch südostasiatische Traditionen sind. So gleichen Grenzen zwischen West und Ost eher dynamischen, partiell miteinander verschmolzenen und permeablen Membranen und sind weit davon entfernt, statisch und klar umrissen zu sein. In diesem Sinne will ich im Folgenden keinen monolitischen Vergleich produzieren, der sich mit Cliches und Generalisationen begnügt. Ich will vielmehr die Vorannahmen, die den Begriff der mentalen „Traumatisierung" in den untersuchten Materialien vorstrukturieren mit spezifischen, ethnographischen Beispielen aus der betroffenen Region kontrastieren.

Was ist ein „traumatisches" Ereignis?

Die Manuale definieren ein Ereignis als „traumatisierend", wenn es außerhalb des normalmenschlichen Erfahrungshorizontes liegt. Dieses vernachlässigt völlig, dass Einstellungen in Bezug auf „normal" oder „unüblich" nicht nur im transkulturellen Vergleich differieren können. Es ist bekannt, dass die Kategorie des „mentalen Traumas" auf Opfer verschiedener Ereignisse, wie Naturkatastrophen, Kriege, Genozide usw. angewendet wird. Dieses wirft die vielfach diskutierte Frage auf, ob es tatsächlich keinen Unterschied macht, ob eine Katastrophe vermeid- oder unvermeidbar, durch die Natur oder den Menschen bedingt war. So hat das American Refugee Committee gezeigt, dass die Tsunami Katastrophe von den Betroffenen gut akzeptiert wurde - auf Grund religiöser und metaphysischer Bezugnahme (ARC 2005). Der Tsunami wurde aufgefasst als etwas, was jenseits menschlicher Kontrolle lag; für die Muslime war er als Bestrafung für deren Sünden von Gott gesandt, wohingegen die Buddhisten ihn als einen schlichten Naturvorfall auffassten.

In diesem Sinne ist die konkrete Belastung durch Ereignisse abhängig von spezifischen Erwartungen und Bedingungen. Ich will dies mit ethnographischen Beispielen aus der betroffenen Region verdeutlichen: in vielen Manualen wird der Tot eines Kindes als der wahrscheinlichste Grund beschrieben, ein „Trauma" zu erleiden. So wird Mutterliebe als der Inbegriff einer universell-angeborenen Gefühlsstruktur betrachtet. Jedoch zeigen verschiedene Ethnographien, v.a. aus Südindien und Sri Lanka, wie wenig der westeuropäische, mütterliche Ethos dort greift. Die Anthropologin TRAWICK z.B. beschreibt in ihrer Ethnographie über indische Familien, dass indische Mütter angehalten wurden, ihre Gefühle gegenüber ihren Kindern verborgen zu halten (TRAWICK 1990); beispielsweise ist es dort unüblich, Kindern länger als 10 Monate die Brust geben. Denn

---

2.   Die Manuale wurden analog zur Methodik der qualitativen Inhaltsanalyse im Sinne von GLASER & STRAUSS analysiert.

Muttermilch enthält zu viel Liebe, wodurch sich das Kind - im symbolischen Sinne zu sehr gesättigt – gegen seine Eltern wenden könnte. TRAWICK zeigt darüber hinaus, wie sich indische Eltern grausam gegenüber ihren Kindern verhielten; sie reizten sie und lachten, wenn diese weinten. In den beobachteten Familien waren außerdem alle Frauen einer Sippe für die Kinder zuständig, die gleichermaßen als Mutter bezeichnet wurden – wodurch Mutter-Kind-Beziehungen de-individualisiert wurden[3].

All dies macht deutlich, dass mütterliche Liebe weit davon entfernt ist, natürlich und gegeben zu sein, im Sinne eines "milk-let-down"-Reflexes (SHEPER-HUGHES 1985). Vielmehr entspricht sie einer Matrix von Bildern, Bedeutungen und Praxen, die – ganz konkret – Auswirkungen auf alltägliches Handeln und Fühlen haben. In diesem Sinne stellt sich die Frage, ob Meinungen darüber, was ein „traumatisches" Ereignis wohl sein könnte, transkulturell nicht eher differieren. Denn, wie gezeigt, werden Gefühle von Verlust, Trennung und Tod in anderen kontextuellen Zusammenhängen sicherlich nicht weniger schwer, sondern einfach anders erfahren. Außerdem zeigen die ethnographischen Beispiele, dass Gefühle, wie Liebe und Zuneigung, komplexe Phänomene sind und ihre Bedeutung innerhalb kultureller Diskurse und Praxen erhalten, anstatt lediglich von idiosynkratischen Faktoren abzuhängen – ein Thema, welchem wir uns nun zuwenden wollen.

Wie fühlt sich ein(e) „Traumatisierte(r)?

Die genannten Beispiele über Muttergefühle tangieren ältere Debatten darüber, ob Gefühle naturgegeben oder gemacht sind; ob sie durch biologische Universalitäten, oder aber durch spezifische, sozio-kulturelle Traditionen bedingt sind. Alle untersuchten Manuale erwarten, dass die Tsunami- Betroffenen nach der Katastrophe starke Gefühle, wie Angst, Trauer, Wut, Irritabilität usw. aufweisen. Hierdurch implizieren sie, dass alle Menschen dieser Erde im Grunde ähnlich in ihren emotionalen Erfahrungen und Antworten sind und dass man lediglich eines empathischen Einfühlens bedarf, diese Gefühle zu verstehen. Diese Annahme möchte ich mit einem der vielfältigen, ethnographischen Beispiele aus der anthropologischen Literatur über das Gefühlserleben in Bali kontrastieren. Gleichzeitig möchte ich auf eine wesentliche Dichotomie der Philosophie von Emotionen Bezug nehmen, auf den Gegensatz von biomechanistischen versus kognitivistischen Emotionstheorien.

Die Anthroplogin WIKAN beschreibt in ihrer Monographie ein junges Mädchen, welches Suriati heißt und deren langjähriger Freund auf tragische Weise stirbt (WIKAN 1990).Jedoch ist Suriati hierüber nicht traurig, sondern zeigt sich lächelnd- glücklich und reißt Witze zusammen mit ihren Nachbarn. Nach der biomechanistischen Theorie – im Darwinistischen und Cartesianischen Sinne, später dann vertreten durch James und Langer und auch in psychodynamischen Theorien noch in Resten vorhanden – würde Suriati ihre „wirklichen" Emotionen – nämlich Trauer – verdrängen, weil die balinesische Gesellschaft dieses so vorschreibt, nämlich dass man angesichts des Todes Haltung bewahrt. Hier entsprechen Emotionen intra-psychischen Kräften, die universell gleich sind, weil Menschen universell denselben „Bauplan" haben. In diesem Sinne würde Suriati ihre Gefühle lediglich unterdrücken und maskieren.

CLIFFORD GEERTZ hätte Suriatis glückliche Erscheinung jedoch ganz anders gedeutet: in seinen Ethnographien über balinesische Gefühle vertritt GEERTZ die These – und hierbei folgt er kognitivistischen Emotionstheorien, wie die von Brentano, Scheler und Solomon – dass Gefühle durch

---

3.		So ist der Ausdruck „Ma" in Hindi ist für jede ältere Frau in der Sippschaft reserviert und nicht nur für die leibliche Mutter.

kollektive Bedeutungen definiert sind und nicht irgendeiner innerlichen, universellen Essenz entspringen (GEERTZ 1973). GEERTZ portraitiert die Balinesen als Personen mit wenig oder keiner Individualität, so dass Gefühle alles Idiosynkratische vermissen lassen. In unserem Beispiel hieße dies, dass Suriati ihre Gefühle nicht unterdrückt, sondern dass sie faktisch keine Trauer fühlt, weil dies durch die Gesellschaft so vorgegeben ist. Gefühle entspringen in diesem Modell sozialen Evaluationen, die sich an einer Kollektivität ausrichten. Wie immer, liegt die Wahrheit wahrscheinlich in der Mitte: Gefühle sind sowohl Ausdruck eines privaten, inneren Erlebens, genauso wie sie nicht getrennt werden können von einer inter-subjektiven und öffentlichen Sphäre, die den Ausdruck und das innere Erleben dieser formt und bedingt.

Was heißt das für die Auffasung der Manuale? Wenn die Manuale beschreiben, dass die Betroffenen mit Angst, Trauer etc auf den Tsunami reagieren werden, dann folgen sie einer universellen und biomechanistischen Sicht von Emotionen. Sie implizieren, dass man lediglich Empathie braucht, um Emotionen des oder der anderen – quasi durch die Reflexion der eigenen Gefühle – zu verstehen. Jedoch muss, wie oben gezeigt, eine lachend-glückliche Erscheinung nicht immer heißen, dass die entsprechende Person glücklich ist. Denn das Erleben und der Ausdruck von Emotionen sind eingebettet in ein größeres Netz von Bedeutungsträgern; diese umfassen einerseits sowohl diskursive und persönliche Erfahrungen, als auch mythologische und gesellschaftliche Grundbedingungen. In diesem Sinne birgt Empathie in der transkulturellen Anwendung die Gefahr einer Paradoxie – nämlich, dass man lediglich das versteht, was man sucht zu verstehen[4].

Die Erfahrungsebene eines „Traumas"

Bisher haben wir gesehen, dass es keinen einzigartigen oder universellen Weg gibt, „traumatische" Ereignisse zu erleben. Außerdem, dass Faktoren, die ein Ereignis zu einem „traumatischen" Ereignis machen, sich interkulturell unterscheiden können. Nach all diesem stellt sich die Frage, ob die Kategorie des mentalen Traumas als Krankheitsentität dem transkulturellen Vergleich stand hält. PTSD, also das klinische Analog zum „mentalen Trauma", fasst vielfältige Symptomen zusammen, wie Angst, Depression, dissoziative Symptome und Somatistisierung. In diesem Sinne ist PTSD eine heterogene und komplexe Kategorie, die mit vielen anderen nosologischen Entitäten überlappt – Depressionen, psychotischen Erkrankungen usw. Die Frage stellt sich, ob eine solche Kategorie, mit derart diversen Symptomen nicht über- inklusiv oder – andersherum – inadäquat spezifisch ist. In anderen Worten: wie ähnlich haben Muster zu sein, dass man von derselben Krankheit sprechen darf? Denn wenn man individuelle Erfahrungen unter einem Erklärungsmodell zusammenfasst, riskiert man, diese in einer einzigen Pathologie zu kondensieren und homogenisieren. In diesem Sinne möchte ich kurz darauf eingehen, wie „traumatische Erfahrungen" in den vom Tsunami betroffenen Gebieten auf andere Weise adressiert, gerahmt, erlebt und diskutiert werden.

Der Begriff des "culture-bound-syndromes" dürfte bekannt sein. Das sind Krankheiten, die eng mit lokalen Diskursen und Praktiken der jeweiligen Bevölkerung verflochten sind. In Südostasien gibt es viele von diesen, wie *amok, hit by the wind*, neurasthenie usw., von denen ich mir eine herausgesucht habe, nämlich *latah*. Das culture bound syndrom Latah, welches seit ca.

---

4.   DARWIN glaubte, Gesichtsausdrücke von Tieren lesen und hiervon ableiten zu können, dass Emotionen biologisch determiniert sind. Die Paralogik dieses Unterfangens zeigt die Gefahr der epistemiologischen Zirkularität, innerliche Zustände von der „Oberfläche" zu erschließen.

einem Jahrhundert auch in Indien, Sri Lanka und Malaysia beschrieben wird, kann durch verschiedene Ursachen bedingt sein, wobei eine der Theorie ist, dass es durch „traumatisierende" Ereignisse entsteht (KARIM 1990). In Folge von beispielsweise dem Tod eines Kindes, entwickeln vor allem Frauen akute Ängste oder Phobien, stoßen öffentlich Obszönitäten aus oder parodieren das Verhalten anderer Menschen. Latah wird in Südostasien durch das Konzept des Seelenverlustes erklärt, d.h. durch den Verlust einer protektiven Seelensubstanz, die man *semangat* nennt, was wiederum zur Intrusion von Geistern führt.

Nun könnte man sagen, dass latah PTSD entspricht, da beide durch „traumatische" Ereignisse verursacht werden und eine Vielfalt von Symptomen umfassen. Beide Konzepte ersetzen heterogene Ereignisse durch homogene Bedeutungszuschreibung, so dass man auf die Idee kommen könnte, latah als indigenöse Form von PTSD zu beschreiben – als prinzipiell durch dieselben psychodynamischen oder biomemechanischen Prozesse verursacht. KLEINMAN, jedoch, würde eine solche Art des Vergleiches mit Hilfe seiner Dichotomie von Pathogenizität versus Pathoplastizität kritisieren (KLEINMANN 1995). KLEINMANN will auf die Gefahr hinweisen, in biologischen Determinanten die Ursache und fundamentale Struktur einer Krankheit zu sehen, wobei kulturellen und sozialen Faktoren lediglich eine epi-phänomenale Bedeutung zukäme. In unserem Beispiel würde das heißen, die symptomatischen Variationen von latah gegenüber PTSD als „kulturelles Dressing" zu sehen. Die grundlegenden pathologischen Strukturen von latah und PTSD würden sich in einer solchen Auffassung gleichen, wohingegen sich die aktuelle Erfahrung auf der Symptomebene auf Grund „kultureller Faktoren" unterscheiden würde. Die Geister zum Beispiel, die in den Körper eindringen und latah verursachen, würden als eine „lokale Ideologie" aufgefasst, die wissenschaftliche Wahrheit maskiert.

Das heißt, es kann nicht darum gehen, zu zeigen, dass PTSD und latah Äquivalente und grundlegend in derselben Art und Weise strukturiert sind. Beide Entitäten haben ihre eigenen Charakteristika und sind deshalb in gewisser Weise nicht vergleichbar, was Pathogenese und Erlebnisebene betrifft. Jedoch wird bei beiden Konzepten retrograd argumentiert, d.h., die Ursache wird aus der Retrospektiven vermutet. Beides sind Narrative, die aus vergangenen Ereignissen und aktuellen Beschwerden eine kontingente Erfahrung basteln und sich hierbei kulturell spezifischen Bausteinen bedienen. In diesem Sinne sind beide kulturspezifische Erklärungssysteme, die Ätiologien für Unglück und Leiden bieten, sowie hierauf aufbauende Handlungsmöglichkeiten aufzeigen. Somit sind beide vom Kontext abhängige Idiome, die Bedeutung von Erfahrungen vermitteln, systematisieren und legitimieren.

Zusammenfassung und Ausweg

Es wurde an Hand konkreter ethnographischer Beispiele in Frage gestellt, ob die Kategorie des „mentalen Traumas" eine geeignete Rahmung ist, das konkrete Leiden der vom Tsunami betroffenen Völker zu fassen und zu beschreiben. Zusammengefasst ergab sich, dass das, was ein „traumatisches" Ereignis ausmacht, wie sich Emotionen „anfühlen" und wie „traumatische" Erfahrungen in anderen kulturellen Zusammenhängen gerahmt werden, kontextabhängig variieren kann.

Die Gefahr ist, dass die Stimmen der Betroffenen lediglich in vorgefertigten und kompartimentalisierten Kontexten gehört werden, welche die Vielfalt der tatsächlichen Erfahrungen homogenisieren. Es ist die Gefahr, einzelne Geschichten so zu übersetzen, dass sie in den psychiatrischen, a priori-Kategorien operationalisiert werden können. Kulturelle Sensibilität wäre dann lediglich ein Mittel, die psychiatrisch-diagnostische Epistemiologie zu verfeinern. Auf der anderen Seite besteht eine unmittelbare Gefahr, die die Betroffenen selber betrifft. Diese wird durch den dynamischen Nominalismus des Wissenschaftstheoretikers IAN HACKING verdeutlicht (HACKING 2006). HACKING hat den Begriff des "making up of people" geprägt. Dieser besagt, dass Menschen, die auf eine gewisse Art und Weise kategorisiert werden, die Eigenschaft haben, sich mit diesen Kategorien in Einklang zu bringen. So hätte eine ethnozentrische Beschreibung der Betroffenen eine tatsächliche Auswirkung auf deren Wesen und Selbstbild[5].

Dieses deutet auf eine große Verantwortung, adäquate Metaphern und Übersetzungskonzepte zu finden, um indigene Arten, sich und die Welt zu verstehen, zu erfassen und beschreiben. Die WHO hat zu derselben Zeit der Publikation ihre psychosozialen Interventionsmanuals das sogenannte "consensus statement" herausgegeben. Hier raten sie an, sich von Trauma-fokussierter Arbeit im Rahmen internationaler Hilfeleistung zu verabschieden und anstatt dessen internationale Hilfsarbeit auf genereller ausgerichtete public health Programme auszurichten. Hierzu gehörte, die Grundversorgung zu sichern, gemeinschaftliche und lokale Hilfsysteme zu stabilisieren und zu koordinieren, Rechtssysteme zu stützen etc. Obgleich ein solcher Ansatz den Vorteil hat, in wenig deterministischer Weise Hilfeleistung zu vermitteln, scheint er mir doch zu vage, um die Arbeit von Gesundheitsdienstleistern in ausreichend konkreter Weise vorzustrukturieren. Anstatt dessen müssten adäquate Werkzeuge gefunden werden, Leiden im transkulturellen Kontext zu verstehen.

Hilfreich erschien mir in diesem Zusammenhang das Konzept des emotionstheoretischen Anthropologen WHITE (WHITE 2005). Dieser kritisiert ebenfalls Modelle, in denen psychobiologische Determinanten einer emotionalen Erfahrung favorisiert werden. Anstatt dessen stellt er eine Methodik für ethnographische Forschung vor, die kulturelle Modelle und Kontexte, sowie relationale Faktoren in der Produktion emotionaler Erfahrungen in den Fokus rückt. So beschreibt WHITE eine nutzvolle Heuristik, um die Organisation von Emotionen im transkulturellen Kontext zu erfassen: von einem jeden Gefühl gilt es, die zeitliche und die räumliche Bedingtheit, die Charakteristika der involvierten Menschen, die aktuelle Erfahrungsebene und die kommunitären Praktiken, mit diesem zurecht zu kommen, zu beschreiben.

In diesem Sinne erscheint es mir wichtig, in der transkulturell psychiatrischen Arbeit eine Art „phänomenologisches Portrait" emotionaler Erfahrungen zu entwerfen. Dieses würde zum einen die Analyse von körperlichen Sensationen und Gedanken, die mit einem spezifischen Gefühl verbunden sind, beinhalten. Darüber hinaus gälte es zu erforschen, welche räumlichen und zeitlichen Konzepte das Gefühl impliziert und zu welchen Handlungsweisen es inspiriert. Lokale Metaphern und Auffassungen, welche mögliche Ursachen des Gefühls beschreiben, müssten erfasst werden. Die hiermit verbundene Art der Kategoriebildung müsste bestimmt werden, wie auch Änderungen im Verhalten und Selbst-Konzept, die diese bedingt. Als letztes müssten die spezifischen Determinanten der jeweiligen Anwendungssituationen der Gefühlskategorie miteinbezogen werden. Nur auf diese Weise würden emotionale Erfahrungen – im Sinne einer partiellen Verbundenheit und überlappenden Charakterisierung (STRATHERN 2002) – in der transkulturellen Arbeit vergleichbar werden.

---

5.   Oder in den Worten von HANNAH ARENDT: „die Gefahr einer positivistischen und nicht-metaphorischen Weltsicht ist nicht, dass diese angibt, eine wahre Beschreibung der Welt zu sein, sondern dass es eine wahre Beschreibung der Welt werden könnte, wenn die Menschen anfangen daran zu glauben" (ARENDT 1958).

Literaturangaben

AMERICAN REFUGEE COMMITTEE (ARC) (2005). Post-Tsunami rapid psychosocial needs assessment, interview of 78 people in Ramong and Phang Nga Provinces. Sent by request, January 10, 2005.

ARENDT, H. (1958). The human condition. Chicago: Chicago University Press.

BRACKEN, P. (2001). Post-modernity and post-traumatic stress disorder. Social Science and Medicine 53(6), 733-743.

CARE (2005). Psychosocial well being in emergencies, Asia crisis update number 8 of 6th of January 2005. Sent by request, February 15, 2005.

DARWIN, C. (1999). The expression of emotions in men and animals. London: Fontana. European Society for Traumatic Event Studies (ESTSS) (2005). Advisory sheet by European Society for Traumatic Stress Studies. Retrieved from the Web January 17, 2005. http://www.estss.org/events/tsunami.htm

GIDDENS, A. (1991). Modernity and self-Identity. Self and society in the late modern age. Cambridge: Polity Press.

GLOBAL DEVELOPMENT GROUP (GDG) (2005). Guidelines from GDG's psychosocial and trauma counseling program. Sent by request, February 13, 2005.

HACKING, I. (2006). Kinds of people: moving targets. British Academy Lecture, 11 April 2006. Retrieved from the Web August 13, 2006.

JAMES, W. (1884). What is an emotion? Mind, 9, 188-205.

KARIM, W. (1990). Emotions of culture: a malay perspective. Singapore: Oxford University Press.

KLEINMAN, A. (1995). Writing at the margin. Berkeley: University of California Press.

MARSELLA, A., DEVOS, G. & HSU, F. (Eds.) (1985). Culture and self: Asian and western perspectives. London: Tavistock.

McFARLANE, A. (1990). Vulnerability to posttraumatic stress disorder. In WOLF, M. & MOSNAIM, A. (Eds.), Posttraumatic stress disorder: Etiology, phenomenology and treatment. Washington DC: American Psychiatric Press.

NATIONAL CENTER FOR TRAUMATIC STRESS (NCTS) (2005). Psychological impact of the Tsunami across the Indian rim. Send by request, January 28, 2005.

NORRIS, F. (2005). Psychosocial consequences of natural disasters in developing countries: What does past research tell us about the potential effects of the 2004 Tsunami? A National Center for PTSD fact sheet. Retrieved from the Web, January 18, 2005. http://www.ncptsd.org/facts/disasters/fs_tsunami_research.html

RED CROSS GERMANY (RC) (2005). Psychosocial well being in emergencies. Sent by request, February 28, 2005.

SCHEPER- HUGHES, N. (1985). Culture, scarcity, and maternal thinking: maternal detachment and infant survival in a Brazilian Shantytown. Ethos, 13, 283-317.

SUMMERFIELD, D. (1998). Trauma and the experience of war: a reply. Lancet, 351(23), 1580-1581.

SUMMERFIELD, D. (1999). A critique of seven assumptions behind the trauma programs in war-affected areas. Social Science and Medicine, 48, 1449-1462.

TRAWICK, M. (1990). The ideology of love in a Tamil family. In LYNCH, O. (Ed.) Divine passions: the social construction of emotions. University of California Press.

VAN OMMEREN, M., SAXENA, S. & SARACENO, B. (2005). Mental and social health during and after acute emergencies: emerging consensus? Bulletin of the World Health Organisation 81, 71-76.

WHITE, G.M. (2005). Emotive institutions. In CASEY, C. & EDGERTON, R. (Eds.) A companion to psychological anthropology, modernity and psychocultural change. Los Angeles: University of California Press.

WIKAN, U. (1990). Managing turbulent hearts. Chicago: Chicago University Press.

WORLD HEALTH ORGANIZATION (WHO) (2005). Manual for community level worker to provide psychosocial care to communities affected by the Tsunami disaster. Sent by request, February 13, 2005.

YOUNG, A. (1995). Harmony of illusions: inventing posttraumatic stress disorder. Princeton: Princeton University Press.

Autor:

SEBASTIAN VON PETER; Arzt im Vivantes Klinikum Neukölln, in der Weiterbildung zum Psychiater und Psychotherapeuten, Mitglied der Forschungsgruppe des Ethnologischen Institutes der Humboldt Universität.
e-mail: vonpeter@hotmail.com.

VWB – Verlag für Wissenschaft und Bildung

Zur Kontextoffenheit der neueren Traumatheorie

Lydia Hantke

Intention des Aufsatzes

Trauma ist zu einem fast schon inflationär gebrauchten Begriff geworden. Hat sich die Symptomatik geändert oder die Betrachtungsweise? Der Vortrag möchte die grundlegenden Mechanismen von Traumaverarbeitung erläutern, wie sie die neue Traumatheorie beschreibt. Die vor allem neurophysiologischen Modelle eröffnen nach unserer Auffassung die Möglichkeit, den divergierenden Bedeutungszuweisungen an das Erlebte, wie sie in und aus multikulturellen Kontexten vorgenommen werden, angemessenen Raum zu geben. Diese Möglichkeiten sollen anhand des Modells erläutert und für die Diskussion nutzbar gemacht werden.

„Was soll das denn nun schon wieder? Was alles noch will Traumatheorie denn können, was alles noch soll nicht mehr genügen von all dem, was wir bisher getan haben? Wir arbeiten seit zwanzig Jahren und länger mit traumatisierten Klienten, und wir haben die ganze Zeit Traumatherapie gemacht, ist das jetzt alles nichts mehr wert?" Solche und ähnliche Reaktionen höre ich oft, wenn ich auf die Ansätze der neueren Traumatheorie zu sprechen komme, und ich kann die Enttäuschung dahinter ausmachen, die vermutete Entwertung der eigenen Arbeit, die doch auch nicht erfolglos war. Nur, weil Traumatherapie gerade ein Modethema geworden ist?

Nun, lassen Sie mich kurz ausführen, worum es mir in dieser Erörterung geht und weshalb ich dennoch so auf dem Neuen dieser Ansätze beharre. In der Tradition der Arbeit mit traumatisierten Menschen oder, wie wir früher vielleicht einfach gesagt haben: Menschen, die Schweres und sehr Unverdauliches hinter sich haben, die z.B. ihren Kulturkreis, ihre Heimat und Familie verlassen mußten und nun in Therapiezimmern, Kliniken und Beratungszentren uns gegenübersitzen haben wir uns auf unsere Werte gestützt, haben die zerrütteten Beziehungen zur Welt betrachtet und die zum eigenen Selbst. Und genau darin haben wir auch unsere eigenen Grenzen erfahren, wenn es um die Arbeit mit Menschen aus anderen Kulturkreisen ging, wenn unterschiedliche Wertkontexte unsere Hintergründe geprägt hatten und wir so gar nicht wußten, wo wir ansetzen sollten in unserem Verständnis: weil wir recht besehen keines hatten, weil unsere Welt eine andere ist.

So haben wir unser Verstehen erweitert: wir sind kultursensibel geworden, bis hinein in die Diagnosemanuale, und wir bemühen uns um Austausch, um die zunehmende Integration sprachlicher Unterschiede, um den Einbezug von Sprachmittlern und möglichst viele kulturübergreifende Methoden. Wir debattieren Multikulturalität gegen Interkulturalität und Transkulturalität und wissen selbst nicht mehr so recht, was wir meinen. Aber Traumatisierung ist im Wesentlichen eine Erschütterung der Werte, des Vertrauens und der Selbstbestimmung, da hilft uns alles Generalisierende nicht. Wo Einfühlen, Verstehen- Können und der Rückgriff auf gemeinsame Werte, die Sicherheit vermitteln könnten, nicht möglich ist, da fühlen auch die Helfer sich hilfloser als noch zuvor.

Nun haben wir mit der neueren Traumatheorie, das möchte ich hier ausführen, ein Modell an der Hand, das uns kulturübergreifend und unabhängig von der individuellen Gewordenheit und den spezifischen gesellschaftlichen Vermittlungen die Möglichkeit bietet, einen gemeinsamen Ansatzpunkt zu finden: den der Verständigung über die Symptomatik selbst: über die Flashbacks, die Alpträume, die ruhelosen Füße, die Beziehungserinnerungen, die Angst und den Haß, das Neben-Sich-Stehen und das Abschotten. Jenseits jeder individuellen und kulturspezifischen Auswirkung der erlebten Verunsicherungen ist diese Symptomatik über alle Kulturen hinweg ähnlich, weil ihre Grundlagen noch nicht einmal besonders menschlich sind, sondern im Kern den Säugetieren gemeinsam, die sich ihrer Haut erwehren und das Leben ihrer Art sichern. Aber lassen Sie mich das ein wenig herleiten.

Ich werde dazu aus verschiedenen Quellen schöpfen, im Unterschied zum verstehenden Ansatz der älteren Modelle, die sich aus den tiefenpsychologischen Modellen herleiten, liegt der Hintergrund der neueren Traumatheorie in Arbeiten zur Hirnphysiologie, entwicklungspsychologischen Beobachtungen und einem Modell passiver physiologischer Verarbeitung: der Dissoziationstheorie.

Kontext der Begriffsbestimmung: Dissoziation

Der Begriff der Dissoziation geht auf den französischen Philosophen und Psychiater PIERRE JANET zurück und reaktiviert ein im 19. Jahrhundert entstandenes Denkmodell, das mit der Vorherrschaft der Freudschen Psychoanalyse bis in die 80er Jahre des vergangenen Jahrhunderts in Vergessenheit geraten war[1]. Im Gegensatz zu anderen Abwehrmodellen wie etwas der Verdrängung aus psychoanalytischer Sicht beschreibt der Begriff der Dissoziation die nicht erfolgte Integration von Erfahrung im Moment und als Folge traumatischer Erfahrung. „Wenn der Aufmerksamkeitsfokus (im Zustand der Todesangst, L.H.) extrem verengt ist, können Menschen tiefgreifende Wahrnehmungsstörungen erfahren, einschließlich Schmerzunempfindlichkeit, Depersonalisation, Derealisation, Verlangsamung der Zeit und Gedächtnisverlust. Diesen Zustand nennen wir Dissoziation"[2], fasst HERMAN 1995 das Thema zusammen.

Gelingende Integration

Wie kann man sich das Misslingen der Integration und seine Auswirkungen nach der Traumatisierung vorstellen? Wenn Dissoziation auf einfachster Beschreibungsebene die nicht vollzogene Integration im Trauma ist, dann erhalten wir ein Schema für ihre Analyse aus der Betrachtung dessen, was wir die normale Verarbeitung nennen wollen. Dabei ist eine grundsätzliche Unterscheidung zu treffen: Trifft die Traumatisierung einen Erwachsenen, dessen psychische Strukturen bereits ausgeprägt und gefestigt sind oder ein Kind, das in unterschiedlichen Entwicklungsstadien grundlegendere hirnphysiologische und kognitiv-emotionale Entwicklungsaufgaben zu bewältigen hat[3]?

---

1.   vgl. HANTKE 1998 und 1999

2.   HERMAN 1995, 8

3.   Die Auswirkungen von Traumatisierungen auf sich entwicklende Hirnstrukturen ist Gegenstand der Entwicklungstraumatologie, eines in Deutschland sehr neuen Teilgebietes der Psychotraumatologie; vgl. RESCH/BRUNNER 2004; aber auch PERRY 2001, SCHORE 2001, HÜTHER 2002, RESCH/BRUNNER 2004

Zu einem besseren Verständnis des Mechanismus verhelfen uns die Erkenntnisse der jungen Neuropsychologie. Lassen Sie uns für ein besseres Verständnis dieses komplexen hirnphysiologischen Vorgangs ein sehr vereinfachtes Schema der Verarbeitung erstellen. Wichtig sind in unserem Zusammenhang drei Hirnstrukturen:

die *Amygdala*(e), (die Mandelkerne, einer auf jeder Seite): Sie können als Eingangstor für alle wahrgenommenen Reize betrachtet werden und bewerten diese als willkommen, neutral oder lebensbedrohlich.

Die *Hippocampusregion*, sie ist wie die Amygdalae Teil eines stammesgeschichtlich sehr alten Hirnareals, des limbischen Systems. Um den Mechanismus der Dissoziation zu verstehen, merken wir uns für diesen Teil des Gehirns die Funktion als Ordnungssystem und zwar wesentlich der Einordnung wahrgenommener Reize in raum-/zeitliche Zusammenhänge.

Der *Neocortex*, das entwicklungsgeschichtlich jüngste Gehirnteil, unsere „grauen Zellen" – von allen Funktionen, die diese Substanz für uns als denkende Wesen hat, sei hier die der sprachlichen Verarbeitung und der Selbstreflexion festgehalten.

Wird nun ein eintreffender Reiz als emotional ungefährlich oder sogar erwünscht bewertet, passiert er die Amygdala und wird in die Hippocampusregion und von dort zum Neocortex geleitet: das Geschehen wird raum-/zeitlich ausgewertet und eingeteilt, erfährt eine kognitive Wertung, wird ins eigene Selbstbild integriert und eine Versprachlichung ist potentiell möglich: „Naja, was die da erzählt, das habe ich aber auch schon anders gehört, ich glaube aber, damals gab es einen anderen Akzent …"

Der Hippocampus wird aber erst in den ersten Lebensjahren ausgeprägt, mit drei Jahren ist er voll funktionsfähig – ein Säugling hat noch keine Möglichkeit der Einordnung von Ereignissen in Zeit und Raum: Wenn er Hunger hat, so ist das absolut und unaufschiebbar, wird er alleingelassen, so ist die Einsamkeit endlos. Erst mit viel Übung, Hilfe und Zeit lernt er, dass der Papa wiederkommt und man sich auf die Suche nach dem Feuerwehrauto machen könnte – weil es auch dann noch existiert, wenn man es nicht sehen kann.

Wir integrieren grundlegend (und entwicklungsgeschichtlich zuerst)
– die Informationen aus den unterschiedlichen Sinneskanälen
– Hören
– Schmecken
– Riechen
– Sehen
– Fühlen
1. Ebene der Integration

Im Laufe der Zeit setzen wir uns zunehmend in Bezug zu
– Raum
– Zeit
– dem Anderen
– den Dingen
– dem eigenen Körper und
– dem Sein (der ontologische Sinn-Bezug)
2. Ebene der Integration

und weisen den einfließenden Informationen in unserem jeweiligen kulturellen Zusammenhang Bedeutungen zu:
– Sinn
– Identität

- Überzeugungen/Werte
- Fähigkeiten
- Selbstbild/Selbstbeschreibung[4]

3. Ebene der Integration

Vielerlei brauchen wir, um diese Lernerfahrungen machen zu können: die erlebten Situationen müssen durch *Ähnlichkeit* miteinander verbunden sein oder ein vertrauter Mensch muss diese *Übergänge* herstellen[5]. Sind die Umstände zu verschieden und leistet niemand Beziehungshilfe, dann bleiben die Erfahrungen getrennt. Das ist eine der Funktionen von Kinderspielen oder immer neu wiederholten Abläufen: Sicherheit zu gewinnen, Ähnlichkeiten herzustellen, *Erwartbarkeiten* zu konstruieren.[6] Entwicklungspsychologen wie Psychotraumatologen beschreiben die zentrale Rolle der *Affektmodulation* für die Integration von Erfahrungen, und auch neuere endokrinologische Untersuchungen belegen, dass nur ein *mittleres Erregungsniveau* die Integration von Erfahrungen ermöglicht.[7] Die entscheidende Verbindung zwischen verschiedenen Situationen ist das (Körper-)*Gefühl* im Erleben. Zuletzt wird aus der Erfahrung ein Bestandteil der eigenen Persönlichkeit, wenn wir sie in eine Geschichte fassen können, eine implizite oder explizite Versprachlichung in der Ich-Erzählung leisten. Durch sie leisten wir die – kulturell sehr unterschiedlich ausgeprägte – Anforderung der Ausbildung einer Identität über Raum und Zeit.

Dissoziation – Definitionen

In der frühen Kindheit ist Dissoziation folglich ein normaler Mechanismus der Reaktion auf Streß, da die kognitiven Muster und die dazugehörigen Hirnstrukturen der Hippocampusregion und des Neocortex noch nicht hinreichend ausgeprägt sind und die Ausbildung von Raum- und Objektkonstanz noch ebenso unfertig ist wie die Erfahrung zeitlicher Kontinuität. Für das erwachsene Gehirn (und in der pathologischen Entwicklung des Kindes) kann derselbe Mechanismus als Schutz vor einer Überflutung von (noch) nicht zu verarbeitenden Informationen beschrieben werden.

Ein Mensch, der extremen Streß erlebt, befindet sich in einem Zustand, in dem er das momentane Erleben nicht mit seiner sonstigen Erfahrung und seinem Selbstempfinden verknüpfen kann. Hirnphysiologisch sieht das (wieder extrem vereinfacht) so aus: Sobald die Amygdala einen Reiz als potentiell lebensbedrohlich bewertet, wird die Weiterleitung an die Hippocampusregion unterbrochen, die Noradrenalinproduktion hemmt den Hirnstoffwechsel in der Großhirnrinde. Die bewusste Überlegung wird – weil sie zu langsam und umständlich wäre – ausgesetzt und die jahrtausende lang erprobten Mechanismen der Tierwelt treten in Kraft: alle Energie wird zum Zwecke der Flucht oder Verteidigung in Herz, Muskeln und Extremitäten geleitet, das mittlere Erregungsniveau ist weit überschritten. *Wenn Sie die Straße überqueren wollen und ein Auto um die Ecke schießt, wenn Sie genau in der Mitte der Straße sind, dann reagieren sie vollautomatisch aber mit aller erworbenen Intelligenz ihres Körpers: Sie springen zur Seite statt anzugreifen oder nach hinten zu rennen.* Die eintreffenden Informationen werden dann zwar wahrgenommen und

---

4.   vgl. hierzu DILTS 1993

5.   Vgl. KELLY 1955

6.   Vgl. z.B. DORNES 1993

7.   Vgl. STERN 1992, PUTNAM 1997 nach NIJENHUIS *et al.* 2004b

zusammenhangslos gespeichert, aber nicht mehr raum-/zeitlich eingeordnet, nicht mehr zusammengesetzt, nicht mehr in das bewusste Ich integriert.

Dies ist die Ebene der *primären Dissoziation*, wie VAN DER KOLK[8] sie nennt. Sie betrifft die erste Ebene der Integration. Charakteristische Folgeerscheinungen sind die Symptome der PTBS, z.B. intrusive Erinnerungen, Alpträume und Flashbacks. Sie können als nachträglicher Versuch des Körpers verstanden werden, die Erfahrung doch noch zu integrieren, dem Hippocampus und Neocortex zur Verarbeitung zuzuführen und klingen oft während der ersten Tage oder Wochen ab – vor allem, wenn eine integrierende Handlung vollzogen werden konnte; es muss zu keiner Chronifizierung kommen. *Im Laufe des Tages, nachdem Sie längst auf der Arbeit angekommen sind, fallen Ihnen immer wieder Versatzstücke des Erlebens ein: sie sehen plötzlich wieder das rote Auto, ihr Herz fängt noch am Nachmittag plötzlich an zu rasen, eine schnelle Bewegung läßt Sie zusammenzucken, einmal träumen Sie sogar von dem Fast-Unfall. Aber sie reden viel darüber und nach ein paar Tagen ist das Geschehene integriert, die unangenehmen Begleiterscheinungen hören auf.*

Traumatisches Erleben ist zusätzlich dadurch gekennzeichnet, dass Flucht oder Kampf verunmöglicht werden. Physiologisch passiert Folgendes: Die nach außen geleitete Energie und Erregung staut sich im Körper und erlebt keine Abfuhr. Überschreitet die Erregungskurve ohne Entladungsmöglichkeit einen bestimmten Punkt[9], fällt die Kurve der Erregung plötzlich steil ab: der Organismus reagiert mit Dissoziation des Erlebens, kappt alle Verbindungen zur Körperempfindung, stellt sich tot. Im Tierreich ist dies die letzte Chance zu überleben, vielleicht ist es zusätzlich ein Schutzmechanismus vor den Schmerzen des Sterbens. Das Bewusstsein hat sich abgekoppelt, schaut aus anderer Warte zu: von außen, von oben.

Das Gefühl absoluter, nicht überwindbarer Hilflosigkeit, das vor der sekundären Dissoziation eintritt, ist der Kern traumatischen Erlebens. Es geht einher mit der Unterbrechung der Beziehungen, in der Verarbeitung innerhalb des Körpers ebenso sehr wie in den Auswirkungen auf Selbstbezug und Außenkontakte. Zusammen mit der primären Dissoziation wird das Erleben zu einer Erfahrung, die sich außerhalb von Zeit und Raum bewegt, nicht einzuordnen ist, endlos oder nie passiert. Van der Kolk nennt diese „Spaltung" zwischen beobachtendem und erlebendem Ich während der primären Dissoziation im traumatischen Geschehen *sekundäre Dissoziation*. *Jemand erlebt einen Autounfall, speichert (unbewusst) in Todesangst nur noch Versatzstücke ab (primäre D.) und sieht sich plötzlich ganz ruhig wie von oben zu (sekundäre D.).*

Marmar hat für diese „während der Traumatisierung auftretende" Dissoziation den Begriff der *peritraumatischen Dissoziation* geprägt.

Wenn die oben beschriebene traumatische Erfahrung auf ein noch nicht ausgeprägtes Gehirn trifft und die Traumatisierung systematisch immer wieder denselben Bruch vollzieht, dieselben Verbindungen unterbricht, können sich daraus voneinander deutlich unterschiedene Ich-Zustände mit separaten kognitiven, affektiven und Verhaltensmustern ausprägen. Der Terminus *„tertiäre Dissoziation"* bezeichnet diese Strukturbildung. Die Erscheinungsformen der gravierenderen, auf frühe und anhaltende Traumatisierungen zurückzuführende Symptombilder wie die DDNOS (Nicht näher gekennzeichnete dissoziative Störung) oder die DIS (Dissoziative Identitätsstörung) sollen damit beschreibbar werden. Die dritte Ebene der Integration (s.o.) wird hier anders besetzt, Selbstbild und Sinnzusammenhänge teilen sich in unterschiedliche Wahrnehmungszentren auf.

---

8.   VAN DER KOLK *et al.* 2000

9.   vgl. PERRY 2001

Da die traumatische Erfahrung nur sehr subjektiv – durch die je individuelle Wertung der Amygdala und die Hilflosigkeitserfahrung – definiert ist, kann die Wahrscheinlichkeit von Dissoziationen nur über lebensgeschichtlich beeinflussende Faktoren gefasst werden. Die meisten Dissoziationen werden im Jugendalter beschrieben, was auf die noch unvollständige Ausbildung des Neocortex (er ist erst mit zwanzig Jahren ausgebildet) bei gleichzeitig voller Ausbildung des Hippocampus zurückzuführen sein könnte: „ich habe es erlebt, aber ich kann es noch nicht in mein Ich einordnen".

Darüber hinaus gilt auch hier ein multifaktorielles *biopsychosoziales Modell*, wie es auch in der Schizophrenietherapie Grundlage der Diskussion geworden ist. Das Auftreten der dissoziativen Verarbeitungsform (als Ausdruck der je individuellen Verarbeitungsmöglichkeit) hängt demnach von folgenden Kriterien ab:
– Biologisch-genetischen Faktoren;
– Biographischen, entwicklungspsychologischen Faktoren;
– Der Dauer, Häufigkeit und Schwere der traumatischen Erlebnisse;
– Dem Vorhandensein protektiver Faktoren;
– Soziokulturellen Faktoren[10]

Körpererinnerungen: Von der Konversion zur somatoformen Dissoziation

Im ICD-10 wird bei den dissoziativen Störungen zwar von Störungen des Bewusstseins gesprochen, die Konversionsstörungen als körperbetonte Symptomatiken aber mit dem Verweis, der „unangenehme Affekt (werde; L.H.) in irgendeiner Weise in Symptome umsetzt"[11] hier mit aufgenommen. Die Diskussion um die Unterscheidung der Bewusstseins- und körperlichen Symptome ist so alt wie die Auseinandersetzung zwischen Janet und Freud, möglicherweise begegnen sich hier nicht miteinander vereinbare Bewusstseinskonzepte[12]. In einer neueren Interpretation der Ergebnisse aus hirnphysiologischen und klinischen Untersuchungen stellen ONNO VAN DER HART (2000) und ELLERT NIJENHUIS (2004) in der Tradition Janets die *psychoformen* Dissoziationen neben die *somatoformen* Dissoziationen, wobei beide als Manifestationen desselben zugrundeliegenden Phänomens beschrieben werden, die sich auf unterschiedlichen Ebenen zeigen. Die *somatoformen Symptome* teilt NIJENHUIS ein in *negative*, in denen ein Erleben fehlt (wie in der Anästhesie: „ich spüre mein Bein nicht!") und *positive*, in denen ein zusätzliches, nicht anders einzuordnendes Erleben gegenwärtig ist (wie bei psychogenen Schmerzen)[13]. Die somatoformen Dissoziationen können alle Formen psychosomatischer Symptomatik annehmen, d.h. viele Ausbildungen von Krankheitsbildern müssen als nicht in die Zeitlinie (s.u.) eingeordnete, chronifizierte Erinnerungen angesehen werden.

Eine ca 30jährige Klientin kommt mit chronischen, fast permanenten, den ganzen Körper betreffenden Schmerzen in hypnotherapeutische Behandlung: Sie hat alle mir bekannten Behandlungsformen versucht; die Schmerzen sind oft kaum auszuhalten, allein ihr Sohn stellt einen Halt und Schutz gegen Suizid dar. Die Klientin ist zunächst für weite Strecken ihrer Kindheit und

---

10. HOFFMANN/ECKHARDT-HENN 2004 nach LUKAS 2004,208/9
11. DILLING *et al.* 1993,174
12. vgl. HANTKE 1999
13. für einen primär körperlichen Zugang zu Symptomatik und Behandlung posttraumatischer Störungen sei an dieser Stelle auf die Beiträge von LEVINE und GALLO verwiesen, die unterschiedliche Arten der Auflösung von traumatischen Erfahrungen vorschlagen.

Jugend amnestisch, nach vorsichtigen Sondierungen über Sinn und Zweck des Schmerzes und ebenso vorsichtiger Ressourcensammlung treten bei leichter bilateraler Stimulierung starke Körpererinnerungen auf, die durch Nachfragen in der Familie auf ein Erlebnis im Alter von ca. zwei Monaten zurückgeführt werden können, in dem das Kind fast verbrannt wäre. Die Fragerichtung entstand aus dem Hinweis, dass Schmerzen für die Frau durchweg mit Hitzeempfinden verbunden war, was sie nie hinterfragt hatte.

Dissoziation und Erinnerung

Wenn wir im Alltag oder im Klientenkontakt mit Erinnerungen und lebensgeschichtlichen Erzählungen zu tun haben, so haben diese meist den Charakter von sich stetig verändernden Geschichten, die zusammenfassend ein Geschehen rekonstruieren, das im aktuellen Kontakt einen jeweils neuen Sinn erfährt. Sie sind Teil einer Lebensgeschichte oder die Erzählung dient eben gerade dazu, die Erfahrung in die Narration des eigenen Ich zu integrieren.

Was uns im klinischen Alltag verwirrt und den Kontakt zu manchen traumatisierten Klientinnen erschwert oder gar verstellt, sind die einbrechenden Erinnerungen aus dissoziiertem Erleben. Die Intrusionen in Flashbacks, Körpersensationen und Alpträumen oder reaktivem Beziehungsverhalten sind zusammenhangslos und ungewollt, überfallsartig, durch das subjektive Empfinden von Unendlichkeit und Unveränderbarkeit geprägt und erfüllen keine aktuelle soziale Funktion. Der Kontakt zum Hier und Jetzt ist verloren gegangen, eine Neueinordnung des Geschehenen ist bisher nicht vollzogen, die Inhalte werden immer wieder neu als Gegenwart erlebt. Und auch für uns als Gegenüber bleiben sie bezugslos oder machen uns in ihrer Beziehungsdynamik zu Teilen einer Geschichte, die mit der therapeutischen Konsensrealität keinen Zusammenhang hat.

Diese Überfälle durch Erlebensfetzen und Albträume ebenso wie Depersonalisierungen und Lähmungserscheinungen oder psychogene Schmerzanfälle, aber auch die intrusiven Beziehungsdynamiken können als Versatzstücke des traumatischen Erlebens beschrieben werden, die sich auf den unterschiedlichen Ebenen von Erleben und Wahrnehmung ins Bewusstsein schieben – und mitunter mit Fehlwahrnehmungen vermengen[14]. Durch das Wiedererleben der traumatischen Erfahrung verliert die Klientin den Bezug zum gemeinsamen Hier und Jetzt, der lebensbedrohliche Affekt aus der gelebten Erfahrung drängt sich ins Bewusstsein und unsere Gegenwart wird im doppelten Sinne ihrer Substanz entzogen: wir werden Teil einer Vergangenheit, die die Klientin vor unseren Augen erlebt, ohne sie uns verbal zugänglich machen zu können. Gleichzeitig ist der Klientin der Zugriff auf Wissen aus anderen Erfahrensbereichen nicht mehr zugänglich, die Fähigkeiten und Handlungssicherheiten, die sie eben vorher noch hatte, sind nicht mehr verfügbar, weil in einem vollkommen anderen Teilbereich des Erlebens gespeichert. Das traumatische Erleben, das in der Verarbeitung des Klienten noch keine raum-/zeitliche und sprachliche Verarbeitung erfahren hat, bemächtigt sich unserer gemeinsamen Gegenwart.

---

14. Dabei geht es nicht um die Anzweiflung der Richtigkeit traumatischer Erinnerung, sondern eine nachträgliche Bearbeitung, die das Erleben erklärbar machen und so in die eigene Erfahrung einordnen will.

Zum Umgang mit posttraumatischer Symptomatik

Ziele im Umgang mit posttraumatischer Symptomatik sind
- Erhöhung der Kontrollerfahrung
- Herstellung zusätzlicher (neuronaler und Sinn-) Verbindungen
- Verringerung der Angst
- Verringerung des Erlebens von „Verrücktheit" durch Information und Erlernen der Selbstwahrnehmung
- Erweiterung der Beziehungsfähigkeit/-erfahrung
- Vorbereitung der Bereitschaft zur Integration

Dazu ist Folgendes zum Umgang zu beachten:
- Wiedererleben und -erinnern allein stellt keine Integration dar!
- Ein mittleres Erregungsniveau sichert die Integrationsmöglichkeit: zu viel oder zu wenig ist potentiell retraumatisierend (dient als Trigger für Hyperarousal bzw. sekundäre Dissoziation) – Entspannungsverfahren sind oft kontraindiziert!
- (Körper-)Erinnerungen, die wirklich als Boten einer anderen Zeit betrachtet werden können, sind Teil der Integration
- Den Körperbezug fördern, aber nicht forcieren: weniger ist mehr
- Die Bezugnahme zum Körper erfolgt von außen: Igelbälle, Abklopfen, Bodenkontakt
- Auch Arousal, Schweißausbrüche, Zittern etc sind Körpererinnerungen

Psychoedukation

So verbreitet Traumatisierungen sind, so wenig sind die Mechanismen der Verarbeitung Allgemeingut. Unser Denken ist – was Psychodynamik und Therapie angeht – so weitgehend vom psychoanalytischen Denkstil geprägt, dass es auch in anderen Diskursen schwer fällt, sich von den Denkmodellen des Konflikts, der Verdrängung und des sekundären Krankheitsgewinns z.B. loszumachen. So sinnvoll sie in vielen Zusammenhängen sein mögen, so wenig helfen sie uns bei der Beschreibung der Dynamiken traumatischer Verarbeitung – nicht zuletzt deshalb ist der Rückgriff auf die Janetschen Denkmodelle in der Theorieentwicklung erfolgt und erfreut sich die Hypnotherapie und mit ihr die Untersuchung von Bewusstseinszuständen im Rahmen der Traumatherapie und -theorie einer wichtigen Rolle.

Selbst wir als Kliniker haben ja reichlich Schwierigkeiten, uns die Dynamik einer Ausprägung verschiedener Wahrnehmungszentren in einem Körper begreiflich zu machen; dieses Erleben ist in unseren gewohnten Denkmustern schwer beschreibbar, es erscheint „verrückt".

Wie viel mehr müssen unserer Klientinnen sich als entgleisend, nicht mehr kontrollierbar, verrückt werdend begreifen, wenn in der Folge einer traumatischen Erfahrung kein Stein mehr auf dem anderen steht. Wenn neben der Grenzerfahrung auch die Wahrnehmung aus den Fugen gerät, das Denken und die Eigenwahrnehmung unterbrochen wird, die Erinnerung entweder nicht einsetzt oder nicht mehr zu unterbrechen ist. Weil dissoziative Symptomatik als Teil normalen Erlebens nach extremen Erfahrungen wenig bekannt ist, werden die Erlebensformen oft verheimlicht, verschwiegen. Aus Angst, der Arzt oder die Therapeutin könnte diesen gewissen Blick zeigen, der den Verdacht bestätigt: „Ich bin verrückt geworden!"

Ich möchte Sie deshalb ermuntern, schon im ersten Kontakt – sobald Ihnen klar wird, dass es sich um eine Traumatisierung handelt – den oben beschriebenen Mechanismus zu beschreiben und die möglichen Symptome und Auswirkungen zu benennen. Sie werden sehen, wie erleichtert die Klientinnen auf einmal ihre Beschwerden berichten.

Und: diese Symptomatik ist, weil sie auf einen überlebenssichernden Mechanismus unserer Art zurückführbar ist, in allen Kulturen im Kern gleich. Auch wenn die Toleranz im Umgang mit verschiedenen Phänomenen unterschiedlich ist, so gilt doch für alle, daß das Erleben nach einer nicht verarbeiteten Erfahrung abweicht vom Normalzustand und die Gefahr einer Traumatisierung durch die Konfrontation mit dem eigenen Erleben als „verrückt" gebannt werden kann, wenn der Mechanismus verständlich wird und die Symptomatik auf ein uraltes lebensrettendes Prinzip zurückgeführt werden kann.

Und: im Zustand der Krise – sei es direkt nach der Traumatisierung oder bei ihrer Reaktivierung – sind Menschen hochsuggestibel: Alles, was Sie jetzt sagen, ist ein Anker, der die Einordnung des Geschehenen und der Symptomatik in ein gemeinsames Wertesystem erleichtert. Wenn Sie jetzt fallen lassen, dass sich an dem Zustand wohl kaum etwas ändern wird, dann hat das ebenso viel Bedeutung wie ihre Beschreibung der Symptomatik als normale Folge unverarbeiteter Erfahrung und autonomen Integrationsversuch des Körpers. Was meinen Sie wohl wirkt heilsamer?

Psychoedukation

Normalisierung des Erlebten durch Erklärung der eventuell auftretenden Symptomatik
Beschreibung der physiologischen Reaktion
Wertung aller Symptomatik als autonomen Versuch der Integration durch den Körper
Zuversicht in positive Veränderung nach Abschluss des Prozesses vermitteln
Auch bei länger andauernder Symptomatik Ruhe bewahren und auf die erfolgreiche Integration bei erfolgender Hilfestellung verweisen

Beachte: Menschen in der Krise und nach der Erfahrung grundlegender Veränderungen sind für jede Erklärung des noch nicht Verarbeiteten offen und somit hochsuggestibel. Es liegt in unserer Verantwortung, den Prozess durch positives Vorstellungen zu erleichtern.

Literatur

BAMBACH, STEFFEN (2005): EMDR und aktive Zukunfstorientierung in der Therapie von komplex traumatisierten Menschen. Bielefeld, in: EMDRIA-Rundbrief 2005

BLOHM, WOLFGANG (2003): Hypnotherapie und Selbsthypnose. Neue Wege bei Ängsten, Schmerzen, Stress und Depressionen. München

DILLING; MOMBOUR; SCHMIDT (1993) (Hrsg.): Internationale Klassifikation psychischer Störungen. ICD-10, Bern

DILTS, ROBERT B. (1993): Die Veränderung von Glaubenssystemen. Paderborn

DOLAN, YVONNE (1998): One Small Step. Moving Beyond Trauma and Therapy to a Life of Joy. Watsonville

DORNES, MANFRED (1993): Der kompetente Säugling. Die präverbale Entwicklung des Menschen. FFM

ECKHARDT-HENN, ANNETTE/HOFFMANN, SVEN O. (2004)(Hrsg.): Dissoziative Bewusstseinstörungen. Theorie, Symptomatik, Therapie. Stuttgart

FIEDLER, PETER (2002): Dissoziative Störungen. Göttingen

FISCHER, GOTTFRIED (2003): Neue Wege aus dem Trauma. Erste Hilfe bei schweren seelischen Belastungen. Düsseldorf

GALLO, FRED P. (2002). Handbuch der Energetischen Psychotherapie, Kirchzarten

GILLIGAN, STEPHEN (1995) Therapeutische Trance. Das Prinzip Kooperation in der Ericksonschen Hypnotherapie. Heidelberg

HANTKE, LYDIA (1999): Trauma und Dissoziation. Modelle der Verarbeitung traumatischer Erfahrungen. Berlin; unter www.institut-berlin.de zum download

HANTKE, LYDIA (2005) Von der Ressource zur Dissoziation und zurück – ein Schema zur Analyse individueller Dissoziationsmuster, in: EMDRIA-Rundbrief 2005

HANTKE, LYDIA (2006): Vom Umgang mit Dissoziationen und Körpererinnerungen. In: ZOBEL, M. (Hg) Traumatherapie – eine Einführung, Bonn: Psychiatrie-Verlag.

HERMAN, JUDITH L. (1993). Die Narben der Gewalt. Traumatische Erfahrungen verstehen und überwinden. München (neu aufgelegt Heidelberg 2004)

HESSE, PETER U. (2000): Teilearbeit: Konzepte der Multiplizität in ausgewählten Bereichen moderner Psychotherapie. Heidelberg

HUBER, MICHAELA (2004): Wege der Traumabehandlung. Trauma und Traumabehandlung. Teil 2. Paderborn

HÜTHER, GERALD (2002): Die Folgen traumatischer Kindheitserfahrungen für die weitere Hirnentwicklung. Göttingen, in: www.agsp.de, 12.10.2003

JANET, PIERRE (1889/1919): L'Automatisme Psychologique. Essai de Psychologie Expérimentale sur les Formes Inférieures de l'Activité Humaine. Paris

KELLY GEORGE A. (1955): The psychology of personal constructs. Band I, II. Norton, New York

LEVINE, PETER A. (1998) : Trauma-Heilung. Essen

LUKAS, BERIT (2003): Das Gefühl, ein No-Body zu sein. Depersonalisation, Dissoziation und Trauma. Paderborn

NIJENHUIS, ELLERT (2004a): Somatoforme Dissoziation, in: ECKHARDT-HENN, ANNETTE/HOFFMANN, SVEN O. (2004) (Hrsg.): Dissoziative Bewusstseinstörungen. Theorie, Symptomatik, Therapie. Stuttgart

NIJENHUIS, ELLERT; VAN DER HART, ONNO; STEELE, KATHY (2004b): Strukturelle Dissoziation der Persönlichkeitsstruktur, traumatischer Ursprung, phobische Residuen, in: REDDEMANN, LUISE; HOFMANN, ARNE; GAST, URSULA (2004): Psychotherapie der dissoziativen Störungen. Stuttgart

PERRY, BRUCE D. (2001): The neurodevelopmental impact of violence in childhood, in: SCHETKY, D.H./ BENEDEK, E.B. (Eds) (2001): Textbook of child and adolescent forensic psychiatry. Washington S. 221-238.

ROTHSCHILD, BABETTE (2002): Der Körper erinnert sich. Die Psychophysiologie des Traumas und der Traumabehandlung. Essen

SCHARFETTER, CHRISTIAN (1999): Dissoziation – Split – Fragmentation. Nachdenken über ein Modell. Bern

SCHMIDT GUNTHER (2004): Liebesaffären zwischen Problem und Lösung. Hypnosystemisches Arbeiten in schwierigen Kontexten. Heidelberg

SCHMIDT GUNTHER (2005): Einführung in die hypnosystemische Therapie und Beratung. Heidelberg

SCHORE, ALLAN (2001): The effect of a secure attachment relationship on right brain development, affect regulation, and infant mental health, in: Infant Mental Health Journal 22, S. 7-66.

SEIDLER GÜNTER H.; LASZIG, PARFEN; MICKA, RALPH; NOLTING, BJÖRN V. (2003) (Hrsg.): Aktuelle Entwicklungen in der Psychotraumatologie. Gießen

VAN DER KOLK, BESSEL A.; MCFARLANE, ALEXANDER C.; WEISAETH, LARS (2000) (Hrsg.): Traumatic Stress. Grundlagen und Behandlungsansätze. Paderborn

STERN, DANIEL (1992): Die Lebenserfahrung des Säuglings. Stuttgart

VON SCHLIPPE, ARIST; SCHWEITZER, JOCHEN (1996): Lehrbuch der systemischen Therapie und Beratung. Göttingen

WATKINS, JOHN G.; WATKINS, HELEN (2003): Ego-States. Theorie und Therapie. Ein Handbuch. Heidelberg

Autorin:

LYDIA HANTKE; Diplompsychologin und ressourcenorientierte Traumatherapeutin (EMDR), systemische und Hypnotherapie, Ausbilderin u.a. am Institut für Traumatherapie Oliver Schubbe in Berlin und dem Institut an der Ruhr, Bochum. Eigenes Curriculum zu Traumaberatung und -pädagogik (DeGPT), derzeit in Siegen, München, Berlin. Veröffentlichungen zu Traumatheorie, -therapie und -beratung.

e-mail: info@institut-berlin.de

Die doppelte Befremdung: Diagnostik und wirksame Psychotherapie bei traumatisierten Flüchtlingen

Klaus Ottomeyer & Walter Renner

Ein Forschungs- und Beratungszentrum für Opfer von Gewalt

An unserer Universitätsabteilung und in der Einrichtung „Aspis. Forschungs- und Beratungszentrum für Opfer von Gewalt" in Klagenfurt sind wir Teil eines Teams, welches seit 1998 psychologische Unterstützung und Psychotherapie für Flüchtlinge anbietet, die großteils traumatische Erfahrungen gemacht haben. Anfangs kamen die meisten aus den Ländern des ehemaligen Jugoslawien, später aus Afghanistan, heute kommt die Mehrheit der KlientInnen aus Tschetschenien. Pro Jahr kommen über 200 Hilfesuchende zu Aspis. Laufend sind derzeit (Ende 2007) 70 KlientInnen in einer regulären dolmetscherunterstützten Psychotherapie. Neben den Therapien gibt es Beratungen und psychosoziale Begleitmaßnahmen (Deutschkurse, Sport, Familienhilfe, Kulturveranstaltungen). Außer den Flüchtlingen werden von Aspis (zusammen mit der Einrichtung „Esra" von der Wiener jüdischen Gemeinde) noch über 30 betagte Kärntner Opfer des Nazi-Terrors (überwiegend „Kinder-Überlebende" aus slowenischen Familien) psychotherapeutisch betreut. Alle Therapien sind für die KlientInnen kostenlos. Die Finanzierung erfolgt großteils über den Europäischen Flüchtlingsfond, den österreichischen Fond für die Opfer des Nationalsozialismus, über das Bundesministerium für Inneres (Integrationsfond), die Kärntner Landesregierung und die Krankenkassen. Das Team umfasst 10 PsychotherapeutInnen und 5 bis 6 PraktikantInnen und Ehrenamtliche.

Probleme interkultureller Traumadiagnostik

Wer diagnostisch und therapeutisch mit traumatisierten Flüchtlingen aus Gebieten arbeitet, in denen gemordet und gefoltert wird, muss sich mit einer „doppelt befremdlichen Begegnung" auseinandersetzen. Zunächst macht die mögliche Begegnung mit dem traumatischen Schrecken Angst. J.P. WILSON spricht von der "Abyss-Experience", der Abgrunderfahrung (WILSON & DROZDZEK 2004), der wir in der Arbeit mit Extremtraumatisierten ausgesetzt sind und welche reflexhaft eine massive Angst auslösen kann. Die ruft unsere unbewusste Abwehr, den Wunsch, „es möge nicht wahr sein" sowie eine ganze Reihe von Verzerrungsmechanismen auf den Plan. Damit schützen wir spontan unser „inneres Kind", das sein Urvertrauen in die Welt und zumindest ein gewisses Vertrauen in ihre Lenker behalten möchte. Zur Befremdung durch die Angst vor dem Abgrund, dem real gewordenen Albtraum oder „psychotischen Kosmos" (EISSLER 1984), den der Extremtraumatisierte erfahren hat, kommt dann noch als eine zweite Befremdung die Begegnung mit einer anderen Kultur, in der mit Gewalt, Sexualität, Gender-Fragen und Autorität oftmals ganz anders umgegangen wird als es bei uns der Fall ist. Auch diese interkulturelle Begegnung kann Angst machen, Abwehrleistungen und blinde Flecken auf den Plan rufen wie sie bahnbrechend schon Mitte der 60er Jahre von GEORGE DEVEREUX aufgezeigt wurden (DEVEREUX 1973, REICHMAYR & OTTOMEYER 2007). Wenn die doppelte Angst nicht reflektiert wird und wenn dann noch ein Informationsmangel in Bezug auf die kulturellen und aktuell-politischen Bedingungen im Herkunftsland des Flüchtlings dazu kommt, ist die Wahrscheinlichkeit für eine verfehlte zwischenmenschliche Wahrnehmung ziemlich groß. Die umgekehrte Verzerrungen: dass nämlich die Experten angesichts der verbreiteten schlechten Behandlung von Flüchtlingen, die dem Abgrund entronnen sind – aufgrund ihrer eigenen Helfer-Identifikation oder auch aufgrund ihrer unbewussten narzisstischen Besetzung der Retter-Rolle – voreilig ein Trauma diagnostizieren und behandeln, wo gar kein Trauma ist, und dass die Experten Menschen aus der fremden Kultur romantisieren („Exotismus" als Gegenstück zum „Ethnozentrismus") gibt es natürlich auch. Sie richten aber im Durchschnitt weniger Schaden an als die Verzerrungen durch Verleugnung und Abwehr. Wir sind leider im Zusammenhang mit Asylverfahren in Österreich in den letzten Jahren psychiatrischen Fachgutachten begegnet, welche in geradezu frappierender Weise Unkenntnis sowohl der nicht-westlichen als auch der westlichen posttraumatischen Störungsbilder zeigen und darüber hinaus im Schlussfolgerungsteil des Gutachtens die im Erhebungsteil des Gutachtens dokumentierten Ergebnisse schlicht wieder verleugnen, so dass grobe logische Widersprüche entstehen (OTTOMEYER & RENNER 2007). Im April 2007 hat endlich einmal der Verwaltungsgerichtshof (ein österreichisches Höchstgericht) ein unlogisches Gutachten dieser Art, welches zu einem negativen Asylbescheid geführt hatte, in exemplarischer Weise als unzulässig zurückgewiesen. Leider wurde im Herbst 2007 ein neues Asylgesetz verabschiedet, welche solche höchstinstanzlichen Berufungsmöglichkeiten für Asylwerber ganz abschafft.

Forschungsprojekt zur interkulturellen Traumadiagnostik

Die offenkundigen praktischen und theoretischen Schwierigkeiten bei der Diagnostik von Traumatisierung bei Personen aus nichtwestlichen Kulturkreisen waren der Anlass für ein vom österreichischen Fonds zur Förderung der Wissenschaftlichen Forschung finanziertes, zweijähriges Forschungsprojekt zur interkulturellen Traumadiagnostik an unserer Universitätsabteilung (OTTOMEYER & RENNER 2007; RENNER, SALEM & OTTOMEYER 2006 und 2007).

In diesem Forschungsvorhaben sollte zunächst geklärt werden, ob die Diagnostischen Kriterien der Posttraumatischen Belastungsstörung bei je 50 KlientInnen aus Tschetschenien, Afghanistan und Westafrika valide anwendbar sind. Als Kriterium dienten freie diagnostische Interviews, überwiegend dolmetscherunterstützt, im Falle der 50 WestafrikanerInnen jedoch direkt auf englisch, welche zum Ziel hatten, einen von der befragten Person wahrgenommen Kausalzusammenhang zwischen möglicherweise traumatisierenden Erlebnissen im Herkunftsland einerseits und aktuellen klinischen Symptomen andererseits zu erfragen. Hier zeigte sich, dass die klassische Diagnosestellung einer Posttraumatischen Belastungsstörung (PTBS) nach den Diagnostischen Kriterien des Diagnostischen und Statistischen Manuals Psychischer Störungen (DSM-IV-TR) bzw. der ICD-10 zu einer krassen Unterschätzung der Inzidenz von Fällen mit Traumatisierung führte: im Falle der TschetschenInnen wurden von den „offiziellen" PTBS-Kriterien 16 von 31 laut Interview traumatisierten Personen nicht richtig erkannt, bei den AfghanInnen waren es 17 von 22 und bei den WestafrikanerInnen 12 von 24 Personen.

Wenn nun die gebräuchlichen klinischen Klassifizierungsschemata zu einer derart hohen Zahl falsch negativer Entscheidungen führen, stellt sich die Frage nach geeigneten Alternativen. Hier denkt man zunächst an psychometrische Selbstbeurteilungsskalen (unangemessen technizistisch häufig als „Tests" bezeichnet) oder an strukturierte Interviews bzw. Fremdbeurteilungen, ebenfalls auf psychometrischer Basis. Solche Instrumente haben gegenüber klassischen klinischen Diagnosen den Vorteil, ein Mehr oder Weniger einer Symptomatik abbilden zu können, statt eine Person stark vereinfachend im Sinne einer Null- vs. Eins-Entscheidung der Gruppe der „Kranken" vs. „Gesunden" bzw. im vorliegenden Fall der Gruppe der „Traumatisierten" vs. der „Nicht-Traumatisierten" zuzuordnen.

Um diese Annahmen zu prüfen, legten wird den oben erwähnten 150 KlientInnen die Selbstbeurteilungsfragebögen (1) Harvard Trauma Questionnaire (HTQ, MOLLICA et al. 1992), (2) Impact of Event Scale (IES-R, WEISS & MARMAR 1997), (3) Bradford Somatic Inventory (BSI, MUMFORD et al. 1991) sowie (4) Hopkins Symptom Checklist-25 (HSCL-25, MOLLICA et al. 1987) vor und befragten sie mit dem Fremdbeurteilungsinstrument bzw. Strukturiertem Interview Clinician Administered PTSD Scale (CAPS-1; BLAKE et al. 1990)[1]. Im Falle der CAPS-1 wurden die Ratings für „Intensität" und „Häufigkeit" der post-traumatischen Symptome summiert, auf ihre Zuordnung zu den diagnostischen Kriterien der PTBS wurde nunmehr verzichtet. Die deutschen Übersetzungen wurden für die KlientInnen aus Tschetschenien ins Russische und für jene aus Afghanistan in Farsi schriftlich übersetzt. Im Falle der westafrikanischen KlientInnen, welche durchwegs über ausreichende englische Sprachkenntnisse verfügten, arbeiteten wir mit den englischen Originalversionen der Instrumente[2].

Zunächst stellte sich heraus, dass alle verwendeten Verfahren auch in den übersetzten Versionen über hinlängliche Reliabilität[3] verfügten, also ausreichend genau zu messen in der Lage waren. Hinsichtlich der Validität, also der Fähigkeit der diagnostischen Instrumente, Traumatisierung zu erkennen, zeigten sich jedoch markante Unterschiede – wieder wurden die oben erwähnten freien, diagnostischen Interviews mit den AsylwerberInnen bzw. Flüchtlingen als Kriterium verwendet: unter den Selbstbeurteilungsmaßen erwies sich für TschetschenInnen und AfghanInnen das HTQ, (für letztere auch die IES-R), für WestafrikanerInnen jedoch ausschließlich die IES-R als hinreichend valide. Im Gegensatz dazu zeigte sich das Strukturierte Interview CAPS-1 allen Selbstbeurteilungsmaßen hinsichtlich der Fähigkeit, Traumatisierung zu erkennen, klar überlegen.

Diese deutlich bessere diagnostische Qualität der CAPS-1 gegenüber den Selbstbeurteilungsfragebögen findet ihre Deckung allein schon darin, dass für CAPS-1 ein zeitlicher Aufwand von einer knappen Stunde, für die Fragebögen jedoch nur wenige Minuten vorzusehen sind. Hinzu kommt, dass die im zwischenmenschlichen Gespräch und in einer einfühlsamen Atmosphäre gegebenen Informationen naturgemäß höheren Informationswert besitzen dürften als die auf einem Blatt Papier vorgenommenen Ankreuzungen.

Details zur Methodik und den Ergebnissen sind aus RENNER et al. (2006) und zu den praktischen Implikationen einem von uns herausgegebenen und kürzlich erschienenen Buch (OTTOMEYER & RENNER 2007) zu entnehmen. Zusammenfassend sei hier nur gesagt, dass sich die Diagnostischen Kriterien der PTBS in unserer Studie – in guter Übereinstimmung mit früheren

---

1. Die deutsche Version der CAPS-1 wurde uns freundlicherweise kostenlos von Ulrich Schnyder, Psychiatrische Universitätsklinik Zürich, zur Verfügung gestellt.

2. Auf die negativen Ergebnisse eines weiteren Selbstbeurteilungsfragebogens, welcher soziale Anpassung messen sollte, gehen wir aus Platzgründen hier nicht näher ein (für Details s. RENNER et al. 2006)

3. Zur Erläuterung messtheoretischer Fachbegriffe im Zusammenhang mit Traumadiagnostik siehe z. B. RENNER 2007.

Ergebnissen, z.B. von MEZZICH, KLEINMAN, FABREGA & PARRON (1996) oder STAMM & FRIEDMAN (2000) – im interkulturellen Zusammenhang als obsolet erwiesen haben und psychometrische Selbstbeurteilungsskalen von fragwürdigem Wert – jedenfalls für die Individualdiagnostik – sind. Als Screeninginstrumente und für Gruppenvergleiche sind sie akzeptabel, wenn geklärt ist, ob sie für die betreffende ethnische Gruppe überhaupt geeignet sind. Für Begutachtungszwecke ist jedoch eindeutig dem Strukturierten Interview CAPS-1 als Fremdbeurteilungsinstrument der Vorzug zu geben.

Die qualitative Analyse der diagnostischen Interviews bzw. die nähere statistische Auswertung der Selbst- und Fremdbeurteilungsskalen ermöglichten uns zunächst, charakteristische Muster von post-traumatischen Symptome und von Strategien zu deren Bewältigung zu identifizieren. Wir haben diese in RENNER et al. (2007) dargestellt und möchten sie hier nur kurz zusammenfassen:

Tschetscheninnen waren überwiegend durch Misstrauen, Erregbarkeit und somatische beschwerden wie Kopf- und Herzschmerzen charakterisiert, wobei tschetschenische Männer überdies Schwierigkeiten hatten, psychische Probleme zu verbalisieren. Die afghanischen GesprächspartnerInnen klagten hingegen in den Interviews vor allem über depressive Symptome und Müdigkeit und lehnten aggressive Handlungen strikt ab. Die WestafrikanerInnen schließlich klagten vor allem über die erzwungene Untätigkeit, über charakteristische, außerhalb Afrikas kaum bekannte Körpersensationen, sowie über depressive Symptome, die sie als "thinking too much" beschrieben (vgl. RENNER, PELTZER, SALEM & OTTOMEYER 2007). Als hilfreiche Copingstrategien nannten TschetschenInnen vor allem familiäre Kontakte, AfghanInnen Familienzusammenführung und die (fast durchwegs christlichen) WestafrikanerInnen den Besuch der Heiligen Messe und gemeinsames Beten.

Interkulturelle Traumatherapie – Fallbeispiel

Aber wie lässt sich unter den Bedingungen der doppelten Befremdung überhaupt Therapie machen? Natürlich ist es wichtig, einen selbstreflexiven Raum, Supervision und ein kritisch-unterstützendes Team zu haben. Die ressourcenorientierte Wende in der Traumatherapie hat auch für die TherapeutInnen einige Erleichterung gebracht. Wir rutschen bildhaft gesagt, weniger oft und tief über den Rand des Abgrunds, sondern halten uns mit den KlientInnen eher auf den sicheren Brücken und Trittsteinen oberhalb der Abgründe und „Deponien des Grauens" (TILMAN MOSER) auf. Manchmal auch in schönen Landschaften und „Sicheren Orten". Natürlich muss man aufpassen, dass die Freude über das Vorhandensein von Ressourcen nicht wieder von unserer Tendenz zur Verleugnung des Traumatischen in der Welt missbraucht wird. In den Worten des Grazer Kollegen Gert Lyon: „Nichts ist davor gefeit zum Zwecke der Abwehr missbraucht zu werden." Aber wir sind davon überzeugt, dass Traumatherapie, welche die doppelte Befremdung reflektiert, sinnvoll ist auch sehr häufig wirksam ist.

Wir möchten zunächst exemplarisch über einige Irritationen aus der Traumatherapie mit einem Mann aus Tschetschenien berichten, bevor dann einige quantitaiv-empirischen Forschungsergebnisse zur Wirksamkeit vorgestellt werden:

Mit Herrn B. hatte der Therapeut schon einige Monate gearbeitet, als er sich mit dem Patienten an eine Traumaexposition in Bezug auf seine Zeit in einem Foltergefängnis des russischen Militärs wagte. Die Exposition erfolgte mit Hilfe der Bildschirmtechnik. (vgl. GURRIS & WENK-ANSOHN 1997, SACHSSE 2004: 279-288) Das Schlimmste war für Herrn B. nicht die eigene Folter gewesen (er hatte Narben von Stichen, Verbrennungen und Schlägen zurückbehalten), sondern die Folterung von weiblichen Häftlingen, deren Schreie er anhören musste, ohne helfen zu können. Diese Schreie verfolgten ihn immer noch. Er hörte sie nachts. – Wir machen eine Traumaexposition natürlich nur, wenn es sein muss und wenn zuvor genügend Ressourcen bei Patienten aktiviert sind. Herrn B.'s zeitweise ernstes Alkoholproblem hatte sich gebessert. Es war ein imaginativer „Sicherer Ort" am Schwarzen Meer erarbeitet und installiert worden, an den Herr B. sehr rasch gelangen konnte, wenn es sich drei Elemente vorstellte: Das Geräusch der Möwen, das Geräusch der Wellen und die Farbe des Wassers, die so blau war, dass man „nur den Kopf darüber schütteln konnte, wie Leute auf die Idee gekommen waren, dieses Meer schwarz zu nennen". Wahrscheinlich waren die Geräusche wichtig und wirksam, weil Herr B. ja sehr stark über den akustischen Sinneskanal traumatisiert worden war. Er konnte auch das Weinen seines Kindes schlecht aushalten. Und es gab ein Helfer-Bild vom guten verstorbenen Vater, das leicht aktiviert werden konnte, nachdem Therapeut und Patient in einer früheren Bildschirmarbeit die Beerdigung des von einer Bombe zerfetzten Vaters rekonstruiert hatten, welche von Herrn B. und seinen Brüdern trotz aller Schwierigkeiten auf traditionelle und vorbildliche Weise bewerkstelligt worden war. (Das war schon im ersten Tschetschenienkrieg gewesen.) Als besonders stärkend hatte sich die kombinierte Imagination von einem Gespräch mit dem Vater am Sicheren Ort am Schwarzen Meer erwiesen.

Direkt vor der Traumaexposition werden die Ressourcenbilder noch einmal aktiviert. Herr B. kann sie mit seiner magischen Fernbedienung jederzeit einschalten. Mit ihrer Hilfe, mit Pausen bei Bedarf und mit einem Glas Wasser steht er die Erzählung bzw. das Anschauen des „Trauma-Films" recht gut durch. Während der Folter, darüber hatten wir vorher schon einmal gesprochen, wollten die Folterer immer wieder von Herrn B. den Aufenthaltsort seiner beiden versteckten Brüder wissen. In der psychodramatischen Verwendung der Bildschirmtechnik (es gibt auch eine eher verhaltenstherapeutische) versuchen wir, zusammen mit dem Patienten, noch ein zweites gutes Ende, eine ausgebliebene oder poetische Wendung – die „Wunschszene" – über den ersten realistischenTraumafilm zu legen – was manchmal recht schnell eine hilfreich Wirkung hat. Da Trauma eine „unabgeschlossene Handlung" ist, wirkt dies oft erleichternd und spannungslösend. In diesem Fall fiel es dem Therapeuten schwer, den Patienten dazu zu bringen, um die schlimme Stelle mit den schreienden Frauen herum, etwas Rettendes zu entwerfen. Er hatte das Gefühl, es würde gegenüber den Opfern respektlos oder kitschig werden. Wohl aber gelang es, dass für Herrn B. rettende Ende noch einmal genau zu rekonstruieren. Er war nach einer Lösegeldzahlung schwer verletzt und mit blutenden Wunden in einer Gegend ausgesetzt worden, die er zunächst nicht erkannte. Er kam an eine Straße und war zunächst verzweifelt, weil er glaubte, dass ihn in seinem Zustand sicher niemand mitnehmen würde. Es hielt aber ein Autofahrer an, für den es selbstverständlich war, Herrn B.'s Wunden zu versorgen und ihn in seinem Auto nach Hause zu fahren. Herr B. kannte ungefähr unsere neutestamentarische Geschichte vom Barmherzigen Samariter und konnte mit dem Therapeuten die Freude über das Vorhandensein eines solchen Menschen teilen. Nach diesem – immer noch realistischen – Ende der Geschichte lädt der Therapeut Herrn B. ein, sich eine beruhigende Begegnung mit dem guten, verständnisvollen Vater an jenem Ort am Schwarzen Meer vorzustellen, bei welcher Herr B. dem Vater von den schrecklichen Erfahrungen im Foltergefängnis erzählt. Das fällt Herrn B. nicht schwer. Der Therapeut fragt: „O.K. – und was sagt der Vater nun zu Ihnen?" Herr B. antwortet: „Er sagt: Du hast Dich verhalten, wie es jeder Mann tun würde." (Sonst kommt nichts.) – Wir wissen nicht, wie es den LeserInnen damit geht – aber der Therapeut war ziemlich irritiert. Er hatte erwartet, dass der Vater den Sohn ausdrücklich lobt und seinen Stolz auf das bewundernswerte Verhalten des Sohnes zum Ausdruck bringt, der immerhin auch unter größten Qualen seine Brüder nicht verraten hatte. Glücklicherweise fing der Therapeut keine Diskussion an. Bei tschetschenischen Männern ist nämlich „alles anders". Es ist für sie auf eine uns schwer verständliche Art selbstverständlich, Prügel und Körperverletzung zu ertragen und Brüder – zu denen übrigens auch Cousins gehören – niemals zu verraten. Der Therapeut erinnerte sich nun auch an Herrn B.'s völlig verständnislosen Ausdruck, als er ihn ziemlich am Anfang der Therapie, bei einem kürzeren Bericht über die Hafterlebnisse, das erste Mal fragte, ob er während der Folter denn Informationen über den Aufenthaltsort der Brüder preisgegeben habe. Man kann – leicht überspitzt – sagen: eine Folter, bei der man nicht stirbt oder eine bleibende Verstümmelung davonträgt, gilt für einen tschetschenischen Mann eigentlich gar nicht als Folter. Sie direkt als solche zu benennen, wäre für ihn respektlos gegenüber den Ermordeten. Man kann sich vorstellen, dass daraus in den Asylverfahren häufig Missverständnisse entstehen. Wir müssen dann manchmal die Foltergeschichten an die Behörden „nachliefern". Die Jungen wurden und werden von den tschetschenischen Vätern zu harten, aber möglichst fairen Kämpfern erzogen. Das Erlernen einer Kampfsportart ist fast obligatorisch. Über einen guten Vater hört man regelmäßig: Er hat allen Söhnen ein Training als Boxer, Ringer oder Karatekämpfer ermöglicht. (Bei Herrn B. und seinen Brüdern war es das Boxen.)

Durfte der Therapeut mit der Vaterfigur als innerem Helfer arbeiten? – Nach LUISE REDDEMANN eigentlich nicht, weil reale Personen als innere Helfer im Gegensatz zu magischen, phantastischen, poetischen Figuren ja immer auch enttäuschen können und dann das Trauma verstärken, statt eine Ressource zu sein. Wenn man mit Leuten aus orientalischen Ländern arbeitet, stellen sich als innere Helfer– auch wenn man versucht es in der Anleitung zu vermeiden – statt magischer Wesen sehr oft reale Menschen aus dem gegenwärtigen oder vergangenen sozialen Netzwerk der PatientInnen ein. Sie haben dann allerdings oft Züge von märchenhaften Helfern aus Not und Gefangenschaft. Viele der Väter und Großväter unserer tschetschenischen Klienten und auch viele Mütter und Babuschkas haben den Berichten zufolge die Stalin´schen Deportationen und das Exil in Kasachstan oder Sibirien mit Würde und Stolz bewältigt. Natürlich ist nicht jeder Vater von tschetschenischen Patienten als innere Helfer geeignet, man sollte das vorher etwas abklären. (Es gibt auch jede Menge Alkoholiker oder Hallodris unter ihnen, das sollte man in der Anamnese schon ungefähr in Erfahrung bringen.)

Auch am „Sicheren Ort", der ja in unseren Breiten etwas Magisches und sozial Abgeschiedenes hat oder haben sollte, halten sich bei den orientalischen Klienten regelmäßig Familienmitglieder und Bekannte auf. Man trinkt da in aller Ruhe Tee oder sitzt an einem wunderschönes Platz neben einer Quelle draußen beim Familienpicknick, während die Kinder drum herum spielen usw. (Allerdings hatte der genannte Therapeut einmal einen iranischen Patienten, bei dem das anders war: Beim Sicheren Ort war dieser alleine am Kaspischen Meer und der Helfer war Charly Chaplin, der den heiligen Ernst der Mullahs jederzeit ins Komische kippen lassen konnte.) Der „Sichere Ort" und die „inneren Helfer" funktionieren wahrscheinlich in allen Kulturen. Aber sie variieren stark, sind in Kulturen mit kollektivistischer Wertorientierung anders als bei uns. In einigen Regionen hat ein rigide verstandener Islam mit dem Bilderverbot wohl auch so etwas wie eine Phantasie- und Imaginationshemmung geschaffen. Bei den Taliban war (obwohl „1000 und Eine Nacht" ursprünglich aus Afghanistan kommt) Märchenerzählen verboten.

In der Therapie mit Herrn B., die übrigens eine gutes Ende nahm (positiver Asylbescheid, deutliche Symptomreduktion, kein Rückfall in den Alkoholabusus), gab es noch eine Reihe weiterer interkultureller Irritationen, die für die Arbeit mit manchen tschetschenischen Männern typisch sind. Die Frau von Herrn B. erwies sich auch als therapiebedürftig. Beide hatten ein Baby, das während der Therapie zum Kleinkind heranwuchs. Wohin mit dem Kind, wenn die Frau von Herrn B. bei einer kompetenten Kollegin unserer Einrichtung ihre Therapiestunden hatte? – Herr B. war anfangs der Meinung, dass seine Frau auf keinen Fall zur Therapie gehen könne. Die Vorstellung, während dieser Zeit das Kind zu versorgen war ihm unerträglich. Insbesondere die

Vorstellung, mit dem Kleinen im Kinderwagen von tschetschenischen Männern auf der Straße gesehen zu werden, brachte ihn ins Schwitzen. Tschetschenische Männer müssen gemäß den Regeln ihrer Kultur die Pflege und Betreuung kleinerer Kinder ganz und gar den Frauen überlassen. Erst wenn die Söhne größer sind nimmt der Vater sie mit und ermöglicht ihnen z.B. sportliche Aktivitäten. Wir waren an diesem Punkt aber nicht sehr tolerant. Schließlich ging es gemäß unserem Auftrag um die Gesundheit der Mutter. Nach ein paar Wochen konnte man Herrn B. ziemlich nervös und schwitzend mit dem Kinderwagen um die Universität herum fahren sehen. Später ging er mit dem Kleinen sogar auf öffentliche Spielplätze, wo sonst nur junge Mütter mit ihren Kindern weilten. Herr B. freute sich über das Lob, das er vom Therapeuten erhielt und auch über die Anerkennung, die von unserer kasachischen Übersetzerin kam. Wenn man als Psychotherapeut schon deutliche Zeichen des Älterwerdens aufweist, dann hat man gegenüber männlichen tschetschenischen Patienten gute Chancen, dass der traditionell große Respekt gegenüber alten Männern „psychoedukativ" genutzt werden kann. Wir haben es auch mehrfach erlebt, dass der Therapeut seine Autorität zur Verhinderung von angekündigten Racheaktionen unter Männern in die Waagschale werfen musste, welche nach unserem Recht, nicht aber nach kaukasischen Rechtsvorstellungen, strafbar sind. Ebenso wie in Bezug auf den manchmal riskanten Alkoholkonsum kann es dann sinnvoll sein, durchaus in der Ich-Form zu sprechen: „Ich möchte nicht, dass Sie …"

Es ist also in der Psychotherapie mit den traumatisierten Flüchtlingen unvermeidbar und sinnvoll, sich durch die entstehenden Rollenkonflikte irritieren zu lassen und manchmal auch die für uns etwas befremdlichen Rollenzuschreibungen für therapeutische Zwecke, die wir selbst für richtig halten, zu nutzen. Kaum überschreitbar sind für uns – jedenfalls bis auf weiteres – die Grenzen zwischen der männlichen und weiblichen Subkultur, die es unter erwachsenen Tschetscheninnen und Tschetschenen gibt. Männer sprechen auf einen männlichen Psychotherapeuten an (die zumeist weibliche Übersetzerin wird akzeptiert). Auch angeleitete Selbsthilfegruppen für Männer (vgl. unten) sind wirksam.

Als besonders wirksam haben sich in unserer Einrichtung „Aspis" ressourcenorientierte psychodramatische Therapiegruppen für traumatisierte tschetschenische Frauen erwiesen.

Erforschung der Wirksamkeit von interkultureller Traumatherapie

Wir wissen, dass die Hilfe, welche eine Psychotherapie für einen traumatisierten Flüchtling bedeutet, nicht immer messbar ist. Oft ist es vielleicht nur möglich, einen weiteren Sturz in den Abgrund zu vermeiden und die Folgen von schleppenden und negativen Asylverfahren abzufedern. Aber trotzdem oder gerade deswegen ist es wichtig, dass auch unter den schwierigen Arbeitsbedingungen statistisch messbare Erfolge der Traumatherapie und der Gruppenarbeit nachweisbar sind. (Natürlich hoffen wir auch, dass sich Geldgeber und Politiker davon beeindrucken lassen.)

Eine Pilotstudie, welche überwiegend langfristige Einzeltherapien im Rahmen von Aspis evaluierte, ergab Effektstärken von 0,77 im Vorher-Nachher-Vergleich, wobei zu beachten ist, dass viele Therapien zum Zeitpunkt der Evaluation noch nicht abgeschlossen waren, so dass letztlich noch bessere Wirkungen erwartet werden dürfen (RENNER, im Druck). Im Sinne von WISE (2004) zeigten 70% der untersuchten KlientInnen Anzeichen von Verbesserung der klinischen Symptomatik, und bei 46% kam es zu einer substantiellen Verbesserung. Anhand des Veränderungsfragebogens des Erlebens und Verhaltens in seiner revidierten Version (VEV-R, ZIELKE & KOPF-MEHNERT 1978) berichteten 85% der KlientInnen signifikante Verbesserungen der subjektiven Befindlichkeit seit Therapiebeginn.

Noch eindrucksvoller waren die Resultate von drei zeitlich begrenzten psychodramatischen Therapiegruppen, über welche LIND, RENNER & OTTOMEYER (2006) bzw. RENNER, LIND & OTTO-MEYER (2008) berichteten. Hier besuchten jeweils etwa zehn Frauen eine geschlechtshomogene wöchentliche Gruppentherapie über einen Zeitraum von bis zu eineinhalb Jahren, welche mittlerweile in allen Fällen abgeschlossen ist. Es wurden Effektstärken von 1,65 erzielt, und im Sinne des VEV-R kam es in 83% der Fälle zu signifikanten Verbesserungen der Befindlichkeit.

Diese ermutigenden Evaluationsergebnisse für die Psychotherapien von Aspis im Gruppensetting waren für den Zweitautor dieses Artikels der Anlass, ein alternatives, ressourcenorientiertes und kulturspezifisches Selbsthilfekonzept für tschetschenische AsylwerberInnen und Flüchtlinge auf Gruppenbasis zu entwickeln. Dieses Projekt wurde unter der Trägerschaft der Abteilung für Sozialpsychologie, Ethnopsychoanalyse und Psychotraumatologie der Alpen-Adria-Universität Klagenfurt in Innsbruck durchgeführt, wo mit Unterstützung der Flüchtlingsstelle der Caritas Tirol zwei männliche und zwei weibliche tschetschenische Laienhelfer angeworben und in Kooperation mit dem Flüchtlingsreferat des Landes Tirol zu Gruppenleitern ausgebildet wurden.

In weiterer Folge wurden insgesamt 94 tschetschenische Männer und Frauen, die zum weit überwiegenden Teil an gravierenden posttraumatischen Symptomen litten, eingeladen, an dem Forschungsprogramm teilzunehmen. Diese KlientInnen wurden an einem Informationstag vorinformiert und nach Einholung ihrer Zustimmung entweder einer (gleichgeschlechtlichen) angeleiteten Selbsthilfegruppe, einer Warte-Kontrollgruppe, einer Kontrollgruppe mit verhaltenstherapeutischer Gruppentherapie oder einer Kontrollgruppe mit drei Einzelinterventionen auf der Grundlage des Eye-Movement Desensitization and Reprocessing (EMDR) zugeteilt. Die Gruppensitzungen dauerten je 90 Minuten und fanden in wöchentlich Abständen 15 mal statt. Die Einzelsitzungen dauerten 60 Minuten und wurden ebenfalls in ungefähr wöchentlichen Abständen angesetzt.

Zur Evaluation wurde in erster Linie der Harvard Trauma Questionnaire (HTQ, MOLLICA et al. 1992), weil sich dieser Fragebogen in der oben angeführten Diagnostikstudie für die Verwendung bei TschetschenInnen in russischer Übersetzung bewährt hatte. Zusätzlich legten wir die Hopkins-Symptom-Checklist (HSCL-25, MOLLICA et al. 1987) sowie ein Instrument zur Erfassung von „Post-Traumatischem Wachstum" (Post-Traumatic Growth Inventory, PGI, TEDESCHI & CALHOUN 1996) in russischer Übersetzung vor. Es wurde die Hypothese geprüft, dass die angeleiteten Selbsthilfegruppen zur Reduktion der mit dem HTQ gemessenen posttraumatischen und der mit der HSCL-25 erfassten allgemeinen klinischen Symptomatik sowie zur Erhöhung des mit dem PGI gemessenen posttraumatischen Wachstums gleich stark beitragen würden wie die etablierten Interventionen (Verhaltenstherapie bzw. EMDR).

Die empirischen Ergebnisse zeigten, dass die angeleiteten Selbsthilfegruppen hinsichtlich der Verminderung von posttraumatischer und allgemeiner klinischer Symptomatik tatsächlich gleich wirksam waren wie kognitive Verhaltenstherapie; auch waren Selbsthilfegruppen und Verhaltenstherapie der Wartebedingung sowie dem EMDR signifikant überlegen. Die erzielten Effektstärken lagen um 1,00 und wiesen die Selbsthilfeintervention mithin als wirksam aus. Die erzielten Symptomreduktionen waren auch bei zwei Follow-Up-Messungen (drei bzw. sechs Monate nach Abschluss der Interventionen) noch aufrecht.

Im Gegensatz zu den erfolgreichen Verbesserungen in der Symptomatik (HTQ bzw. HSCL-25) waren weder für die Selbsthilfegruppen noch für die Gruppen auf der Basis der kognitiven Verhaltenstherapie Verbesserungen im Sinne des mit dem PGI gemessenen „Post-Traumatischen Wachstums" ermittelt worden.

In Übereinstimmung mit den quantitativen Ergebnissen zeigte sich im Zuge von strukturierten Interviews, welche ebenfalls zur Evaluation der Selbsthilfegruppen eingesetzt wurden, dass die

Gruppentreffen (egal ob auf Selbsthilfe- oder auf psychotherapeutischer Basis) als hilfreicher wahrgenommen wurden als die Einzelinterventionen. Bemerkenswert ist auch, dass die TeilnehmerInnen der Selbsthilfegruppen im Zuge der qualitativen Evaluation eher bereit waren, aktuelle Probleme anzusprechen als bei der Evaluation der Verhaltenstherapien. Darüber hinaus zeigte sich auch, dass die TeilnehmerInnen der Therapiegruppen eher Themen aus der Vergangenheit und jene der Selbsthilfegruppen eher aktuelle Problemstellungen thematisierten (JUEN, RIER & RENNER, in Vorbereitung).

Die Gesamtergebnisse aus Vorbereitung und Implementierung der kulturspezifischen, angeleiteten Selbsthilfegruppen ("Culture-Sensitive Ressource Oriented Peer-Groups") sind in einem voraussichtlich 2008 erscheinenden kleinen Herausgeberwerk (RENNER, in Vorbereitung) zusammengefasst.

Die Ergebnisse dieses Forschungsvorhabens zeigen, dass kulturspezifische und geschlechtshomogene, angeleitete Selbsthilfegruppen als Hilfestellung für Tschetscheninnen und Tschetschenen hoch wirksam sind und daher auch mit anderen ethnischen Gruppen (insbesondere aus kollektivistischen Gesellschaften i. S. von TRIANDIS 1995) erprobt werden sollen. Nicht zuletzt im Hinblick auf den enormen Interventionsbedarf, der sich aus der Tatsache ergibt, dass etwa 50% der AsylwerberInnen Symptome von Traumatisierung zeigen (RENNER et al. 2006), sollten angeleitete Selbsthilfegruppen als Alternative zu konventioneller Psychotherapie vermehrt in Erwägung gezogen werden. Selbstverständlich ist im Einzelfall die differentielle Indikation zu klären, d.h., dass Selbsthilfegruppen, Psychotherapie im Gruppen- vs. im Einzelsetting je nach individueller Symptomatik bzw. auch persönlicher Präferenz der KlientInnen gewählt werden sollten.

Wir danken dem Fonds zur Förderung der Wissenschaftlichen Forschung (FWF) für die Finanzierung der hier präsentierten Forschung im Rahmen der Einzelprojekte P 17150 und P 19789 sowie dem Europäischen Flüchtlingsfonds (EFF) für die Förderung der Psychotherapie (einschließlich wissenschaftlicher Begleitung im Evaluation) im Verein ASPIS. Wir danken auch der Caritas der Diözese Innsbruck und der Tiroler Landesregierung für die Unterstützung der empirischen Forschungen.

Literatur:

BLAKE, D. D., WEATHERS, F. W., NAGY, L. N., KALOUPEK, D. G., KLAUMINZER, G., CHARNEY, D. S. & KEANE, T. M (1990). A clinician rating scale for assessing current and lifetime PTSD: the CAPS-1. *Behavior Therapist 18*, 187-188.

DEVEREUX, D. (1973). *Angst und Methode in den Verhaltenswissenschaften*. München: Carl Hanser.

EISSLER, K.R. (1984). Die Ermordung wievielen seiner Kinder muss ein Mensch symptomfrei ertragen können, um eine normale Konstitution zu haben? (1963/64) In H.M. LOHMANN (Hg.) Psychoanalyse und Nationalsozialismus. Frankfurt/M.: Fischer.

GURRIS, N.F. & WENK-ANSOHN, M. (1997) Folteropfer und Opfer politischer Gewalt. In A. MAERCKER (Hrsg.) *Therapie der posttraumatischen Belastungsstörung*. Berlin/Heidelberg: Springer.

JUEN, B., RIER, U., & RENNER, W. (in Vorbereitung). Implementation of CROP-Groups, qualitative evaluation and summary of quantitative findings. In W. RENNER (Hrsg.) *Culture-sensitive and resource oriented peer groups. Austrian experiences with a self-help approach to coping with trauma in refugees from Chechnya* (pp. xxx – xxx). Innsbruck: Studia.

LIND, M., RENNER, W. & OTTOMEYER, K. (2006). Die Wirksamkeit psychodramatischer Gruppentherapie bei traumatisierten MigrantInnen – eine Pilotstudie. *Zeitschrift für Psychotraumatologie und Psychologische Medizin 4*, 75-91.

MEZZICH, J. E., KLEINMAN, A., FABREGA, H. & PARRON, D. L. (1996) (Eds.). *Culture and psychiatric diagnosis: a DSM-IV perspective*. Washington, DC: American Psychiatric Press.

MOLLICA, R. F., CASPI-YAVIN, Y., BOLLINI, P., TRUONG, T., TOR, S., & LAVELLE, J. (1992). The Harvard Trauma Questionnaire: Validating a cross-cultural instrument for measuring torture, trauma, and posttraumatic stress disorder in Indochinese refugees. *Journal of Nervous and Mental Disease 180,* 111-116.

MOLLICA, R. F., WYSHAK, G., DE MARNEFFE, D., KHUON, F. & LAVELLE, J. (1987). Indochinese versions of the Hopkins Symptom Checklist-25: A screening instrument for the psychiatric care of refugees. *American Journal of Psychiatry 144,* 497-500.

MUMFORD, D. B., BAVINGTON, J. T., BHATNAGAR, K. S., HUSSAIN, Y., MIRZA, S., & NARAGHI, M. (1991). The Bradford Somatic Inventory. A multi-ethnic inventory of somatic symptoms reported by anxious and depressed patients in Britain and the Indo-Pakistan subcontinent. *British Journal of Psychiatry 158,* 379-386.

OTTOMEYER, K. (1997). *Kriegstrauma, Identität und Vorurteil.* Klagenfurt: Drava

OTTOMEYER, K. (2004). Psychodrama und Trauma. In FÜRST, J., OTTOMEYER, K. & PRUCKNER, H. (Hrsg.) *Psychodrama-Therapie. Ein Handbuch.* (S. 348-362). Wien: Facultas,

OTTOMEYER, K. & PELTZER, K. (2002) (Hrsg.). *Überleben am Abgrund. Psychotrauma und Menschenrechte.* Klagenfurt: Drava

OTTOMEYER, K. & RENNER, W. (2007) (Hrsg.). *Interkulturelle Trauma-Diagnostik. Probleme, Befunde und Richtlinien für die Begutachtung von Asylsuchenden.* Klagenfurt: Drava.

REDDEMANN, L. (2001). *Imagination als heilsame Kraft. Zur Behandlung von Traumafolgen mit ressourcenorientierten Verfahren.* Stuttgart: Pfeiffer bei Clett-Kotta.

REDDEMANN, L. (2004). *Psychodynamisch Imaginative Traumatherapie. PITT – Das Manual.* Stuttgart: Pfeiffer bei Klett-Cotta.

REICHMAYR, J. & OTTOMEYER, K. (2007). Ethnopsychoanalyse und Tiefenhermeneutik. In STRAUB, J., WEIDENMANN, A. & WEIDENMANN, D. (Hg.). *Handbuch Interkulturelle Kommunikation und Kompetenz. Grundbegriffe – Theorien – Anwendungsfelder* (S. 249-260). Weimar: J.B. Metzler.

RENNER, W. (2007). Kultursensible klinische Diagnostik von Traumafolgen. Messtheoretische Grundlagen und Leitlinien zur Begutachtung. In K. OTTOMEYER & W. RENNER (Hrsg.), *Interkulturelle Trauma-Diagnostik. Probleme, Befunde und Richtlinien für die Begutachtung von Asylsuchenden* (S. 127-163). Klagenfurt: Drava.

RENNER, W. (im Druck). The effectiveness of psychotherapy with refugees and asylum seekers: Preliminary results from an Austrian study. *Journal of Immigrant and Minority Health.*

RENNER, W. (Hrsg.) (in Vorbereitung). *Culture-sensitive and resource oriented peer groups. Austrian experiences with a self-help approach to coping with trauma in refugees from Chechnya.* Innsbruck: Studia.

RENNER, W., LIND, M. & OTTOMEYER, K. (2008). Psychodramatische Gruppentherapie bei traumatisierten Migrantinnen – neue Ergebnisse einer Evaluationsstudie. *In Zeitschrift für Psychotraumatologie, Psychotherapiewissenschaft , Psychologische Medizin 4 ,* 89-95

RENNER, W., PELTZER, K., SALEM, I. & OTTOMEYER, K. (2007). Dimensions of distress in West African asylum seekers: Body sensations, somatic complaints, and other culturally specific symptoms. In K. OTTOMEYER & W. RENNER (Hrsg.), *Interkulturelle Trauma-Diagnostik. Probleme, Befunde und Richtlinien für die Begutachtung von Asylsuchenden* (S. 93-109). Klagenfurt: Drava.

RENNER, W., SALEM, I. & OTTOMEYER, K. (2006). Cross-Cultural validation of psychometric measures of trauma in groups of asylum seekers from Chechnya, Afghanistan and West Africa. *Social Behavior and Personality 35 (5),* 1101-1114.

RENNER, W. SALEM, I. & OTTOMEYER, K. (2007). Posttraumatic stress in asylum seekers from Chechnya, Afghanistan and West Africa - Differential findings obtained by quantitative and qualitative methods in three Austrian samples. In J. P. WILSON & C. TANG (Eds.), *The cross-cultural assessment of psychological trauma and PTSD* (pp. 239-278). New York: Springer.

SACHSSE, U. (2004) *Traumazentrierte Psychotherapie.* Stuttgart/New York: Schattauer

STAMM, B. H. & FRIEDMAN, M.J. (2000). Cultural diversity in the appraisal and expression of trauma. In A.Y. SHALEV & R. YEHUDA (Eds), *International handbook of human response to trauma* (pp. 69-85). Dordrecht: Kluwer Academic Publishers.

TEDESCHI, R.G. & CALHOUN, L.G. (1996). The post-traumatic growth inventory: Measuring the legacy of trauma. *Journal of Traumatic Stress 9*, 455-472.

TRIANDIS, H.C. (1995). *Individualism and collectivism*. Boulder, CO: Westview Press.

WEISS, D.S. & MARMAR, C.R. (1997). The impact of event scale—revised. In J. P. WILSON & T. M. KEANE (Eds.), *Assessing psychological trauma and PTSD* (pp. 399-411). New York: The Guilford Press.

WILSON, J. P. & DROZDZEK, B. (2004). *Broken spirits. The treatment of traumatized asylum seekers, refugees, war and torture victims*. New York: Brunner-Routledge.

WISE, E.A. (2004). Methods for analyzing psychotherapy outcomes: A review of clinical significance, reliable change, and recommendations for future directions. *Journal of Personality Assessment 82*, 50-59.

ZIELKE, M. & KOPF-MEHNERT, C. (1978). *Veränderungsfragebogen des Erlebens und Verhaltens*. Göttingen: Beltz.

Autoren:

O. Univ. Prof. Dr. KLAUS OTTOMEYER ist Universitätsprofessor am Institut für Psychologie der Alpen-Adria Universität Klagenfurt und leitet dort die Abteilung für Sozialpsychologie, Ethnopsychoanalyse und Psychotraumatologie. Er ist Obmann der Kärntner Trauma-Einrichtung „Aspis. Forschungs- und Beratungszentrum für Opfer von Gewalt", in welcher er als Psychoherapeut arbeitet.

Abt. für Sozialpsychologie, Ethnopsychoanalyse und Psychotraumatologie
Institut für Psychologie, Universität Klagenfurt
Universitätsstr. 65 - 67 9020 Klagenfurt
e-mail: Klaus.Ottomeyer@uni-klu.ac.at

Univ. Doz. Dr. WALTER RENNER ist Privatdozent an der Leopold-Franzens-Universität Innsbruck, wo er Forschungsprojekte im Bereich Trauma, Akkulturation und Migration organisiert und leitet. Er ist Klinischer Psychologe und Verhaltenstherapeut und auf interkulturelle klinische Diagnostik und Intervention spezialisiert. Walter Renner ist freiberuflich für den Verein ASPIS (Forschungs- und Beratungszentrum für Opfer von Gewalt) an der Universität Klagenfurt tätig und lehrt dort auch als Gastdozent.

Department of Psychology, University of Klagenfurt,
Universitaetsstrasse 65-67 • 9020 Klagenfurt • Österreich
e-email: walter.renner@uibk.ac.at oder walter.renner@uni-klu.ac.at

Transkulturelle Psychotherapie mit traumatisierten Flüchtlingen unter Mitwirkung von DolmetscherInnen

Cinur Ghaderi & Eva van Keuk

Geht denn das überhaupt – Therapie mit DolmetscherInnen?

„Psychotherapie mit Dolmetschern? Das geht nicht! Und erst recht nicht bei traumatisierten Patienten." (deutsche Psychotherapeutin, 57, während einer Fortbildung).

Die Meinung dieses Psychotherapeuten, dass der Einsatz von DolmetscherInnen im psychologisch-psychiatrisch-medizinischem Arbeitsfeld ungewöhnlich und schwer handhabbar ist, vertreten immer noch viele in Deutschland.

Natürlich können subtile Aspekte der Sprache nicht in jedem Fall durch DolmetscherInnen wiedergegeben werden, mit beispielsweise der Konsequenz: dass die Psychodiagnostik erschwert ist oder dass die Relevanz von nonverbalem Verhalten steigt.

Aber der Tatsache, dass sprachliche Verständigung die Grundvoraussetzung jeglicher therapeutischer Intervention ist, und *„Psychotherapie ohne den Austausch von Worten und der damit verbundenen tiefen Bedeutung ... nicht durchgeführt werden kann ... und muttersprachliche Therapeuten eine Lösung wären"*[1] (Gün 2007, S.158), steht die Realität gegenüber, dass selbst in psychiatrisch-psychotherapeutischen Einrichtungen mit mehrsprachigen TherapeutInnen nicht alle Sprachen abgedeckt werden können und der Dolmetschereinsatz unverzichtbar bleibt. (Gün 2007)

„Aus fachlicher Sicht ist ihr Einsatz in hohem Maße gerechtfertigt, denn er erleichtert nichtdeutschen Patienten die Inanspruchnahme psychiatrischer/psychotherapeutischer Hilfe, reduziert diagnostische Unsicherheiten auf Seiten der Behandler und hilft oftmals stationäre Einweisung zu verhindern." (Kluge & Kassim 2006 in: Wohlfahrt & Zaumseil (Hrsg) „Transkulturelle Psychiatrie – Interkulturelle Psychotherapie")

Aus unserer Sicht besteht die Notwendigkeit sich weniger mit „ob", als mit dem „wie" eines möglichst störungsfreien Settings zu beschäftigen, d.h. zum einen aufmerksam zu sein für die typischen Fehlerquellen (vgl. Abb. 1) beim Einsatz, um mögliche Verzerrungen zu minimieren und zum anderen mit den Regeln für ein gelungenes Dolmtschersetting vertraut zu sein.

> **Mögliche Fehlerquellen im Setting mit DolmetscherInnen:**
> – Auswahl der DolmetscherIn nicht geeignet
> – zu wenig Zeit für Beziehungsaufbau
> – Keine verständliche Rollenklärung

1.

- Sprache nicht angepasst (DolmetscherIn überfordert)
- Indirekte Ansprache
- Vernachlässigen von non- und paraverbalen Verhaltensweisen
- zu wenig Respekt in Kommunikation
- Vernachlässigen der kollektiven Sicht der KlientenIn zu wenig klientInnenzentriert

Regeln für transkulturelles Dolmetschersetting:

1. Angepasste Auswahl der DolmetscherIn

Ein gelungenes Dolmetschersetting beginnt in der Vorbereitung und impliziert eine angepasste Auswahl der DolmetscherIn für eine bestimmte KlientIn. Unterschätzt wird in der Praxis die Kumulation von Fehlern und Missverständnissen in der triadischen Beziehung allein aufgrund der Auswahl einer nicht geeigneten DolmetscherIn. „Geeignet" ist eine DolmetscherIn dann, wenn es eine Passung gibt, zwischen DolmescherIn und KlientIn, so dass Vertrauen und Verständnis in einer angstfreien Beziehung möglich sind. „Passung" erfordert von der TherapeutIn sich über die Besonderheiten der KlientIn und den Merkmalen der DolmetscherIn bewusst zu sein.

Die Spezifika der KlientIn können durch die Symptomatik bedingt sein, wie z.B. störungsbedingte Konzentrationsstörungen bei Traumatisierten, möglicherweise die Unfähigkeit bestimmte Gedächtnisinhalte abzurufen, zu erinnern und diese zu versprachlichen. Diese störungsbedingten Spezifika beeinflussen die Sprachfähigkeit bzw. Sprachunfähigkeit der KlientIn. Daneben kann die Sprachfähigkeit auch beeinflusst sein von allgemeinen Aspekten wie Mehrsprachigkeit oder mehrfache/doppelte Halbsprachigkeit.

Hinzu kommt, dass traumatisierte Flüchtlinge häufig extreme Erfahrungen von Kontrollverlust, Hilflosigkeit, Ohnmacht und Ausgeliefertsein erlebt haben. Nicht verwunderlich sind daher Ängste, anderen Menschen zu vertrauen. Vermeidungsverhalten und Gefühlsdimensionen wie Misstrauen, Scham, Schuld, Angst oder Wut sind Themen, die die Kommunikation zu dritt beeinflussen. Um diesem Aspekt Rechnung zu tragen, sollten bei der Wahl der „geeigneten" DolmetscherIn soziodemographischen Merkmale wie Geschlecht, Alter und Bildungsniveau und der gesellschaftliche Status der KlientIn und der DolmetscherIn, die im Herkunftsland und Deutschland variieren können, berücksichtigt werden. Denn eine effektive und störungsfreie Kommunikation in der Psychotherapie ist vor allem abhängig vom Beziehungsaspekt. Beziehung wiederum ist abhängig von den gegenseitigen Erwartungen, die es aufgrund von Generation, Geschlecht, Bildungsniveau aber auch Kultur (vgl. Ackermann 2004) und Herkunft geben kann. Je nach politischen Rahmenbedingungen im Herkunftsland kann die „Passung" der KlientIn und der DolmetscherIn unterschiedlich sein (vgl. Abb. 2).

Aspekte von Herkunft und Kultur
- *1. Beispiel Tschetschenien*: 1 Millionen TschetschenInnen weltweit, enge kollektivistische patriarchale Gesellschaftsstruktur, jahrelanger Bürgerkrieg/russische Besatzung, innere Spannungen (Islamisierung/„Bruderkrieg"), Ehrenkodex
- Geeignete DolmetscherInnen: z.B. aus Kasachstan (falls russischsprachig)

- *2. Beispiel Sri Lanka:* Tamile Tigers LTTE weltweit organisiert; Bürgerkrieg gegen singhalesische Regierung im Norden; zwei verfeindete tamilische Parteien
- Genaue Kenntnis des politischen Hintergrundes unabdingbar (von ExplorandIn und von DolmetscherIn)
- Gut geeignet: 2. Generation, andere Stadt in Deutschland, ähnlicher politischer Kontext

---

Sicherlich kann man einwenden, dass es „passende" DolmtscherInnen, die all diesen Kriterien genügen, nicht immer geben wird. Umso bedeutender ist dann die Persönlichkeit dieser „dritten" Person, seine politische, ethnische und religiöse Orientierung, und seine beruflich professionelle Haltung.

Die professionelle Haltung einer DolmetscherIn setzt die Kenntnis der Grundregeln des Settings voraus, zu denen Neutralität, Unbefangenheit, Schweigepflicht und transkulturelle Sensibilität gehören. Bei der Forderung nach Neutralität darf in diesem Kontext nicht außer Acht gelassen werden, daß es sich um ein Individuum mit subjektiven Wahrnehmungen handelt und es insofern eine absolute Neutralität per se nicht geben kann, wenn wir realistisch sind. Es geht also eher um einen bewussten Umgang der dolmetschenden Person mit ihrer Rolle. Daher ist der Begriff der „reflektierten Subjektivität" sicher die genauere Bezeichnung (s.u.).

Transkulturelle Sensibilität setzt ein Bewusstsein für die Kulturgebundenheit der eigenen Wahrnehmung und damit die Relativität eigener Wertungen voraus. Es impliziert die Reflektionsfähigkeit bzgl. eigener Haltungen und dem Einfluss eigener Migrationserfahrungen, die zu unterschiedlichen Loyalitätsbezügen führen kann (vgl. BERRY 1997, PRIES 1997). Ferner bedeutet es soziale und kommunikative Kompetenz, sich verbal und nonverbal in beiden Sprachen und Kulturen akzeptabel und verständlich ausdrücken zu können und evtl. Erwartungsdifferenzen aufgrund des transkulturellen Settings wahrzunehmen.

Reflektierte Subjektivität. Vorstellungen vom so genannten BriefträgerInnenmodell oder Telefonleitungsmodell, bei dem „neutrale", quasi-unsichtbare DolmetscherInnen BotschaftsüberbringerInnen sind und es unwesentlich ist, welche geschlechtliche, parteiliche, ethnische oder sonstige Zugehörigkeit besteht, gehören der Vergangenheit an. Zugehörigkeiten der DolmetscherIn und der KlientIn und deren evtl. vorhandenen divergenten Haltungen können in der Realität kaum hundertprozentig neutralisiert werden. Neutralität bedeutet daher aus unserer Sicht reflektierte Subjektivität, dass beispielsweise DolmetscherIn und KlientIn durchaus unterschiedliche politische Couleure haben können. Der Umgang damit sollte das Gespräch aber möglichst gering beeinflussen. TherapeutIn und möglichst auch DolmetscherIn sollten die emotionale Dimension von Nähe und Fremdheit im Gespräch durch Erwartungen bzgl. Inkongruenzen/Kongruenzen des Erfahrungshintergrundes bewusst sein.

Unbefangenheit bedeutet, dass es keine persönlichen oder gar verwandtschaftlichen Beziehungen zwischen der DolmetscherIn und der KlientIn geben darf. Die Befangenheit der DolmetscherIn kann auch inhaltlich durch bestimmte Themen der KlientIn ausgelöst werden, was nicht unwahrscheinlich ist, wenn beide aus dem gleichen Herkunftsland kommen und die gleichen Unruhen oder Kriege erlebt haben. Es können ebenso familiäre oder sonstige Aspekte sein, die Wut oder Trauer etc. auslösen können. Diese Befangenheit kann sich in Form von Überidentifikation mit der KlientIn, oder aber durch völliges Distanzieren und Ablehnen der KlientIn äußern. Ein Beispiel: Die iranische Dolmetscherin, die aus einer oppositionellen Familie stammt, entdeckt im Gespräch, dass der Klient regimetreu war und aktiv war in der Verfolgung der Opposition in der Heimat, schließlich aber selbst flüchten musste. Hier bahnt sich eine TäterIn-Opfer-Problematik an, die die Haltung und Beziehung zwischen der DolmetscherIn und der KlientIn enorm beeinflusst.

Schweigepflicht ist nicht nur eine juristische Pflicht, sondern Voraussetzung, um der KlientIn ein Gefühl von Sicherheit und Vertrauen zu geben. Es muss für die KlientIn gewährleistet sein, dass das Gesagte nicht nach außen dringen wird. Sollte es notwendig werden im Rahmen einer psychotherapeutischen Stellungnahme Informationen z.B. an Behörden zu geben, muss Transparenz darüber bestehen, welche Informationen nach außen getragen werden. Dem berechtigten Misstrauen von KlientInnen kann entgegnet werden, indem der eigennützige Sinn die Schweigepflicht auch für die PsychotherapeutIn und die DolmetscherIn benannt wird, dass z.B. die eigene Arbeitsstelle und Seriosität davon abhängig sind, diese Regel einzuhalten.

2. Angemessene Kommunikation

Der Sprache des Gegenübers nicht mächtig zu sein, stellt per se schon eine Situation dar, in der sehr starke Abhängigkeitsgefühle aktiviert werden können. Insbesondere, da es in der Regel in der Psychotherapie um subjektiv belastende Themen von teilweise existentieller Bedeutung geht, ist es nachvollziehbar, dass fehlende Sprachkenntnisse für die KlientInnen einen enormen Stressfaktor darstellen.

Eine angemessene Kommunikation in der triadischen Konstellation kann eine „sichere" Atmosphäre schaffen und so diesen Stressfaktor minimieren. Voraussetzung ist zwangsläufig die Sprachfähigkeit der DolmetscherIn, die nach Möglichkeit vor dem ersten Gespräch in einem Testlauf in einem einfachen Gespräch mit geringer Tragweite geprüft werden kann. Dieser Aufwand lohnt sich, da bei Psychotherapie eine langfristige DolmetscherInkonstanz für den Prozess angestrebt wird.

Wenn grundsätzlich die Sprachkompetenz der DolmetscherIn in der gewünschten Sprache oder Dialekt belegt ist, sollten einige Grundsätze für das Setting vereinbart werden. Dazu gehört z.B. eine an die KlientIn *angepasste Wortwahl*. TherapeutIn und DolmetscherInnen sollten sich immer an dem Sprachniveau der KlientIn orientieren und dabei natürlich das Bildungsniveau der KlientIn berücksichtigen. Die therapeutischen Interventionen, in *direkter Rede* an die KlientIn gerichtet, vor allem in angepasster Wortwahl kann für die TherapeutIn eine Herausforderung sein. Denn trotz komplexer Hypothesen, die sie im Hinterkopf haben mag, liegt es in ihrer Verantwortung, die Fragen so in Form zu bringen, dass die DolmetscherIn sie konsekutiv übersetzen kann.

Für die DolmetscherIn besteht darüber hinaus das Problem der Lexik, d.h. dass Begriffe regional unterschiedlich lauten können oder verstanden werden oder dass Begriffe aus dem hoch differenzierten Land Deutschland, in einem anderen Land unbekannt sind (vgl. WURZEL, 1998). Auch soziokulturelle Aspekte der Sprache können zum Tragen kommen, wie z.B. die Formulierung „wir" statt „ich" oder „die Kinder kamen nach", statt „meine Frau und Kinder kamen nach".

Doch neben der Bedeutung einer klaren, direkten Sprache spielt gerade im transkulturellen DolmetscherInnensetting der *para- und nonverbale Kontakt* eine enorme Rolle. Der schweigende, zuhörende Anteil der TherapeutIn steigt und eine „unsichtbare" DolmetscherIn gibt es nicht, daher ist es unverzichtbar für beide Seiten sich über den Einfluss ihrer Gestik, Mimik und Ton für den Gesprächsablauf bewusst zu sein.

3. Beziehungsgestaltung als Triade mit klaren Rollenverteilungen

Der Dolmetschereinsatz setzt bei DolmetscherInnen und TherapeutInnen kommunikative Kompetenzen voraus. Angelehnt an das Kommunikationsmodell von SCHULZ VON THUN (1992) wird die störungsfreie Weitergabe von Sachinhalten zwischen Sender und Empfänger maßgeblich beeinflusst durch den emotionalen Gehalt der Beziehungsseite und die Empfangsgewohnheiten der Beteiligten.

In einem psychotherapeutischen Setting unter Mitwirkung von DolmetscherInnen sind es drei Personen, die beteiligt sind. So ist die Wahrscheinlichkeit, dass die Nachricht „gefärbt" übermit-

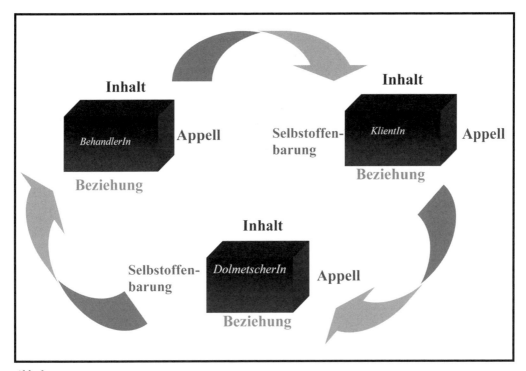

Abb. 3

telt wird, deutlich höher, da jede dieser drei Personen sowohl SenderIn als auch EmpfängerIn einer Nachricht ist. An jeder Stelle gibt es demnach gewisse „Filter", die die Nachricht verändern können, sei es durch mit Scham besetzte Inhalte, durch Gewohnheiten oder auch durch Verzerrungen, die in der sprachlichen Übersetzung entstehen.

„Nachrichten" im Sinne SCHULZ VON THUNS können in diesem Setting demnach permanent Veränderungen unterliegen, die nicht in jedem Fall zu verhindern sind, da sie durch relativ stabile Eigenschaften der beteiligten Personen entstehen. Daher ist für die TherapeutIn ein Bewusstsein über diese Transformationen notwendig und hilfreich, ihre Fähigkeit zur Metakommunikation wahrzunehmen und dabei nicht nur die KlientIn, sondern auch die DolmetscherIn mit im Blick zu haben.

DolmetscherIn und TherapeutIn bilden in dieser Konstellation ein *Arbeitsbündnis,* bei welchem beide unterschiedliche Aufgaben haben. Während die DolmetscherIn für die sprachliche Verständigung verantwortlich ist, entscheidet und steuert die TherapeutIn den Gesprächsverlauf.

Das Arbeitsbündnis und die Klärung der Verantwortlichkeiten werden durch das Vor- und Nachgespräch manifestiert. Im *Briefing* vor der Therapiesitzung wird die DolmetscherIn von der TherapeutIn informiert über die KlientIn, das Gesprächsziel, ferner über formale Fragen der Methode des Dolmetschens (Ich-Form; konsekutiv; direkte Rede) und Kostenfragen.

Ebenso relevant sind spezifische Kontextinformationen, zu denen die Realitäten gehören, in denen z.B. Flüchtlinge leben, aber auch das Rahmenkonzept des therapeutischen Settings an sich. Dieses Grundverständnis von der Therapiesituation und -methode ist unersetzlich, um adäquat übersetzen zu können (vgl. ABDULLAH-STEINKOPFF, B., 1999).

Genauso sollte nach dem Gespräch ein *Debriefing* erfolgen. Gerade für neue Dolmetscher-Innen sind diese kurzen Vor- und Nachgespräche wichtig, um z.B. Missverständnisse zu klären, (sprachliche) Eindrücke mitzuteilen oder um die evtl. bei der DolmetscherIn entstandenen Emotionen mitzuteilen und aufzufangen, und langfristig psychischen Belastungen der DolmetscherInnen (TEEGEN, F. & GÖNNENWEIN, C. 2002) und sekundärer Traumatisierung präventiv entgegenzuwirken.

Briefing
– Notwendige Infos für DolmetscherIn
Evtl. Gesprächsziele bestimmen
– Vereinbarung der Methode des Dolmetschens
– Einsatz/-Kostenfragen

Debriefing
– Nur zwischen AuftraggeberIn und DolmetscherIn
– Eindrücke der DolmetscherIn können mitgeteilt werden
– Evtl. im Gespräch entstandene Emotionen der DolmetscherIn abbauen
– Formalitäten

Abb. 4

Die TherapeutIn muss hauptsächlich *während des Gesprächs* darauf achten, ob das Arbeitsbündnis aufrechterhalten bleibt und bei Unklarheiten den Verlauf steuern. Bemerkt die TherapeutIn z.B. eine Diskrepanz zwischen der Länge der Antwort der KlientIn und der Übersetzung oder eine inhaltlich unlogische Antwort auf die eingangs gestellte Frage, muss sie durch unmittelbares Nachfragen klären, ob es sich um ein sprachliches oder inhaltliches Missverständnis handelt. Sie sollte auch prüfen, ob die Diskrepanz vielleicht ein Ausdruck der Vermeidungstendenz der KlientIn und damit auch Ausdruck ihrer Symptomatik ist. Wird eine solche Diskrepanz zwischen dem Gesagtem und dem Gemeinten festgestellt, ist zeitnahes Reagieren und Klären notwendig, da sich der Verzerrungsgrad zwischen dem Gesagtem und dem Gemeinten in Abhängigkeit von der Zeit und von Gesprächseinheit zu Gesprächseinheit vergrößert und schließlich nicht mehr von den GesprächsteilnehmerInnen nachvollzogen werden kann. Die Beschreibung der Sprache der KlientIn im Nachgespräch mit der DolmetscherIn kann auch helfen die Sprachfähigkeit der KlientIn zu erkennen.

Andererseits kann während des Gesprächs der Eindruck entstehen, dass das Gespräch ohne Probleme verläuft, während es tatsächlich zu schwerwiegenden Missverständnissen kommt, weil Inhalte falsch oder ungenau wiedergegeben werden oder relevante Informationen unausgesprochen bleiben (aus Scham, Wut o.ä.). Ob das so verläuft hängt oft von der Qualität des Vorgesprächs mit der DolmetscherIn zusammen. Konnte ein Arbeitsbündnis hergestellt werden, in dem die Möglichkeit besteht, offen zu sagen, wenn die DolmetscherIn etwas nicht verstanden hat oder übersetzen kann? Denn Sprachfähigkeit der DolmetscherIn bedeutet sich am Sprachniveau der KlientInnen zu orientieren und weder das Niveau ihrer Übersetzung hoch zu schrauben noch aus Unkenntnis zu verringern.

Gibt es unausgesprochenen Loyalitätserwartungen oder -enttäuschungen und Misstrauen zwischen DolmetscherIn und KlientIn, da aufgrund einer vermeintlichen „gleichen Kultur" recht differente unausgesprochene Handlungserwartungen entstanden sind?

Oder spielen gerade Übertragung und Gegenübertragungsphänomene in diesem triadischen Beziehungssystem eine Rolle (vgl. HAENEL 1997; KLUGE & KASSIM 2006)?

Bei Problemen zwischen DolmetscherIn und KlientInnen ist bedeutend, nicht nur mit der DolmetscherIn ein Nachgespräch zu führen, sondern direkt nach der Sitzung bei der KlientIn allein ohne DolmetscherIn nachzufragen und ggf. einen DolmetscherInnenwechsel anzusprechen.

4. Gestaltung des transkulturelles Settings mit DolmetscherInnen

Therapeutische Arbeit mit DolmetscherInnen schafft ein Setting, das von TherapeutInnen verantwortungsvolle Steuerung abverlangt. Es ist eine Kommunikationssituation, in der er auf die BündnispartnerIn DolmetscherIn angewiesen ist, aber letztlich hat die TherapeutIn die „Amtautorität". Die BehandlerIn ist dominant und kann die Beziehung auf vielfältige Weise definieren, zum Beispiel schon durch die Art der Anrede, durch unangebracht distanziertes Verhalten, durch Unklarheit der Sprache usw. (SCHULZ VON THUN 1992, 2006).

Somit sind auch hier die Spezifika der meisten interkulturellen Kommunikationssituationen gegeben, nämlich die Verschränkung von Machtgefälle und Kulturdifferenz (AUERNHEIMER 2002). Die Vorgaben der TherapeutIn – häufig non-verbal vermittelt – werden von der DolmetscherIn und KlientIn in der Regel angenommen. Insofern ist es für die TherapeutIn bedeutsam, von vornherein die Verantwortung für die Gesprächsinhalte und den Verlauf zu übernehmen und nicht die DolmetscherIn damit zu überfordern.

Zur Berücksichtigung des transkulturellen Settings in der Flüchtlingsarbeit gehört die Einnahme einer Haltung als GastgeberIn, da das zu einer größeren kulturellen Verständigung und Respekt führen kann, aber auch eine bessere Grundlage für die Zusammenarbeit schafft. Diese Haltung erleichtert auch die Aufwärmphase zur Schaffung einer vertrauensvollen Atmosphäre.

Vom Ablauf her sollte nach einer herzlichen Begrüßung die Ansprache geklärt werden, als dann sollte die KlientIn den Sitzplatz wählen (wobei hier auch auf die Sitzposition der DolmetscherIn und der TherapeutIn zu achten ist) und die Gesprächsbeteiligten sich vorstellen. Die DolmetscherIn sollte sich selbst vorstellen. Hier kann die TherapeutIn viel Raum lassen, so dass sich KlientIn und DolmetscherIn in der Muttersprache ein wenig austauschen können (woher sie genau kommen etc.). In den folgenden Gesprächen allerdings sollte jede Einzelheit des Gesprächs gedolmetscht werden, um nicht unnötig Misstrauen und Missverständnisse hervorzurufen.

Anschließend sollte die Einrichtung vorgestellt und der Auftrag deutlich gemacht werden. Das Ziel, der Umfang und die Rahmenbedingungen der Therapiegespräche und die Rollen der Beteiligten sollten transparent dargestellt werden.

Eine erste Psychotherapiesitzung mit traumatisierten Flüchtlingen unter Mitwirkung einer DolmetscherIn benötigt mehr Zeit, sowohl durch das Vor- und Nachgespräch, als auch durch die „Warming-up"-Phase, ein notwendiger Raum um eine vertrauensvolle Atmosphäre zu schaffen.

Es ist sehr wichtig, eine Dolmetscherkonstanz anzustreben, d.h. dass nur eine DolmetscherIn den Therapieverlauf einer KlientIn begleitet, da so sichere stabile Arbeitsatmosphäre entstehen kann und es allen Beteiligten Zeit und Kosten spart. Nach der ersten Sitzung sollte die KlientIn allein nach ihrer Zufriedenheit mit der DolmetscherIn gefragt werden und das Gespräch mit der DolmetscherIn nachbesprochen werden (s.o. Debriefing), um sprachliche oder inhaltliche Missverständnisse zu bereinigen.

Leitfaden zum DolmetscherInneneinsatz

A. Vor dem Gespräch

Informationen:
- Aus welchem Land kommt die KlientIn?
- Welche Sprache spricht er/sie?
- Wie sind seine/ihre persönlichen Merkmale?
- Herrscht in diesem Land Krieg/Bürgerkrieg?

DolmetscherIn anfordern:
- Möglichst aus anderem Wohnort in Deutschland und aus Herkunftsregion (also nicht aus dem gleichen Dorf in der Heimat, keine Nachbarn in Deutschland)
- Möglichst gleiches Geschlecht
- Möglichst gleicher Dialekt

DolmetscherInnenvorgespräch:
- Kennenlernen (persönliche Merkmale, evtl. religiöse/politische Überzeugungen auf beiden Seiten)
- Information über Zeitrahmen, Bezahlung, Schweigepflicht
- Information über KlientenIn und DolmetscherInnenstil (konsekutiv)

B. Während des Gespräches:
- Sie holen die KlientenIn aus dem Wartebereich ab
- Vorstellen aller Gesprächspartner
- Regeln freundlich und verbindlich erläutern: Schweigepflicht, kein Kontakt zwischen DolmetscherIn und KlientIn außerhalb der Gespräche, Bezahlung durch Institution, alles Gesprochene wird übersetzt
- Blickkontakt halten
- Direkte Ansprache
- Langsame und angepaßte Ausdrucksweise
- Freundlicher Tonfall
- abstrakte Begriffe direkt im Deutschen erklären (nicht der DolmetscherIn überlassen)
- Nachfragen: Wie verstehen Sie sich sprachlich (DolmetscherIn/KlientIn)?

C. Nach dem Gespräch:
- Die KlientIn kurz fragen (ohne DolmetscherIn): Wie war die Verständigung – gut? Probleme?

DolmetscherInnennachgespräch:
- Wie war die Verständigung?
- Ist etwas Besonderes aufgefallen?
- Evtl. Fragen klären zum kulturellen oder regionalen Hintergrund
- Bei belastenden Gesprächen: kurze Entlastung, Befindlichkeit und persönliche Anteile klären

Abb. 5

Fazit

Manchen mag nun trotz der benannten Spielregeln für den Einsatz von DolmetscherInnen in Psychotherapie mit Flüchtlingen die triadische Beziehung ein zu komplexes Geflecht erscheinen. In der Praxis ist es eine Bereicherung, wenn nicht gar Luxus. Denn die TherapeutIn kann ruhiger arbeiten, da sie durch die Zeitverzögerung der Übersetzung Gelegenheit hat ihre Interventionen gut zu überdenken, und die Möglichkeit hat sich insbesondere Zeit für die Verhaltensbeobachtung non-verbaler und para-verbaler Anteile der KlientIn zu nehmen.

Ferner können „die vielfach von Behandlern als abschreckend wahrgenommene Komplexität der entstehenden Beziehungskonstellation in einem anderen Licht aus als Bereicherung des Wissens über das Eigene und das Fremde verstanden werden" (KLUGE & KASSIM 2006, S. 197).

Das Ziel der psychotherapeutischen Behandlung ist letztlich – und das sollte man nicht aus den Augen verlieren – die Heilung der KlientInnen durch bewusst gestaltete Beziehung über Kommunikation. Wenn dies nicht anders möglich ist, dann können DolmetscherInnen zu diesem Verständnis beitragen. Im PSZ behandeln wir seit Jahren erfolgreich mit DolmetscherInnen traumatisierte Flüchtlinge und erleben die Effektivität des Einsatzes, u.a. auch am Feedback der KlientInnen, z.B. die von Herr B. Xhemaili, einem kosovarischen KZ-Überlebenden, der ausdrücklich namentlich genannt werden möchte:

„Hier kann ich frei sein und reden. Ich musste für mein Überleben mein Wissen geben. Es beschämt mich, immer noch kein Deutsch zu sprechen. Ich, der nie genug lernen konnte, nie hätte ich das für möglich gehalten. Mein gelerntes Wissen verdampft kurze Zeit später aus meinem Gehirn."

„ Hier bei Euch fühle ich mich verstanden. Die Worte bahnen sich einen Weg. Wie eine Holzlatte nach der anderen im Sumpf. Danke, dass ihr mich versteht. Verständnis ist heilsam. Es hilft nicht, helfen zu wollen. Aber wenn Ihr mich versteht, dann habe ich die Hoffnung, dass auch andere mich verstehen können."

6. Literatur

ABDALLAH-STEINKOPFF, B. (1999): Psychotherapie bei Posttraumatischer Belastungsstörung unter Mitwirkung von DolmetscherInnen. In: MAERCKER A: Posttraumatische Belastungsstörung: Stand und Perspektiven des Wissens über effektive Therapien. Verhaltenstherapie, Band 9, Heft 4, S. 211-222

ACKERMANN, A. (2004): „Das Eigene und das Fremde: Hybridität, Vielfalt und Kulturtransfer". In: JAEGER, FRIEDRICH/RÜSEN, JÖRN (Hg.): Handbuch der Kulturwissenschaften, Stuttgart: Metzler, Bd. 3: Themen und Tendenzen, S. 139-154

AUERNHEIMER, G. (Hg.) (2002): Interkulturelle Kompetenz und Professionalität. Interkulturelle Studien Bd.13. Opladen

BERRY, J.W. (1997): Immigration, acculturation, and adaptation. Applied Psychology: An international review, 46, 5-68

DHAWAN, S. (2004): Einsatz von DolmetscherInnen. In: Haenel, F. & Wenk-Ansohn, M. (Hrsg.): Begutachtung psychisch reaktiver Traumafolgen in aufenthaltsrechtlichen Verfahren. Weinheim: Beltz

GÜN. A.K. (2007): Interkulturelle Missverständnisse in der Psychotherapie : gegenseitiges Verstehen zwischen einheimischen Therapeuten und türkeistämmigen Klienten, Lambertus, S. 158

HAENEL, F. (1997): Spezielle Aspekte und Probleme in der Psychotherapie mit Folteropfern unter Beteiligung von Dometschern. In: systema 2/1997, 11.Jahrgang, S. 136-144

KLUGE, U. & KASSIM, N. (2006): Der Dritte im Raum. In: WOHLFAHRT & ZAUMSEIL (Hrsg) „Transkulturelle Psychiatrie – Interkulturelle Psychotherapie", S. 177-199

MAURER-KOBER, B. (2006): Die Rolle von DolmetscherInInnen aus juristischer Perspektive. In: Dolmetschen im Asylverfahren.Handbuch. (Hrsg.): BUNDESMINISTERIUM FÜR INNERES DER REPUBLIK ÖSTERREICH

PÖLLABAUER, S. (2006): DolmetscherInInnen im Asylverfahren. In: Dolmetschen im Asylverfahren. Handbuch. (Hrsg.): BUNDESMINISTERIUM FÜR INNERES DER REPUBLIK ÖSTERREICH

PRIES, L. (1997): Neue Migration im transnationalen Raum. In: Ders. (Hg.): Transnationale Migration. Soziale Welt, SB 12, S. 15-44

SALMAN, R. (2000): Der Einsatz von (Gemeinde-) DolmetscherInnen in Sozial- und Gesundheitswesen als
    Beitrag zur Integration: In: GARDEMANN, J., MÜLLER, W. & REMMERS, A. (Hrsg.): Migration und Ge-
    sundheitswesen. Akademie für öffentliches Gesundheitswesen, Düsseldorf
KLUGE & KASSIM, N., 2006 in: WOHLFAHRT & ZAUMSEIL (Hrsg) „Transkulturelle Psychiatrie – Interkulturelle
    Psychotherapie"
SALMAN, R. (2004): Gemeinde-Dolmetscher-Training. (Hrsg.) Ethnomedizinisches -Zentrum Hannover
SCHULZ VON THUN (2006): Interkulturelle Kommunikation: Methoden, Modelle, Beispiele.
SCHULZ VON THUN, F. (1992): Miteinander reden. Störungen und Klärungen. Bd.1. Reinbek b. Hamburg
TEEGEN, F. & GÖNNENWEIN, C. (2002): Posttraumatische Belastungsstörung bei Dolmetschern für Flüchtlin-
    ge. In: Verhaltenstherapie & Verhaltensmedizin, 23. Jahrgang – Heft 4/2002
WURZEL, P. (1998): Probleme beim Dolmetschen der kurdischen Sprache am Beispiel Kurmanci. In: InfAus-
    lR 6/98, S. 306-312

Autorinnen:

GHADERI, CINUR, geb. 1970, Dipl. Psychologin, approb. Psychotherapeutin, akkreditierte Supervisorin, seit
2001 im PSZ Düsseldorf tätig, Fortbildungen im Bereich Psychotraumatologie, Trankkulturelle Kommunikation, Einsatz von DolmetscherInnen. Derzeit Doktorandin an der sozialwissenschaftlichen Fakultät der
Ruhr-Universität-Bochum, Promotionsstipendiantin der Hans-Böckler-Stiftung. Forschungsschwerpunkte:
politische Identität, Migration, Geschlecht, Ethnizität.
e-mail: info@psz-duesseldorf.de

Dipl.-Psych. EVA VAN KEUK, Psychosoziales Zentrum für Flüchtlinge Düsseldorf. Psycholog.Psychothera-
peutin, Tanz- und Bewegungstherapeutin (BKMT), Sachverständige Psychotherapeutin für Begutachtung
im Asyl- und Ausländerrecht (PTK NRW), Leitung Diversity Training- Interkulturelle Kompetenztrainings
in Kooperation mit der Ärztekammer Nordrhein, Menschenrechtsbeauftragte des Bundesverbandes der
deutschen Psychologen (BDP), Gründungsmitglied des Dachverbandes der transkulturellen Psychiatrie,
Psychotherapie und Psychosomatik im deutschsprachigen Raum (DPTTT).
e-mail: vankeuk@psz-duesseldorf.de

Psychotherapeutische Ansätze für traumatisierte Flüchtlinge in der Ambulanz für transkulturelle Psychosomatik und Psychotherapie Düsseldorf

LJILJANA JOKSIMOVIC & JUTTA BIERWIRTH

1.   Traumatische Erlebnisse und deren Folgen bei Flüchtlingen

Nach Schätzungen des UNITED NATIONS HIGH COMMISSIONER OF REFUGEES (2007) gibt es weltweit derzeit über 40 Millionen Flüchtlinge, d.h. Menschen, die als Folge von begründeter Furcht vor Diskriminierung, Verfolgung, Folter oder Krieg gezwungen sind sich außerhalb des Landes zu befinden, dessen Staatsangehörigkeit sie besitzen. Nur ein relativ kleiner Teil dieser Flüchtlinge erreicht die reichen Länder Westeuropas und Nordamerikas. Die meisten bleiben in den benachbarten Ländern. Im Jahr 2006 lebten ca. 1,1 Mio. Flüchtlinge in Deutschland.

Durch erzwungene Migration, wie es bei Flüchtlingen der Fall ist, sind diese Menschen a) durch Krieg und organisierte Gewalt in den Heimatländern, b) durch die Flucht und c) durch das Leben im Exil (HOLTAN et al. 2002, WICKER 1993, WEINE et al. 1995, EISENMAN et al. 2003) über einen längeren Zeitraum extremen Belastungen ausgesetzt. Viele werden in Folge dieser Belastungen psychisch krank.

Die häufigste psychische Erkrankung bei Flüchtlingen ist die Posttraumatische Belastungsstörung (PTSD). Untersuchungen zeigen, dass 50% bis 70% der Flüchtlinge unter den Symptomen einer PTSD leiden (MARSHALL et al. 2005, MOLLICA et al. 1999). Die psychischen Folgen traumatischer Erfahrung sind jedoch individuell sehr unterschiedlich. Nicht alle Menschen, die extremen traumatischen Belastungen ausgesetzt waren, entwickeln eine PTSD. Neben Angststörung, Depression und dissoziativen Störungen beobachten wir in der klinischen Praxis bei einer sehr großen Anzahl von traumatisierten Flüchtlingen auch ausgeprägte funktionelle körperliche Symptome. Auch wenn viele Patienten durch Gewalterfahrungen körperliche Verletzungen und Folgeschäden erlitten haben, gibt es doch für das beobachtete Ausmaß meist keine ausreichende organische Erklärung. Gerade diese körperlichen Beschwerden sind jedoch oft Anlass für die Inanspruchnahme medizinischer Versorgung. Auch Identitätsstörungen und Störungen in den interpersonellen Beziehungen sind häufig Folge von traumatischen Erlebnissen und werden aus unserer Sicht bisher zu wenig beachtet.

Für die Verarbeitung der traumatischen Erlebnisse sind sowohl die Situation im Heimatland als auch im Aufnahmeland ausschlaggebend. Zahlreiche Untersuchungen weisen daraufhin, dass es einen direkten Zusammenhang zwischen Schwere und Häufigkeit der Traumatisierung im Heimatland und der Schwere der psychischen Beeinträchtigung bei Flüchtlingen gibt (EBATA & MIYAKE 1989, WEINE et al. 1995). Zu den häufigsten Flüchtlingstraumata zählen u.a. Folter, Vergewaltigungen, Entführung, Geiselnahme, Kampferfahrungen im Krieg, Kriegsgefangenschaft,

Hausdurchsuchungen, Leben im Versteck, Zeuge von Verletzung oder Tod anderer zu sein, unerwartete Konfrontation mit toten Körperteilen und der Verlust einer nahe stehenden Person. Auch die Nachfluchtsituation im aufnehmenden Land beeinflusst die Verarbeitung der traumatischen Erlebnisse (SCHNURR & FRIEDMAN 1997). Eine oft belastende Lebenssituation im Exil kann direkt oder indirekt zu einer Chronifizierung oder ständigen Verschärfung bestehender Symptome führen: der unsichere Aufenthaltsstatus, die finanzielle Unerstützung unterhalb des Sozialhilfesatzes oder die Versorgung mit Sachleistungen und Lebensmittelpaketen, die Unterbringung in Sammelunterkünften, Arbeitsverbot und fehlenden Ausbildungsmöglichkeiten und die Konfrontation mit Sprach- und Kulturbarrieren (VARVIN 2000). Die Verarbeitung der traumatischen Erlebnisse und deren Folgen ist u.a. von Alter, Geschlecht und Bildung sowie von früheren Belastungen abhängig, z.B. leiden ältere Flüchtlinge und Frauen vermehrt unter Traumafolgestörungen. Kultur- und Gesellschaftsbedingte Wahrnehmung und Umgang mit körperlichen und psychischen Leiden sind in diesem Zusammenhang weitere wichtige Einflussfaktoren der Traumafolgestörungen. Zusammenfassend ist zu sagen, dass die individuellen Folgen von Trauma, welche für die therapeutische Arbeit von zentraler Bedeutung sind, multifaktoriell bedingt sind. So gibt es in der Diagnostik und Behandlung von Flüchtlingen mindestens vier Aspekte die berücksichtigt werden müssen: 1. die traumatischen Erfahrungen, 2. die Persönlichkeit des Patienten, 3. die psychosozialen Bedingungen im Exil und 4. der transkulturelle Aspekt.

2. Diagnostik

Flüchtlinge die unsere Ambulanz aufsuchen erhalten zunächst eine profunde psychotherapeutische Diagnostik. Diese erfolgt im Sinne des psychosomatischen Traumamodells, d.h. wir verschaffen uns zunächst einen Überblick über folgende Fragen: Worunter leiden die Patienten? Wie ist die Entwicklung der Störung vor dem Hintergrund des traumatischen Ereignisses, der aktuellen Lebenssituation, der auslösenden Situation und der Persönlichkeit und Kultur des Patienten zu verstehen? Welche Faktoren führen zur Aufrechterhaltung und Chronifizierung? Welches therapeutische Vorgehen ist indiziert?

Die Diagnostik besteht zum einen aus einer gründlichen biographischen, sozialen und störungsspezifischen Anamnese sowie einer testpsychologischen Untersuchung. Die diagnostischen Erstgespräche werden kultursensibel, d.h. mit der therapeutischen Haltung des Respektierens der kulturbedingten Art und Weise des Patienten seine Symptome auszudrücken und traumaspezifisch, d.h. mit der therapeutischen Haltung, die Symptomatik als Ausdruck sowohl von traumatisierenden Ereignissen im Herkunftsland als auch von aktuellen Belastungssituationen zu verstehen, durchgeführt.

In der Arbeit mit Menschen aus anderen Kulturen, ist zum Verständnis der Problematik dieser Person, ebenso wie im Kontakt mit Patienten des eigenen Kulturkreises, die Beachtung der einer psychotherapeutischen Haltung inhärenten Grundsätze notwendig: empathisches Verstehen, Neutralität gegenüber Vorstellungen und Annahmen der anderen Person, auch wenn sie von den eigenen Ansichten verschieden sind und fremd erscheinen; Offenheit für Neues und das Aushalten von Unsicherheiten und Flexibilität im Umgang mit Irritationen. Kultursensibilität, so wie wir dies verstehen, bedeutet nicht detailliertes Wissen über länderspezifische Sitten und Gebräuche und aktuelle politische Entwicklungen. Es dürfte kaum möglich sein, bei der Vielfalt der Herkunftsländer und den durchaus unterschiedlichen kulturellen Ausprägungen in einzelnen Regionen innerhalb desselben Landes eine „Gebrauchsanweisung" für jedes Land parat zu haben. Ein Beispiel: Für den früheren Vielvölkerstaat Jugoslawien, der aus sechs Republiken bestand, in denen es jeweils staatstragende Nationen gab, die in jeweils anderen Republiken Minderheiten waren mit unterschiedliche Religionen und Sprachen, wäre so eine „Gebrauchsanweisung" auf jedem Fall sehr schwierig zu erstellen. Der Begriff „Jugoslawe" bezeichnete eigentlich nur die Staatsbürgerschaft. Bei der weiteren Suche nach dem was in Jugoslawien noch typisch jugoslawisch war finden sich: Hymne, Wappen, Armee, Tito, kommunistische Partei Jugoslawiens und während der „Titozeit" die Außenpolitik (Hauptakteur der Bewegung der Blockfreien Staaten). Im Sinne einer Gebrauchsanweisung für den „Umgang mit früheren Jugoslawen" verraten uns diese Gemeinsamkeiten von Jugoslawen kaum etwas über die kulturellen Merkmale, die das individuelle Erleben und das Zusammenleben der Menschen bestimmen, wie etwa Bedeutung der Zeit, wie wird kommuniziert, welche Bedeutung haben Individuum und Gruppe, welche Rolle spielen Regeln und Vorschriften, welche Rolle spielen Alter und Geschlecht, was ist Tabu, wie ist Macht und Autorität verteilt, wie sind die moralische Sitten, wie ist die Küche bei den Bosniern, Kosovoalbanern, Kroaten, Serben, Roma, Mazedoniern, Montenegrinern, Moslems, Slowenen, Slowaken, Bulgaren, Deutschen, Griechen, Juden, Italienern, Rumänen, Türken und Ungarn die in früheren Jugoslawien gelebt haben.

Kulturelle Sensibilität bezieht sich vor allem darauf, zu berücksichtigen, dass es Unterschiede gibt, die auf eine unterschiedliche kulturelle Sozialisation und unterschiedliche kollektive Erfahrungen zurückzuführen sind. Wesentlich für einen sensiblen Umgang mit kulturellen Unterschieden ist die Reflexion des eigenen kulturellen Hintergrundes durch die Behandelnden mit darin verankerten Wertvorstellungen und Normen und der darin begründeten eigenen Reaktion auf davon abweichende Vorstellungen. Dazu gehört die Auseinandersetzung mit eigenen Fremdbildern, Stereotypien und Vorurteilen sowie das Bewusstsein über die bestehende Ungleichheit zwischen dem Therapeuten als Angehörigem der Mehrheitsgesellschaft, also einer Machtasymmetrie, die durch ein Gefälle im rechtlichen und sozialen Status gekennzeichnet ist (AUERNHEIMER 2003). Dazu gehört im diagnostischen Prozess auch das Bewusstsein, dass Menschen aus anderen Kulturen unterschiedliche Vorstellungen von Gesundheit und Krankheit haben, Symptome anders wahrnehmen und äußern und auch andere subjektive Erklärungsmodelle für die Entstehung der Beschwerden und von Sinn und Zweck gesundheitlicher und psychosozialer Einrichtungen haben können.

Kommt es im therapeutischen Kontakt zu Irritationen und Unsicherheiten, sollten diese durch den Therapeuten thematisiert und die Hintergründe erfragt werden. Mit der Zeit entsteht so auch ein Wissen über die Besonderheiten verscheidender Herkunftsländer. Patienten empfinden es meist als wertschätzend, wenn sie Traditionen oder Gewohnheiten erklären können. Dies vermittelt auch das Gefühl von Kompetenz, was im Sinne der Ressourcenorietierung auch therapeutisch genutzt werden kann.

Einige Beispiele für ressourcenorientiertes Erfragen von Kultur:

– Welche Gemeinsamkeiten beobachten Sie zwischen den Menschen hier und in Ihrem Heimatland?

– In welchen Situationen fallen Ihnen die Unterschiede zwischen den Menschen hier und in Ihrem Haimatland auf?

– Welche Aspekte der jeweiligen Kultur würden Sie sich wünschen, dass Ihre Kinder übernehmen? Welche lehnen Sie eher ab?

Mit der oben beschriebenen Haltung gelingt es, sich ein Bild auch von den Aspekten der Persönlichkeitsstruktur und der Ressourcen (Selbstwahrnehmung, Selbststeuerung, Abwehr, Objektwahrnehmung, Kommunikation, Bindung) des Patienten zu verschaffen, um eine sachgerechte, differenzierte Indikation zu unterschiedlichen psychotherapeutischen Verfahren stellen zu können.

3. Therapie und Wirksamkeit

Bei der Psychotherapie mit traumatisierten Flüchtlingen hat sich für uns ein multimodales Vorgehen bewährt, das sich an dem Konsensus Modell der Traumatherapie für komplex traumatisierte Menschen (COURTOIS 2003, Recollections of Sexual Abuse: Treatment Principles and Guidelines W.W. Norton & Company Ltd) und der Psychodynamisch Imaginativen Traumatherapie PITT®. (REDDEMANN 2004) orientiert. Diese beinhalten ein phasen- und ressourcenorientiertes, multimodales Behandlungskonzept, das sich in drei Phasen gliedert: (1) Stabilisierungsphase, (2) Traumakonfrontation, (3) Traumaintegration.

Die Stabilisierungsphase der Therapie traumabedingter psychischer Erkrankungen wird immer einer gezielten Traumabearbeitung vorangestellt. Die Phase der Stabilisierung ist in der Regel die längste und die wichtigste. In dieser Phase steht die medizinische, soziale und psychische Stabilisierung im Zentrum, mit dem Ziel, dass die spätere traumakonfrontative Phase der Therapie ohne all zu große Belastung oder gar klinische Dekompensation durchgeführt werden kann. Maßnahmen der Stabilisierung sind die einzige Möglichkeit der Intervention, wenn aufgrund der allgemein unsicheren psychosozialen Situation keine direkte Traumabearbeitung möglich ist. Zu den oben genannten psychotherapeutischen Interventionen die eine innere Stabilisierung ermöglichen sollen, kommt die zentral notwendige soziale Stabilisierung. Hier geht es darum soziale und ökonomische Ressourcen zu mobilisieren sowie eine Distanzierung vom traumatisierenden Umfeld zu erreichen, da die eigentliche Traumabearbeitung erst stattfinden kann, wenn keine tatsächliche Bedrohung mehr besteht. Daher werden Patienten auch bei der Klärung der Wohn-, Arbeits- oder aufenthaltsrechtlichen Situation unterstützt; ein Aspekt in dem sich die Psychotherapie deutscher Patienten und die von Flüchtlingen i.d.R. unterscheidet. Zu den stabilisierenden Maßnahmen zählen auch Kriseninterventionen im Fall dissoziativer Zustände, Angst- und Verzweiflungszuständen, selbstverletzendem Verhalten oder suizidaler Krisen, die meist durch situative Faktoren ausgelöst werden. Bei traumatisierten Flüchtlingen sind es oft im Rahmen des Asylverfahrens notwendige Termine bei Gericht oder bei Ämtern, z.B. bei notwendiger Verlängerung der Duldung.

So wichtig in dieser Phase ressourcenorientiertes Arbeit ist, so behutsam müssen Therapeuten hier vorgehen. Unsensibles und einseitiges Fragen nach Ressourcen kann bei den Patienten das Gefühl vermitteln, man erwarte, dass sie ganz alleine mit den Beschwerden fertig werden müssen und kann zu Überforderung, Kränkungen und Schulderleben führen. Es handelt sich bei den Fluchthintergründen zudem oft um kollektive Erfahrungen von teilweise jahrhunderte dauernder Diskriminierung und Verfolgung (z.B. Kurden). Diese Erfahrungen und das daraus resultierende Leid können somit auch identitätsstiftend sein. Ressourcenarbeit kann dann missverstanden werden als die Negierung dieses Aspektes aber auch des individuellen Leides. An dieser Stelle ist daher die psychoedukative Aufklärung über den Sinn der Ressourcenarbeit wichtig.

> Ein Beispiel: Ein junger Mann aus den kurdischen Gebieten der Türkei berichtet in der Therapiestunde immer über massive Gewalterfahrungen, die er seit der frühesten Kindheit erlebt hat. Diese Berichte sind immer verknüpft mit der gesamten kurdischen Geschichte. Er ist auf diesem Gebiet sehr gebildet und außerdem hochpolitisiert und identifiziert mit dem kurdischen Freiheitskampf. Da

die Berichte in den Stunden jedoch regelmäßig zu einer enormen Spannungssteigerung und Schmerzen führt, versucht die Therapeutin gegen Ende der Stunde immer wieder den Blick auf aktuelle positive Entwicklungen zu lenken. Der Patient reagiert darauf deutlich ungehalten und gekränkt. Darauf angesprochen, sagt er, diese Geschichte gehöre zu seinem Leben und seiner Person, es gehöre zu ihm. Wenn die Therapeutin das nicht hören wolle, brauche er nicht weiter zu kommen. Diese Irritation konnte durch psychoedukative Aufklärung über den Sinn der Ressourcenarbeit und die Klärung der Bedeutung des Erzählens über diese Erlebnisse für den Patienten aufgelöst werden.

Die Bedeutung der Stabilisierung konnte in einer eigenen Studie zur Wirksamkeit einer traumaspezifischen muttersprachlichen Psychotherapie bei extrem traumatisierten Patienten aus dem ehemaligen Jugoslawien gezeigt werden. Die Patienten waren Opfer von Folter, Missbrauch oder Misshandlung, hatten Kriegshandlungen erlebt oder waren Zeugen der Ermordung von Angehörigen oder Freunden. Sie litten seit mehr als zwei Jahren unter den Symptomen der PTSD und einer somatoformen Störung. Die Interventionsgruppe erhielt eine 25-stündige traumazentrierte Einzelpsychotherapie (in Anlehnung an psychodynamisch imaginative Traumatherapie nach Reddemann), während die Kontrollgruppe "as usual" therapiert wurde, ergänzt um eine sozialarbeiterische Betreuung. Auf dem Boden einer supportiven und haltgebenden Beziehung standen im Zentrum der Behandlung: Psychoedukation, Vermittlung von imaginativen Techniken entsprechend der PITT, Erlernen von Techniken des Dissoziationsstopps sowie die Arbeit an der Affektdifferenzierung und Affektkontrolle. In der Interventionsgruppe reduzierte sich die Symptomatik der PTSD aber auch die somatoforme Symptomatik erheblich und die gesundheitsbezogene Lebensqualität stieg an. In der Kontrollgruppe kam es im Verlauf eines Jahres zu keinen symptomatischen Veränderungen. Effektstärken von über 2 weisen im Vergleich zu den Effekten anderer psychotherapeutische Interventionsstudien auf die Wirksamkeit der Stabilisierungsphase der Psychotherapie bei dieser Patientengruppe hin. Andererseits zeigte sie aber auch die hohe Persistenz und Chronifizierungsneigung der posttraumatischen Belastungsstörung bei nicht behandelten traumatisierten Flüchtlingen: Bei keinem Flüchtling der Kontrollgruppe kam es zu einer bedeutsamen Reduktion der Symptomatik. Damit unterstreicht die Studie die Notwendigkeit einer an die besonderen Bedürfnisse angepassten Psychotherapie.

Zur Integration der traumatischen Inhalte in das Leben der Patienten und somit zur Traumasynthese (Phase drei) ist das Durcharbeiten der traumatischen Erfahrungen im Rahmen einer sicheren therapeutischen Beziehung bei zahlreichen Patienten notwendig. Diese zweite Phase der Therapie mit traumakonfrontativen Elementen benötigt eine engmaschige und hochfrequente therapeutische Versorgung, da es hier durch die Bearbeitung der traumatischen Ereignisse wieder zu einer Verschärfung der Symptomatik kommen kann, was flankierende stabilisierende Maßnahmen notwendig macht. Im Rahmen der unterschiedlichen Behandlungsphasen kann neben Einzel- auch Gruppenpsychotherapie hilfreich sein.

4. Gruppenpsychotherapie mit traumatisierten Flüchtlingen

Die Gruppenpsychotherapie wurde in unserer Ambulanz anfangs ergänzend zur Einzelpsychotherapie als psychoedukative Maßnahme durchgeführt. Mit der Zeit sahen wir, nicht zuletzt unter dem Versorgungsdruck, die Notwendigkeit geeignete Formen der Gruppenpsychotherapie auch als alleinige psychotherapeutische Maßnahme für die traumatisierte Flüchtlingen anzubieten. Nach unseren bisherigen klinischen Erfahrung zeigt sich die Gruppenpsychotherapie unter bestimmten Voraussetzungen für traumatisierte Flüchtlinge als sehr effektiv. Obwohl die ambulante Gruppenpsychotherapie ein hohes Maß der Fähigkeit verlangt, die äußere Realität selbständig zu bewältigen, sind auch schwer traumatisierte Flüchtlinge in der stabilisierenden, ressourcenorientierten und mehr strukturierten Gruppe, die hier eine deutliche Verbindung über ein gemeinsames Problem hat, psychotherapeutisch gut zu behandeln. Die Tatsache, dass die Stärken der Gruppenpsychotherapie allgemein eher in der Förderung interaktioneller Fähigkeiten liegen und dass die Patienten sich fokussiert mehr mit anderen beschäftigen, ist für die traumatisierte Flüchtlinge von Vorteil. Es kann dadurch zu einer Ablenkung von extremer Beschäftigung mit sich kommen; vorausgesetzt, dass etwa gleich belastbare Patienten in eine Gruppe genommen werden. Von hoher Relevanz ist daher die Phase der Vorgespräche im Einzelsetting vor dem Beginn der Gruppenpsychotherapie. In diesen Gesprächen muss die Eignung zur Gruppenpsychotherapie sorgfältig geprüft werden und die inhaltlichen Ziele und Rahmenbedingungen sowie die Einstellung der Patienten zum Gruppensetting thematisiert werden und ausreichend Raum für die Fragen der Patienten zu lassen. Einige wesentliche Inhalte der Vorgespräche sind: Ziele der Gruppenpsychotherapie, Schweigepflicht aller Beteiligten, zeitlicher und örtlicher Rahmen, Umgang mit Dekompensation in der Gruppe, Erklärung des so genannten Prinzips „Schutz geht vor" mit Vereinbarung eines Stop-Zeichens.

Wir praktizieren ein Stufenmodell der Gruppenpsychotherapie das folgende Stufen beinhaltet: 1) Psychoedukation 2) Affektregulation und 3) Mentalisierung.

In der ersten Phase werden die Grundsteine für eine weitere Zusammenarbeit in der Gruppe gelegt. Inhaltlich werden Informationen über Erkrankung, Symptome und (aktuelle) auslösende Belastungen vermittelt. Später werden ausführlich Therapiemöglichkeiten und Ressourcenabeit erklärt. In dieser Phase muss es vor allem ausreichend Platz für alle Gruppenteilnehmer für das „containing" von Leid geben. Cave: zu schnelle Erwartungen an Patienten, dass sie aufgrund des vermittelten Wissens über die Erkrankung selber gegen ihre Symptome vorgehen können und müssen. Ein wichtiger Wirkungsfaktor in dieser Phase ist aus unserer Sicht neben dem Mitteilen von Informationen, auch die Vermittlung von Hoffnung und das Erleben der Universalität des Leidens.

In der Phase der Affektregulation geht es um die Steigerung der Affektdifferenzierung und Affekttoleranz, um Wahrnehmen, Ausdrücken und Modulieren von Gefühlen. Diese Arbeit ist mit zunehmendem Vertrauen zwischen den Gruppenteilnehmern und zu Gruppentherapeut möglich.

Durch das Vertrauen in der Gruppe und ausreichende affektive Stabilität nimmt die Bereitschaft zu, sich Kontakt mit anderen aufzunehmen und sich ihnen zu öffnen. Dies ist wichtige Voraussetzung für den Übergang zur Phase der Mentalisierung. Unter Mentalisierung wird die Fähigkeit verstanden, auf das Verhalten eines anderen Menschen angemessen zu reagieren. In dieser Phase steht die Bearbeitung von traumaspezifischen dysfunktionalen Verhaltensmustern an, und die Entwicklung von Techniken des mitmenschlichen Umgangs und des interpersonellen Lernens.

Während der zweiten und dritten Phase der Gruppenpsychotherapie werden erfahrungsgemäß allerdings bei Verschlechterung der Symptomatik aus aktuellen Anlässen immer wieder stabilisierende Maßnahmen notwendig. Die Orientierung des therapeutischen Vorgehens an den unterschiedlichen Phasen ist durch den psychotraumatischen Prozess begründet, der als Reaktion auf massiv destabilisierende äußere Faktoren zu verstehen ist. Die Phasen folgen nicht systematisch aufeinander und der Abschluss einer Phase bedeutet nicht, dass die Arbeit der vorausgegangenen Stufen nicht mehr notwendig ist, sondern dass diese begleitend bestehen bleiben und im weiteren Schritt zusätzliche für diese Phase spezifische Therapieziele verfolgt werden.

Hier ein Beispiel dafür aus einer Gruppenpsychotherapiestunde mit traumatisierten Patientinnen aus Kosovo die sich etwa am Anfang der Mentalisierungsphase befinden:

Eine traumatisierte Patientin der es seit einiger Zeit insgesamt zunehmend besser geht und die ihren Alltag gut bewältigt, berichtet in der aktuellen Gruppenstunde, dass seit dem Vortag wieder sehr starke hämmernde Kopfschmerzen habe, ihr sei übel, sie fühle sich niedergeschlagen und sei mit letzter Kraft heute zur Therapie gekommen. Sie sei wieder sehr besorgt um ihre Gesundheit.

Therapeutin (T): Ich finde sehr gut, dass Sie zur Therapie gekommen sind. Ich merke auch, dass es Ihnen heute nicht gut geht. Ist was passiert?

Patientin (P): Nein, alles normal.

T: Das glaube ich Ihnen. Oft können Patienten sich die Verschlechterung der Beschwerden nicht erklären, so wie man sich manchmal die Stimmungsschwankungen nicht erklären kann.

P: Na ja. Ich habe schon eine Vermutung was das ist, kann es aber nicht richtig glauben, weil es mir recht gut geht und ich mich sehr viel besser als früher fühle. Ich habe gestern ein Bericht über Krieg in Kosovo gesehen und glaube, dass ich Kopfschmerzen schon während der Sendung bekommen habe.

T: Damit haben Sie ja nicht gerechnet?

P: Richtig. Ich meine ich habe nicht damit gerechnet, dass mich das so zurückwirft, damit habe ich in der Tat nicht gerechnet. Ich habe gedacht, dass ich viel stabiler bin und dass ich es etwas besser aushalten kann, auch solche Berichte zu sehen.

T: Haben Sie dann weiter die Sendung geschaut?

P: Ja. Mein Mann hat mir zwar vor der Sendung gesagt wir sollen es besser nicht gucken. Auch während der Sendung wollte er wegen mir ausschalten aber ich musste einfach weiter gucken.

T: Sie konnten nicht „Stop" machen.

P: Nein, konnte ich nicht.

(längere Pause, andere Patientinnen schweigen auch)

T: Das war eine gute Idee von Ihrem Man, die Sendung nicht weiter zu schauen.

P2: Ich habe die Sendung auch gesehen, mir geht auch nicht aus dem Kopf was ich gesehen habe. Ich meine ich kenne das ja aus der eigenen Erfahrung, aber es war schon sehr, sehr schlimm was da gezeigt wurde. Frauen, Kinder..

T: Ich kenne das auch von anderen Patienten, die berichten oft, wie belastend die Nachrichten aus der Heimat sind und wie schwierig es ist, darüber nicht zu lesen, oder sie nicht zu hören oder zu sehen.

Patientinnen tauschen sich darüber aus

P2: Aber ich hoffe, ich darf ein wenig scherzhaft P1 fragen, wie soll ich es mir erklären, dass eine albanische Frau aus dem Kosovo auf das nicht hört, was ihr Man sagt. Ich habe gehört das Gegenteil wäre der Fall.

P1: Als er mir gesagt hat: *wir* sollen die Sendung nicht sehen, war ich total sauer auf ihn. Was heißt es *wir*. Ich soll es wirklich nicht sehen, das denke ich jetzt auch, aber er, er soll die Sendung auf jedem Fall sehen, damit er sieht was ich mit den Kindern erlebt habe und welchen Gefahren wir ausgesetzt waren, als er nicht da war.

P3: Alle, alle sollen so was sehen. Es darf nicht vergessen werden, was passiert ist.

Pause

T: Haben sie manchmal das Gefühl, dass ihr Man Sie nicht versteht?

P1: Ich weiß es selber nicht. Gerade denke ich, keiner versteht mich, außer der Frauen die das gleiche erlebt haben. Sie kennen meinen Mann, der kümmert sich schon um sehr viel Sachen, geht arbeiten, unterstützt mich so weit er kann, aber wenn er vom Krieg redet, das kann ich überhaupt nicht aushalten, der weiß ja gar nicht was das ist.

T: Ja, die Menschen, die diese Erfahrungen wie Sie nicht gemacht haben, können Sie in der Wirklichkeit nur eingeschränkt verstehen.

P1: Leider.

P4: Wir können auch nicht andere Menschen immer verstehen.

T: So ist es. Fällt Ihnen ein Beispiel auf?

P4. erzählt ein Beispiel, andere Patientinnen beteiligen sich…

T: Frau P1, es wird immer wieder ähnliche Situationen geben, wie wollen Sie zukünftig damit umgehen?

P1: (hält die Hand am Magengegend). Ich hätte die Sendung nicht sehen sollen. Das ging aber einfach nicht. Wenn ich mich genau erinnere, hatte ich schon vor der Sendung ein schlechtes Gefühl im Magen und war gereizt. Das haben die Kinder auch gemerkt. Das war zu viel. Aber jetzt merke ich dass ich nicht mehr darüber reden möchte, mir geht es nicht gut dabei.

T: Ich freue mich, dass sie das so klar sagen. Ich habe gerade daran gedacht ihnen was Ähnliches zu empfehlen, als ich sah, dass Sie wieder Magenbeschwerden bekamen, ich finde aber sehr viel besser, dass Sie das selber gemerkt haben.

Andere Patientinnen kommen über ein anderes Thema ins Gespräch. Zum Ende der Stunde beteiligt sich die P1 auch daran und verlässt stabil die Stunde.

Dieses Beispiel zeigt auch wie man therapeutisch mit allzu bekannten Situation umgehen kann, wenn die Patienten die mit Mühe erarbeiteten Gesundheitsvorschläge oder therapeutische Empfehlungen bzw. notwendige Behandlungsmaßnahmen (z.B. Selbstschutz) nicht weiterführen. In solchen Situationen neigen wir in der Arbeit mit Menschen aus anderen Kulturen manchmal zu schnell dazu, dies als (ärgerliches, enttäuschendes) kulturbedingtes Verhaltensmuster zu interpretieren und erfahren dadurch wenig über andere mögliche Motive des selbstschädigenden Verhaltens, hier wahrscheinlich verdeckter Konflikt mit dem Ehemann.

5.   Psychotherapie mit Dolmetschern

Unsere Patienten stammen aus vielen verschiedenen Herkunftsländern. Im Jahr 2006 wurden in unserer Ambulanz Menschen aus mehr als 20 verschiedenen Ländern behandelt. Es ist in den seltensten Fällen möglich, eine muttersprachliche Behandlungsmöglichkeit zu finden. Eine Behandlung ist daher oft nur mit Unterstützung durch Dolmetscher möglich. Dennoch gibt es seitens der Behandelnden immer noch erhebliche Vorbehalte gegen eine Psychotherapie mit Dolmetschern („Das geht doch gar nicht!"). Ferner gibt es in der Regel keine Möglichkeit, den Einsatz von Dolmetschern zu finanzieren. Immer wieder werden in ärztlichen Gesprächen aus der Not heraus Familienmitglieder, oft die Kinder der Patienten, Freunde oder Bekannte zum Übersetzen herangezogen. Dies ist aus fachlicher Sicht aus vielen Gründen abzulehnen, von denen hier nur einige genannt werden sollen:

Familienmitglieder und Bekannte sind mit einer psychodiagnostischen oder gar psychotherapeutischen Vorgehensweise nicht vertraut und überfordert, sie wissen meist viel über die Beschwerden und aktuellen Lebensbedingung, so dass sie Fragen nicht an die Patienten weitergeben, sondern diese selber beantworten. Insbesondere Familienmitglieder sind emotional verstrickt und neigen dazu, eigene Wertungen und Interpretationen einzubringen. Die massive psychische Symptomatik führt meist auch innerhalb der Familie zu erheblichen Spannungen und Konflikten, die in einer solchen Situation nicht angesprochen werden. Vor allem schambesetzte Themen werden in einer solchen Konstellation nicht angesprochen. Insbesondere Erlebnisse sexualisierter Gewalt bei Frauen, sind oft in einem hohen Maße tabuisiert und werden nicht thematisiert, oft weil diese Erfahrungen aus Angst vor sozialer Ächtung bisher nicht öffentlich gemacht wurden aber auch, um die übersetzende Person zu schonen. Wenn Kinder zum Dolmetschen herangezogen werden, besteht unserer Meinung nach auch auf Seiten der Behandelnden gegenüber diesen eine Fürsorgepflicht. Durch diese Aufgabe sind Kinder in der Regel überfordert und es verkehren sich die Rollen innerhalb der Familie, was zu weiteren Konflikten führen kann.

In der Psychotherapie sollten daher unbedingt geschulte und qualifizierte Personen für das Übersetzten herangezogen werden, die bereit sind, sich störungsspezifisches und psychotherapeutisches Wissen anzueignen. Dolmetscher fungieren in unserer Arbeit nicht als „Sprachroboter" deren einzige Aufgabe es ist, das Gesprochene möglichst wörtlich in von der einen in die andere Sprache zu übertragen, sondern helfen uns überhaupt in Kontakt zu kommen. Über die sprachliche Verständigung hinaus ebnen sie als Mittler zwischen den unterschiedlichen Kulturen auch ein Verstehen bei transkulturellen Missverständnissen und helfen so die oben erwähnte Kultursensibilität zu realisieren. Wir sprechen daher lieber von Sprach- und Kulturmittlern als von Dolmetschern oder Übersetzern. Insgesamt zeigt sich in unserer praktischen Arbeit, dass die Zusammenarbeit viel weniger problematisch ist, als dies oft angenommen wird und sogar Chancen bietet, die es im klassischen psychotherapeutischen Zweiersetting nicht gibt: Man ist gezwungen konkreter und detaillierter nachzufragen, um Missverständnisse zu vermeiden und Unklarheiten zu analysieren, was das therapeutische Berufsrisiko des „vorschnellen Verstehens" mindert. Zudem kann der Sprach- und Kulturmittler als Korrektiv dienen, sollte die Therapeutin Gefahr laufen, eine Hypothese zu hartnäckig zu verfolgen. Die Übersetzungspausen bieten außerdem die Möglichkeit, das zuvor Gehörte nochmals zu ordnen und die nächste Intervention zu durchdenken und zu planen.

An dieser Stelle ein amüsantes Beispiel für die Notwendigkeit, wiederholt und konkret nachzufragen, ob das Gesagte auch so verstanden wurde, wie es gemeint war:

> Ein 63 Jahre alter Kosovoalbaner kommt mit erheblicher depressiver Symptomatik aber auch somatischen Erkrankungen, die seine körperliche Leistungsfähigkeit einschränken, seit längerem zur Psychotherapie. Um die zunehmende Antriebslosigkeit aufzufangen, wird mit ihm gemeinsam an der Tagesstrukturierung gearbeitet und u.a. auch Vorschläge für angenehme Aktivitäten gesammelt, welche durch die Dolmetscherin aufgeschrieben werden. Da er unter kalten Füßen leidet ist ein Vorschlag der Therapeutin, dann ein Fußbad zu machen. In der nächsten Stunde wird besprochen, ob es ihm gelungen ist, einige Aktivitäten umzusetzen und ob es Schwierigkeiten gab. Der Klient berichtet, er habe einige Sachen machen können. Auf die Frage, ob es auch irgendwo Schwierigkeiten gegeben habe, bemerkt er zurückhaltend, dass er das Fußball spielen nicht versucht habe, er sei schließlich alt und krank. Es stellt sich heraus, dass in diesem Fall die Dolmetscherin das Wort „Fußbad" mit „Fußball" verwechselt hat. Diese Irritation konnte geklärt werden und alle Beteiligten konnten auch darüber lachen. Sie zeigt aber auch, wie wichtig, rückversichernde Fragen sind.

Dennoch gibt es natürlich einige Besonderheiten, die beachtet werden sollten, um eine unproblematische Zusammenarbeit zu gewährleisten und die Psychotherapie wirksam durchführen zu können. Um einen möglichst ungestörten therapeutischen Prozess zu ermöglichen, sollten zudem einige Voraussetzungen gewährleist sein, die hier nur stichpunktartig aufgeführt werden. Es sei an dieser Stelle auch auf den Beitrag von Cinur Ghaderi im vorliegenden Band verwiesen:

- Schweigegebot gilt auch für die Sprach- und Kulturmittler
- Ausreichende Sprachfähigkeit der Dolmetscherin in beiden Sprachen
- Sicherung der personellen Kontinuität (d.h. es für den gesamten Therapieverlauf sollte eine Person zur Verfügung stehen)
- ausreichend Zeit für Vor- und Nachgespräche der einzelnen Stunden (vorher: Information des Sprach- und Kulturmittlers über Inhalt und Ziel der Stunde, nachher Klärung ggf. aufgetretener Irritationen, nicht verstandener Äußerungen oder Schwierigkeiten im Übersetzungspro-

zess, sowie Hinweise durch Sprach- und Kulturmittler auf mögliche kulturspezifische Beson-
derheiten)
– Beachtung der besondere Herausforderungen des Settings an alle beteiligten Personen: Aner-
   kennung der verschiedenen Rollen, Schützen der Dolmetscherin gegen Überforderung durch
   belastende Geschichten, Verantwortungsübernahme der Therapeutin für den therapeutischen
   Prozess und die strukturelle Organisation (Terminabsprachen etc.)
– Beachtung von Filterungsprozessen durch den Übersetzungsprozess
– Ambiguitätstoleranz, Flexibilität im Umgang mit Irritationen, Vertrauen und Geduld gegen-
   über dem Übersetzungsprozess
– Beachtung möglicher Übertragungs- und Gegenübertragungsprozessen konfrontiert sind.
   Sie sollten ein Verständnis für die therapeutische Arbeit erwerben, indem sie. Zudem ist es
   unabdingbar, dass sie ihre Rolle im therapeutischen Setting akzeptieren, d.h. nicht die Ver-
   antwortung für den therapeutisch-inhaltlichen Prozess zu übernehmen in dem an Stelle des
   Therapeuten Fragen gestellt oder Fragen des Patienten beantwortet werden.
– Gewährleistung, dass auch Patient die entsprechende Motivation mitbringt, in diesem Setting
   zu arbeiten, Fähigkeit, ein Vertrauensverhältnis und Arbeitsbündnis mit zwei Personen einzugehen
– Akzeptanz der jeweiligen Rollen der Therapeutin und Dolmetscherin durch Patienten (Das
   die jeweiligen Rollen eingehalten werden liegt in der Verantwortung des Therapeuten, die
   zu Beginn des Kontakts die Struktur und die Regeln transparent machen muss. Dazu gehört,
   dass alles übersetzt wird, was während der Therapiestunde oder außerhalb zwischen Patient
   und Dolmetscher gesprochen wird. Nach Möglichkeit sollte der Kontakt zwischen Patient und
   Dolmetscher ohne Anwesenheit der Therapeutin auf ein Minimum reduziert werden, um den
   Dolmetscher zu schützen und Überforderung und Loyalitätskonflikte zu vermeiden.)
Insgesamt bleibt anzumerken, dass das wichtigste Argument für den Einsatz von Übersetzern
ist, dass diese überhaupt erst eine Kommunikation und damit eine angemessene Behandlung
ermöglichen. Für die Patienten ist es oft eine große Erleichterung, über ohnehin schon schwierige Themen in der Muttersprache sprechen zu können und nicht auf eigene, oft rudimentäre
Deutschkenntnisse mühsam zurückgreifen zu müssen. Darauf zu vertrauen, dass muttersprachliche Kolleginnen und Kollegen ein adäquates Angebot machen können ist nicht realistisch, führt
erneut zu einer Marginalisierung von Menschen aus anderen Ländern und steht der notwendigen
interkulturellen Öffnung unseres Gesundheitssystems entgegen.

Zusammenfassend können wir sagen, dass mit einem therapeutischen Ansatz (gleich im welchen Setting), der die drei wichtigsten Aspekte in der Behandlung von traumatisierten Flüchtlingen integriert (traumatische Erfahrungen, Belastungen im Exil und kulturelle Gemeinsamkeiten
und Unterschiede), vielen Patienten längerfristig gut geholfen werden kann. Obwohl unsere Patienten von Erfahrungen der physischen und psychischen Gewalt berichten, die wir uns oft nicht
vorstellen können, schafft erfreulicher- oft auch erstaunlicherweise eine Vielzahl von denen mit
Hilfe der Psychotherapie, ein Leben mit dem Trauma zu führen.

Literatur:

AUERNHEIMER G. 2005. Einführung in die Interkulturelle Pädagogik. Darmstadt: Wissenschaftliche Buchge-
     sellschaft.
COURTOIS C.A. 2004. Complex trauma, complex reactions: Assessment and treatment. Psychotherapy 41:
     412-425.

EBATA K. & MIYAKE Y. 1989. A mental health survey of the Vietnamese refugees in Japan. Int J Soc Psychiatry 35: 164-172.

EISENMAN D.P., GELBERG L., HONGHU L. & SHAPIRO M.F. 2003. Mental health and health-related quality of life among adult Latino primary care patients living in the United States with previous exposure to political violence. JAMA 290: 627-634.

HOLTAN N., ANTOLAK K., JOHNSON D.R., DIE L., JARANSON J. & TA K. 2002. Unrecognaised torture affects the health of refugees. Minn Med 85, 5: 35-39.

Joksimovic L. 2002. Gesundheitliche Beschwerden bei traumatisierten Flüchtlingen. Möglichkeiten und Grenzen einer bedürfnisorientierten medizinischen Versorgung. In: DETMERS CH., ALBRECHT N.J. & WEILLER C. (Hrsg.). Gesundheit Migration Krankheit. Sozialmedizinische Probleme und Aufgaben in der Nervenheilkunde. Bad Honnef: Hypocampus Verlag.

MARSHALL G.N., SCHELL T.L., ELLIOT M.N., BERTHOLD S.M. & CHUN C.A. 2005. Mental health of Cambodian refugees 2 decades after resettlement in the United States. JAMA 294: 571-579.

MOLLICA R.F., MCINNES K., SARAJLIC N., LAVELLE J., SARAJLIC I. & MASSAGLI M.P. 1999. Disability associated with psychiatric comorbidity and health status in Bosnian refugees living in Croatia. JAMA 282: 433-439.

MOLLICA R.F., SARAJLIC N., CHERNOFF M., LAVELLE J., SARAJLIC-VUKOVIC I. & MASSAGLI M.P. 2001. Longitudinal study of psychiatric symptoms, disability, mortality, and emigration among Bosnian refugees. JAMA 286: 546-554.

MORINA N. 2007. Sprache und Übersetzung. In: MAIER T. & SCHNYDER U. Psychotherapie mit Folter- und Kriegsopfern. Ein praktisches Handbuch.

REDDEMANN L. 2004. Psychodynamisch-imaginative Traumatherapie. PITT-Manual. Stuttgart: Klett-Cotta.

SCHNURR P.P. & FRIEDMAN M.J. 1997. An overview of research findings on the nature of posttraumatic stress disorder. In Session: Psychotherapy in Practice 3,4: 11–25.

UNITED NATIONS HIGH COMMISSIONER FOR REFUGEES (UNHCR) 2007. online: www.unhcr.de/statistiken.html.

VARVIN S. 2000. Die gegenwärtige Vergangenheit. Extreme Traumatisierung und Psychotherapie. Psyche 54: 895-930.

WEINE S.M., BECKER D.F., MCGLASHAN T.H., LAUB D., LAZROVE S., VOJODA D. & HYMAN L. 1995. Psychiatric consequences of "ethnic cleansing": clinical assessments and trauma testimonies of newly resettled Bosnian refugees. American Journal of Psychiatry 152: 536-542.

WEINE S.M., KULENOVIC A. D., PAVKOVIC I. & GIBBONS R. 1998. Testimony psychotherapy in Bosnian refugees: A pilot study. American Journal of Psychiatry 155: 1720-1726.

WEINE S.M., RAINA D., ZHUBI M., DELESI M., HUSENI D., FEETHAM S., KULAUZOVIC Y.O.T., MERMELSTEIN R., CAMPBELL R., ROLLAND J. & PAVKOVIC I. 2003. The TAFES multi-family group intervention for Kosovar refugees: A feasibility study. Journal of Nervous and Mental Diseases 191: 100-107.

WICKER H.R. 1993. Die Spüren extremer Gewalt: Studie zur Situation von gefolterten Flüchtlingen in der Schweiz und zur Therapie von Folterfolgen. Institut für Ethnologie, Universität Bern, 142 pp.

Autorinnen:

Dr. med. (yu), M.san. JOKSIMOVIC, LJILJANA; Studium der Medizin und der Gesundheitswissenshaften und Sozialmedizin/Public Health. Ärztin bei der Klinik für Psychosomatische und Psychotherapeutische Medizin der H.-H. Universität Düsseldorf. Tätigkeits- und Forschungsschwerpunkte: Psychotraumatologie, psychotherapeutische Versorgung von psychisch kranken Migranten, psychosoziale Belastungen am Arbeitsplatz, Soziale Ungleichheiten und Gesundheit.

Klinik für Psychosomatische und psychotherapeutische Medizin
Bergische Landstr. 2 • 40629 Düsseldorf
e-mail: kn55011@lvr.de

BIERWIRTH, JUTTA; Dipl. Psychologin; Studium der Psychologie in Giessen und Bonn, Psychologische Psychotherapeutin (i.A.) Schwerpunkt Verhaltenstherapie, seit 2002 als Psychologin in Begutachtung und Therapie im Psychosozialen Zentrum für Flüchtlinge Düsseldorf tätig. Seit 2006 auch in der Institutsambulanz der Klinik für Psychosomatische Medizin der H.-H. Universität im Bereich Transkulturelle Psychotherapie.

Klinik für Psychosomatische und psychotherapeutische Medizin
Bergische Landstr. 2 • 40629 Düsseldorf
e-mail: kn55311@lvr.de

Prismatische Gespräche mit Gewalt-traumatisierten Migranten

Alfred Drees

Migranten werden von zwei Identitäten getragen. Ihre Integrationsbemühungen werden entscheident beeinflußt durch den kulturellen Zweifrontenkrieg, der überwiegend zur Verleugnung ihrer kulturellen Identität führt. Prismatische Gespräche ermöglichen die daraus resultierenden psychischen Probleme, Konflikte und Erkrankungen aufzuarbeiten. Ziel hierbei ist die Integration unterschiedlicher Identitätsbereiche. Die prismatische Gesprächsführung entfaltet sinnlich resonant deutungsfreie Phantasien und bindungsfreie Gefühlen. Vor allem für Emigranten, die in Ihrer Heimat gefoltert wurden, können prismatische Gespräche entlastend die prätraumatische Erlebenswelt wieder öffnen.

In zahlreichen Veröffentlichungen, auch aus dem psychoanalytischen Lager, wird inzwischen die spezifische Problematik von Migranten diskutiert. Die soziale und kulturelle Dimension ihrer Rückzugs- und Leidensdimension ist dabei vor allem in der zweiten Generation ausgeprägt. Hilfreich war mir das Buch von Christian Büttner (1998), in dem zahlreiche Autoren die Integrationsproblematik aus jeweils unterschiedlichen Blickwinkeln beschreiben. Nelda Felber-Villagra (S. 75-105) schildert darin als selbst Betroffene ihr Exil im Diktaturregime Argentiniens nach ihrer Flucht aus Nazideutschland. Sie beschreibt dabei die Schwierigkeiten der Psychoanalyse, die „persönlichen Exilschicksale … auf dem Hintergrund des Kollektiven" aufzuarbeiten. Aus ihrer Sicht, als Betroffene, „ist das Exil ein politischer, und daher ein kollektiver Prozess, … der keinesfalls pathologisiert werden darf." Sie schildert die tragischen Schicksale von Wilhelm Reich und Otto Fenichel und fasst zusammen: „Meiner Ansicht nach muss die gesamte Deutung von persönlichen Exilschicksalen stets vor dem Hintergrund des Kollektiven erfolgen." Sie schildert im Detail zahlreiche Einzelschicksale, in denen Exilbedingte Größenphantasien eine Identitätsstiftende Funktion besitzen, um abschließend im Mythos von Minothaurus, den Tod seines Sohnes Dädalus zu beschreiben, als eine emotionale Destabilisierung und als Ausdruck eines intergenerationalen Dramas bei der Flucht aus dem Exil.

Elisabeth Rohr beschreibt (S. 107-120) darin „Fremdheitserfahrungen" als einen Prozess des sozialen Sterbens. „Das soziale Sterben beinhaltet einen begrenzten Abschied von der eigenen Identität, der eigenen Kultur und den verinnerlichten Wert- und Wissensvorstellungen."

Helene Messer und Gudrun Nagel beschreiben das „interkulturelle Lernen in der Beratung von Erzieherinnen". (S. 223-241) In zahlreichen Beispielen schildern sie die Problematik der jeweils zweiten Generation von Migranten. In Kindertagesstätten lassen sich Konflikte und Spannungen zwischen ausländischen Kindern deren Eltern und den Betreuern studieren. Die Autorinnen beschreiben wie ratlos wütend aggressive Haltungen sowie Hilflosigkeit und Ratlosigkeit bei allen Beteiligten sich durch „die „Bewusstwerdung der oft verdrängten und konventionell verleugneten Vorurteile und Ängste in fruchtbaren Dialogen auflösen lassen. Christian Büttner (S. 133-150) beschreibt, wie es in unserem Land „vielfach bei der wechselseitigen Fremdheit füreinander geblieben ist". Und: „Zum anderen gibt es nach wie vor kaum oder keine institutionelle, geschweige denn politische Unterstützung im Hinblick auf eine Idee kulturellen Zusammenlebens." Er betont den „fördernden Dialog und die interkulturelle Erziehung" und zitiert Biondys Gedicht:

> In meinen Kopf
> haben sich die Grenzen
> zweier Sprachen verwischt
> doch zwischen mir und mir
> verläuft noch der Trennzaun
> der Wunden hinterlässt
> jedesmal wenn ich ihn öffne.

Büttner beschreibt abschließend den „Übergang von der Mutter zum Dritten, die Phase der Triangularität, als einen ganz besonders sensiblen Punkt für die Herausbildung der Haltung gegenüber Fremden und späteren Übertragungen in der pädagogischen Beziehung." Hier möchte ich mit meinen Vorstellungen zur Mehrdimen-sionalität des therapeutischen Raumes anknüpfen.

Der mehrdimensionale therapeutische Raum

Die Reduzierung von Leidensfixierungen sowie die Mobilisierung kreativer Resourcen standen im Mittelpunkt unserer Suche nach einer psychosozialen Therapeutik. Wir erprobten, wie Ich-Du-Beziehungen in tiefenpsychologischen Therapien verbunden werden können mit dem sozio-kulturellem Erleben. In der Psychosomatik wurde bereits in den 70er Jahren die Triangularität als wichtige therapeutische Strategie diskutiert. Auch die Psychoanalyse sucht inzwischen einen fiktiven Dritten. Vorstellungen zur Projektion und zur Internalisierung brachten weitere Einsichten. Die in Balint- Beratungs- und Supervisionsgruppen auftauchenden ganzheitlichen Übertragungsphänomene, in denen der nicht anwesende Patient in seinen unterschiedlichen Facetten wahrgenommen wird, konnten schließlich als Ausdruck seiner mehrdimensionalen Identität verstanden werden. In den Theorien postmoderner Soziologen und Philosophen zur individuellen Mehrdimensionalität sowie in Theorien zur heutigen Kunstszene gewinnt diese Orientierung zunehmend an Bedeutung.

Grundsätzlich lassen sich traditionsgebundene soziale, kulturelle, religiöse und spirituelle Vorstellungen, Gewohnheiten und Rituale als haltgebende Dimensionen des Menschseins verstehen. Die Aufklärung hat zu einer zunehmenden Ich-Zentrierung und damit zu einer Lockerung von Traditionsbindungen geführt. In einem Satz von Kant: „Und handeln sollst du so, als hänge von dir und deinem tun das Schicksal ab der deutschen Dinge und die Verantwortung wäre dein". Mit Freud wird diese Ich-Gewissheit durch die Einführung unbewusster Steuerungssysteme relativiert. Ihre Weiterentwicklung zu einer mehrdimensionalen Übertragung ermöglichte es schließlich, sozio-kulturelle Erlebensbereiche in tiefenpsychologische Therapien zu integrieren. Wir lernten, in Balintgruppen mehrdimensionale Prozesse zu entfalten und nannten sie schließlich „Prismatische Balintgruppen."

Prismatische Balintgruppen

wurden Ende der 70erJahre entwickelt. Vorstellungen zur Identitätsvielfalt des Menschen ermöglichten einen Vergleich zum Sonnenlicht, dass nach dem Weg durch ein gläsernes Prisma, die farbige Vielfalt seiner einzelnen Wellenlängen sichtbar macht. Der Psychoanalytiker W.

LOCH (1969) verglich Balintgruppen mit einem Prisma, mit dessen Hilfe sich die Arzt-Patient-Beziehung in ihre farbigen Einzelfacetten auffächern lässt, ohne dass dabei psychogenetische Deutungs- und Widerstandsarbeit notwendig sei. Wir haben diesen Vergleich übernommen und weiterentwickelt. Prismatisierend lassen sich Wahrnehmungs- und Ausdrucksmöglichkeiten erweitern, mit Phantasien und narrativen Einfällen anreichern und damit Einsichten in die Vernetzung gesellschaftlicher, kultureller, Beziehungsbezogener und Ich-zentrierter Räume gewinnen. Sie entsprechen WINNICOTTS Vorstellungen (1973, 1974) vom potentiellen Raum. Prismatisieren ermöglicht Symptom- und Übertragungsfixierungen vor allem gewalttraumatisierter, psychotischer und sterbender Patienten zu defokussieren. Hierbei können beziehungszentrierte Übertragungen und Deutungen auf Zeit zurücktreten, um damit sinnliche Resonanz von Therapeuten, Pflegenden, Beratern und Helfern zu ihren Patienten zu entfalten. Prismatische Gespräche bilden die Basis einer psychosozialen dreidimensionalen Therapeutik.

Prismatische Gespräche suchen Phänomene einzufangen, die im dualen Beziehungsrahmen klassischer Übertragung nur unzureichend wachgerufen und aufgearbeitet werden können. Darüberhinaus ermöglichen sie im Behandlungsfeld, vor allem in der Therapie und Betreuung von Krebskranken, Sterbenden, psychotischen und gewalttraumatisierten Patienten, die Entfaltung regressionsvermeidender Strategien. Sie überwinden die dort nicht selten vorherrschenden Kommunikationsblockaden und eröffnen partnerschaftliche Zugangswege zu diesen Patientengruppen. Schließlich erleichtert die Triangulierung in der Supervision eine Aufarbeitung von Beziehungs- und Teamkonflikten. Institutionelle und soziokulturelle Zusammenhänge geraten damit in den Blick. In psychoanalytischen Einzeltherapien mit neurotischen und vor allem mit psychosomatischen Patienten ermöglichen stimmungszentrierte Einschübe festgefahrene Übertragungen, Widerstände und körperliche Symptomfixierungen rascher zu lösen. Vor allem in Kurztherapien mit Asylanten können sie das Mittel der Wahl sein. Hierbei gelingt es, mit Hilfe freier Phantasien ihre zurückgehaltenen und verdrängten kulturellen, gesellschaftlichen und familiären Introjekte sowie kreative Lösungs- und Transformationswege sichtbar zu machen und damit den psychotherapeutischen Behandlungsrahmen um den vernachlässigten gesellschaftlichen Kontext zu erweitern.

Die Vorstellungen zur Prismatik sind jedoch noch Erklärungsneuland. Wir können damit die Vernetzung unseres psychischen, sozialen, religiösen und kulturellen Erlebens besser verstehen. Inwieweit hiermit die unbewusste Verarbeitung suggestiver und hypnotischer, religiöser und spiritueller sowie gesellschaftlicher und kultureller Kräfte erklärbar wird, bedarf jedoch noch weiterer psychotherapeutischer, sozialphilosophischer, hirnphysiologischer und Sinn-suchender Erfahrungen.

In der positiven Psychotherapie fanden wir einen vergleichbaren Behandlungs- und Betreungsrahmen, in dem die Resourcen und der soziale und kulturelle Hintergrund von Patienten in Geschichten und Phantasien ausgeformt, eine akzeptierende und entlastende Funktion gewinnen. Nosrad Peseschkian, kam in unsere Klinik nach Duisburg-Rheinhausen, um uns konfliktentlastend positive Psychotherapie auch für psychotische Patienten zu vermitteln. Er entdeckte die verwandtschaftliche Nähe der positiven Psychotherapie zu unserer Prismatik und ermöglichte mir, in seiner Zentrale in Wiesbaden, die Eingliederung der prismatischen Methode in seinem Ausbildungssystem zu erproben.

Die Prismatik wurde geboren in der Sozialpsychiatrie der Medizinischen Hochschule Hannover als Ergebnis Gemeindeorientierter sozialer und kultureller Aktivitäten, im Rahmen einer weitgehend hierarchiefreien „Therapeutischen Gemeinschaft", in der eine tiefenpsychologisch orientierte Therapeutik sich mehrdimensional erweitern ließ.

Die Medizinische Hochschule Hannover

hatte als einzige Universität in Deutschland eine sozialpsychiatrische Abteilung. Sie wurde Ende der 60er Jahre gegründet, bis sie 2007 ihr Eigenständigkeit aufgeben musste. In den ersten Jahren entwickelte sie das Modell einer therapeutischen Gemeinschaft, in der es gelang, hierarchische Strukturen weitgehend zurückzustellen und allen Berufsgruppen gleichwertige therapeutische Entfaltungen zu ermöglichen. Auf dieser Basis gelang es, auch für Patienten partnerschaftliche Bedingungen zu schaffen und vielfältige gemeindepsychiatrische Aktivitäten zu entfalten. Die gleichzeitige psychoanalytische Orientierung, die damals noch mit den fatalen Überlegungen zur „schizophrenogenen Mutter" verbunden waren, musste jedoch ihre beziehungszentrierten Vorstellungen zum Teil zurücklassen. Unsere Suche nach sozialen Ursachen psychotischer De-kompensation und nach sozialtherapeutischen Strategien wurde damals getragen von der Abwehr gegen die klassische Psychiatrie in Ihrer Naziverstrickung. Wir engagierten uns entsprechend in Parteien und Organisationen sowie in der Stadtverwaltung und im Landtag.

Als Vorsitzender der Arbeitsgemeinschaft sozialdemokratischer Ärzte suchte ich u.a. den Landtag für die Entwicklung von psychiatrischen Abteilungen an Allgemeinkrankenhäusern zu gewinnen. Der Ministerpräsident antwortete mir: „Wenn ich mir den Blinddarm rausnehmen las-se, will ich nicht, dass Verrückte in mein Zimmer kommen."

Die hannoveraner Erfahrungen konnte ich Anfang der 80er Jahre als leitender Arzt, beim Aufbau einer psychiatrischen Klinik in Duisburg/Rheinhausen einbringen. Die Neueinrichtung dieser Klinik ermöglichte es, weitgehend hierarchiefrei, allen Mitarbeitern Handlungskompeten-zen zu vermitteln, mit denen es gelang, die Türen, trotz Sektor-Versorgungsverpflichtung, offen zu halten, differierende Therapieformen zu erproben und zu erleben wie hilfreich die Teilnahme auch von akut psychotischen Patienten an gemeinsamen Protestdemonstrationen durch die In-nenstadt Duisburgs gegen Ausländerfeindlichkeit sowie Solidaritätsaktivitäten mit streikenden Krupp-Arbeitern für die innerklinischen Diskussionen und Psychotherapien war.

Auf einer Protestdemonstration gegen den Psychiatrieabbau zogen Mitarbeiter, Angehörige und akut psychotische Patienten durch die Innenstadt. Die Patienten hatten einen Sarg gezimmert. Auf die Frage was tun wir da hinein, legte eine psychotische Patientin ihr Gebiss hinein. Die Pati-enten waren nach der Demonstration deutlich entlastet. Ich musste der Verwaltung, die mich mit einer Abmahnung drohten, die therapeutische Bedeutung der Demonstration begründen.

Hirnphysiologie

Mit Blick auf neuere Ergebnisse der Hirnphysiologie und Neuropsychologie läßt sich belegen, daß unsere Lernvorgänge, unsere Erinnerungen, ebenso wie unsere Verhaltens und Gestaltungs-programme in unterschiedlichen Hirnrealen gespeichert und gesteuert werden. Die hirnphysio-logische Erforschung von Zwillingsneuronen ermöglichte einen Vergleich mit der prismatische Methode. Aktivitätsneuronen einer handelnden Person mobilisieren imitativ die gleichen Neuro-ne einer beobachtenden Person. Prismatisch sprechen wir hierbei von intuitiver Wahrnehmung in sinnlicher Resonanz zum jeweils anderem. Gerald Hüthers Buch „Die Macht der inneren Bilder" (2006) vermittelt in hervorragender Weise die Vernetzung genetischer, entwicklungsge-schichtlicher und hirnphysiologischer Erkenntnisse mit heutigen Vorstellungen zur psychosozi-alen Bewältigung unserer Lebensweisen. Hierbei sucht er natur- und geisteswissenschaftliche Strategien in Form innerer Bilder zu beschreiben. Er nähert sich damit den freien Phantasien unserer Prismatik.

Prismatische Dialoge in Supervisionen, in Trainingsgruppen sowie in Gesprächen mit Patienten in der Sterbeszene sowie in Therapien von psychotischen und gewalttraumatisierten Patienten haben gezeigt, wie hilfreich eine gedankliche Trennung von gebundenen und freien Gefühlen ist.

Die Kunst

wurde eine weitere Vergleichsszene zur Prismatik. Kunstwerke werden heute in ihren aesthetischen Ausformungen als poetische Gestaltungskraft verstanden. Die aesthetische Faszination hat bereits die Reklameindustrie und die politische Szene erreicht. Auch die Literatur vermittelt poetische Ausdrucksformen, von zum Teil unauflösbaren Spannungen zwischen logisch-kausalem und chaotisch nicht erklärbarem metaphysischem Weltverständnis. Für Emigranten, vor allem der zweiten Generation, gewinnt das Ansprechen der künstlerischen Tradition Ihres Herkunftslandes eine größere Gesprächsoffenheit und eine vertrauensbildende Gesprächsbasis.

Ganzheitlich integrative, musische, künstlerische, systemische, gestaltende und gestalttherapeutische Therapieverfahren können prismatisch ihre Nähe zum psychoanalytischen Denkansatz zurückgewinnen. Auch die Psychologie C.G. Jungs (1986) sowie die Daseinsanalyse, die sich auf Heidegger, Binswanger und Boss stützt, helfen den Rahmen zum psychoanalytischen Denkansatz zu erweitern. Aber auch das Abdriften in esoterische Erklärungswelten auf dem heutigen Psychomarkt ließe sich damit reduzieren. Wir konnten in esoterisch und spirituell orientierten Gruppen mit prismatischen Arbeitsweisen neue Einsichten vermitteln. Ich denke dabei auch an die von Balint beschriebenen Flash-Phänomene.

WINNICOTT, der die Kulturerfahrung des Menschen als wichtigste Entwicklungsbühne beschrieb und der die kreativen Impulse seiner Patienten in Subjekt-Objekt-freien Spielräumen zu entfalten suchte, fragte ganz prosaisch, „wo sind wir, wenn wir genießen? Was geschieht mit uns, wenn wir eine Symphonie von Beethoven hören, in eine Gemäldegalerie gehen, abends im Bett lesen oder Tennis spielen?" Er suchte über diese Fragen einen dritten „Erlebnis- Erfahrungs- und Handlungsbereich" des Menschen einzuführen, den er von dem der inneren psychischen Welt mit ihren internalisierten und projizierten Anteilen und von dem der äußeren Realität mit seinen Sachbezügen abzugrenzen suchte. Balint konzeptualisierte ebenfalls drei seelische Bereiche, um die schöpferischen Prozesse in ihrer Eigenständigkeit besser beschreiben zu können.

Gewaltopfer-Emigranten

Stellvertretend für eine Vielzahl von Emigranten, die in einem klassischen Übertragungssetting sich nicht zu öffnen vermögen, möchte ich eine Gruppe von Emigranten vorstellen, die als gefolterte Patienten, einen großen Bedarf nach psychotherapeutischer Hilfe signalisieren, die jedoch gleichzeitig eine auffallend hohe Abwehrmauer errichtet haben gegen die Verknüpfung ihrer Leidenszustände mit lebensgeschichtlichen und Beziehungsproblemen, gegen die lebensgeschichtliche Aufarbeitung durchlittener Traumatas.

Lassen Sie mich beginnen mit einem Rückblick auf die eigene Lebensgeschichte:

Ich glaube, ich war zehn oder elf, als ich keuchend die älteren Kinder unserer Straße eingeholt hatte. Hinter den Häusern waren damals noch Felder. Eine kleine Anhöhe, ein Wegrand, mitten in den Brennesseln lag verkrümmt ein Mann, winselnd. Das Blut lief ihm durch das Gesicht. Er rief in gebrochenem Deutsch: „Was, warum Kamerad, warum?" Der Stärkste in unserem Viertel, vielleicht fünfzehnjährig, schlug mit einem Knüppel immer wieder auf seinen Kopf und auf die Schultern und schrie: „Du polnische Sau wirst kein deutsches Mädchen mehr anrühren." Ich stand dort erschreckt, atemlos, ängstlich und auch neugierig hilflos. Ich stand dort längere Zeit allein. Ich weiß nicht mehr, was ich getan, habe vergessen, ob ich Hilfe gesucht oder geholfen habe.

Ich war damals „Hitlerjunge", deutsches Jungvolk nannte man es für die Kleinen, und mein Vater war Mitglied einer politischen Widerstandsorganisation. Doch ich wusste nichts davon. Man hatte es mir verschwiegen oder ich musste es vergessen, verdrängen. Heute bin ich Psychiater und Psychotherapeut, der versucht, gefolterten Mitmenschen zu helfen. Beides gehört zusammen: meine Lebensgeschichte, das Schicksal meines Vaters und meine Arbeit mit Emigranten und gefolterten Patienten. Ich möchte einen Traum erzählen, der während der Therapie eines Folterpatienten in mir wach wurde und der deutlich macht, in welcher Weise durch die Schilderungen eines gefolterten Patienten Verdrängtes aus der eigenen Lebensgeschichte wach gerufen wird, aber auch Bewältigungsstrategien sichtbar werden:

Ich träumte, dass ich im Rinnstein vor einem Schäferhund kniete und dessen Pfoten ableckte, Pfoten, die so groß waren wie Löwentatzen. Ich blickte dabei demutsvoll Bestätigung suchend auf den daneben stehenden Innenminister Zimmermann und sagte so etwas wie: „Sehen Sie, Herr, der Hund hat das gern".

Aus der Fülle der Einfälle zu diesem Traum am nächsten Morgen ragte eine Geschichte heraus, die mir mein Vater erzählte, als er abgemagert und verbittert aus der sogenannten Schutzhaft, aus dem KZ, zurückkam. Er schilderte, dass man jüdische Mithäftlinge gezwungen habe, den Schäferhunden den Hintern abzulecken. Die Hunde hätten daraufhin den Gefangenen die Gesichter zerbissen. Und dann sagte mein Vater: „Das hätte ich nie mit mir machen lassen!" Erst nach diesem Traum verstand ich, wie sehr ich mich damals mit den Juden identifiziert haben mochte und wie sehr ich von dieser Zeit an in der Ambivalenz lebte, ein stolzer, getretener Kämpfer für die Entrechteten zu sein und gleichzeitig mich verhalte wie ein sich unterwerfender Jude.

Prismatische Einzel- und Gruppengespräche mit Foltertraumatisierten Emigranten

Die nachfolgenden Überlegungen und Anwendungsbeispiele sind zum Teil meinem Buch „Folter, Opfer, Täter, Therapeuten" (1996) entnommen. Die Protokolle geben einen Einblick in die Arbeitsweise sinnlich-metaphorischer Prozessarbeit mit Folter-traumatisierten Emigranten. Sie belegen, wie die Einkapselung in ihr Folter-traumatisiertes Erleben aufgebrochen werden kann und wie über eine poetisch-bildhafte Sprache Kommunikation wieder möglich wird, prätraumatisches Erleben wieder wach werden kann und foltergeschädigte Patienten sich reintegriert in die menschliche Gemeinschaft erleben können.

Kurdischer Macho oder folteraggressive Durchbrüche

Der Patient, ein ehemaliger Lehrer, wurde fünf Jahre schwerster Folter ausgesetzt. Er befindet sich im Scheidungsprozess. Seine Frau hat sich von ihm mit einem Messer bedroht gefühlt und nun steht er auch noch unter der Anklage des Mordversuchs.

Der Patient leidet vor allem unter Kontaktstörungen und unsteuerbaren aggressiven Durchbrüchen. Nach einer klinischen Anwärmphase mit Stationsgesprächen, balneologischen- Musik-Gestalt- und Gestaltungstherapieangeboten kommt der Patient zum ersten Gespräch mit freien Phantasien. Er spricht zwar schon relativ gut deutsch. Für den Anfang haben wir jedoch einen mit ihm befreundeten Dolmetscher eingeladen und eine Co-Therapeutin.

Der Patient beginnt in einer angstgespannten Haltung zu berichten, dass er eine schlechte Nachricht habe. Sein Prozess sei geplatzt, weil er sich wie ein Idiot dort aufgeführt habe. Der Rechtsanwalt, der doch eigentlich sozialdemokratisch links sei, sei auch ein Faschist. Der habe im Prozess Begriffe gewählt und gebraucht, mit denen er ihn als einen typisch kurdischen Macho bezeichnet habe. Daraufhin habe er wütend und empört den Anwalt beschimpft. Ich setze mich daraufhin vor den Patienten und fordere ihn über den Dolmetscher auf, mich anzuschreien, in mir die Frau oder den enttäuschenden Anwalt zu sehen. Das gelingt dem Patienten nur ansatzweise. Er zittert mit den Händen, bremst immer wieder sein Schreien gegen den Faschisten, gegen die Frauen und antwortet schließlich, dass er sich nicht hineinsteigern dürfe, weil er Angst habe, mir körperlich etwas anzutun. Ich breche daraufhin diesen psychodramatischen Versuch ab und schlage vor, dass wir uns dem Problem phantasieorientiert zu nähern suchen. Ich erkläre daraufhin die Arbeitsweise und frage nach Stimmungen und Phantasiebildern.

Die Co-Therapeutin beginnt: Sie sehe eine ganz öde, leere Landschaft und eine Person, vielleicht 17/18-jährig, frierend und weinend. Während des Spiels habe die sich dann aufgerichtet und Pfeile gegen Feinde, die man nicht sehen könnte, geworfen. Auf meine Frage, dass man doch Speere werfen würde, sagt sie, sie habe auch an Liebespfeile gedacht. Daraufhin der Therapeut: Ich sehe eine riesige Betonmauer, die bis in den Himmel ragt. Dann einen brodelnden See, ein Vulkan oder ein Seeungeheuer und schließlich friedlich einen Vater, der mit seinem Sohn auf den Schultern um den See herumgeht.

Im Nachgespräch schildert die Co-Therapeutin, dass sie am Beginn eine richtige Wut auf diesem Macho-Patienten gehabt habe, um dann erst die Verzweiflungsseite zu spüren. Wir fragen uns, ob die ideologisch verhärteten Muster des Patienten mit den feministischen Mustern der Macho-Abwehr zusammenfallen und ob hierüber die Kommunikation blockiert worden sein. Können positive Gefühle erst in einem prismatischen Prozess mit freien Phantasien Gestalt finden?

Ein Einzelgespräch 2 Monate später

Es sei alles besser geworden seit etwa drei Wochen, obwohl es da zwei schlechte Wochenenden gegeben hätte. Der Bruder hätte Alkohol getrunken, die Mutter hätte daraufhin mit ihm telefoniert. Er und der Bruder würden beide die Familien mit dem Alkohol ruinieren. Das sei die Ursache aller Übel. Der Bericht wird erneut in gespannter Form vorgetragen. Verkrampfte Gesichtszüge, zitternde Hände. Er schildert seine Wut gegen die Mutter, aber auch gegen Mitrevolutionäre, die nichts verstehen würden.

Auf die Frage nach einem Bild, verändert sich seine Stimme, Stimmungslage und Haltung. Er schildert einen Strand am Mittelmeer mit Sonne, blauem Himmel. Alles sei ganz ruhig. Ein ganz sauberer Strand. Tannenwald im Hintergrund. Hohe Tannen. Der Boden sei mit grünem Gras bedeckt. Nach kurzer Pause schildert er erneut seine Wut, wie er das Telefon an die Wand geschmissen habe.

Ich fantasiere ein kleines Einfamilienhaus, ganz allein in einer eher trostlosen Landschaft. Das Haus ist eigentlich zu klein für den Bewohner, der wie ein Riese da drin wirkt. Davor ein gezähmter Tiger. Hinter dem Haus eine Schmiede, in der ein altgermanistisches Schwert geschmiedet wird. Das Haus liegt irgendwo ein Stück entfernt von einer Klippe, unten das Meer.

Der Patient antwortet hierauf, dass sein Bild doch humorvoller klinge. Mein Bild habe doch zwei Seiten. Hinter dem Haus da sei wohl die Energie. Sein eigenes Bild käme ihm vielleicht zu idealistisch oder romantisch vor.

Jetzt schildert er, dass er seit 4 Tagen erstmals wieder mit einer Frau Kontakt aufgenommen habe. Er habe sich zwei Tage Bedenkzeit ausbedungen. Habe lange überlegt. Denn seit dem er seit 9 Monaten von seiner Frau getrennt lebe, habe er nie ein Auge auf eine andere Frau geworfen. Er könne sich das nicht vorstellen, fremdzugehen. Ihm fällt dazu der Vergleich ein, dass es wie unter der Folter sei, wo man nichts preisgeben dürfe. Es wird deutlich, dass der Patient Folter-Schweige-Situationen mit Treue im Ehebetrieb gleichsetzt und dass seine verspannte Gefängnishaltung keinerlei andere Impulse und Gefühle zugelassen hat. Er erklärt, dass er vor der revolutionären Zeit auch schon mal in den Puff gegangen sei, aber das sei auch heute noch peinlich. Er malt sich aus, dass, wenn er mit seiner jetzigen Freundin zu seinen alten Freunden gehen würde, würden die nur hämisch sagen, jetzt geht er mit einer Blonden und die Revolution ist für ihn zu Ende.

Mein Phantasiebild hat sich inzwischen verändert. Ich sehe, wie das Haus mit dem Schwert in tausend Stücke geschlagen wird. Die Tigerin hat sich dabei in eine zahme schwarze Katze verwandelt, die erstaunt auf die Trümmer des Hauses blickt. Der Mann ist dabei, mit den einzelnen Steinen das Haus wieder aufzubauen. Der Patient findet, dass seine schöne Landschaft so bleiben soll, wie er sie anfangs gesehen hat. Er geht dann auf die Bilder ein und schildert, dass man ja nicht die ganze Welt kaputtschlagen müsse, aber dass der Neuaufbau wichtig sei.

Abschließend äußert er sich kritisch über therapeutische Äußerungen auf der Station. Man würde dort seine Krankheit als Narzissmus bezeichnen. Er habe die ganze Zeit innerlich dagegen anrennen müsse. Ich versuche, seinen Narzissmus einzubetten in die Folter-Abwehr-Dimensionen seines Erlebens.

Prismatisch orientierte klinische Gruppentherapie mit gefolterten Emigranten

Aus einer Patientengruppe in jeweils wöchentl. Abständen von Juli bis September 1992 werde ich die erste Sitzung vorstellen. Die Teilnehmer waren teilweise über mehrere Jahre gefolterte chilenische und türkische Patienten. Aus diesen Gesprächsrunden ließ sich die Verzahnung von Ängsten, Beschwerden, Folterberichten und gesellschaftlichen Problemen entnehmen

Erstes Gruppengespräch

In der ersten gemeinsamen Sitzung werden politische Hintergründe von Verfolgung und Folter ausgetauscht, Querverbindungen zwischen den linkspolitischen Gruppen in Chile und der Türkei verglichen. Beim anschließenden Austausch familiärer Belastungen reagiert S. mit massiver emotionaler Verzweiflung. Er schildert, dass sein Bruder und sein Freund umgebracht wurden. Und er fühle sich schuldig dabei. Er habe über familiäre Beziehungen guten Kontakt zum Militär, zum Offizierschor, aber er habe nie kollaboriert. Die Organisation werfe ihm das jedoch vor. Das Ganze bleibt irgendwie undurchsichtig. Der Patient ist emotional erregt, vermag nicht weiter zu sprechen. Die Spannung, die vom Patienten ausgeht, schafft in der Kleingruppe Angst vor ausbrechender Aggression.

Ich versuche die emotionale Spannung zu reduzieren: So, jetzt beginnt unsere Phantasiearbeit. Ich gebe sachlich einige Erklärungen in das auftauchende Schluchzen zum Sinn prismatischer Arbeit, zur Form bildsprachlicher Transformations- und Prozessarbeit .Also wer beginnt mit Phantasien:

1. Fantasierunde:

K 1: Ein Bauer will seine gesamte Ernte auf dem Markt verkaufen. Er hat seinen Wagen total überladen mit Obst, mit Gurken, mit Kartoffeln. Der Wagen ist so schwer, dass er nur schwer vorwärts kommt. Der Bauer drischt mit der Peitsche auf das Pferd ein. Das bricht schließlich zusammen, bricht sich beide Beine und stöhnt mit starken Brustschmerzen. Der Wagen kippt um, alles fällt herunter. Der Bauer ist wie verrückt und schlägt weiter auf das Pferd ein.

Co.-Th: Während der Berichte bin ich in tiefe Trauer, in Wechselbäder von Trauer hineingestürzt. Ein Bild: Ein kleines Mädchen steht am See, ganz gedankenverloren und traurig. Nein, es ist ein Fluss, ein kleines Krokodil versucht mit aller Gewalt ans Ufer zu kommen. Die Gegenströmung wirft es jedoch immer wieder zurück, es wird abgetrieben. Es ist ganz verzweifelt.

Th: Ein eigenartiges Kribbeln auf der Haut, das später wie elektrifiziert erscheint, aber nicht einmal unangenehm. Als Bild: Ein offenes Grab, ein brauner Sarg darin. Jemand versucht mit einer Forke den Sargdeckel zu öffnen. Schließlich gelingt es ihm. Der Sarg ist voller Kugeln, ungefähr faustgroß, aus Eisen. Dann auch Spielkugeln mit leuchtenden Farben.

Ch: Er sehe einen tiefen See, schmutzig, schwarz, alles sei irgendwie dunkel, links und rechts Urwald, dunkelgrün, dunkle Wolken, das Meer sei dunkel und der See sei so, als wenn er kein Ufer hätte. Der Blick des Kapitäns auf einem weißen Schiff sei mit wie Scheuklappen festgehalten. Er könne weder nach hinten noch zur Seite gucken. Es ginge einfach nach vorne, da wo das Meer aufhört. wo nichts ist. Er könne nicht sagen, ob da Abgrund sei, da ist einfach nichts.

Einfälle des chilenischen Patienten:

Er schildert, dass ihn besonders das Bild des vollgeladenen Wagens angesprochen habe. „Wir haben keine Wahl". In verzweifelten Äußerungen schildert der Patient, wie er, wie alle Opfer, immer wieder das Gleiche machen müsste. Die gebrochenen Beine des Pferdes, dieses starken Pferdes, das sei genau das richtige Bild. Als der Patient erneut auf seinen Bruder zurückzukommen versucht, gerät er in die gleiche trostlos verzweifelt explodierende Stimmung. Er vermag kein Wort zu sagen. Er wirkt gespannt wie vor einer Explosion. Energisch spreche ich erneut die Aufgabe an, an den Phantasien weiter zu arbeiten oder neue Phantasien zu entwickeln. Der Patient versucht seine Emotionen im Spiel zu halten. Ich eröffne energisch den Weg nun für die nächste Phantasierunde:

2. Fantasierunde:

K 1: Der Bauer sei jetzt müde geworden. Er sei resigniert. Er habe alles verloren. Aber er überlege, nur das Pferd habe Schuld. (Bei der Schilderung dieses Bildes bricht die Trauer des Patienten S. erneut auf, starkes Schluchzen). Die Sonne sei weg, das Pferd würde zwar noch leben, aber Stöhnen. Es wäre besser, wenn es tot wäre.

Co: Sie habe während der ganzen Schilderungen eine enorme Beklemmung gehabt. Der Brustkorb sei wie eingeschnürt gewesen. Sie habe sich gefühlt wie in einem mittelalterlichen Panzer. Schließlich habe sie ganz tief eingeatmet und den Panzer einfach weggesprengt. In ihrem Bild: Das Mädchen sei nicht mehr da. Aber das Krokodil kämpfe noch mit den Wellen. Anfangs sei es noch sehr traurig gewesen, dann jedoch habe es mit zunehmender Wut mit dem Schwanz die Wellen gepeitscht, habe mehr als zehn Anläufe genommen, sich mit Wasser aufgepumpt, damit es voll und kräftig sei und habe dann mit einem Sprung den Felsen erreicht, um sich dort in die Sonne legen zu können.

Th: Ich habe der Person, die ins Grab schaute, die Möglichkeit gegeben, hinunter zusteigen, um die Kugeln in die Hand zu nehmen. Aber alle Kugeln waren an einer Kette angebunden. An Ketten, wie sie früher Gefangene tragen mussten und alle Ketten führten zu einem langen Bein, das zu einem Riesen gehörte, der auf seinen Schultern die Erde trägt. Er trägt die Erde. Aber er kann das Bein mit den vielen Kugeln nicht aus dem Grab nehmen.

Ch: Eine riesige Kreuzung mit vielen auseinanderstrebenden Straßen und in der Mitte fühle er sich ganz allein. Er sei aufgespießt auf einem Pfahl, könne sich nicht bewegen, drehe sich aber rundherum, so dass er die Landschaft in ihren unterschiedlichen Farben und Formen zu sehen vermag. Die Sonne würde scheinen und das sei ganz angenehm. Er sei ganz nackt, habe aber keine Schmerzen, keine Gefühle. Er könne in jede Richtung gucken. Er sähe schöne Wege, wisse aber nicht, wie es weitergehen solle. Er möchte davon loskommen, er habe aber keine Möglichkeit. Mir fällt dabei das Bild einer Wetterfahne im Winde ein. Herr B. antwortet sofort, wie ein Schachschlickspieß (Allgemeines Lachen).

Abschlusskommentare des chilenischen Patienten

Am meisten habe ihn angesprochen, der Bauer, der sein Pferd sinnlos schlägt. Die unsinnige Mühe, es sei wirklich alles Unsinn. Mit dem Krokodilsbild wollte er sich nicht so sehr beschäftige fiele dazu ein, dass er sich das eigentlich nicht erlauben dürfe. Und: Man würde ihm immer vorwerfen, dass er sich so gehen lassen würde. Die Kugeln im Grabe, das sei bei ihm inzwischen alles Schrott. Da sei alles zerfallen, das habe kein Gewicht mehr und das eigene Bild: Es drehe sich alles sinnlos im Kreise. Seit diesem Schaschlikspieß lacht der Patient. Er fühle sich entspannter und lockerer, auch B. schildert, dass sein Problem geringer geworden sei.

Die Co-Therapeutin schildert im Nachgespräch, dass sie Manches kaum ausgehalten habe. Sie habe herauslaufen wollen. Sie habe vor allem Angst gehabt vor den aggressiven Ausbrüchen des chilenischen Patienten. Insgesamt registrieren wir verblüfft, in welchem Ausmaß die averbalen Signale des Patienten ohne anschauliche Inhalte uns alle bewegt haben.

Der türkische Patient schildert abschließend Szenen aus seiner Gefängniszeit, von behinderten Genossen und anderen, die von ihren Gefühlen beherrscht worden seien. Er hätte ihnen Witze erzählen müssen und auch politisch aufbauen müssen. Wichtig sei gewesen, sich nicht von den Gefühlen in die Tiefe ziehen lassen. Wichtig, mit den Einzelnen zu besprechen, was sie einmal machen werden, wenn die Gefängniszeit vorbei sei. Witze und Galgenhumor sei ganz wichtig gewesen in dieser Zeit. Ich erzähle daraufhin den Witz von einem Treffen der Botschafter bei der englischen Königin, wobei die Königin ihre Blähungen nicht zurückhalten kann. Bei jedem dieser Töne steht ein Botschafter auf und entschuldigt sich, als wenn er der Übeltäter wäre. Der deutsche Botschafter (aus der Kaiser- oder Hitlerzeit) steht auf und ruft in strammer Haltung: „Und dieser Furz geht auf das deutsche Reich". Wir besprechen abschließend unterschiedliche Formen Abschied und Trauer zuzulassen bei Kurden, Chilenen, Indianern und Deutschen.

Die Aufarbeitung der Folter in einer klassischen Übertragung ist meines Erachtens eine Überforderung von Patient und Therapeut. Das ist wohl auch der Grund dafür, daß Patienten sich der therapeutischen Aufarbeitung entziehen und daß nur wenige Therapeuten bereit sind, sich dieser Aufgabe zu stellen. MATHIAS HIRSCH beschreibt (1996) die ausgeprägten Aggressionsgefühle in Übertragungsprozessen mit gewalttraumatisierten Patienten. Er favorisiert weiterhin „die Externalisierung der Introjekte in die Übertragung" Mir war es jedoch nicht möglich, die Rolle des Folterers oder des Opfers in der Übertragung zu übernehmen. Es gelang mir allenfalls, qualvolle, schamhafte und schuldhafte Erlebnisse der Patienten in mir zuzulassen. TILMAN MOSER (1993, 1996) beschreibt ähnliches. Er favorisiert „die Verwendung der Inszenierung statt der Übertragung", verbunden mit der Hoffnung, „der Psychoanalyse ihre politische Dimension wiederzugeben".

Ich muß gestehen, daß ich längere Zeit zögerte, bis ich den Mut fand, in den Gesprächen mit gewalttraumatisierten Patienten freie Phantasieeinfälle zuzulassen. Denn, läßt sich verstehen und vertreten, wenn im Rahmen erinnerter Foltererlebnisse lustvolle, tanzende, zärtlich gestimmte, farbenfrohe Vorstellungsbilder auftauchen? Ich fragte mich, kann ein Patient das verkraften, muß er das nicht als fehlendes Einfühlungsvermögen erleben? Die Ergebnisse jedoch waren verblüffend. Patienten, die ihre Berichte angstvoll und körperlich angespannt vortrugen, konnten über die farbigen Bildberichte der jeweils anderen ihre angespannte Körperhaltung aufgeben und ihre angstvolle Spannungen lösen. Einigen Patienten gelang es Galgenhumor freizusetzen.

Wir sind also in einem höheren Maße, als es uns unser empathisches Einfühlungsvermögen ermöglicht, in der Lage, blockierte Erlebensanteile eines Patienten in uns wachzurufen, wenn wir sinnlich-resonant und stimmungsorientiert uns auf ihn einstellen. Dabei können auch gesunde, reife, beziehungsübergreifende und sinntragende Erwachsenenanteile eines Patienten in uns wach werden und die ihn beherrschenden Gefühlsfixierungen lösen helfen. Der Patient kann sich in uns, Symptom- und Konflikt-defokussierend, in seiner ganzen Persönlichkeits- und Erlebensbreite wiedererkennen und akzeptieren lernen. Seine prätraumatische Gefühlswelt kann im Therapeuten erlebt und abgerufen werden. Auf dieser Basis kann er sich dann schrittweise seinen quälerischen Foltererlebnissen öffnen. Ich konnte das vor allem bei Emigranten erleben.

Damit verknüpft konnten wir uns schrittweise der Vorstellung nähern, daß die durchlittenen Folterqualen eines Menschen individuell erlebte, zum Teil sich lebenslang in ihm festsetzende individualisierte Repräsentanzen gesellschaftlicher Gewalt darstellen. TILMANN MOSER spricht in diesem Zusammenhang von Dämonie-Speichern, die aus verdrängten, geschichtlich-sozialen Quellen gespeist, im einzelnen Individuum abgelagert wurden und die in einem hohen Maße seine Wahrnehmung und seine Motivation beherrschen können (1996). MOSER sucht diese Blockierungen aufzulösen, in dem er an Stelle der Übertragung die Inszenierung internalisierter dämonischer Instanzen praktiziert. Wir haben, vor allem bei weniger Ich-starken und bei isoliert lebenden Patienten sowie bei zu ausgeprägten und mehrjährigen Folterschädigungen, auf die Reinszenierung von Foltersituationen verzichtet und überwiegend sinnlich sich einfühlende, metaphorisch das Foltertrauma defokussierende prismatische Strategien eingesetzt.

Prismatische Kurztherapie einer Folterdepression

Eine 25-jährige türkische Studentin wird mir von einem praktischen Arzt zur Mitbehandlung überwiesen. Die Patientin ist seit knapp einem halben Jahr in Deutschland und wartet auf ihre Annahme als politischer Flüchtling. Da sie kein Deutsch versteht, erscheint sie mit einer befreundeten Nachbarin, wie sich später herausstellt, mit einer politischen Kampfgefährtin. Sie mustert mich kritisch und hilfesuchend, setzt sich verspannt wie zusammengefaltet in die Ecke eines Sessels. Sie spricht anfangs misstrauisch zögernd, aber energisch. Sie versucht dabei eine leidende Stimme und Haltung zu meiden. Sie läßt übersetzen: Sie habe ständig bohrende Kopfschmerzen, fühle sich manchmal wie taub, unruhig und wie gejagt. Häufig habe sie die Hände ineinander verkrampft. Nachts schlafe sie sehr unruhig, knirsche mit den Zähnen. Sie wache immer wieder erschreckt auf. Bei ihren politischen Freunden fühle sie sich einigermaßen sicher, aber das ginge nicht so weiter. Sie wage sich nicht allein außer Haus, habe oft panische Angst auf der Straße und in Kaufhäusern. Hier weint sie trocken, leer, nach Beherrschung ringend. Sie beschreibt detailliert ihre Ängste, auf die Straße zu gehen, ihre nächtlichen Panikzustände und ihre Abwehr gegen sexuelle Kontakte zu ihrem Verlobten.

Nach einem längeren, politische Gemeinsamkeit suchenden Gespräche über die Probleme der Türken in Deutschland, die Probleme speziell der politischen Flüchtlinge und über die Unfreiheit in ihrem Land spricht sie zunehmend lockerer. Übergangslos spricht sie dann von ihren sexuellen Störungen. Sie sei total schmerzhaft verkrampft beim Versuch sexueller Annäherung. Stakkatoartig wie gefühlsentleert schildert sie, daß sie ein halbes Jahr gefoltert worden sei. Vor allem die Elektrostimulation und die Knüppel könne sie nicht vergessen. Mehr könne und wolle sie auch nicht erzählen. Sie sitzt abwehrend und völlig verspannt vor mir und spricht kein Wort deutsch. Über eine Dolmetscherin, die bereit ist, sich in die sinnliche und Phantasiearbeit einzulassen, gelingt es, schreckliche Erlebnisschilderungen der Patientin mit einer Vielfalt unterschiedlicher Phantasien anzureichern. Wir vereinbaren phantasieorientiert zu arbeiten und hierin eingebettet Foltererlebnisse durchzuarbeiten.

> Wir sprechen in der ersten Stunde über Märchen und Träume, über das Böse in der Welt und in uns. Mein Versuch, ihre Traum- und Phantasiewelt zu öffnen, von ihr Märchen zu hören, scheitert im ersten Ansatz. Es gäbe keine schönen Träume mehr und Märchen seien reaktionär. Als Prozessphantasie verbalisiert sie ein großes Bild, das sie tiefrot übermalt. Alles, Wiese, Bäume, alles sei stark rot durchtränkt. Der Himmel sei ganz in schwarz gehüllt. Hierauf schluchzende Tränen. In meinem Phantasiebild sehe ich eine weiße Wüste, einen nackten Oberkörper mit einem Fischschwanz und einen blutig abgeschlagenen Männerkopf, von dem es auf ein weißes Laken tropft.

Nach der Verbalisierung beider Phantasien schildert sie, wie sie an den Händen gebunden aufgehängt worden sei. Sie bricht wieder ab „mehr will ich nicht erzählen". Sie habe Schwierigkeiten mit ihrer rechten Hand. Sie meine, wenn sie was in die rechte Hand nehmen würde daß was kaputt geht. Wir sprechen abschließend über Probleme mit der Flüchtlingsbehörde.

Nachdem in der dritten Stunde lockeres Phantasiematerial über Wildbäche, tiefe Schluchten, paradiesische Landschaften und Kinderspielzeug die Folterberichte verbreitern hilft, sitzt die Patientin in der vierten Stunde wiederum verschlossen in ihrem Sessel. Die Beschwerden seien nur geringfügig besser geworden. Ich bitte sie, im Detail einen Tagesablauf im Gefängnisalltag zu schildern. Nach detaillierten Beschreibungen der Geräusche, der Fülle der Zellen der Mitgefangenen, schildert sie schließlich, wie sie erlebt, wie ein elfjähriger Junge gefoltert wird. Seine Schreie seien fast nicht zu ertragen gewesen. Diese relativ spärliche Schilderung wird von einer so starken Gefühlsaufwallung getragen, daß die Dolmetscherin und auch ich mit unseren Gefühlen und unseren Tränen kämpfen müssen. Die Patientin schildert jetzt, daß sie ihre Folterer selbst nie sehen würde. Man würde ihr immer ein Tuch über das Gesicht halten, wenn der eigentliche Folterer käme.

Nachdem ich mich Phantasie-orientiert innerlich umgestellt hatte, konnte ich mich dem empathischen Sog gemeinsamer Verzweiflung entziehen. In mir wurde eine herrliche Gebirgslandschaft mit weißen Vögeln im wolkenlosem Himmel wach. Ich beschrieb Menschen, die über einen Höhenrücken wanderten. Nachdem ich der Patientin meine veränderten Empfindungen und meine Phantasieeinfälle geschildert hatte, löste sich die verspannte Haltung der Patientin und sie berichtete erstaunt und beglückt von einer Gebirgswanderung mit ihrer Schwester. Ihre Gefühle, ihr Tonfall und ihre Haltung veränderten sich sofort. Hiermit gelang es, blockierte praetraumatische Erlebensbereiche wachzurufen und damit gesunde Resourcen der Patientin zu mobilisieren, mit denen sich Foltererlebnisse entemotionalisieren und damit eingrenzen ließen. Ich lernte hierbei, wie kreative Resourcen eines Patienten im Therapeuten sich wachrufen lassen und damit Patienten wieder Zugang zu ihren praetraumatischen Erlebnisfeldern zurückgewinnen können.

In der letzten Stunde, vier Monate nach Beginn der Therapie, berichtet die Patientin, daß es ihr wesentlich besser ginge. Sie spricht über ihre politischen Aktivitäten. Der Schlaf sei besser. Sie habe auch keine Ängste mehr. Eigentlich habe sie ein richtiges Wohlgefühl. Sexuell hätte sie noch manchmal Abwehr, aber eigentlich ginge es schon. Sie erzählt positive Erinnerungen aus ihrer Familie und ihrer Kindheit. Die Patientin erscheint aufgeräumt, fraulicher gekleidet. Die Haare verändert. Ich erlebe sie erstmals wie eine schöne verlockende orientalische Frau. Wir sprechen über die Rolle der modernen Frau in der Türkei. Sie spricht über ihr positives Müttergefühl. Ich erhalte eine Einladung für die anstehende Hochzeit. Sie schildert dabei ihre Trauer, daß ihr Vater nicht an der Hochzeitsfeier teilnehmen könne. Die Familie sei auch für eine emanzipierte türkische Frau ein wichtiger Halt. Ihre Folterängste seien jetzt weit zurückgetreten. Wenn sie daran denken würde, gerieten ihre Gefühle zwar immer noch durcheinander. Aber sie könne das jetzt hinter sich lassen. Sie bittet mich herzlich zu Ihrer Hochzeit zu kommen. Meine Teilnahme an der Hochzeitsfeier wird für mich ein großes Erlebnis. Etwa 150 Teilnehmer. Ich werde liebevoll versorgt wie ein naher Anverwandter.

Ich war überrascht, wie gut prismatisches Kommunizieren auch bei gefolterten Patienten möglich und sinnvoll ist. Traumatische Erlebnisse lassen sich dabei wachrufen, ohne quälende Retraumatisierungen und ohne die notwendige Selbststeuerung des Patienten zu gefährden. Ich selbst fühlte mich abschließend erstaunlich entspannt. Ganz anders, als in Therapien mit vergleichbaren Patienten, bei denen ich mich empathisch in die grauenhaften Erlebnisse einzufühlen suchte. Darüberhinaus ist es vor allem für Emigranten und Therapeuten entlastend diese Arbeitsmethode einzubetten in eine sachliche Besprechung ihrer aktueller Probleme. Als ebenfalls hilfreich und notwendig sehe ich die klare politische Stellungnahme des Therapeuten gegen Machtmissbrauch und Folter, ohne daß er sich dabei parteilich mit dem Patienten verbünden muss.

Eine prismatische Balintgruppentagung in Kuwait

Ich sollte abschließend von einer prismatischen Balintgruppentagung in Kuwait berichten, in der sich u.a. auch traumatische Leidenszustände der Gruppenmitglieder prismatisch aufarbeiten ließen. Diese Darstellung und weitere Beispiele mit traumatisierten Patienten habe ich detailliert beschrieben in meinem Buch: „Folter, Opfer, Täter, Therapeuten"

Als Beispiel kann die Symptomlinderung eines Gruppenmitgliedes gleich zu Beginn der Tagung in Kuwait dienen. Er berichtete, dass er als Sozialarbeiter zahlreiche Patienten betreue, die seit dem Krieg unter ausgeprägten depressiven und Angstsymptomen sowie unter Schlafstörungen und Antriebslähmungen litten. Er schildert dabei die Qualen einer etwa 50jährigen Frau, die erleben musste, wie vor ihren Augen ihr Mann und ihr 16jähriger Neffe mit dem Beil erschlagen wurden. Das Blut, der Anblick und ihre lähmende Verzweiflung gingen ihr wohl nicht mehr aus dem Kopf. An dieser Stelle beginnt er stockend in arabischer Sprache von seinem eigenen Leiden zu berichten. Er habe seit vielen Monaten starke Magenschmerzen und Schlafstörungen. Bei ihm sei es wohl der Verlust der Mutter während des Krieges. Darüber wolle er hier jedoch nicht reden. Ihm ging es darum – und jetzt wieder in englischer Sprache – er wolle fit sein für seine Aufgabe. "My job is my life, you know", und energisch: „you have to know doctor."

Die Gruppe reagiert betroffen, stellt sich jedoch rasch auf das bereits trainierte sinnliche und Phantasie-Setting ein. Lähmende, lustlose und ekelerregende Empfindungen und Stimmungsbilder werden wach. Eine abgeschlagene blutende Hand tanzt durch ein Gewirr von Schiffsmasten, „wie ein Derwisch mit wehendem Schweif." „Die Blutstropfen tanzen mit, färben das Meer". Kopfschmerzen und Magenbeschwerden stellen sich ein. Dann folgen Erlebnisse und Bilder von brennenden Ölfeldern, „die wie Kerzen eine Hochzeitsfeier beleuchten". Viel Volk, Tanz und lustige Musik. Die Stimmung öffnet sich jetzt für friedliche Kamelkarawanen im Gegenlicht der untergehenden Sonne. Verträumte Meeresstimmungen und zärtliches Wiegen eines Säuglings kontrastieren mit grauen Nebelfeldern. Eine riesige Moschee ragt in den Himmel, in vorbeijagende Wolken, "it's like a sword, or a bow of a ship". "On the trip in a nowhere land" ergänzt lachend eine Psychologin, die als Religionslehrerin tätig ist.

Der Sozialarbeiter greift die einzelnen Stimmungsbilder auf und sucht sie assoziativ mit eigenen sozio-familiären Erlebnisfeldern zu verknüpfen. In der letzten Gruppensitzung, vier Tage später, berichtet der Sozialarbeiter, dass seine Magenschmerzen bereits seit Tagen verschwunden seien. "They just flew away." Wichtig sei ihm jedoch zu berichten, dass er bei seiner Klientin eine ganz neue Gesprächsbasis gefunden habe. Er sei jetzt lockerer und könne mit ihr über familiäre und lebenspraktische Fragen sprechen.

Literatur:

BALINT, M.: (1965) Der Arzt, sein Patient und die Krankheit. Klett Stuttgart
BALINT, M.: (1972) Angstlust und Regression. Rowohlt-Tb
BALINT, M.: (1973) Therapeutische Aspekte der Regression. Rowohlt-Tb
BÜTTNER, CHR.: (1998) Brücken und Zäune. Psychosozial Verlag
FREUD, S. (1927) Die Zukunft einer Illusion. GW XIII Frankfurt Fischer
FREUD, S. (1930) Das Unbehagen in der Kultur. GW. XIV Frankfurt Fischer
HIRSCH, M.: (2001) Trauma und Kreativität. In: Schlösser Kreativität u. Scheitern. Psychosozial Verlag
HÜTHER, G.: (2006) Die Macht der inneren Bilder. Vandenhoeck u. Ruprecht
JUNG, C.G.: (1986) Erinnerungen, Träume und Gedanken. Hrsg. A. Jaffé. Olten
LOCH, W.: (1975) Die Balint-Gruppe. Möglichkeiten zum kontrollierten Erwerb
MOSER, T.: (1993) Politik und seelischer Untergrund. Suhrkamp Tb 2258
MOSER, T.: (1996) Dämonische Figuren in der Psychotherapie. Suhrkamp
PESESCHKIAN, N.: (1979) Der Kaufmann und der Papagei. Fischer Tb. Frankfurt

Peseschkian, N.: (1985) Positive Psychotherapie. Fischer Tb. Frankfurt

Peseschkian, N.: (1995) Auf der Suche nach Sinn. Fischer, Geist und Psyche

Winnicott, D.W. (1973) Vom Spiel zur Kreativität. Ernst Klett, Stuttgart.

Winnicott, D.W. (1974) Die Fähigkeit zum Alleinsein. In: Reifungsprozesse und fördernde Umwelt. Kindler,

Weitere Anwendungsbeispiele von prismatischen Gesprächen sowie ihre theoretische Fundierung finden sich in 150 Veröffentlichungen, in meiner homepage sowie in meinen Büchern:

(1995): Freie Phantasien. Vandenhoeck u. Ruprecht Göttingen (vergriffen)

(1996): Folter: Opfer, Täter, Therapeuten. Psychosozialverlag Gießen

(1997): Innovative Wege in der Psychiatrie. Psychosozialverlag Gießen

(2001): Intuition in der Sterbebegleitung. Pabst Science Publishers Lengerich

(2002): Prismatische Balintgruppen. Pabst Science Publishers Lengerich

(2004): Prismatisch-defokussierende Gespräche in der Psychiatrie. Pabst Science Publishers

(2006): Prismatisieren. Eigenverlag: Prismengespräche

(2007): Gefühle auf der Reise. Im Druck: Pabst Science Publishers Lengerich

(2008): Du kannst deine Türen öffnen. Pro Business GmbH

Autor:

Prof. Dr.med. Alfred Drees; Tätigkeit in freier Praxis als Psychiater und Psychotherapeut sowie als Dozent an der Akademie für ärztliche Fort- und Weiterbildung Nordrhein. Ausserdem Supervisionstätigkeiten in Kliniken und Hospizgruppen.

e-mail: info@alfred-drees.de

Psychiatrische Begutachtung im interkulturellen Feld

Marc Ziegenbein, Wielant Machleidt & Iris Tatjana Calliess

1. Einleitung

Die Zahl der Migranten hat sich seit 1975 weltweit mehr als verdoppelt [UNO 2002]. Laut Ausländerzentralregister lebten Ende des Jahres 2007 6,7 Millionen Menschen mit einer ausländischen Staatsangehörigkeit in Deutschland [Ausländerzentralregister 2007]. Dies entspricht einem Ausländeranteil von 8,2% an der Gesamtbevölkerung. Fast die Hälfte dieser Menschen lebt bereits länger als 10 Jahre in Deutschland. In dieser Statistik sind die deutschstämmigen Aussiedler aus Osteuropa nicht mit enthalten, da sie bereits im Besitz der deutschen Staatsbürgerschaft sind oder diese unmittelbar bei Einreise erhalten. Zudem führt die Ausländerstatistik auch diejenigen Migranten nicht mehr auf, die mittlerweile eingebürgert wurden. Auch illegale Einwanderer sind statistisch nicht erfasst. Im Ergebnis ist der Anteil der Menschen mit Migrationshintergrund an der Bevölkerung deutlich höher als die Ausländerstatistik ausweist. Die größte Gruppe der ausländischen Wohnbevölkerung bildeten die türkischen Staatsangehörigen: Ende des Jahres 2007 lebten 1,71 Millionen Migranten aus der Türkei in Deutschland, was ca. einem Viertel (25,4%) der gesamten ausländischen Wohnbevölkerung entspricht. In einer Positionsbestimmung der Bundesregierung zum Integrationsgipfel am 14. Juli 2006 wird erklärt, dass Deutschland nicht erst seit der Anwerbung von Gastarbeitern Ziel von Zuwanderung sei [Positionsbestimmung der Bundesregierung 2006]. Ferner heißt es dort, dass unser Land auf eine lange und prägende Migrationstradition mit zahlreichen Beispielen erfolgreicher Integration zurückblicke und dass die Integration von Zuwanderern eine der großen politischen und gesellschaftlichen Herausforderungen in Deutschland sei. Ausländerbehörden, Rechtsanwälte und Richter ebenso wie das Gesundheitssystem mit seinen Versorgungssystemen und den zur Überprüfung beauftragten Gutachtern finden sich hier in Schlüsselpositionen. Mit dem vorliegenden Artikel soll zum Verständnis für die Begutachtungssituation bei Migranten beigetragen werden, wo – insbesondere beim Vorliegen von seelischen Störungen oder Traumatisierungen – Fehlbeurteilungen durch Behörden und Gerichte verhängnisvolle Folgen haben können. Für eine positive und pragmatische Handhabung der Begutachtungspraxis von Migranten mit psychischen Erkrankungen und seelischen Krisen wird die Formulierung von Standards hilfreich sein, die jedoch erst vereinzelt entwickelt sind [Gierlichs et al. 2002]

2. Kultur, Migration und seelische Gesundheit

2.1 Kultur und Gesellschaft

In Folge der fortschreitenden Öffnung unserer Gesellschaft haben Migranten zunehmend Einzug in psychiatrisch-psychotherapeutische Versorgungssysteme in Deutschland gehalten, wodurch der klinische Alltag mit neuen und zum Teil sehr fremden Problemen konfrontiert ist [MACHLEIDT 2005, MACHLEIDT et al. 2005]. Die diagnostische Einschätzung von seelischen Erkrankungen hängt in entscheidendem Maße davon ab, wie eine Gesellschaft ein bestimmtes Verhalten bewertet. Hier eröffnet sich naturgemäß ein großer Spielraum für interkulturelle Unterschiede und Fehleinschätzungen im diagnostischen Prozess, letzteres sowohl im Hinblick auf Unter- als auch auf Überbewertung kultureller Einflussfaktoren. Besondere Schwierigkeiten kann die Beurteilung des Funktionsniveaus einer Persönlichkeit bei Migranten im Hinblick auf Steuerungsfähigkeit und Glaubwürdigkeit bereiten, da Interviewer und Migrant in der Regel zwei verschiedenen Kulturen angehören [CALLIESS & MACHLEIDT 2003].

2.2 Leitlinien zur Beurteilung von psychischen Störungen aus kultureller Sicht

Im US-amerikanischen DSM-IV (1994) finden erstmals kulturelle Faktoren in einem Klassifikationssystem Berücksichtigung, während dies in dem im deutschsprachigen Raum gängigen Klassifikationssystem ICD-10 noch nicht der Fall ist [APA 1994]. Das DSM-IV verfügt über spezielle Abschnitte im Begleittext, die auf kulturspezifische Aspekte bei den jeweiligen Störungsbildern eingehen. Daneben finden sich ein Leitfaden zur Beurteilung kultureller Einflussfaktoren und ein Glossar kulturabhängiger Syndrome. Diese Passagen sollen die interkulturelle Anwendbarkeit des Manuals verbessern, indem sie „die Sensibilität für kulturabhängige Variationen im Ausdruck psychischer Störungen erhöhen und die möglichen Auswirkungen einer unbeabsichtigten Verzerrung durch den eigenen kulturellen Hintergrund des Untersuchers reduzieren" [DSM-IV 1996].

Bei der psychopathologischen Bewertung von Erscheinungen und Symptomen (signs and symptoms) und der Falldefinition bedarf es von Seiten des Untersuchers einer guten Vertrautheit mit den Einzelheiten des kulturellen Bezugsrahmens. Die Kenntnis der sozio-kulturellen Gegebenheiten, Glaubensüberzeugungen, Rituale, Verhaltensnormen und Erfahrungsbereiche lässt eine zuverlässige Einschätzung eines Phänomens als normalpsychologisch oder als psychopathologisch zu [MEZZICH 1995].

Die Klassifikationssysteme ICD-10 und DSM-IV sind im euro-amerikanischen Kulturkreis entwickelt worden und besitzen deshalb auch vorrangig für diesen Gültigkeit. Bei der Anwendung in entlegenen Kulturen besteht die Gefahr, kulturtypische Varianten in der Ausprägung psychischer Phänomene zu übersehen und ethnozentristische Fehlzuordnungen vorzunehmen. Eine Klassifikation kulturabhängiger Syndrome ist aufgrund fehlender wissenschaftlich gesicherter empirischer Daten noch nicht ausreichend gelungen. Die wesentlichen kulturabhängigen Syndrome sind im Anhang F des DSM-IV aufgeführt [DSM-IV 1996].

Der Leitfaden zur Beurteilung kultureller Einflussfaktoren im Anhang F des DSM IV soll die multiaxiale diagnostische Beurteilung ergänzen und den Schwierigkeiten bei der Anwendung von DSM-IV-Kriterien in einer multikulturellen Umgebung Rechnung tragen [DSM-IV 1996]. Die kulturbezogenen Fragestellungen ermöglichen eine systematische Betrachtung des kulturellen Hintergrundes einer Person, der Rolle, die der kulturelle Kontext im Ausdruck und bei der Bewertung von Symptomen und Funktionsstörungen spielt, und des Einflusses, den kulturelle Unterschiede auf die Beziehung zwischen Untersucher und Betroffenem haben können. Zusätzlich bieten kulturbezogene Bewertungen eine Gelegenheit, die kulturelle und soziale Bezugsgruppe des Individuums zu beschreiben und zu erfassen, inwieweit der kulturelle Kontext für die Evaluation insgesamt relevant ist.

2.3 Psychosoziale Gesundheit von Migranten

2.3.1 Migration und psychische Morbidität

Zahlreiche Migrationsstudien haben sich mit dem Zusammenhang von Migration und seelischer Gesundheit beschäftigt. Diese gingen von dem Eindruck aus, dass das Vorkommen schizophrener Psychosen in klinischen Populationen bei Migranten höher sei als bei Einheimischen [TSENG 2001, BENKERT *et al.* 1974]. Viele dieser Untersuchungen kommen zu dem Ergebnis, dass die Häufigkeit schizophrener Störungen bei Migranten und ethnischen Minderheiten größer sei als es der Häufigkeit der Erkrankung im Gast- oder auch im Heimatland entspräche [WITTKOWER & PRINCE 1974, ÖDEGAARD 1932, MALZBERG 1935, EBATA 2002, CANTOR-GRAAE *et al.* 2003]. Andere Arbeiten hingegen zeigen, dass die Schizophrenierate unter Migranten ganz, oder differenziert nach Ursprungskultur bzw. Aufenthaltsstatus zumindest in Teilen, niedriger sei als die der Aufnahmegesellschaft [ASTRUP & ÖDEGAARD 1960, MURPHY 1965, 1973, HÄFNER 1980].

Die Datenlage dieser verschiedenen Untersuchungen ist heterogen, so dass sich aus den Ergebnissen bisher kein einheitliches oder eindeutiges Resultat ergibt. Als wichtige Erklärung für eine höhere Rate schizophrener Erkrankungen unter Migranten werden in erster Linie methodologische Gründe genannt [ASSION 2005]. Nach COCHRANE & BAL sei a). an eine erhöhte Schizophrenierate im Heimatland, b). eine Selektion von Migranten einer bestimmten Altersgruppe mit erhöhtem Risiko für eine Schizophrenie, c). an eine häufigere Migration vulnerabler oder manifest erkrankter Individuen und nicht zuletzt daran zu denken, dass d). Migrationsstress an sich zu einer erhöhten Erkrankungsrate führen könne [COCHRANE & BAL 1987]. In Richtung der letzt genannten Hypothese argumentiert eine jüngst erschienene Metaanalyse von CANTOR-GRAAE & SELTEN, die postulieren, dass Migration einen Risikofaktor für die Entwicklung einer Schizophrenie darstelle [CANTOR-GRAAE & SELTEN 2005] Die Autoren kommen zu dem Ergebnis, dass Migranten der ersten und zweiten Generation im Mittel im Vergleich zu Einheimischen ein 2,9-fach erhöhtes Schizophrenieerkrankungsrisiko haben. Interessanterweise sei das Erkrankungsrisiko der Migranten der ersten Generation nur etwa halb so hoch (2,7) wie das der zweiten (4,5). Migranten mit schwarzer Hautfarbe hätten ein etwa doppelt so hohes Erkrankungsrisiko wie Weiße oder Migranten, die weder eine schwarze noch eine weiße Hautfarbe besäßen. Allerdings lassen sich auch in dieser Metaanalyse soziokulturell bedingte Einflussfaktoren von migrationsspezifischen Größen nicht befriedigend trennen. HÄFNER argumentiert umgekehrt, dass für die niedrigere Erkrankungsrate unter ausländischen Arbeitnehmern, d.h. den sog. „Gastarbeitern", in erster Linie positive Selektionsvorgänge vor der Einwanderung auszumachen sind [HÄFNER 1980].

Die heterogene und zum Teil widersprüchliche Datenlage führte allerdings auch zu der hilfreichen Erkenntnis, dass Migration kein singuläres und einheitliches Phänomen ist. Migration an sich ist ein prozesshaftes Geschehen (s.u.), welches in besonderem Maße psychosozialen Stressoren unterliegt. Zu differenzieren sind hierbei das Individuum, welches migriert, die Motive für und die Umstände der Migration, die Beziehungen zwischen dem Heimat- und dem Gastland (z.B. politische, diplomatische) sowie das Verhältnis zwischen der Aufnahme- und der Ursprungskultur (z.B. individualistisch versus kollektivistisch) und die Art und Weise der Aufnahme einschließlich des Aufenthaltsstatus und der aktuellen Lebensbedingungen (z.B. soziale

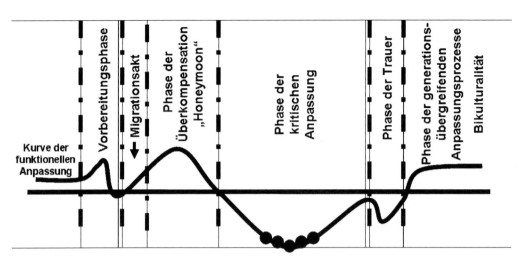

Abb. 1.: Phasen des Migrationsprozesses modifiziert nach [SLUZKI 2001].

Schicht, Arbeit bzw. Arbeitslosigkeit, Wohnverhältnisse, etwaige Benachteiligung) des Migranten im Gastland [AL-ISSA 1997]. All diese Faktoren – ebenso wie spezifische Risikokonstellationen (aktuelle Lebensbedingungen, Vorgeschichte, körperlicher Gesundheitszustand) – beeinflussen in hohem Maße die Akkulturationsmöglichkeiten und -fähigkeiten eines Migranten [COLLATZ 2001, BHUGRA & JONES 2001, DAVID *et al.* 1999, HOVEY 2000, WIEDL & MARSCHLAK 2001].

Heute kann man davon ausgehen, dass Migration einen wesentlichen Auslösefaktor bei der Entwicklung so genannter Stresserkrankungen, wie beispielsweise depressiver Störungen, Angst- und Abhängigkeitserkrankungen oder psychosomatischer Reaktionen, darstellen kann [MACHLEIDT & CALLIESS 2004]. Salutogenetische Ansätze finden nach wie vor verhältnismäßig wenig Berücksichtigung [WIEDL & MARSCHLAK 2001, BRUCKS 2004, FALTERMAIER 2001].

Verlässliche epidemiologische Daten über Migranten in Deutschland, die sich nicht nur auf die Inanspruchnahmepopulation beziehen, fehlen bis heute [MACHLEIDT *et al.* 2005, BOOS-NÜN-NING 1998]. Es wird angenommen, dass die psychische Morbidität von Migranten mindestens so hoch ist wie die der einheimischen Bevölkerung. Dabei müssen die unterschiedlichen Migranten-gruppen differenziert werden: Bei gewaltsam vertriebenen Kriegsflüchtlingen, Asylsuchenden, politisch Verfolgten und illegalen Zuwanderern wird aufgrund von Traumatisierung eine höhere psychische Morbidität angenommen.

2.3.2 Der Migrationsprozess und seine Belastungen

Migrationsprozesse haben eine kultur- und situationsübergreifende Regelhaftigkeit [SLUZKI 2001] und lassen sich in ihrer „Emotionslogik" in zwei Zyklen unterteilen, nämlich den meist kürzen des Migrationsaktes einschließlich seiner Vor- und Nachbereitung und den über Jahre und Jahr-zehnte laufenden Akt der Akkulturation im Aufnahmeland [LUNGWITZ 1993, MACHLEIDT 2004]. Die psychischen Verfassungen und Erkrankungsrisiken sind in den Stadien beider Zyklen im Rahmen des Migrationsprozesses sehr unterschiedlich. Abbildung 1. gibt einen Überblick über die Phasen des Migrationsprozesses.

2.3.3 Psychologisch-medizinische Versorgung von Migranten

Die Öffnung und Qualifizierung des Gesundheitssystems im Bereich der psychiatrisch-psycho-therapeutischen Versorgung soll Migranten ermöglichen, mit denselben Qualitätsstandards behandelt zu werden wie Einheimische. Allerdings ist dies im Alltag noch nicht Realität [MACHLEIDT *et al.* 2005, MACHLEIDT & CALLIESS 2004]. Die folgenden Aspekte kennzeichnen die derzeitige Behandlungssituation für Migranten im psychiatrisch-psychotherapeutischen Versorgungssystem: Migranten sind in den meisten offenen stationären und teilstationären psychiatrischen Bereichen unterrepräsentiert, in den geschlossenen Bereichen und der Forensik überrepräsentiert [LEIDINGER 2004]. Migranten erhalten mehr Notfallleistungen, aber weniger ambulante psychotherapeutische sowie rehabilitative Behandlungen, deren Qualität unterhalb der Standards bei Einheimischen liegen [MINAS 2001].

Als Gründe sind dafür anzuführen: Schamgefühle und Stigmatisierungsängste sind bei psychischen Erkrankungen von Migranten insbesondere Muslimen nicht geringer als bei Deutschen. Zur Unterrepräsentation in den offenen stationären und teilstationären Bereichen sowie in den Ambulanzen tragen Unkenntnis und Aversionen gegenüber psychiatrischen und kommunalen Institutionen bei. Ein Teil der Betroffenen kommt deshalb nur zur Notfallbehandlung und häufig unter Zwang in die Klinik, andere Teile der Betroffenen kehren zur Behandlung in ihre Ursprungsländer zurück oder werden im Rahmen der Großfamilie versorgt [MACHLEIDT *et al.* 2005]. In den „Sonnenberger Leitlinien" zur psychiatrisch-psychotherapeutischen Versorgung von Migranten in Deutschland sind Leitsätze für eine angemessene Versorgung von Migranten und die dafür notwendigen Umsetzungsschritte formuliert worden [MACHLEIDT *et al.* 2005, *Machleidt* 2002].

2.3.4 Sprachprobleme und sprachliche Verständigung

Sprachprobleme. Beim erwachsenen Migranten bleiben Gefühle und Erinnerungen an die so genannte Muttersprache gebunden. MARCOS & ALPERT wiesen auf ein Phänomen hin, welches sie "language independence" nannten [MARCOS & ALPERT 1976]. Danach kommt es beim Benutzen einer Zweitsprache im Gegensatz zur Muttersprache zur Trennung des Affekts vom Inhalt des Gesagten, da Gefühle, Erinnerungen und Assoziationen in der Muttersprache erlebt wurden und in der kognitiv erworbenen Zweitsprache somit nicht zur Verfügung stehen. Bilinguale Patienten wirken daher, wenn sie in ihrer Zweitsprache interviewt werden, auf den Untersucher häufig emotionslos und affektiv nur wenig schwingungsfähig. Bei Unkenntnis dieses Phänomens kann es zu psychopathologischen Fehleinschätzungen mit entsprechend schwerwiegenden Folgen kommen. Ein weiterer wichtiger Aspekt in diesem Zusammenhang wurde von HEINEMANN & ASSION beleuchtet [HEINEMANN & ASSION 1996]: Sie konnten bei polyglotten Patienten zeigen, dass die Regression in der akuten Psychose einhergeht mit einer Regression auf die Muttersprache und einem scheinbar vollständigen Verlust der vor Erkrankungsbeginn perfekten Fremdsprachenkenntnisse. Dieser Prozess ist reversibel, da nach Abklingen der akuten Symptomatik die Zweitsprache wieder zur Verfügung steht. Hieraus ersieht man, dass Fremdsprachenkenntnisse vom Grad einer psychischen Erkrankung abhängig sein und im Verlauf einer psychischen Erkrankung starken Schwankungen unterliegen können.

Das interkulturelle Gespräch führt den beteiligten Gesprächspartnern die Unterschiedlichkeiten zwischen der eigenen und der fremden Kultur vor Augen. Im Gegensatz zu einer monokulturellen Gesprächssituation kann man nicht voraussetzen, dass die Anwesenden dieselben Zeichen benutzen, um dieselben Inhalte zu beschreiben und dieselben Bedeutungen zu übermitteln. Dies ist für den klinischen und therapeutischen Kontext wesentlich: Unter Begriffen der westlichen modernen Welt wie Bewusstsein, Aufmerksamkeit, Wahrnehmung, Wille, Selbst, Seele oder Persönlichkeit wird in traditionellen Kulturen – so sie denn da überhaupt in derselben Form existieren - nicht dasselbe verstanden [LITTLEWOOD 1992, KRAUSE 1998]. Die Gefahr von Missverständnissen, auf die Migranten mit einer speziellen Abwehr reagieren können, ist hierbei erhöht.

Das für den weiteren Verlauf so entscheidende *Erstinterview* sollte aufgrund des bisher Gesagten nach Möglichkeit in der Muttersprache des Patienten geführt werden. Sollte das nicht realisierbar sein, ist der Einsatz professionell geschulter Dolmetscher, die als soziokulturelle und sprachliche Mittler fungieren, wünschenswert.

Dolmetscher im psychiatrisch-psychotherapeutischen Kontext sehen sich häufig mit einer Vielzahl teilweise sogar widersprüchlicher Erwartungen konfrontiert [SALMAN 2002]: Als „kulturelle Brücke zwischen Majorität und Minorität" sollen sie einerseits zu sprachlicher und zugleich kultureller Verständigung verhelfen. Andererseits möchten sie ihre professionellen Grenzen wahren und lediglich „Sprachrohr" der Beteiligten sein, ohne eigene Gespräche mit Patienten zu führen, wie es gelegentlich der Fall ist. Das Gelingen eines guten, verständlichen und effektiven Gesprächs zwischen Patient, Dolmetscher und Therapeut folgt gewissen Regeln, die im Folgenden kurz dargelegt werden [SALMAN 2001]:

1. Um ein fachlich angemessenes Dolmetschen garantieren zu können, sollte mit dem Dolmetscher ein Vor- und Nachgespräch geführt werden. Dies erleichtert dem Dolmetscher die Abgrenzung, die Wahrung der Neutralität und die Reflektion der Übertragungen vor dem eigenen Migrationshintergrund.

2. Neutralität gehört neben der Fachkompetenz, wörtlich und inhaltlich genau, kommentarlos und unparteiisch zu übersetzen, zu den wichtigsten Fähigkeiten eines Dolmetschers. Der Einsatz von Verwandten oder Freunden des Patienten ist gerade aus Gründen der Neutralität eher als problematisch anzusehen.

3. Der Einsatz möglichst gleichgeschlechtlicher Dolmetscher hat sich bewährt.

4. Altersunterschiede zwischen Dolmetscher und Patient sollten nicht zu groß ausfallen.

5. Kontinuität in den Gesprächsbeziehungen durch das Heranziehen von Dolmetschern, mit denen bereits positive Erfahrungen erzielt wurden, ist sinnvoll.

6. Dolmetscher, die neben ihren Sprachkenntnissen nicht über ausreichendes kulturelles Hintergrundwissen verfügen, erschweren Therapieprozesse.

Bei der *kulturspezifischen Anamnese* ist zu berücksichtigen, dass Angaben zu Zeiten und Orten sich teilweise mehr an Jahreszeiten, religiösen Festen und lokalen geographischen Gegebenheiten orientieren, als an Ortsnamen oder Datumsangaben. Zahlen sind dabei häufig nur Richtwerte und nicht mathematisch exakt. Wir kann sich beziehen auf die Familie, die Landsleute oder das eigene Volk. Diese Punkte führen immer wieder zu Missverständnissen im Rahmen der Anhörungen und Begutachtungsverfahren.

3. Migranten und psychische Erkrankung

3.1 Zum Krankheitsverständnis von Migranten

Das Krankheitsverständnis von Migranten ist keineswegs statisch, sondern in der ständigen Auseinandersetzung mit der Gastkultur einem häufig nachhaltigen Wandel unterworfen. Ist die Akkulturation an die aufnehmende Kultur bereits fortgeschritten, so findet man bei Migranten in Deutschland und bei deren größter Gruppe, den Türken, Elemente medizinisch-naturwissenschaftlicher Verstehensmodelle neben den traditionellen religiösen und magischen Sichtweisen. Individuell erfolgen ganz unterschiedliche Verknüpfungen traditioneller und moderner Vorstellungen von Krankheit. Eine Tendenz lässt sich jedoch festhalten: Die Elterngeneration, die noch im Heimatland aufgewachsen ist, fühlt sich mehr den traditionellen Erklärungsmodellen verbunden als die Angehörigen der zweiten und dritten Migrantengeneration. Die Generationen, aber auch die Individuen und Angehörige kultureller Minoritäten, vertreten unterschiedlich stark variierende und sich überschneidende Modelle hinsichtlich der Krankheitsursachen. Traditionelle (aber auch alle anderen) Krankheitskonzepte beeinflussen die Erwartungen, die an die Therapie gestellt werden [MACHLEIDT & CALLIESS 2004]:

–   Wird der religiöse Verständniszugang gewählt, so wird Krankheit als Strafe von einer höheren Instanz wie Gott, den Ahnen, Dämonen oder Geistern für menschliches Fehlverhalten verstanden. Therapie hat dann die Funktion der Sühne, Medikamentengabe die Funktion der Linderung von Strafe.

–   In magischen Sichtweisen werden Krankheiten als Störung der sozialen Interaktion interpretiert und den negativen Einwirkungen von Mitmenschen oder Verstorbenen zugeschrieben. In den Heilungsprozess müssen folgerichtig die Mitglieder der sozialen Gruppe des Betroffenen bzw. die Großfamilie mit einbezogen werden. So formuliert Peseschkian treffend in einer interkulturellen Betrachtung zum Unterschied zwischen Orient und Okzident [PESESCHKIAN 1998]:

„Ist hier (im *Orient*) jemand erkrankt, so wird das Bett ins Wohnzimmer gestellt. Der Kranke steht im Mittelpunkt und wird von zahlreichen Familienmitgliedern, Verwandten und Freunden besucht. Ein Ausbleiben der Besucher würde als Beleidigung und mangelnde Anteilnahme aufgefasst. Wenn jemand (im *Okzident*) krank ist, möchte er seine Ruhe haben. Er wird von wenigen Personen besucht. Besuche werden auch als soziale Kontrolle empfunden."

TUNA & SALMAN haben beobachtet, dass sich in vielen sozialmedizinischen Gutachten über Antragsteller türkischer Herkunft häufig typische Formulierungen zur Verhaltensbeschreibung finden [TUNA & SALMAN 1999]: Folgende Zitate sollen über dieses Phänomen exemplarisch einen Eindruck vermitteln:

– „Jede Bewegung des Körpers wird von Schmerzbekundungen begleitet."

– „Ihr Verhalten ist leidensbetont mit demonstrativen Schmerzangaben."

– „In psychischer Hinsicht leidensbetontes Ausdrucksverhalten, …"

–„Auffallend ist hier eine nicht zu übersehende Aggravationstendenz …"

Aufgrund des kollektivistischen Hintergrundes ist das Psychologisieren Menschen aus traditionellen Gesellschaften fremd. Anstelle des individualistischen Ausdrucks von Wünschen und Emotionen treten hier nonverbale (schmerzverzogenes Gesicht, leidender Ausdruck, Bewegungsschwierigkeiten) und indirekte (z.B. Schmerzbekundungen durch Stöhnen, Ächzen, Klagen) Kommunikationsformen. Insbesondere bei türkischen Probanden mit nur geringer Schulbildung fehlen Informationen über Körpervorgänge, so dass es nicht verwundern kann, wenn ungewöhnlich anmutende Krankheitsvorstellungen bestehen. Symptome und Krankheiten sind in diesen Vorstellungen eng verknüpft. Krankheit wird daher über Körperfunktionsstörungen, wie Schmerzen oder äußerlich sichtbare Defizite, wahrgenommen und definiert. Grundsätzlich gilt für Probanden aus traditionellen Gesellschaften, dass das Krankheitsverständnis ein leiblich-seelisch-ganzheitliches ist, welches leibnahe und schmerzbetonte Symptome hervorruft. Häufig betroffene Organe sind Leber, Lunge und Herz. Depressive Störungen äußern sich nicht selten als funktionelle Störungen oder psychogene Schmerzsyndrome mit

– diffusen unspezifischen Beschwerden,
– Organschmerzen,
– Muskelbeschwerden,
– Lähmungen und Sensibilitätsstörungen im Bereich der Extremitäten (pseudokonversionsneuroti-
  sche Bilder)
– Hypochondrische Befürchtungen
– Diffuse Ängste, insbesondere vor den Folgen der Erkrankung (z. B. Invalidität)
– Schlafstörungen
– Erschöpfungssyndrome
– Schwindelzustände unklarer Genese
– Dysphorie, Nervosität und innerer Unruhe.

Während in modernen Gesellschaften das bio-medizinische Krankheitskonzept vorherrscht,
ist in türkischen bäuerlichen Kulturen das Krankheitsverständnis durch die Volksmedizin geprägt. In dieser Vorstellung dringt die Krankheit von außen in den Körper ein und befällt ihn
ganzheitlich, so dass türkische Patienten in der Regel nur unspezifische Angaben über ihr Un-
wohlsein machen können (bspw. allgemeiner Vitalitätsverlust, diffuse Erschöpfungszustände
oder Schmerzsyndrome).

Diese Beispiele machen deutlich, dass insbesondere bei psychischen Erkrankungen eine Therapie gewählt werden muss, die von den individuellen Krankheitstheorien und Erwartungen des
Betroffenen und seiner Angehörigen ausgeht, und eine Methode zur Anwendung kommen muss,
von der der Behandelte und seine Bezugsgruppe sich einen Erfolg versprechen. Dies erfordert
von den Behandlern eine Offenheit für interkulturelle Sichtweisen von Krankheit und Genesung
und ein hohes Maß an therapeutischer Flexibilität. Für Krankheitsvorstellungen von Migranten
gilt im übrigen: Je weniger überzeugend die Therapieerfolge der westlichen naturwissenschaftlichen Medizin sind, z.B. bei chronifizierenden Krankheitsverläufen, um so eher besteht bei Migranten die Neigung, auf traditionelle Erklärungsmodelle und Behandlungsmethoden aus ihrer
Ursprungskultur zurückzugreifen [SALMAN 1998, HOFFMANN & MACHLEIDT 1997].

3.3 Traumatisierte Migranten

Die häufigste Ursache für posttraumatische Störungen bei Flüchtlingen und Migranten in Westeuropa sind Erfahrungen von so genannter organisierter Gewalt. Gemäß WHO werden unter dem
Begriff der organisierten Gewalt alle Formen zielbewusst eingesetzter physischer und psychi-
scher Gewalt gegen Menschen durch Staaten, Organisationen und Gruppierungen verstanden.
Hierunter fallen Folter, Unterdrückung, Geiselhaft, Kriegshandlungen und andere Formen po-
litisch, religiös, ethnisch oder anderweitig weltanschaulich begründeter Gewalt [BRUNE 2000].
Diese traumatischen Erfahrungen werden als "man made disasters" bezeichnet und haben – im
Gegensatz zu Unglücksfällen oder Naturkatastrophen, die nicht bewusst durch menschliches
Handeln herbeigeführt werden – in der Regel schwere psychische Folgen.

Jedoch sind nicht alle Flüchtlinge und Migranten, die Gewalt erlebt haben, traumatisiert in
dem Sinne, dass sie einer speziellen Behandlung bedürfen. Selbst ähnliche Traumatisierungen
haben nicht bei allen Menschen die gleichen Folgen, da korrektive Faktoren bei der Verarbeitung
der traumatischen Situation und protektive Faktoren im Sinne biographischer Disposition schützend oder zumindest mildernd wirken können [FISCHER & RIEDESSER 1999, HENNINGSEN 2003].
Man kann davon ausgehen, dass zwischen 5 und 30% der Flüchtlinge aufgrund von Traumatisierung durch organisierte Gewalt unter psychischen Störungen leiden [BRUNE 2000].

Die Situation von Flüchtlingen und Migranten wird über die Gewalterfahrung in den Herkunftsländern hinaus durch den Prozess der Migration, der seinerseits vulnerabel, potentiell pathogen und möglicherweise ebenfalls traumatisierend sein kann, einerseits sowie durch die Exilproblematik andererseits verschärft. Hinzu treten für Flüchtlinge häufig psychosozial schwierige Rahmenbedingungen, beispielsweise aufgrund eines unsicheren Aufenthaltsstatus. Flüchtlinge legen daher Psychiatern gegenüber häufig ein tiefes Misstrauen an den Tag: Sie projizieren die verfolgenden Erfahrungen im Heimatland ebenso auf den Untersucher wie die negativen Erlebnisse mit deutschen Behörden. [HENNINGSEN 2003].

Viele traumatisierte Menschen erleiden nicht nur einmal, sondern mehrmals in ihrem Leben eine posttraumatische Symptomatik. Es ist daher wichtig, zwischen einer aktuellen ("current") und einer irgendwann im Leben auftretenden ("lifetime") posttraumatischen Störung zu unterscheiden [VAN DER KOLK et al. 1996]. Wesentlich für unsere Thematik ist ferner, dass eine posttraumatische Belastungsreaktion auch nach Monaten, manchmal gar erst nach Jahren als sogenanntes verzögertes posttraumatisches Belastungssyndrom in Erscheinung treten kann. Einem früheren Erlebnis wird dann bedingt durch eine Wiederholung von Komponenten der traumatischen Situation oder durch Lebenskrisen nachträglich eine existentiell bedrohliche Bedeutung verliehen [FISCHER & RIEDESSER 1999]. Dieser Zusammenhang ist bei traumatisierten Migranten wesentlich, da Psychopathologie und Verhaltensauffälligkeiten in Unkenntnis der Möglichkeit eines verzögerten posttraumatischen Belastungssyndroms mit Anpassungsstörungen im Rahmen des migratorischen Prozesses verwechselt werden können und somit der traumatische Hintergrund der Problematik unerkannt bleibt.

Nicht unerwähnt bleiben darf, da für den diagnostischen und therapeutischen Prozess von immanenter Wichtigkeit, dass es kulturelle Unterschiede im Umgang mit traumatischen Ereignissen gibt. In einigen Kulturen kommuniziert man fast ausschließlich nonverbal über schmerzhafte Verluste oder Ereignisse. Dies kann in westlichen Kulturen zu dem Missverständnis führen, dass Traumata auf Seiten von Migranten geleugnet werden. Die Gepflogenheit, das Unheil nicht beim Namen zu nennen, kann Ausdruck entweder einer Behutsamkeit gegenüber Traumatisierten sein oder der Befürchtung, durch Aussprechen des Bösen es herbeizurufen [BRUNE 2000]. Umgekehrt dürfen Vorbehalte von traumatisierten Migranten der Psychiatrie gegenüber nicht als kulturelle Vorurteile missinterpretiert werden sondern müssen auf dem Hintergrund der realen Erfahrung eines möglichen politischen Missbrauchs der Psychiatrie sowie des Mitwirkens von Ärzten bei Folter verstanden werden.

4. Schlussfolgerung

Die Bedeutung der interkulturellen Psychiatrie hat in den letzten Jahren weiter zugenommen. Das Wissen über die kulturellen Aspekte der Ätiologie, der Epidemiologie und dem Erscheinungsbild sowie der Therapie psychischer Krankheiten stellt nicht nur einen wichtigen Aspekt in der täglichen psychiatrischen Arbeit mit Migranten dar, sondern ist auch für die Begutachtungspraxis von entscheidender Wichtigkeit. Für eine positive und pragmatische Handhabung der Begutachtungspraxis von Migranten mit psychischen Erkrankungen und seelischen Krisen sollten Standards definiert werden, die die Grundlage für die differenzierte Begutachtung bilden. Zudem wäre die Integration von spezifischen interkulturellen Weiterbildungsinhalten in die Curricula der Facharztweiterbildung sehr zu begrüßen.

Literatur

AL-ISSA I. Ethnicity, Immigration and Psychopathology. In: AL-ISSA I & TOUSIGNANT M (Hrsg). Ethnicity, Immigration and Psychopathology. New York: Springer, 1997: 3-15

AMERICAN PSYCHIATRIC ASSOCIATION: Diagnostic Criteria from DSM-IV. Wahington, D.C.: American Psychiatric Association, 1994

ASSION HJ. Migration und psychische Krankheit. In: ASSION HJ (Hrsg). Migration und seelische Gesundheit. Heidelberg: Springer Medizin Verlag, 2005

ASTRUP C & ÖDEGAARD Ö. Internal migration and mental disease in Norway. Psychiatric Quarterly 1960; Supplement 34: 116-127

AUSLÄNDERZENTRALREGISTER. Bericht der Beauftragten der Bundesregierung für Ausländerfragen, 2007 (http://www.bamf.de/cln_006/nn_442016/DE/DasBAMF/Statistik/statistik-node.html?__nnn=true.)

BENKERT H, FLORU L & FREISTEIN H. Psychische Störungen bei ausländischen Arbeitnehmern, die zur stationären Behandlung in die Psychiatrische Klinik eingewiesen wurden. Nervenarzt 974; 45: 76-87

BHUGRA D & JONES P. Migration and mental illness. Advances in Psychiatric Treatment 2001; 7: 216-222

BOOS-NÜNNING U. Migrationsforschung unter geschlechtsspezifischer Perspektive. In: KOCH E, ÖZEK, M, PFEIFFER W & SCHEPKER R (Hrsg). Chancen und Risiken von Migration. Deutsch-türkische Perspektiven. Schriftenreihe der deutsch-türkischen Gesellschaft für Psychiatrie, Psychotherapie und Psychosoziale Gesundheit e.V. Freiburg: Lambertus, 1998: 304-316

BRUCKS U. Der blinde Fleck der medizinischen Versorgung in Deutschland. Migration und psychische Erkrankung. Psychoneuro 2004; 30 (4): 228-231

BRUNE M. Posttraumatische Störungen. In: HAASEN C & YAGDIRAN O (Hrsg). Beurteilung psychischer Störungen in einer multikulturellen Gesellschaft. Freiburg: Lambertus-Verlag, 2000: 107-124.

CALLIESS I & MACHLEIDT W. Transkulturelle Aspekte bei Persönlichkeitsstörungen. Persönlichkeitsstörungen 2003; 7: 117-133

CANTOR-GRAAE E, PEDERSEN CB, MCNEIL TF & MORTENSEN PB. Migration as a risk factor for schizophrenia: A Danish population-based cohort study. British Journal of Psychiatry 2003; 182: 117-122

CANTOR-GRAAE E & SELTEN J. Schizophrenia and migration: A meta-analysis and review. Am J Psychiatry 2005; 162: 12-24

COCHRANE R & BAL S. Migration and schizophrenia: An examination of five hypotheses. Soc Psychiatry 1987; 22: 181-191

COLLATZ J. Bedarf und Inanspruchnahme psychiatrischer Versorgung durch Migrantinnen und Migranten. In: HEGEMANN T & SALMAN R (Hrsg). Transkulturelle Psychiatrie. Konzepte für die Arbeit mit Menschen aus anderen Kulturen. Bonn: Psychiatrie-Verlag, 2001: 52-63

DAVID M, BORDE T & KENTENICH H (Hrsg). Migration und Gesundheit. Zustandsbeschreibung und Zukunftsmodelle. Frankfurt am Main: Mabuse-Verlag, 1999

DIAGNOSTISCHES UND STATISTISCHES MANUAL PSYCHISCHER STÖRUNGEN, DSM-IV. Göttingen, Bern, Toronto, Seattle: Hogrefe, Verlag für Psychologie, 1996: 948

EBATA K. Cross-cultural adaptation and mental disorders. Seishin Shinkeigaku Zasshi 2002; 104: 278-291

FALTERMAIER T. Migration und Gesundheit: Fragen und Konzepte aus einer salutogenetischen und gesundheitspsychologischen Perspektive. In. WIEDL KH & MARSCHALCK P (Hrsg). Migration und Krankheit. IMIS-Schriften, Bd. 10. Osnabrück: Universitätsverlag Rasch, 2001: 93-112

FISCHER G & RIEDESSER P. Lehrbuch der Psychotraumatologie. München, Basel: Ernst Reinhardt Verlag, 1999

GIERLICHS HW, HAENEL F, HENNINGSEN F u.a. Standards zur Begutachtung psychisch reaktiver Traumafolgen (in aufenthaltsrechtlichen Verfahren), 2002 (www.dgpt.de/news/news.html.)

HÄFNER H. Psychische Morbidität von Gastarbeitern in Mannheim. Epidemiologische Analyse einer Inanspruchnahmepopulation. Nervenarzt 1980; 51: 672-683

HEINEMANN F & ASSION HJ. Sprachliche Regression auf die Muttersprache bei Polyglotten in der akuten Psychose. Nervenarzt 1996; 67: 599-601

HENNINGSEN F. Traumatisierte Flüchtlinge und der Prozess der Begutachtung. Psychoanalytische Perspektiven. Psyche 2003; 2: 97-120

HOFFMANN K & MACHLEIDT W (Hrsg). Psychiatrie im Kulturvergleich. Berlin: VWB – Verlag für Wissenschaft und Bildung, 1997

HOVEY, JD. Acculturative stress, depression and suicidal ideation among Central American immigrants. Suicide and life threatening behaviour 2000; 30 (2): 125-139

KRAUSE IB. Therapy across Culture. London: Sage, 1998

LEIDINGER, F. Klinikstatistiken. Landschaftsverband Rheinland. Werkstattgespräch Psychiatrische Versorgung von Migrantinnen und Migranten in Nordrhein-Westfalen. Tagungsdokumentation. Düsseldorf: Ministerium für Gesundheit, Soziales, Frauen und Familie, 2004

LITTLEWOOD R. How universal is something we call Therapy. In: LITTLEWOOD R & KAREEM J (Hrsg). Intercultural Therapy. Themes, Interpretations and Practice. Oxford: Blackwell, 1992

LUNGWITZ H. Psychobiology and cognitive Therapy of the Neuroses. In: BECKER R (Hrsg). Basel, Boston, Berlin: Birkhäuser, 1993

MACHLEIDT W & CALLIESS IT. Psychiatrisch-Psychotherapeutische Behandlung von Migranten. In: BERGER M (Hrsg). Psychische Erkrankungen. Klinik und Therapie. 2. Auflage. München, Jena: Urban u. Fischer, 2004: 1161-1183

MACHLEIDT W, GARLIPP P & CALLIESS IT. Die 12 Sonnenberger Leitlinien – Handlungsimpulse für die psychiatrisch-psychotherapeutische Versorgung von Migranten. In: ASSION H-J (Hrsg). Migration und seelische Gesundheit. Heidelberg: Springer Medizin Verlag; 2005: 215-30

MACHLEIDT W. Migration, Integration und psychische Gesundheit. Psychiat Prax 2005; 32: 55-57

MACHLEIDT W: Das Fremde im Ich – das Ich in der Fremde. Psychotherapie mit Migranten. In: GUNKEL S & KRUSE G (Hrsg). Salutogenese, Resilienz und Psychotherapie. Hannover: Ärzte-Verlags-Union, 2004: 295-308

MACHLEIDT, W. Die 12 Sonnenberger Leitlinien zur psychiatrisch-psychotherapeutischen Versorgung von MigrantInnen in Deutschland. Der Nervenarzt 2002; 73: 1208-1209

MALZBERG B. Mental disease in New York State according to nativity and parentage. Mental Hygiene 1935; 19: 635-660

MARCOS L & ALPERT M. Strategies and risks in psychotherapy with bilingual patients: The phenomenon of language independence. American Journal of Psychiatry 1976; 133: 1275-1278

MEZZICH JE. Cultural formulation and comprehensive diagnosis: Clinical and research perspectives. Psych Clinics of North Am 1995; 18: 649-657

MINAS H. Service Responses to cultural Diversity. In: THORNICROFT G & SZMUKLER G (Hrsg). Textbook of Community Psychiatry. Oxford, New York: Oxford University Press, 2001: 196-206

MOGGI F. Merkmalsmuster sexueller Kindesmisshandlung und Beeinträchtigungen der seelischen Gesundheit im Erwachsenenalter. Z Klin Psychol 1996; 296-303

MURPHY HBM. Migration and the major mental Disorders: A Reappraisal. In: KANTER MB (Hrsg). Mobility and Mobility Health. Springfield: Charles C Thomas, 1965

MURPHY HBM. The low Rate of Hospitalization shown by Immigrants to Canada. In: ZWINGMANN CA & PFISTER-AMMENDE M (Hrsg). Uprooting and after. New York: Springer, 1973

ÖDEGAARD Ö. Emigration and insanity: A study of mental disease among the Norwegian-born population of Minnesota. Acta Psychiatrica Neurologica Scandinavica 1932; 4: 1-206

PESESCHKIAN N. Die Notwendigkeit eines transkulturellen Austauschs. In: HEISE T (Hrsg). Transkulturelle Psychotherapie. Berlin: VWB – Verlag für Wissenschaft und Bildung, 1998

POSITIONSBESTIMMUNG DER BUNDESREGIERUNG ZUM INTEGRATIONSGIPFEL am 14. Juli 2006. (http://www.bundes regierung.de/Content/DE/Artikel/2006/07/2006-07-05-integrationsgipfel-au.)

SALMAN R. Interkulturelle Herausforderungen im Gesundheitswesen. Impulse 1998; 20: 2–3

SALMAN R. Sprach- und Kulturvermittlung. Konzepte und Methoden der Arbeit mit Dolmetschern in therapeutischen Prozessen. In: HEGEMANN T & SALMAN R (Hrsg). Transkulturelle Psychiatrie – Konzepte für die Arbeit mit Menschen aus anderen Kulturen. Bonn: Psychiatrie-Verlag Bonn, 2001

SALMAN R. Sprachliche, kulturelle und migrationsspezifische Hintergründe psychosozialer und psychiatrischer Praxis. In: MAUTHE JH (Hrsg). Informationsgesellschaft und Psyche. Königslutter: Axept Verlag, 2002

SLUZKI C (2001) Psychologische Phasen der Migration und ihre Auswirkungen. In: HEGEMANN T & SALMAN R (Hrsg). Transkulturelle Psychiatrie. Konzepte für die Arbeit mit Menschen aus anderen Kulturen. Bonn: Psychiatrie-Verlag, 2001: 101-115

TSENG WS. Handbook of cultural Psychiatry. Academic Press, San Diego, London, Boston, New York, Sydney, Tokyo, Toronto: Academic Press, 2001

TUNA S & SALMAN R. Phänomene interkultureller Kommunikation im Begutachtungsprozess. In: COLLATZ J, HACKHAUSEN W & SALMAN R (Hrsg). Begutachtung im interkulturellen Feld. Zur Lage der Migranten und zur Qualität ihrer sozialgerichtlichen und sozialmedizinischen Begutachtung in Deutschland. Berlin: VWB – Verlag für Wissenschaft und Bildung, 1999: 179-188

UNITED NATIONS. Number of world's migrants reaches 175 million mark. (http://www.un.org). New York: Press Release POP/844, 2002

VAN DER KOLK BA, MCFARLANE A & WEISAETH L. Traumatic Stress: The Effects of overwhelming Experience on Mind, Body and Society. New York: Guilford, 1996

WIEDL KH & MARSCHALCK P. Migration, Krankheit und Gesundheit: Probleme der Forschung, Probleme der Versorgung – eine Einführung. In: WIEDL KH & MARSCHALCK P (Hrsg). Migration und Krankheit. IMIS-Schriften, Bd. 10. Osnabrück: Universitätsverlag Rasch, 2001: 9-36

WITTKOWER ED, Prince R. A Review of transcultural Psychiatry. In: ARIETI S & CAPLAN G (Hrsg). American Handbook of Psychiatry. Volume 2. New York; Basic Books, 1974

Korrespondierender Autor:

Priv.-Doz. Dr. med. MARC ZIEGENBEIN, Facharzt für Psychiatrie und Psychotherapie, Leitender Oberarzt der Klinik für Psychiatrie, Sozialpsychiatrie und Psychotherapie der Medizinischen Hochschule Hannover (MHH), Studium der Medizin an den Universitäten Göttingen, New York und Hannover, 1999 Promotion, Stipendium der Max-Planck-Gesellschaft, Facharztausbildung am Max-Planck-Institut für Psychiatrie in München und an der MHH, 2007 Habilitation, Autor von über 55 Originalarbeiten, Gutachter für 10 internationale Zeitschriften, wissenschaftlicher Schwerpunkt im Bereich der interkulturellen Psychiatrie.

Priv.-Doz. Dr. med. Marc Ziegenbein
Klinik für Psychiatrie, Sozialpsychiatrie und Psychotherapie, MH Hannover
Carl-Neuberg-Str. 1 • D-30625 Hannover
Tel: 0511-532-6617/18 • Fax: 0511-532-2408
e-mail: ziegenbein.marc@mh-hannover.de • machleidt.wielant@mh-hannover.de
          • calliess.iris@mh-hannover.de

Begutachtung psychisch reaktiver Traumafolgen in aufenthaltsrechtlichen Verfahren

Ferdinand Haenel

Einleitung

Die Erstellung klinischer Kausalitätsgutachten bei Personen mit psychisch reaktiven Folter- und Bürgerkriegsfolgen ist seit langem ein bedeutsamer Aufgabenschwerpunkt im Behandlungszentrum für Folteropfer Berlin. Diese gutachterliche Tätigkeit bezieht sich sowohl auf Verfahren im sozialen Entschädigungsrecht (SED-Unrechtsbereinigungs-/Opferentschädigungsgesetz) als auch auf aufenthaltsrechtliche Klageverfahren bei Verwaltungsgerichten (GRAESSNER & WENK-ANSOHN 2000, HAENEL 1998). In den aufenthaltsrechtlichen Verfahren geht es zum einen um die Frage, ob psychische oder physische Gesundheitsstörungen vorliegen, welche die Angaben der Antragsteller oder Kläger zu ihrem Asylbegehren auf Grundlage von Art. 16a GG oder § 60.1 AufenthG stützen, zum anderen ob – wie z.B. bei den bosnischen Kriegsflüchtlingen – psychisch reaktive Traumafolgen bestehen und inwieweit diese sich im Kontext einer Rückführung tiefgreifend und lebensbedrohlich verschlechtern können, so dass ein Abschiebehindernis nach § 60.7 AufenthG besteht.

Übersicht möglicher klinischer Fragestellungen an den Gutachter
1. Leidet der Kläger an einer körperlichen oder seelischen Gesundheitsstörung?
2. Wenn ja, kann/ können diese Störung(en) ursächlich auf traumatische Erlebnisse zurückzuführen sein.
3. Leidet der Kläger an einer posttraumatischen Belastungsstörung?
4. Wenn ja, gibt es psychische oder auch medizinisch körperliche Befunde, die darauf hinweisen, dass die posttraumatische Belastungsstörung durch äußere Gewalteinwirkung hervorgerufen sein kann?
5. Wenn ja, kann oder können die Gesundheitsstörungen des Klägers ursächlich auf den von ihm angegebnen Haft- und Foltererlebnisse beruhen? Oder gibt es andere, mindestens ebenso wahrscheinliche Ereignisse in der Vorgeschichte des Klägers, die als Ursache für die bestehende(n) Gesundheitsstörung(en) in Frage kommen können?
6. Ist der Kläger nicht oder nur eingeschränkt in der Lage, Selbsterlebtes zu schildern? Falls ja, beruht diese Unfähigkeit zur Schilderung von Selbsterlebtem auf einem in seinem Herkunftsland staatlich verursachten Trauma (ggfs. welches?), oder ist der Kläger in einer Weise psychisch erkrankt, die nicht ursächlich auf ein solches Verfolgungserlebnis zurückzuführen ist?
7. Ist beim Kläger zur Vermeidung einer tiefgreifenden und lebensbedrohlichen Verschlechterung seines Gesundheitszustandes im oben genannten Zusammenhang eine psychiatrisch-neurologische, medizinische oder psychologische Behandlung erforderlich? Wenn ja, welche?
8. Ist der Kläger suizidgefährdet?

9. Inwieweit besteht die Möglichkeit, dass sich die Gesundheitsstörung(en) des Klägers im Kontext einer Rückführung tiefgreifend oder gar lebensbedrohlich verschlechtern können?

Häufig wird auch gefragt, „wie lange eine evtl. vorzunehmende psychiatrische Behandlung mit dem Ziel der gesundheitlichen gefahrlosen Rückführung in die Heimat benötigen würde." Hierzu ist festzustellen, dass bei Patienten mit erlebnisbegründeten, psychisch reaktiven Traumafolgen eine lebenslange Vulnerabilität besteht mit der Gefahr symptomverstärkender Reaktualisierung bei Ereignissen, die in einem Zusammenhang mit den damaligen traumatischen Erfahrungen stehen (SPRANGER 2002). Eine Verknüpfung eines erfolgreichen Therapieausgangs mit einer späteren Rückkehr in das Land, wo die traumatischen Ereignisse stattgefunden haben, ist sinnlos, insofern als sich Vertrauen und Offenheit des Patienten zum Therapeuten als eine Grundbedingung jeder psychotherapeutischen Beziehung schwerlich entwickeln kann, wenn mit ihr zugleich die möglicherweise retraumatisierende und als Bedrohung erlebte Rückkehr in dass Herkunftsland am Ende einer Behandlung in Aussicht steht. Eine unter solchen Vorzeichen begonnene Psychotherapie bietet grundsätzlich wenig Aussicht auf Erfolg.

Bei Behörden bestehen mitunter Unklarheiten, was von einem fachgerecht ausgeführten klinischen Gutachten zu erwarten ist und welche fachlichen Voraussetzungen die Gutachter hierfür mitbringen müssen (WENK-ANSOHN et al. 2002). Bei obigen Fragen handelt es sich um klinische Fragestellungen, die von in diesem Bereich erfahrenen Medizinern, Psychologen und Psychotherapeuten beantwortet werden müssen. Hierin mit eingeschlossen können auch Beurteilungen über eine mögliche symptombedingte Einschränkung des Aussagevermögens sein. Jedoch kann die Beantwortung von Fragen nach Glaubhaftigkeit von Aussagen, wie sie bei Zeugen in Strafprozessen gestellt werden, und der Einschätzung, inwieweit diese Aussagen zu vergangenen Ereignissen durch Erlebnisbezug und nicht anderweitig begründet werden können, keinesfalls Aufgabe eines klinischen Gutachtens zur gesundheitlichen Verfassung von Asylbewerbern sein, sondern kann am ehesten mit der Methode der kriteriumsorientierten Aussageanalyse der forensischen Aussagepsychologie durchgeführt werden, in welcher allerdings zur Zeit keine standardisierten und wissenschaftlich validierten Verfahren zur Überprüfung der Glaubhaftigkeit von Angaben psychisch traumatisierter Personen aus anderen als den mitteleuropäischen und nordamerikanischen Kulturkreisen zur Verfügung stehen. Die Erstellung aussagepsychologischer Gutachten liegt in der Regel außerhalb des Kompetenzbereichs eines Facharztes oder ärztlichen/psychologischen Psychotherapeuten, wie auch ein in aussagepsychologischen Gutachten versierter forensischer Psychologe in der Regel nicht in der Lage ist, klinische Gutachten zu erstellen. Darüber hinaus sind die Untersuchungsmethoden grundverschieden, so dass man auch nicht beides zugleich durchführen kann (BIRCK 2002).

Im Asyl- und Ausländerrecht, aber ganz besonders auch im sozialen Entschädigungsrecht (DENIS et al. 2000, Bundessozialgericht 1995) musste in der Vergangenheit nicht selten festgestellt werden, dass klinische Gutachter oft zu extrem unterschiedlichen Ergebnissen in der Kausalitätsbeurteilung psychisch reaktiver Traumafolgen gelangten. Dies hat sich in der jüngsten Zeit bei der Begutachtungspraxis bosnischer Kriegsflüchtlinge (HENNINGSEN 2002) oder Abschiebungspraxis von Asylbewerbern (GIERLICHS 2002) erneut bestätigt.

Wie kommt es zu diesen hohen Divergenzen in der Beurteilung psychisch reaktiver Extremtraumafolgen selbst unter Fachkollegen? Mangelnder Kenntnis- und Erfahrungsstand des Arztes oder Psychologen mag sich im Einzelfall aber heute nicht mehr generell als Erklärung anführen lassen. In der Tat hat der Verfasser während seiner Facharztweiterbildung in der zweiten Hälfte der 80er Jahre in einer psychiatrischen Abteilung eines großen städtischen Krankenhauses in Berlin-Kreuzberg, wo es wirklich keinen Mangel an Personen mit unterschiedlichsten psychopathologischen Zustandsbildern gegeben hat, nichts von den Diagnosen „Posttraumatische Belastungsstörung (PTBS)" oder „Andauernde Persönlichkeitsänderung nach Extrembelastung", geschweige denn von ihren geschichtlichen Vorläufern wie „Kriegsneurose", „traumatischer Neurose", „erlebnisbedingter Persönlichkeitswandel" (VENZLAFF 1963), „KZ-Überlebendensyndrom" (NIEDERLAND 1968) vernommen.

Nun, das hat sich geändert. Der Wissensstand der Fachkollegen hat sich beträchtlich erweitert, man spricht sogar schon von PTBS als einer „Mode"-Diagnose, und der Begriff des hierzu geforderten traumatischen Ereignisses läuft mittlerweile Gefahr, weit jenseits existentieller Bedrohung auf leichtere, weniger bedrohliche Begebenheiten ausgeweitet zu werden. PTBS als Mode? Diese Charakterisierung der posttraumatischen Belastungsstörung als psychisch reaktive Folge auf existentielle Extrembelastung – einmal ganz besonnen und unpolemisch betrachtet – birgt tatsächlich eine Kernwahrheit. Denn: psychiatriehistorisch gesehen war die Anerkennung einer solchen Störung immer abhängig gewesen von den gesellschaftlichen und politischen Umständen Mitteleuropas und der Vereinigten Staaten von Nordamerika. So war in Deutschland in der Zeit nach dem Ersten Weltkrieg die Psychiatrie von der Lehrmeinung bestimmt, dass abnorme Erlebnisreaktionen – also seelische Reaktionen nach psychotraumatischen Einwirkungen – grundsätzlich nach Wochen bis Monaten abklingen. Und auch nach dem Zweiten Weltkrieg noch galt die Lehrmeinung, dass die Belastbarkeit der menschlichen Seele im Unendlichen liege (VENZLAFF 1963).

In den 1950er Jahren hatte dies für die Begutachtungspraxis bei Überlebenden der nationalsozialistischen Konzentrationslager im Rahmen des Bundesentschädigungsgesetzes die Folge, dass viele deutsche Psychiater, die zum Teil selbst in die Verbrechen innerhalb der deutschen Psychiatrie im Dritten Reich involviert gewesen waren, erlebnisreaktive psychische Störungen von KZ-Überlebenden als erblich oder entwicklungsbedingt auf die Zeit vor der Lagerinternierung ursächlich zurückgeführt hatten (PROSS 1993). Im Gegenzug hat es damals eine Reihe von Psychiatern gegeben, die genau gegensätzlicher Auffassung waren, wie W.G. NIEDERLAND, U. VENZLAFF, W. V. BAEYER, H. HÄFNER, K. KISKER, K. HOPPE und K. Eissler, deren wissenschaftliche Arbeiten ganz entscheidend zum heutigen Verständnis psychisch reaktiver Folter- und Bürgerkriegsfolgen beigetragen haben (V. BAEYER et al. 1964; HOPPE 1967; NIEDERLAND 1968; VENZLAFF 1963). Damals schon war es in den 1950er Jahren zu heftigen und sehr polemischen Auseinandersetzungen unter den Fachkollegen mit extremer Polarisierung gekommen. Der Titel, mit welchem EISSLER seine in der Zeitschrift Psyche erschiene Veröffentlichung zu diesem Thema versehen hat, spricht Bände:

„Die Ermordung von wie vielen seiner Kinder muß ein Mensch symptomfrei ertragen können, um eine normale psychische Konstitution zu haben" (EISSLER 1958).

Diese kleine Abschweifung in die Historie soll illustrieren, wie abhängig von politischen und gesellschaftlichen Umständen die Anerkennung des Vorkommens psychisch reaktiver Traumafolgen in der Fachwelt ist. Es ist eine Geschichte des Vergessens und Wiederfindens. Viele Symptome die zur Klassifizierung der Posttraumatischen Belastungsstörung bei Vietnam Kriegsveteranen in den USA geführt haben, waren auch schon 100 Jahre zuvor bei Opfern von Eisenbahnunfällen beobachtet worden. Und auch der Streit des „Für" und „Wider" mit allen Divergenzen in der Kausalitätsbeurteilung unter Fachkollegen ist kein neues Phänomen, sondern dürfte so alt sein wie die Diagnose selbst.

Mangelnder Ausbildungs-, Erfahrungs- und Kenntnisstand von Fachkollegen bezüglich der traumaspezifischen Diagnosen mag daher lediglich einer von weiteren Gründen für die unterschiedliche Beurteilungspraxis sein. Was nämlich Begutachtungen nach dem so genannten SED Unrechtsbereinigungsgesetz angeht, haben in den vergangenen 10 Jahren für Kollegen innerhalb und außerhalb der Versorgungsämter – auch vom Bundesministerium für Arbeit und Sozialordnung eingerichtete –, viele spezielle Fortbildungsveranstaltungen stattgefunden, ohne dass in der Begutachtungspraxis dieses Bereiches im sozialen Entschädigungsrecht bis heute eine tiefgreifende Veränderung eingetreten wäre.

Es stellt sich daher die Frage, welche anderen, weiteren Gründe zu derartigen Unterschieden in der Beurteilungspraxis führen. Für den Bereich der Begutachtung psychisch reaktiver Traumafolgen in aufenthaltsrechtlichen Verfahren sind es folgende:

- Symptombezogene Hindernisse
- Traumaspezifische Beziehungsaspekte;
- Schwierigkeiten bei der Abgrenzung schädigungsabhängiger von schädigungsunabhängigen Störungen;
- Sprachliche und kulturell bedingte Erschwernisse in aufenthaltsrechtlichen Verfahren;
- Unzureichende Kenntnisse im Asyl- und Ausländerrecht;

Symptombezogene Hindernisse bei der Exploration

Die Definitionen der posttraumatische Belastungsstörung (PTBS) sowie der Persönlichkeitsänderung nach Extremtrauma, wie sie im DSM IV (APA 1994) und ICD–10 (WHO 1992) definiert sind, bergen Symptombestandteile, die die gutachterliche Exploration in entscheidendem Maße beeinflussen können: Danach ist für Personen mit einer posttraumatischen Belastungsstörung die intensive psychische Belastung bis zu körperlichen vegetativen Reaktionen typisch, wenn sie mit inneren oder äußeren Hinweisreizen konfrontiert werden, die einen Aspekt des traumatischen Ereignisses symbolisieren oder mit ihm assoziativ verknüpft sind. Mit der Folge, dass Gedanken, Gefühle oder Gespräche, die mit dem Trauma in Verbindung stehen, bewusst vermieden werden ebenso wie Aktivitäten, Orte oder Personen, die Erinnerungen an das Trauma wachrufen. Diese Vermeidung kann bis zur Unfähigkeit gehen, einen wichtigen Aspekt des Traumas zu erinnern. Weitere solcherart die Exploration behindernde psychisch reaktive posttraumatische Symptome finden sich in der unten aufgeführten Auflistung. Alle sind sie auch als Teilsymptome in der Definition der posttraumatischen Belastungsstörung des DSM-IV der American Psychiatric Association aufgeführt:

- C-1: bewusstes Vermeiden von Gedanken, Gefühlen oder Gesprächen, die mit dem Trauma in Verbindung stehen;
- C-2: bewusstes Vermeiden von Aktivitäten, Orten oder Menschen, die Erinnerungen an das Trauma wachrufen;
- C-3: Unfähigkeit, einen wichtigen Aspekt des Traumas zu erinnern;
- C-4: deutlich vermindertes Interesse oder verminderte Teilnahme an wichtigen Aktivitäten;
- C-5: Gefühl der Losgelöstheit oder Entfremdung von anderen;
- C-6: eingeschränkte Bandbreite des Affekts (z.B. Unfähigkeit, zärtliche Gefühle zu empfinden);
- D-2: Reizbarkeit oder Wutausbrüche;
- D-3: Konzentrationsstörungen.

Es wird auch für den medizinischen Laien leicht nachvollziehbar sein, dass diese Symptome nicht gerade dazu geeignet sind, einer psychiatrischen oder psychologischen Exploration entgegenzukommen. Im Gegenteil: Die Begutachtung von Folterüberlebenden mit psychischen Folterfolgen unterscheidet sich von der Begutachtung von unter anderen psychischen Erkrankungen

Leidenden ganz entscheidend darin, dass es ein Bestandteil der Symptomatik selbst ist, welcher die gutachterliche Exploration behindern und damit zu Fehlbeurteilungen führen kann. Das ist keineswegs eine neue Entdeckung sondern ein Phänomen, das früher schon in Untersuchungen über psychisch reaktiven Folter- und Traumafolgen von Konzentrationslageropfern im Nationalsozialismus festgestellt worden ist („Abkapslung extremtraumatischer Erfahrungen von der Umwelt, weil sie nicht ‚kommunikationsfähig' sind"; „Widerstand gegen die Exploration", v. Baeyer *et al.* 1964). Die Störungsbilder dieser letzteren Gruppe von Traumatisierten wären nach heutiger Diagnoseklassifikation am ehesten als „Andauernde Persönlichkeitsänderung nach Extrembelastung" (früher: Erlebnisbedingter Persönlichkeitswandel) unter ICD F62.0 einzuordnen. Auch hier, wie unten aufgeführt, findet man Symptome vor, die der gutachterlichen Exploration entgegenstehen:

- Andauernde Persönlichkeitsänderung nach Extremtrauma ICD-10 F62
- (früher: Erlebnisbedingter Persönlichkeitswandel)
- eine feindliche und misstrauische Haltung gegenüber der Welt
- sozialer Rückzug
- Gefühle der Leere oder Hoffnungslosigkeit
- ein chronisches Gefühl von Nervosität wie bei ständigem Bedroht-Sein
- Entfremdung

Nicht mit aufgeführt in den voran stehenden Übersichten sind Scham- und Schuldgefühle, weil sie nicht mehr in die Definition der Diagnosen der posttraumatischen Belastungsstörung oder Persönlichkeitsveränderung nach Extrembelastung mit aufgenommen worden sind. Sie müssen aber in unserem Zusammenhang besonders hervorgehoben werden. Denn die genaue Zahl der Opfer, die aus diesen Gründen es vorziehen, lieber zu schweigen – man denke vor allem an Opfer sexualisierter Gewalt werden wir nie erfahren (Schaeffer 1999; Wenk-Ansohn 2002).

Kasuistik Herr C. aus Südostanatolien/ Türkei

Herr C, kurdischer Landwirt aus der Türkei lebt seit 2 Jahren als Asylantragsteller in Deutschland. Er klagt über Schlaf- und Konzentrationsstörungen, Angstzustände und Alpträume, allgemeine Freudlosigkeit und fehlende Vitalität. Seinem Bericht zufolge sei er im Frühsommer 1995 nach Deutschland geflohen, da er in den beiden vorangegangenen Jahren jeweils für etwa 20 Tage von der türkische Sicherheitspolizei inhaftiert, verhört iund gefoltert worden sei und erneut mit Verhaftung und Folterung habe rechnen müssen. Als Landwirt eines freistehenden, 4 km vom nächsten Ort entfernten Bauernhauses sei er der Unterstützung von PKK-Angehörigen mit Nahrungsmitteln verdächtig worden. Anlässlich seiner ersten Verhaftung hätten Angehörige der Spezialeinheiten sein Haus nieder gebrannt und ihn mit seiner Familie in den Nachbarort umgesiedelt.

Nach Art der Folter befragt berichtet Herr C von Schlägen mit Knüppeln auf den ganzen Körper, von Schlägen auf die Fußsohlen, von Faustschlägen ins Gesicht, von hartem Kaltwasserstrahl auf den unbekleideten Körper, von Elektroschocks und unzureichender Nahrung in einer Einzelzelle.

Es handelt sich bei Herrn C um einen um bestimmt 10 Jahre vorgealtert wirkenden 44-jährigen, freundlichen und kooperativen Mann. Nach anfänglicher Zurückhaltung versucht er sichtlich bemüht, bescheiden mit leiser schneller Stimme alle Fragen prompt zu beantworten. Darunter aber wirkt er atemlos und erregt, was sich bei der Erhebung seiner Verfolgungsgeschichte noch verstärkt. Er schwitzt sehr stark. Er beginnt Daten und die zeitliche Ereignisfolge durcheinander zu bringen, was beim Dolmetscher Irritation auslöst und beim Untersucher Zweifel an der Richtigkeit seiner Angaben weckt. Anhand von Gegenfragen oder anhand schlichter Wiederholungen seiner unstimmigen Angaben verbunden mit der Zusicherung, dass für die Untersuchung genug Zeit zur Verfügung stehe, kommt Herr C in die Lage, das in seiner Darstellung erneut auseinander geratene Gefüge der Ereignis- und Zeitenfolge in einen inhaltlich plausiblen und nachvollziehbaren Zusammenhang wieder zusammenzusetzen.

Bei einem zweiten und dritten Untersuchungstermin zur Anamneseerhebung wiederholte sich jeweils das beschriebene Phänomen des Auseinanderfallens des Ereignis- und Zeitfolge in eben derselben Weise wie beim ersten Mal und auch ebenso wie beim ersten Mal gelang es Herrn C. auf der Grundlage ruhiger Gegenfragen mit Geduld und Zeit alles stimmig und plausibel wieder zusammenzusetzen und durch weitere Einzelheiten zu ergänzen, ohne dass trotz der mehrfach gewechselten Ereignis- und Handlungsperspektiven Widersprüche in seiner Darstellung bestehen geblieben wären.

Herr Cs Grundstimmung ist depressiv. Im Affekt wirkt er eingeengt und schwingungsarm. Bei herabgesetztem äußerem Antrieb zeigt er deutliche vegetative Zeichen eines angehobenen inneren Erregungspegels. Bei einer unbedachten Handbewegung des Untersuchers während der körperlichen Untersuchung schrickt Herr C jäh zusammen und er zieht seinen Kopf zwischen die Schultern ein.

Bei der körperlichen Untersuchung fällt eine große Zahl kleinerer über den ganzen Rücken verteilter Narben auf, deren Herkunft Herr C nicht angeben kann. Als Ursache einer weiteren etwa 6 cm langen, sichelförmigen und chirurgisch sehr notdürftig mit wenigen groben Nähten versorgte Narbe über der linken Schulter nennt er einen Gewehrkolbenschlag anlässlich der ersten Verhaftung. Als Ursache einer zweiten, quer an der Innenseite des rechten Oberschenkels verlaufende 4 cm lange und 2 cm breite Narbe, die unter dem Hautniveau liegt und keine Zeichen einer chirurgischen Nahtversorgung aufweist, gibt Herr C eine unbehandelte Stichverletzung während der zweiten Haft an. Die nach längeren Gehstrecken schmerzhaften Fußsohlen mit reduzierten und weichen, bis auf die Fußknochen leicht eindrückbaren Fußballen sowie die breit aufliegenden Fußflächen mit fehlendem Abrollen der Zehen beim Gehen geben einen Hinweis auf Folter durch Falanga, d.h. durch Schläge auf die Fußsohlen (SKYLV 1993).

Allen Quellen zur politischen Situation in Ostanatolien zufolge (amnesty international, Auswärtiges Amt, Presseberichte sowie übereinstimmende Berichte anderer Betroffener aus derselben Region) besteht Übereinstimmung darin, dass im Rahmen des Bürgerkrieges der Türkei gegen die PKK Druck auf die Landbevölkerung ausgeübt wird, sich entweder dem so genannten Dorfschützersystem der türkischen Behörden anzuschließen oder der PKK medizinische Hilfe, Lebensmittel oder logistische Unterstützung zukommen zu lassen. Eine Position der Unparteilichkeit innerhalb dieser beiden, die Gesellschaft dort stark polarisierenden Kräfte gibt es für die Landbevölkerung nicht. „Übergriffe der Sicherheitskräfte in Form von Eigentumszerstörung; Freiheitsberaubung, Misshandlung oder Tötung gegenüber Unbeteiligten kommen in diesem Gebiet verbreitet vor" (AUSWÄRTIGES AMT 1994, 1995).

Vorgeschichte, psychisches Beschwerden und Untersuchungsbefunde ergaben die Diagnose einer ausgeprägten Form einer posttraumatischen Belastungsstörung (F43.1). Zusammen mit den Ergebnissen der körperlichen Untersuchung und dem, was dem Autor über die damalige politische Situation seiner Herkunftsregion bekannt war, war mit fast zweifelsfreier Sicherheit festzustellen, dass Herrn Cs Angaben zu seinem Asylantrag erlebnisbezogen waren. Doch nur für den Autor, nicht für das Bundesamt für Asylanerkennung. Herr Cs Asylantrag war bereits abgelehnt worden. Laut Anhörungsprotokoll hatte Herr C exakt *eine* Stunde Zeit, mit Hilfe eines Dolmetschers seine Asylgründe „widerspruchsfrei und glaubhaft" vorzutragen; eine Aufgabe, die Herrn C angesichts seiner psychischen Verfassung nicht gelingen konnte.

Dissoziative Symptome bei komplexer posttraumatischer Belastungsstörung

Bei psychisch reaktiven Traumafolgen kommen in der Regel auch dissoziative Symptome in unterschiedlicher Ausprägung vor. Laut Definition ist das Hauptmerkmal einer Dissoziation die Unterbrechung der integrativen Funktionen des Bewusstseins, des Gedächtnisses, der Identität oder der Wahrnehmung der Umwelt (APA 1994, WHO 1992). Dementsprechend kann die intrusive Symptomatik mit unkontrollierbarem Wiedererleben von szenischer Abfolge vergangener extremtraumatischer Erlebnisse bei Tage und nachts in Albträumen sowie mit situativ auftretenden, von entsprechenden Affekten und vegetativen Erscheinungen begleiteten Anmutungen, derlei Erfahrungen könnten sich im gegenwärtigen Alltag wiederholen – als dissoziative Symptomatik angesehen werden. Ebenso ist die Unfähigkeit einen wichtigen Aspekt des Traumas zu erinnern (Symptom C 3 nach DSM IV) eine dissoziative Amnesie.

Dissoziative Phänomene sind weit verbreitet, sie können bei psychisch Gesunden auftreten und sie sind im gesamten psychopathologischen Spektrum als Begleitsymptom zu beobachten ähnlich wie das Fieber bei somatischen Erkrankungen. Eine schwere, komplexe und chronische posttraumatische Belastungsstörung mit einem ausgeprägten Grade an dissoziativen Symptomen kann ein ähnliches klinisches Beschwerdebild wie das einer chronischen Schizophrenie entwickeln (HAENEL *et al.* 2002). Gemäß den Definitionen des DSM und der ICD schließen aber eine bestehende mit dissoziativen Anteilen behaftete Erkrankung wie eine Schizophrenie oder posttraumatische Belastungsstörung die Diagnose einer dissoziativen Störung aus. Dennoch: Besonders bei komplexen Traumafolgen können die dissoziativen Symptome das bei einer PTBS anzutreffende Ausmaß bei weitem übersteigen und bei der Exploration zu besonderen Schwierigkeiten führen, wie die folgende Kasuistik zeigt.

Kasuistik: Herr Z.

Herr Z, ein wacher, bewusstseinsklarer, für seine 27 Jahre etwas jünger wirkender Kurde aus Südostanatolien kam in Begleitung eines Landsmannes zur Begutachtung. Bei der Überprüfung seiner Orientierung zeigte er sich über Sinn und Zweck der Untersuchung nicht unterrichtet. Man habe ihm lediglich gesagt, hier gäbe es einen Arzt, zu dem er gehen solle. Zur Person war er vollständig, zeitlich jedoch unscharf orientiert. Das aktuelle Datum gab er um einen Tag später an. Herr Z wirkte anfangs äußerst zurückhaltend, etwas misstrauisch, verschlossen und im Affekt etwas angespannt und kontrolliert. Spontan bat er den Dolmetscher, jede Frage des Untersuchers ein zweites Mal zu wiederholen und erklärte auf Nachfrage, dass er sehr aufgeregt sei und „Angst in ihm hochkomme". Jedes Mal wenn er zu seiner Vorgeschichte befragt werde, kämen ihm viele Erinnerungen an Erlebnisse aus Haftzeiten im Karakol (Polizeigefängnis). Herrn Zs Blick war zunächst vorwiegend auf den Dolmetscher gerichtet, den Untersucher spracht er über den Dolmetscher indirekt in der dritten Person an, indem er seine Antworten begann mit: „Sag ihm doch, ob ..." oder „frag ihn doch, ob er das Gefühl kennt, wenn man seine Eltern und Geschwister verlassen muss?" Im Affekt wirkte Herr Z. sehr kontrolliert, etwas hilf- und ratlos und ängstlich, misstrauisch und eingeschränkt schwingungsfähig. An manchen Stellen seiner Schilderung, z.B. als von seiner Mutter die Rede ist, wurde die Affektkontrolle kurzzeitig durchbrochen und er begann kurz zu weinen. Während der Untersuchung bat her Z mehrfach, möglichst wenig zu seiner familiären Vorgeschichte sowie Verfolgungsgeschichte mit den Erlebnissen im Karakol (Polizeigefängnis) befragt zu werden, weil dann die Erinnerungen kämen und er sich dann „verlieren" würde. Parallel hierzu war auch zu beobachten, wie manche Fragen aufgrund offensichtlicher passager Abwesenheit Herrn Zs wiederholt werden mussten. Später, nachdem er längere Abschnitte seiner Verfolgungsgeschichte schlieOlich doch dargelegt hatte, starrte Herr Z über Minuten hin abwesend vor sich hin und war nur unter fortgesetzter Ansprache wieder in die Gegenwart zurück zu zuholen ist. Danach befragt, erklärt er, dass es die Erinnerung an die Heimat und die Erlebnisse im Karakol seien, die seine Aufmerksamkeit hier, wie auch im Alltag unterwegs auf der Straße abzögen. Diese träte vor allem dann ein, wenn er – wie währen der Untersuchung – nach seinen Erlebnissen in der Heimat befragt werde. Soweit über den Dolmetscher zu eruieren waren Satzbau und formale Gedankengänge Herrn Zs einfach strukturiert. Manchmal fielen auch zunächst unverständliche und nur aus dem Kontext zu entschlüsselnde Sätze wie z.B.: „Ich bin hinter meinem Brot", womit er meinte, dass er zwecks Broterwerbes und nicht aus politischen Motiven in den Bergen weilte. Hinweise auf inhaltliche Denkstörungen, Wahrnehmungsstörungen oder Störungen im Ich-Erleben als Ausdruck einer Erkrankung psychotischer Genese fanden sich weder anamnestisch noch aktuell. Durchweg war eine leichte untergründige psychomotorische Unruhe und erhöhte vegetative Erregtheit festzustellen.

Bedeutsam an der Kasuistik des Herr Z, dessen vollständiger Gutachten als Beispielgutachten im Anhang zu finden ist, ist die Erschwernis der Exploration aufgrund Herrn Zs dissoziativer Zustände, die eintraten, sobald sich die Untersuchung auf mögliche traumatische Erlebnisse richtete, und den Untersucher wiederholt veranlassten, auf weniger belastende, auch positiv stützende Lebensumstände in der Biographie des Klägers zurückzukommen. Derartige dissoziative Phänomene, die von psychomotorischer Unruhe und affektiver Angespanntheit begleitet waren, wiederholten sich bei Herrn Z während der Untersuchung mehrfach, sobald Hafterlebnisse angesprochen worden waren.

Für den Gutachter, der in einem begrenzten Zeitrahmen möglichst viele Informationen braucht, können solche dissoziativen Phänomene erhebliche Erschwernisse in der Erhebung der speziellen Vorgeschichte mit sich bringen. Ist er aus Schonung dem Probanden gegenüber zu zaghaft, wird er selbst sich nicht ein überzeugendes Bild von der Vorgeschichte des Probanden machen oder der Auftrageber ihm eine unzulängliche Untersuchung vorwerfen können. Ist er zu forsch, kann es vorkommen, dass der Proband in einen ausgedehnten über längere Zeit anhaltenden dissoziativen Status gerät, in welchem er nach Art eines so genannten „Flash Back" erlittene Foltertraumata szenisch wiedererlebt, dabei z.B. vom Stuhl zu Boden gleitet mit Händen und Armen den Kopf schützend und zu schluchzen und zu schreien beginnt, man möge mit dem Schlagen aufhören, und dabei ganz offensichtlich den anwesenden Gutacher und den Dolmetscher illusionär als Folterer verkennt, was stützende und stabilisierende therapeutische Interventionen sowie eine Unterbrechung der Begutachtung erforderlich macht. Zwischen diesen beiden Extremen befindet sich der Gutachter, wie übrigens jeder Therapeut auch, der mit Bürgerkriegs- und Folterüberlebenden arbeitet. Jedoch hat der Gutachter seine Untersuchung innerhalb eines begrenzten Zeitrahmens durchzuführen und am Schluss eine klare und dezidierte Aussage zu treffen, was ein hohes Maß an Erfahrung und Geschick erfordert. Andererseits sind es gerade solche während der Untersuchung beobachtbare und reproduzierbare dissoziativen Zustände, welche über die subjektiven Angaben der Betroffenen hinaus für den Gutachter die Diagnose einer komplexen psychisch reaktiven posttraumatischen Störung (HERMAN 1994) objektivierbar werden lassen. Auch kann der thematische Zusammenhang, bei welchem derartige dissoziative Phänomene während der Untersuchung auftreten, Hinweise auf die Ursache der Traumatisierung geben. *Wichtig ist, diese Phänomene wie auch alle weiteren die Exploration behindernden Symptome konkret und detail-*

liert als Untersuchungsbefunde zu dokumentieren und später in der Diskussion und Beurteilung für jeden nachvollziehbar mit einzubeziehen!

Übersicht symptomspezifischer Hindernisse der Exploration
- Misstrauen, Rückzugs- und Isolationstendenzen
- Mangelnde Kommunizierbarkeit extremtraumatischer Erfahrungen
- Tendenz zur Abkapselung der extremtraumatischen Erfahrungen von der Umwelt
- Schamgefühle
- Schuldgefühle
- Vermeidung der Thematisierung traumatischer Erfahrungen aus Furcht vor affektivem Kontrollverlust
- Assoziative Verknüpfung der gutachterlichen Exploration mit vergangnen Verhörs- und Foltererfahrungen
- Dissoziativ bedingte Gedächtnisstörungen
- Dissoziativ bedingte Einschränkung des Affekterlebens (Affektisolierung, Affektabspaltung, Affektabstumpfung, Parathymie)
- Konzentrationsstörungen
  (V. BAEYER *et al.* 1964, HAENEL 1998, GRAESSNER & WENK-ANSOHN 2000)

Traumaspezifische Beziehungsaspekte

Neben den bei Folteropfern häufig anzutreffenden Konzentrationsstörungen und Verminderung der Gedächtnisleistung für wesentliche Bestandteile der traumatischen Erfahrungen sollte auch der Umstand beachtet werden, dass Asylantragsteller, die im Herkunftsland verhört und gefoltert worden sind, die vergangenen Verhörsituationen emotional mit der gegenwärtigen Anhörung beim Bundesamt für Anerkennung ausländischer Flüchtlinge in Verbindung bringen können. In psychoanalytischen Begriffen gesprochen befände sich dann der Interviewer des Bundesamtes in einer spezifischen Übertragung, nämlich der Täterübertragung. Entsprechend dem verhaltenstherapeutischen Modell wäre diese Situation in der Anhörung ein Hinweisreiz, der assoziativ mit einem Aspekt der traumatischer Erfahrungen verknüpft ist und damit intensive psychische Belastung bis zu körperlichen vegetativen Reaktionen hervorrufen kann. Dies kann bei den Betroffenen vordergründig zu zwei gänzlich einander entgegen gesetzten Erscheinungsbildern führen: entweder zu ängstlich agitierter Unruhe, Erregung und Angespanntheit oder zu Emotionslosigkeit, Antriebsarmut und Wortkargheit. In solchen Momenten, die beim Behördenvertreter ebenso wie beim Gutachter oder Therapeuten auftreten können, sind Traumatisierte in der Regel nicht in der Lage, ihre Vorgeschichte widerspruchsfrei, erlebnisnah und detailgetreu, wie vom Bundesamt gefordert, zu schildern.

Wenn es auf der einen Seite die reaktiven psychischen Symptome selbst sind, die einer objektiven gutachterlichen Beurteilung im Wege stehen können, so kann es auf der anderen Seite die Einstellung des Gutachters zum Traumatisierten und dessen Geschichte sein, welche seine objektive Einschätzung und Beurteilung behindert. Nicht nur zwischen Patient und Arzt im therapeutischen Setting sondern auch zwischen Proband und Gutachter entsteht eine Beziehung, in welcher Gefühle, Gedanken, Fantasien und Wertungen des einen zum anderen sich ausbilden. Nach der psychoanalytischen Theorie werden sie beim Patienten/ Probanden als Übertragung sowie beim Arzt oder Gutachter als Gegenübertragung bezeichnet. Ebenso wie in der therapeutischen Beziehung mit Folteropfern und anderweitig Traumatisierten können sich auch beim Gutachter in seiner Beziehung zum zu Begutachtenden sehr schnell extreme Gegenübertragungsphänomene mit entweder zu großer Distanz und fehlender Empathie oder mit zu geringer Distanz mit der

Gefahr der Überidentifizierung und sogar der persönlichen, empathischen Verstrickung einstellen (HOPPE 1967; WILSON & LINDY 1994).

Eine zu große Distanz und zu geringe Empathie können sich beim Gutachter entwickeln aus dessen unzureichenden Kenntnissen über psychische Traumafolgen sowie fehlender Information über politische, geschichtliche Fakten und Haftbedingungen in den Herkunftsländern, aber auch dadurch, dass er, ausgehend von seiner eigenen Lebenserfahrung und seinem Bild von einer im Grunde harmonischen Welt, die Darstellungen des anderen für übertrieben und unglaubhaft hält (WILSON & LINDY 1994). Aus der Sicht des Traumatisierten nimmt er dann insofern eine Eigenschaft der früheren Täter an, als er ebenso wie diese das Geschehene zu verschweigen und verleugnen scheint. Eine derartige Beziehungskonstellation ist auch ein Grund für die oft zu beobachtende resignative Zurückhaltung von Folterüberlebenden in den Explorationsgesprächen, was nicht selten Gutachter zu der irrtümlichen Annahme gelangen lässt, hier einen Menschen ohne oder mit nur gering ausgeprägten traumabedingten psychischen Symptomen vor sich zu haben. Diese fehlende Anerkennung bedeutet für die Betroffenen eine erneute Kränkung, und oft schließt sich hieran eine zeit- und kostenaufwendige Kette von Widerspruchs- und Klageverfahren über sämtliche Verwaltungs- und Gerichtsinstanzen.

Gründe für zu große Distanziertheit des Gutachters:
– Unzureichende Kenntnisse und Erfahrung in Psychotraumatologie
– Unzureichende historische Kenntnisse
– Idealisiertes Weltbild
– Abwehr eigener traumatischer Erfahrungen

Eine zu geringe Distanz und zu große Empathie mögen beim Gutachter aus der Abwehr eigener Schuld und Schamgefühle entstehen oder aus Erschütterung und Entsetzen über die vom Überlebenden geschilderte traumatische Erfahrung oder aus bewusster oder unbewusster Furcht heraus, von diesem in die Nähe der damaligen Täter („Täterübertragung") gerückt zu werden. Hieraus kann eine zu große, undistanzierte und kämpferische Hilfsbereitschaft gegenüber dem Traumatisierten erwachsen, die, wenn sie unreflektiert bleibt, den Gutachter dazu verleitet, gegenüber Kollegen und Behörden unsachlich, pauschal und polemisch zu argumentieren.

Gründe für zu geringe Distanz des Gutachters (Überidentifizierung):
– Schuld und Schamgefühle
– Überwältigt Sein von Empathie
– Furcht vor Identifizierung mit Tätern
– Unbewältigte eigene traumatische Erlebnisse

Daher ist nicht allein das Vorhandensein spezifischer psychiatrischer oder auch psychologischer Fachkenntnisse bei der Beantwortung gutachterlicher Fragestellung von Traumatisierten eine entscheidende Voraussetzung, sondern ebenso wie in der Psychotherapie ist es auch bei der Begutachtung von Personen mit psychischen Traumafolgen von grundlegender Bedeutung, zwischen den beiden bei dieser Klientel sich schnell einstellenden extremen Gegenübertragungsphänomenen mit entweder zu großer oder zu geringer Distanz eine mittlere Position einzunehmen, welche sich durch „größtmögliche Empathie im Verbund mit größtmöglicher Distanz" (LANSEN 1996) oder „kontrollierter Identifikation" (HOPPE 1967) charakterisieren lässt (siehe auch Beitrag von CHRISTIAN PROSS in diem Band).

Abgrenzung schädigungsabhängiger von schädigungsunabhängigen Störungen

In Fragen an den Gutachter nach eventuell bestehenden chronischen, psychisch reaktiven Traumafolgen und ihrer Kausalität ist es aber nicht nur die Diagnosestellung, welche Schwierigkeiten bereitet, sondern auch die Abgrenzung von nicht traumatisch bedingten – sei es hereditärer oder psychoneurotischer Genese –, im sozialen Entschädigungsrecht oft auch als anlagebedingt bezeichnete, schädigungsunabhängige Störungen, die sich gegebenenfalls schädigungsunabhängig weiterentwickelt haben. Manchmal ist es schwierig, diese von schädigungsabhängigen, erlebnisreaktiven, posttraumatischen Störungen zu unterscheiden. In aufenthaltsrechtlichen Verfahren ist die Abgrenzung postraumatischer von anderen erlebnisreaktiven Störungen wie migrationsbedingte Anpassungsstörungen oder reaktive depressive Entwicklungen von posttraumatischen Störungen bedeutsam. Wenn bei deutschen Probanden psychodynamische Kenntnisse zur Unterscheidung traumatischer von nicht traumatischen bedingten Störungen im sozialen Entschädigungsrecht notwendig sind (HAENEL 2002a), kann aber Ihre Anwendung bei Personen aus anderen Kulturkreisen mit anderen familiären und sozialen Gepflogenheiten, Bräuchen und Tabus nicht vorbehaltlos erfolgen. Hilfreich dabei sind die anamnestischen Angaben zur sozialen und beruflichen Entwicklung im Herkunftsland vor der Verfolgung. Auch wenn man ebenso wie in den westlichen Ländern auch in anderen Kulturen von der endemischen Verbreitung psychischer Konfliktkonstellationen mit immerhin kulturell bedingt unterschiedlichen Inhalten ausgehen muss, ist dennoch ähnlich wie im sozialen Entschädigungsrecht die Frage zu berücksichtigen, ob eine Extremtraumatisierung durch Bürgerkrieg oder Folter zu wesentlichen Verschlimmerung einer latent, lediglich in Disposition vorhandenen und bislang kompensierten psychischen Störung beigetragen hat. In letzterem Falle müsste diese Störung zwar nicht im Sinne der Entstehung so doch im Sinne einer wesentlichen Verschlimmerung ebenfalls als psychische Extremtraumafolge angesehen werden.

Sprachliche und kulturell bedingte Erschwernisse in aufenthaltsrechtlichen Verfahren

Bei psychiatrischen und psychologischen Begutachtungen in aufenthaltsrechtlichen Verfahren handelt es sich bei den zu Untersuchenden um Personen aus anderer Kulturen mit anderen Traditionen, Religionen, Sprachen sowie anderem Krankheitsverständnis und anderen Symptommanifestationen (MEHARI 2001). In der Regel findet daher die Begutachtung mithilfe einer Dolmetscherin oder eines Dolmetschers statt (DHAWAN *et al.* 1996). Dabei darf nicht allein nur auf eine korrekte und möglichst wortgetreue sprachliche Übersetzung geachtet werden. Denn was im obigen Abschnitt bezüglich traumaspezifischer Beziehungsaspekte zwischen Proband und Gutachter ausgeführt worden ist, gilt natürlich auch für die Beziehung des Dolmetschers zum Probanden. Das um einen Dolmetscher erweiterte Setting führt zu einer wesentlich komplexeren und störungsanfälligeren Beziehungstriade. Denn fehlendes Vertrauen des Probanden zum Dolmetscher erschwert ebenso die Exploration oder macht sie unmöglich wie Misstrauen genüber dem Gutachter. Wie im therapeutischen bilden auch im gutachterlichen Kontext alle drei Beteiligten ein Beziehungssystem, in welchem sich bewußte wie auch unbewußte Gefühle, Wertungen, Gedanken und Phantasien des einen zum anderen einstellen. Diese können nicht nur auf die aktuellen Personen und die augenblickliche Situation beziehen, sondern auch – vielleicht in geringerem Ausmaße als im therapeutischen Prozess – in der Art ihrer Übertragung/Gegenübertragung zueinander auf ältere Beziehungserfahrungen aus den jeweiligen Biographien der Beteiligten zurückgreifen (HAENEL 1997).

Aber nicht nur psychiatrische und psychologische Fachkompetenz mit Kenntnissen und Erfahrung zu psychisch reaktiven Trauma- und Folterfolgen sowie zur Anamnese- und Befunderhebung mit Hilfe von Dolmetschern, sondern auch Informationen über politische und kulturelle Hintergründe des Herkunftslandes sind für die gutachterliche Tätigkeit in diesem Bereich notwendige Voraussetzungen.

Asyl- und Ausländerrecht

Gemeinhin unterliegen Flüchtlinge, die in aufenthaltsrechtlichen Verfahren begutachtet werden, nach dem Ausländerrecht besonderen, gesetzlich festgelegten Restriktionen wie eingeschränkte ärztliche Versorgung und herabgesetzte Sozialhilfe, obligate Heimunterbringung, Verbot jeglicher Erwerbstätigkeit und Ausbildung sowie Beschränkung des Aufenthaltsbereiches auf den Landkreis. Über die damit verbundenen psychosozialen Folgen im Alltag sowie ihre sozialmedizinische Bedeutung nach Art einer sequentiellen Traumatisierung, wie es Hans Keilson bei aus nationalsozialistischen Konzentrationslagern befreiten Kindern in der Nachkriegsphase beobachtet hat, sollte der Gutachter Bescheid wissen (HAENEL 2002b, KESSLER 2002, WIRTGEN 1997). Ebenso unentbehrlich sind einige Kenntnisse über Grundlagen des Asyl- und Ausländergesetzes und der unterschiedlichen gesetzlichen Hintergründe, die sich hinter unterschiedlichen Fragestellungen der Gutachtenauftraggeber verbergen.

In Asylverfahren sind es Art. 16 a GG sowie der § 60.1 AufenthG, die der Fragestellung nach psychischen oder physischen Gesundheitsstörungen der Antragsteller oder Kläger zugrunde liegen. In solchen Fällen wird in der Regel gefragt, ob und welche Gesundheitsstörungen vorliegen und mit welcher Wahrscheinlichkeit ggf. diese auf die in der Anhörung beim Bundesamt angegebenen Folter- oder Hafterlebnisse ursächlich zurückgeführt werden können.

Die anderen Fragestellungen zielen ab auf gesundheitlich bedingte Abschiebungshindernisse. Hier wird der Gutachter gefragt, ob bei den Betroffenen psychische oder körperliche Gesundheitsstörungen vorliegen und inwieweit diese ggf. sich im Kontext einer Rückführung tiefgreifend und lebensbedrohlich verschlechtern können. Beachtet werden sollte hierbei der Unterschied, den der Gesetzgeber zwischen den im § 60.7 AufenthG geregelten so genannten „zielstaatenbezogenen" und den „inlandsbezogenen" Abschiebungshindernissen nach § 25.5 AufenthG macht. Fragen nach letzteren beziehen sich auf aktuelle Gesundheitsstörungen, welche die Reise – oder besser Flugfähigkeit des Betreffenden einschränken könnten, so dass dieser nicht ohne Gefährdung seiner Gesundheit oder gar seines Lebens in sein Herkunftsland zurückgebracht werden kann. Die Überprüfung der Flugfähigkeit zum Ausschluß eines so genannten „inlandsbezogenen" Abschiebungshindernisses bezieht demnach lediglich auf den Zeitraum des Transportes vom Zeitpunkt der Abreise bis zur Ankunft auf dem Zielflughafen und kann sinnvoller Weise nur durchgeführt werden, wenn – zugespitzt formuliert – das Flugzeug bereits voll getankt und abflugbereit auf dem Flugfeld steht.

Anders sieht es mit der Frage nach den „zielstaatenbezogenen" Abschiebungshindernissen aus. Hier geht es um Fragen nach im Zielland nicht oder nicht ausreichend therapierbaren körperlichen oder psychischen Gesundheitsstörungen oder auch – wie z.B. bei den bosnischen Kriegsflüchtlingen – ob psychisch reaktive Folter- oder Bürgerkriegsfolgen bestehen und ob diese im Zusammenhang mit Begegnungen mit Örtlichkeiten oder Personen, die mit früheren traumatischen Ereignissen mittel- oder gar unmittelbar in Verbindung stehen, durch Reaktualisierung oder gar Retraumatisierung sich tiefgreifend verschlechtern können. Seit einigen Jahren waren im Zusammenhang mit Bosnischen Kriegsflüchtlingen und dem Problem einer möglicherweise drohenden Gesundheitsgefährdung im Rahmen einer Rückkehr Gutachtenaufträge von Ausländerbehörden an Ärzte und Psychologen ergangen, die sich lediglich auf die Frage nach Reisefähigkeit beschränkt und das Problem einer möglichen Verschlechterung des Gesundheitszustandes in den Wochen und Monaten nach Rückkunft infolge Retraumatisierung außer Acht gelassen hatten.

Bei Bundesbehörden und Verwaltungsgerichten bestehen mitunter Unklarheiten, was von einem fachgerecht ausgeführten klinischen Gutachten zu erwarten ist und welche fachlichen Voraussetzungen die Gutachter hierfür mitbringen müssen (WENK-ANSOHN *et al.* 2002). Bei den üblicherweise in Asylklageverfahren von den Verwaltungsgerichten erhobenen Fragen nach möglichen psychischen oder physischen Gesundheitsstörungen, welche die Angaben über erlittene Haft und Folter der Kläger zu ihrem Asylbegehren stützen oder nicht, oder bei Fragen nach eventuell vorliegenden psychisch reaktiven Traumafolgen und ihrer Prognose im Falle einer Rückkehr der Kläger in das Herkunftsland handelt es sich um klinische Fragestellungen, die von in diesem Bereich erfahrenen Medizinern, Psychologen und Psychotherapeuten beantwortet werden müssen. Hierin mit eingeschlossen können auch Beurteilungen über eine mögliche symptombedingte Einschränkung der Aussagefähigkeit sein. Jedoch kann die Beantwortung von Fragen nach Glaubhaftigkeit von Aussagen eines Asylbewerbers und der Einschätzung, inwieweit diese Aussagen zu vergangenen Ereignissen auch auf tatsächlich Erlebtem beruhen oder nicht, keinesfalls Aufgabe eines klinischen Gutachtens sein, sondern kann am ehesten mit der Methode der forensischen Aussagepsychologie durchgeführt werden, in welcher allerdings zur Zeit keine standardisierten und wissenschaftlich validierten Verfahren zur Überprüfung der Glaubhaftigkeit von Angaben psychisch traumatisierter Personen aus anderen als den mitteleuropäischen und nordamerikanischen Kulturkreisen zur Verfügung stehen.

Die Erstellung aussagepsychologischer Gutachten liegt außerhalb des Kompetenzbereichs eines Facharztes oder ärztlichen/psychologischen Psychotherapeuten, wie auch ein in aussagepsychologischen Gutachten versierter forensischer Psychologe in der Regel nicht in der Lage ist, klinische Gutachten zu erstellen. Darüber hinaus sind die Untersuchungsmethoden grundverschieden, so dass man auch nicht beides zugleich durchführen kann (BIRCK 2002).

Häufig wird auch gefragt, „wie lange eine evtl. vorzunehmende psychiatrische Behandlung mit dem Ziel der gesundheitlichen gefahrlosen Rückführung in die Heimat benötigen würde." Hierzu ist festzustellen, dass bei Patienten mit erlebnisbegründeten, psychisch reaktiven Traumafolgen eine lebenslange Vulnerabilität besteht mit der Gefahr symptomverstärkender Reaktualisierung bei Ereignissen, die in einem Zusammenhang mit den damaligen traumatischen Erfahrungen stehen (SPRANGER 2002). Eine Verknüpfung eines erfolgreichen Therapieausgangs mit einer späteren Rückkehr in das Land, wo die traumatischen Ereignisse stattgefunden haben, ist sinnlos, insofern als sich Vertrauen und Offenheit des Patienten zum Therapeuten als eine Grundbedingung jeder psychotherapeutischen Beziehung schwerlich entwickeln kann, wenn mit ihr zugleich die möglicherweise retraumatisierende und als Bedrohung erlebte Rückkehr in dass Herkunftsland am Ende einer Behandlung in Aussicht steht. Eine unter solchen Vorzeichen begonnene Psychotherapie bietet grundsätzlich wenig Aussicht auf Erfolg.

Wichtig ist: Bei Unklarheiten im Gutachtenauftrag und bei Fragestellungen, deren Beantwortung am Kern des Problems vorbeigeht, sollte zur Klärung – am besten telefonisch – Kontakt mit dem Auftraggeber aufgenommen werden.

Problemlösung

Angesichts dieser besonderen Ausgangssituation und dem besonders seit dem Krieg im ehemaligen Jugoslawien gestiegenen Interesse der Behörden an der Klärung derartiger klinischer Fragestellungen (TREIBER 2002) hat im Jahre 2002 eine Arbeitsgruppe in diesem Bereich erfahrener Kollegen unterschiedlicher Fachrichtungen Standards zur Begutachtung psychotraumatisierter Menschen (SBPM) entwickelt (GIERLICHS *et al.* 2002). Diese Standards umfassen Richtlinien zur Erstellung von klinischen Gutachten in aufenthaltsrechtlichen Klageverfahren unter Einbeziehung der aktuellen wissenschaftlichen Erkenntnisse über die posttraumatische Belastungsstörung und andere psychisch reaktive Traumafolgen und berücksichtigen deren oben dargestellte Besonderheiten und Erschwernisse bei der Begutachtung. Seit 2003 wird in Berlin nach den Richtlinien der SBPM-Arbeitsgruppe ein entsprechendes Fortbildungscurriculum von der Ärztekammer und der Psychotherapeutenkammer gemeinsam mit dem Behandlungszentrum für Folteropfer mit großem Erfolg angeboten. Psychologische und ärztliche Fachkollegen werden hierdurch in die Lage versetzt, klinische Gutachten zu Fragen nach Vorliegen psychisch reaktiven Traumafolgen und ihrer Genese in aufenthaltsrechtlichen Verfahren fachkompetent zu erstellen.

Aus der Berliner Fortbildung, die mittlerweile auch von der Bundesärztekammer als Curriculare Fortbildung übernommen worden ist und inzwischen von den Landesärztekammern Bayerns, Baden-Württembergs, Hessens, Nordrhein. Westfalens sowie Niedersachsens durchgeführt wird, ist auch eine im Beltz Verlag Weinheim erschienene gleichnamige Buchveröffentlichung hervorgegangen (HAENEL & WENK-ANSOHN 2005).

Bei diesem sehr umfassenden Themenkomplex darf eines nicht vergessen werden: Nämlich der gesellschaftliche und politische Hintergrund vor dem die Begutachtung stattfindet. Da sind auf der einen Seite Flüchtlinge und Migranten, die mitunter unter erheblichem Leidensdruck stehen, der zum einen extremtraumatisch bedingt sein kann, zum anderen der ungewissen aufenthaltsrechtllichen Situation in der Bundesrepublik Deutschland zugerechnet werden muss. Ihnen gegenüber stehen die Behörden, die den gesetzlichen Auftrag haben, dafür zu sorgen, dass nur diejenigen unter Migranten in den Genuss der Ihnen zustehenden und im Grund- und Ausländergesetz verankerten Rechte kommen, die ihrer auch wirklich bedürfen. Zwischen beiden steht nun der Gutachter. Nicht selten wird er von einer der beiden Seiten angefeindet. Nicht selten wird seine fachliche Qualifikation von Vertretern der Flüchtlinge oder der Behörden in Zweifel gezogen. Und nur durch außerordentlich hohe fachliche Qualifikation und Erfahrung kann er in die Lage kommen, nicht nur beiden, auch zum Teil politisch motivierten Spannungspolen standzuhalten, sondern auch bei allen Streitereien seine Ruhe und Ausgeglichenheit und damit auch seine gutachterliche Unabhängigkeit zu bewahren.

Literatur

AMERICAN PSYCHIATRIC ASSOCIATION (1994) Diagnostic and statistical manual of mental disorders, fourth edition (DSM IV). Washington DC, American Psychiatric Press

AUSWÄRTIGES AMT (1994, 1995). Lageberichte Türkei.

BAEYER W VON, HÄFNER H & KISKER K (1964). Psychiatrie der Verfolgten. Berlin: Springer.

BIRCK A (2002) Traumatisierte Flüchtlinge. Heidelberg: Asanger.

BUNDESSOZIALGERICHT Urteil vom 18.10.1995 Az: 9/9a RVg 4/92.

DHAWAN S, ENTRENA E, ERIKSON-SÖDER U & LANDAHL M (1996) Der Dolmetscher als Brücke zwischen den Kulturen und opfern oprganisierter Gewalt. In: PELTZER K, AYCHA A, BITTENBINDER E (Hrsg) Gewalt und Trauma IKO Verlag, Frankfurt, S. 178-192

DENIS D, KUMMER P & PRIEBE S (2000). Entschädigung und Begutachtung psychischer Störungen nach politischer Haft in der SBZ/DDR. Der Medizinische Sachverständige, 96, 77-83.

DEUTSCHES ÄRZTEBLATT (2002) Bericht vom Ärztetag in Rostock.. 24, 1402.

EISSLER K (1958). Die Ermordung wie viel seiner Kinder muß ein Mensch ertragen können, um eine normale psychische Konstitution zu haben. Psyche, 5, 63, 241-291.

FLATTEN G, HOFMANN A, LIEBERMANN P, WÖLLER W, SIOL T & PETZOLD ER (2001). Posttraumatische Belastungsstörung, Leitlinie und Quellentext. Stuttgart: Schattauer Verlag.

GIERLICHS HW, HAENEL F, HENNINGSEN F, SCHAEFFER E, SPRANGER H, WENK-ANSOHN M & WIRTGEN W (2002). Standards zur Begutachtung psychisch traumatisierter Menschen. Köln: http://www.aerzteblatt.de/v4/plus/down.asp?typ=PDF&id=995.

GIERLICHS HW (2002). Wissen über Traumata mangelhaft. Deutsches Ärzteblatt, 33, 2148-2149.

GRAESSNER S & WENK-ANSOHN M (2000) Spuren der Folter. Verlag des Behandlungszentrums für Folteropfer, Berlin

HAENEL F (1996) Fremdkörper in der Seele. In: GRAESSNER S, GURRIS N & PROSS C (Hrsg) Folter, An der Seite der Überlebenden. Beck Verlag, München, S.14-48

HAENEL F (1997a): Aspekte und Probleme in der Psychotherapie mit Folteropfern unter Beteiligung von Dolmetschern. Systhema 11:136-144

HAENEL F (1998). Special problems in the assessment of the psychological sequelae of torture and incarceration. In: OEHMICHEN M (Hrsg.). Maltreatment and Torture. Lübeck: Schmidt Roemhild Verlag.

HAENEL F (2000). Die Beziehung zwischen Gutachter und zu Untersuchenden und ihre Bedeutung bei der Begutachtung chronisch psychischer Traumafolgen. Der Medizinische Sachverständige 96, 84-87.

HAENEL F (2002a). Zur Abgrenzung psychisch reaktiver Haft- und Folterfolgen von schädigungsunabhängigen neurotischen Störungen. Der Medizinische Sachverständige 98,194-198.

HAENEL F (2002b) Die Einflüsse sozialer und rechtlicher Umstände auf die psychotherapeutische Behandlung von Folterüberleben. Psychotherapeut 47: 185-188

Haenel F, Karcher S & Tschiesche C (2002 b) Aus der multidisziplinären Arbeit am Berliner Behandlungszentrum für Folteropfer. In: HEISE T (Hrsg) Transkulturelle Beratung, Psychotherapie und Psychiatrie in Deutschland. VWB, Berlin, S. 25 - 41

HAENEL F, WENK-ANSOHN M (Hrsg) (2005) Begutachtung psychisch reaktiver Traumafolgen in aufenthaltsrechtlichen Verfahren. Beltz Weinheim, Heidelberg

HAENEL F (2006) Zu Problemen der Begutachtung psychischer Haft und Folterfolgen bei Personen mit Persönlichkeitsstörungen. Med Sach 102 5/2006 S 171-174.

HENNINGSEN F (2003): Traumatisierte Flüchtlinge und der Prozess der Begutachtung. Psyche 57, S. 97 – 120.

HERMAN JL (1994). Sequelae of prolonged and repeated trauma: Evidence for a complex posttraumatic syndrome (DESNOS). In: Davidson JRT & Foa E (Hrsg.):Posttraumatic stress disorder: DSM-IV and beyond. Washington: American Psychiatric Press.

HOPPE K (1967). The emotional reactions of psychiatrists when confronting survivors of persecution. The Psychoanalytic Forum 3, 187-196.

KESSLER S (2002) Jubeln oder verzweifeln? Flüchtlingsbewegung und Zuwanderungsgesetz. In: Jäger M & Kauffmann H (Hrsg.): Leben unter Vorbehalt. Institutioneller Rassismus in Deutschland. Duisburg; S. 279-288.

LANSEN J (1996). Was tut „es" mit uns? In: GRAESSNER S, GURRIS N & PROSS C (Hrsg.). Folter – an der Seite der Überlebenden. München: Beck Verlag.

HOPPE K (1967). The emotional reactions of psychiatrists when confronting survivors of persecution. The Psychoanalytic Forum 3, 187-196.

MEHARI F (2001) Der kulturelle Kontext als Bezugsrahmen des Erlebens und als Ausdruck des Leidens. In: BUNDESWEITE ARBEITSGEMEINSCHAFT DER PSYCHOSOZIALEN ZENTREN FÜR FLÜCHTLINGE UND FOLTEROPFER (Hrsg) Richtlinien für die psychologische und medizinische Untersuchung von traumatisierten Flüchtlingen und Folteropfern, Deutscher Psychologen Verlag Bonn, S 79-88

NIEDERLAND W (1968). Studies of concentration-camp survivors. In: KRISTAL H (Hrsg.). Massive Psychic Trauma. New York: International University Press.

PROSS C (1993). Wiedergutmachung — Kleinkrieg gegen die Opfer. Frankfurt: Athenaeum Verlag.

SCHAEFFER E (1999). Traumatisierte Flüchtlinge – Die posttraumatische Belastungsstörung. In: PSYCHOSOZIALES ZENTRUM FÜR FLÜCHTLINGE DÜSSELDORF (Hrsg.). „Du musst lernen, deine Stirn offen zu tragen" – Aufsätze zur Situation von Flüchtlingsfrauen. Düsseldorf: Verlag des PSZ.

SKYLV G (1993). Falanga—diagnosis and treatment of late sequela. Torture 3, 11-15.

TREIBER W (2002). Flüchtlingstraumatisierung im Schnittfeld zwischen Justiz und Medizin. Zeitschrift für Ausländerrecht und Ausländerpolitik 22, 282-288.

VENZLAFF U (1963). Erlebnishintergrund und Dynamik seelischer Verfolgungsschäden. In: PAUL H & HERBERG H-J (Hrsg.). Psychische Spätschäden nach politischer Verfolgung. Basel: Karcher Verlag.

WENK-ANSOHN M, HAENEL F, BIRCK A & WEBER R. (2002). Anforderungen an Gutachten. Einzelentscheider-Brief 8+9, 3-4.

WENK-ANSOHN M (2002) Folgen sexualisierter Folter. Therapeutische Arbeit mit kurdischen Patientinnen. In: GRAESSNER S, GURRIS N & PROSS C (Hrsg.). Folter – an der Seite der Überlebenden. München: Beck Verlag.

WILSON J & LINDY J (1994). Countertransference in the treatment of PTSD. New York: Guilford Press.

WIRTGEN W (1997) Überlebende von Folter. In: WIRTGEN W (Hrsg): Trauma Wahrnehmung der Unsagbaren. Asanger Verlag, Heidelberg, S.75-91

WORLD HEALTH ORGANISATION (1992). The ICD-10 Classification of mental and behavioral disorders and diagnostic guidelines. Geneva.

Autor:

Dr. med. FERDINAND HAENEL. Facharzt für Psychiatrie und Psychotherapie. Leiter der Tagesklinik am Behandlungszentrum für Folteropfer Berlin. Zahlreiche Publikationen zu Diagnostik, Begutachtung und Therapie von Folter- und Bürgerkriegsüberlebenden aus anderen Kulturkreisen.

Behandlungszentrum für Folteropfer

Turmstr. 21 • 10559 Berlin

e-mail: f.haenel@bzfo.de

Gutachten und Stellungnahmen im juristischen Spannungsfeld

HansWolfgang Gierlichs

Bei der medizinisch-psychologischen Begutachtung Asylsuchender zur Verifizierung psychischer Traumafolgestörungen durchdringen sich Probleme, die sich aus der Traumatisierung selbst ergeben, intensiv mit Faktoren, die sich aus kulturellen Differenzen und der Einbettung der Begutachtung in die ausländerrechtliche und politische Situation ergeben (Rafailovic, Baff). Alle genannten Faktoren beeinflussen die Stabilität der Betroffen und die Beziehung während der Exploration. Die Sicherheit des Begutachtungsrahmens ist für die Überwindung traumabedingter Untersuchungshemmnisse und eine sorgsame und behutsame Exploration entscheidend.

Der Rahmen wird unter anderem dadurch bestimmt, dass ein Großteil der Traumatisierungen bei Flüchtlingen im Asylverfahren nicht erkannt wird. Epidemiologische Studien zeigen international eine Rate von etwa 30-40% klinisch relevanter Traumatisierungen bei Flüchtlingen (Gaebel), die aus verschiedenen Gründen zu erheblichen Problemen, Erlebtes mitzuteilen, führen. Die Betroffen können daher in der entscheidenden Befragung kurz nach ihrer Ankunft ihre Fluchtgründe und ihre Verfolgung meist nicht oder nur unvollständig schildern. Ihre Darlegungen werden häufig als unglaubhaft oder irrelevant eingestuft, was bedeutet, dass ihnen die Abschiebung droht (Odenwald, Gierlichs 2007). Unter dem Druck zunehmender Schlafstörungen und Alpträume und in wachsender Angst vor einer erzwungenen Rückkehr suchen sie oft erst nach Jahren und auf Rat von RechtsanwältInnen oder Flüchtlingsberatungsstellen heilberufliche Hilfe (Gierlichs 2006). Oft bitten sie dann um ein Zeugnis ihrer seelischen Verletzung und ihrer Verfolgung.

Ihre Untersuchung gestaltet sich dann häufig schwierig (Haenel 2004). Unter „Zwang" befragt zu werden, kann schon für gesunde Personen eine erhebliche Belastung darstellen. Traumatisierte Menschen, deren Grenzen extrem überschritten wurden, fühlen sich durch die Begutachtungssituation noch erheblich stärker belastet und gefährdet. Sie sind in ihrer Kooperationsfähigkeit oft infolge von Übererregbarkeit, Intrusionen, Vermeidungsverhalten sowie Konzentrations- und Gedächtnisstörungen erheblich eingeschränkt. Bei Opfern von Gewalterfahrungen sind die Erinnerungen oft fragmentiert. Dies erschwert es den Betroffen oft erheblich, ihre Geschichte als etwas zu erinnern, was ihre Gegenwart mitkonstituiert. Bereits die GutachterInnen der Opfer der Shoa beschrieben diese Abkapselung extremtraumatischer Erfahrungen von der Umwelt, die sie nicht „kommunikationsfähig" macht. Scham-, Schuldgefühle und Tabus behindern den Prozess. Darüber hinaus besteht immer eine Reaktualisierungsgefahr. Die Betroffen fühlen sich in der Begutachtungssituation zu Erinnerungen gedrängt, die sie im zugespitzten, meist kurzzeitigen Setting der Exploration zu überfluten drohen. Behutsamkeit und Sorgfalt sind notwendig, um die notwendigen Informationen zu erhalten, ohne dabei die Untersuchten zu schädigen. Asylantragsteller, die im Herkunftsland verhört und gefoltert worden waren und die Anhörung beim Bundesamt für Migration und Flüchtlinge als bedrohliches Verhör empfunden haben, können bei der Exploration unruhig oder auch aggressiv reagieren oder sich verschließen und teilnahmslos, schweigsam und „unkooperativ" wirken. Komplexe chronische Traumatisierungen durch andere Menschen führen oft zu einer „feindlichen und misstrauischen Haltung gegenüber der Welt, zu sozialem Rückzug, einem Gefühle der Leere oder Hoffnungslosigkeit, einem chronischen Gefühl von Nervosität wie bei ständigem Bedrohtsein und Entfremdung" (ICD F 62.0) und zu einem tiefen Misstrauen in zwischenmenschliche Beziehungen, dessen Überwindung sorgsame Unterstützung benötigt. Die gemeinsame Auseinandersetzung mit extremen Ereignissen menschlicher Destruktivität ist für beide Beteiligten, also auch für den Untersucher, belastend. Sie konfrontiert mit meist verleugneten Seiten menschlicher Existenz. Dies bewirkt eine Labilisierung der psychischen Struktur, kann eigene erlittene Traumatisierungen aktivieren und zu einer Atmosphäre diffuser Unruhe und Aggression führen. Um die Spannung zu mildern, kann es zu einer Rollenverteilung (Flüchtling emotionslos, Gutachter voll heftiger Gefühle), zu gemeinsamer Leugnung mit Emotionslosigkeit und Distanz oder zu gemeinsamer Überflutung durch die Belastung kommen. Häufige Folgen sind Überidentifikation oder zu große Distanz und mangelhafte Empathie. Letztere beruht häufig zusätzlich auf mangelhaften Kenntnissen der Symptomatik von Traumastörungen und der gesellschaftlichen Verhältnisse in den Herkunftsländern.

Die Begutachtung von Opfern von man-made disaster, also von Menschen, die absichtlich durch andere Menschen gequält und entmenschlicht wurden, ist also sehr belastend. GutachterInnen sollten sich in der Lage fühlen, sich den beschriebenen Problemen zu stellen. Eine strukturierte und behutsame Exploration zeigt oft auch „positive Wirkungen". Betroffene, die ursprünglich nicht über ihre traumatischen Erfahrungen reden zu können glaubten, fühlen sich erleichtert und befreit, wenn sie ihre Geschichte endlich mit jemandem teilen können, der/die ihnen achtungsvoll und vorurteilsfrei zuhört. (BAF 2006)

Was muss nun als Voraussetzung für eine hilfreiche Begutachtung beachtet werden? Wichtig ist, dass GutachterInnen über gute psychotraumatologische Kenntnisse verfügen. Notwendig sind aber auch Kenntnisse in kulturellen Differenzen und Besonderheiten. Kulturtypische traumareaktive Krankheitsbilder sind uns häufig in ihren Ausprägungen wenig vertraut. Fremde Kommunikationsstile führen zu unzutreffenden Interpretationen. Unterschiedliche Rollenerwartungen bewirken, dass GutachterInnen, die sich unreflektiert im europäischen Sinne „partnerschaftlich" verhalten, nicht selten eine zu geringe Autorität zuerkannt wird. Dies beunruhigt die Flüchtlinge und verstärkt ihr Misstrauen. Die Betroffenen haben Erklärungsmodelle für das Erlittene, die Europäern oft wenig vertraut sind. Sie erleben es beispielsweise als Bestimmung oder Strafe, die zu ertragen ist, und nicht als individuelles Schicksal, das mit individueller Anstrengung gemeistert werden muss. Ohne Kenntnisse der unterschiedlichen Erlebens- und Verarbeitungsweisen können GutachterInnen den berichteten Verlauf und die Symptomatik nur eingeschränkt nachvollziehen, einordnen und bewerten.

Auch das methodische Vorgehen bei der Exploration muss erlernt werden. Behörden und Gerichte forderten jahrelang eine aussagepsychologische Untersuchung der Glaubhaftigkeit, wie sie in Strafprozessen zur Klärung der Beweiskraft von Zeugenaussagen üblich ist. Ein solches Vorgehen ist im ausländerrechtlichen Kontext nicht möglich, da infolge der Übersetzung keine Wortprotokolle vorliegen und validierte Modifikationen der Glaubhaftigkeitskriterien für kulturfremde Personen mit Gedächtnisstörungen fehlen. Sinnvoller ist ein klinisches Vorgehen, in dessen Mittelpunkt eine detaillierte Verhaltensbeobachtung steht. Hierbei ist die Beziehungsgestaltung empathisch, die diagnostische Haltung aber abgegrenzt und nicht unkritisch. Aus der immer differenzierter eruierten Symptomatik wird eine zunehmend spezifische Diagnose erarbeitet (GIERLICHS 2005a), Differentialdiagnosen werden geprüft. Die geschilderten Beschwerden und die dargelegte Vorgeschichte werden mit der Diagnose abgeglichen. Fortbildungen in dieser Arbeit werden von Ärzte- und Psychotherapeutenkammern angeboten (s. www.sbpm.de).

Wichtig ist es für GutachterInnen, die eigene Rolle zu reflektieren. Die Begutachtung stellt im Zusammenhang mit der asylpolitischen Entwicklung durchaus ein „fragwürdiges Mitwirken" dar. Der Schutz von Flüchtlingen als gesellschaftliche Aufgabe wird zunehmend eingeschränkt, traumatisierte Flüchtlinge werden in eine „Flucht in die Krankheit" gedrängt. Ihre Angaben werden oft angezweifelt oder pauschal als Missbrauch diffamiert, sie müssen Leid zu beweisen versuchen.

Auch die angefertigten Expertisen werden oft äußerst kritisch angenommen (GIERLICHS 2003). GutachterInnen, auch wenn sie vom Gericht bestellt wurden, werden von beteiligten Behörden in ihrer Qualifikation angezweifelt und geraten in die Gefahr, dass ihre Ausführungen ohne nähere Prüfung als „Gefälligkeitsgutachten" abgelehnt werden. Die Gutachtertätigkeit erfolgt in einem überwiegend als repressiv erlebten behördlichen und gesellschaftlichen Umfeld, mit dem Konsens nur schwer herstellbar ist. Dies hat viele Ursachen, die hier nur angedeutet werden können. Eine der wichtigsten scheint darin zu liegen, dass zwei wichtige, keineswegs unvereinbare gesellschaftliche Anliegen offensichtlich zu unüberbrückbaren Gegensätzen geworden sind: das Bedürfnis, sich und sein Land zu schützen, und das Bedürfnis, sich zu öffnen und zu helfen. Bei ruhiger Betrachtung sind beide Ziele nicht konträr. Jeder Staat muss seine hoheitlichen Aufgaben einschließlich der Entscheidung über Immigration erfüllen können, gleichzeitig hat er essentielle humanitäre Verpflichtungen. Beide Aufgaben können verbunden werden, es erscheint dringend notwendig, in einen sicherlich schwierigen Dialog einzutreten, Ängste, die auch auf fehlender Information beruhen, abzubauen und Missverständnisse zu klären.

Neben Misstrauen beruht die Ablehnung von Expertisen auch auf unterschiedlichen Denkmodellen von Juristen und Heilberuflern (GIERLICHS 2005a). Medizinische und psychologische Untersuchungen beschäftigen sich auch dann, wenn sie Erkrankungen als Reaktionen auf äußere Ereignisse beschreiben, mit dem subjektiven Erleben und der Verarbeitung der Ereignisse, d.h. mit deren individuellen gesundheitlichen Auswirkungen. Sie liefern dabei Hinweise auf eine traumatische Ursache einer Störung und überprüfen Simulation. Es ist aber weder ihre Aufgabe noch ihr Anliegen, objektive Beweise im Sinne von Außenkriterien zu liefern. Der Nachweis dessen, was sich „objektiv" ereignet hat, obliegt einzig den Richtern.

Juristen gehen umgekehrt häufig davon aus, dass eine traumareaktive Störung erst dann diagnostiziert werden könne, wenn das auslösende Ereignis nachgewiesen sei, was Begutachtungen bei Flüchtlingen meist unmöglich machen würde. Sie gehen bei der Beurteilung der Glaubhaftigkeit häufig von einem vereinfachten „fotographischen" Gedächtnismodell aus, das immer gleiche Erinnerungen produziert, und betrachten daher Veränderungen in den Berichten als Hinweise für Unglaubhaftigkeit. Bezüglich notwendiger Therapie benutzen sie ein vereinfachtes lineares Störungsmodell, das ihrem klassisch-logischen Denken entspricht. So verstehen sie unter „Behandlung" oft einen Reparaturprozess der „Krankheit PTSD", der nach seinem Gelingen Abschiebefähigkeit herstellt. Sie verstehen nicht, dass chronische Traumastörungen in der Regel stabilisiert, aber nicht geheilt werden können und dass fehlende Besserungen bei fortbestehender unterschwelliger Triggerung durch Duldungen mit dem Vermerk „Aussetzung der Abschiebung" nicht auf „bösem Willen" oder „mangelnder Kooperation" beruhen, sondern infolge des Erlebens der Betroffen unvermeidbar sind. Sie deuten mangelnde Therapieerfolge häufig so um, dass die Betroffenen nicht gesund werden wollen, um nicht abgeschoben zu werden. So ist es notwendig, darzulegen, dass äußere Aufenthaltssicherheit das wichtigste Heilmittel darstellt, ohne das stabile Besserung kaum möglich ist.

GutachterInnen müssen den gesetzlichen Hintergrund der Untersuchungen kennen und berücksichtigen. Das Aufenthaltsrecht sieht eine Fürsorgepflicht, die Besserung oder gar Gesundung erreicht, nicht vor. Der Staat ist nur zur Vermeidung schwerer gesundheitlicher Gefahren im Zusammenhang mit einer Abschiebung verpflichtet. Diese werden juristisch meist nur berücksichtigt, wenn sie „erheblich" und „konkret" sind (AufenthG § 60.7: Von der Abschiebung eines Ausländers in einen anderen Staat soll abgesehen werden, wenn dort für diesen Ausländer eine erhebliche konkrete Gefahr für Leib, Leben oder Freiheit besteht), Hierauf muss Bezug genommen werden, da die Empfänger der Gutachten sich oft nach dem wortgetreuen Vorhandensein oder Fehlen dieser Begriffe richten. Zu notwendigen Behandlungen sollte – neben der Darstellung des aus heilberuflicher Sicht Notwendigen und Sinnvollen - auch ausgeführt werden, was zur Vermeidung von erheblichen konkreten gesundheitlichen Gefahren unumgänglich erforderlich ist. Prognostische Einschätzungen müssen bezüglich ihres zeitlichen Verlaufs und der zu erwartenden gesundheitlichen Veränderungen sehr konkret und transparent sein (Gierlichs 2005b), Äußerungen zu möglicher Suizidalität werden nur berücksichtigt, solange das individuelle Risiko möglichst konkret und für Laien nachvollziehbar abgeleitet wird.

Forderungen nach bestimmten juristischen Entscheidungen und Kommentare zur gesundheitlichen Versorgung im Herkunftsland überschreiten heilberufliche Kompetenzen und sind meist kontraproduktiv.

Dies alles muss bedacht werden, bevor man sich entscheidet, unter den dargestellten schwierigen Bedingungen Begutachtungen im ausländerrechtlichen Kontext durchzuführen. Die zunehmend erhöhten Anforderungen an die Begutachtung können unerfüllbare Ansprüche an die eigene Perfektion mit Versagensängsten oder auch Rivalität mit Behörden und Gerichten auslösen. Die zugespitzte Situation gegen Ende eines gescheiterten Asylbegehrens, in der Gutachten häufig erbeten werden, löst erheblichen Druck aus. Unverständnis über das behördliche Verhalten im Verfahren kann die notwendige empathische Neutraliät belasten. Andererseits kann oft in schwierigen und hoffnungslosen Situationen geholfen werden.

Literatur:

BAFF 2006: Begutachtung traumatisierter Flüchtlinge, eine kritische Reflexion, Loeper Verlag

Gaebel, U., Ruf, M., Schauer, M., Odenwald, M. & Neuner, F. 2006: Prävalenz der Posttraumatischen Belastungsstörung (PTSD) und Möglichkeiten der Ermittlung in der Asylverfahrenspraxis, Zeitschrift für Klinische Psychologie und Psychotherapie, 12-20

Gierlichs, H.W. 2003: Begutachtung psychotraumatisierter Flüchtlinge, Konflikte mit ärztlich ethischen Belangen, Deutsches Ärzteblatt 100 A, 2198

Gierlichs, H.W., van Keuk, E., Greve, C, Wenk-Ansohn, M., Flatten, G., Hartmann, C., Liebermann, P., Rottländer, M., Weber, T. & Wirtgen W. 2005a: Grenzen und Möglichkeiten klinischer Gutachten im Ausländerrecht, ZAR, 158-163

Gierlichs, H.W. & Wenk-Ansohn, M. 2005b: Behandlungsbedarf, Prognose und Suizidalität bei komplexen chronischen Traumastörungen, ZAR, 405-410

Gierlichs, H.W. & F. Uhe 2006: Gefährdung kranker Flüchtlinge durch Abschiebung und Abschiebehaft. In Deutsches Institut für Menschenrechte (Hg.): Prävention von Folter und Misshandlung in Deutschland, Baden-Baden: Nomos, S. 237-258

Gierlichs, H.W. 2007: Traumatisierung bei Flüchtlingen, Antrag abgelehnt, Dt. Ärzteblatt A S. 1730

Haenel, F. 2003: Zur Begutachtung psychisch reaktiver Traumafolgen in aufenthaltsrechtlichen Verfahren, ZPPM 4, S. 19

Haenel, F. & M. Wenk-Ansohn 2004: Begutachtung psychisch reaktiver Traumafolgen in aufenthaltsrechtlichen Verfahren, Beltz Verlag

Odenwald, M., T. Schmitt, F. Neuner, M. Ruf & M. Schauer 2006: Aussageverhalten von traumatisierten Flüchtlingen, Z. Politische Psychologie, S. 225-54

RAFAILOVIC, K., GIERLICHS, H. W. & BITTENBINDER, E. 2006: Möglichkeiten und Probleme in der Begutachtung von Flüchtlingen, Z. Politische Psychologie S. 255-72

Autor:

Dr. med. HANS WOLFGANG GIERLICHS, geb. 1943 in Posen. Studium der Medizin, internistische Fachausbildung, 1978 -1988 Landarzt, Weiterbildung in Psychotherapie und Psychoanalyse, 1988-1989 Leitung einer psychosomatischen Klinik, ab 1990 psychotherapeutische Praxis, ab 1996 Facharzt für Psychotherapeutische Medizin, seit 2003 Zusatztitel spezielle Psychotraumatologie. Koordinator der Arbeitsgruppe SBPM, Leiter des AK Migration und Trauma der DeGPT.

Dr. med. Hans Wolfgang Gierlichs
Hahner Str. 29 • D 52076 Aachen
e-mail: hwgierlichs@t-online.de

Probleme in der Behandlung von Patientinnen und Patienten ohne Aufenthaltsbewilligung in der Schweiz

Bernhard Küchenhoff

Die Schweiz gehört zu den europäischen Staaten mit der, im Verhältnis zur Bevölkerungszahl, höchsten Zahl an AusländerInnen; der Prozentsatz betrug 1999: 19,6%.

Ohne gültige Aufenthaltserlaubnis, sogenannte Sans-Papiers, sind ca. 80'000 bis 300'000 Menschen (Stuker & Röthlisberger 2006: 9).

Als Sans-Papiers (= Papierlose, Illegale, illegalisierte Migrantinnen und Migranten) wird nicht eine einheitliche soziale Gruppe bezeichnet, sondern deren rechtlicher Status benannt. Die juristischen Bestimmungen sind dabei ein Abbild der politischen Verhältnisse, der Reaktion auf die zunehmende Migration, und geben Aufschluss über die Aufnahmebereitschaft bzw. Abwehrstrategien der Gesellschaft.

Wer wird zum Sans-Papiers?

Dies ist abhängig von der jeweils unterschiedlichen Gesetzeslage in den einzelnen Ländern. In der Schweiz fallen folgende Gruppen darunter:

1. Menschen, die nach einem zunächst legalen Aufenthalt, aufgrund von Gesetzesänderungen oder Veränderungen in ihren Lebensumständen ihren gesicherten Aufenthaltsstatus verlieren. Dazu gehören z.B. Frauen aus nicht EU-Ländern, die einen Schweizer geheiratet haben und die sich vor dem 3. Ehejahr scheiden lassen. Weiter gehören die Personen dazu, die für eine Ausbildung in die Schweiz kamen und die nach Abschluss ihrer Ausbildung sich weiter in der Schweiz aufhalten. Ausserdem betrifft es diejenigen, die mit einem Touristenvisum einreisten, aber nach Ablauf dieses Visums nicht mehr ausreisen.
2. Personen, die einen Asylantrag gestellt haben, die Entscheidung der Behörden aber nicht abwarten und untertauchen.
3. Asylsuchende, deren Gesuch abgelehnt wurde oder auf deren Gesuch nicht eingetreten (sogenannter Nichteintretensentscheid) wurde.
4. Personen, die eine Ausreisefrist nach Ablehnung ihres Asylgesuches erhalten haben, jedoch nicht in ihr Herkunftsland ausgewiesen werden können.
5. Personen, die nie eine Aufenthaltsbewilligung hatten, weil sie bereits illegal einreisten, oder Familienmitglieder, deren Einreise im Sinne des Familiennachzuges nicht bewilligt wurde.

Obwohl es schwierig ist, epidemiologische Daten über die Personengruppe der Sans-Papiers zu gewinnen, lassen sich doch annäherungsweise folgende Befunde erheben (Röthlisberger 2006: 25):

Das Durchschnittsalter liegt zwischen dem 20. und 40. Lebensjahr. Vermutlich sind mehr Frauen als Männer betroffen. Die Hauptherkunftsgebiete sind Lateinamerika, Osteuropa, die Türkei, Afrika und Asien.

Bei mehr als der Hälfte der Sans-Papiers handelt es sich um gut qualifizierte Personen, die aber, wenn überhaupt, in unqualifizierter und schlecht bezahlter Arbeit beschäftigt sind.

Aufenthaltsstatus und Gesundheit

Migrantinnen und Migranten sind je nach ihrem rechtlichen Status grossen psychischen Belastungen ausgesetzt. Diese sind – unabhängig von der Vorgeschichte – bedingt durch die Unsicherheit über den Status. Besonders sind davon die Sans-Papiers betroffen, die sich nicht (mehr) legal im Lande aufhalten und damit zusätzlich bedroht sind durch fremdenpolizeiliche Massnahmen. Diese Umstände können zu einem erhöhten Gesundheitsrisiko führen (HUNKELER & MÜLLER 2004). Wie sich in den bisherigen Untersuchungen zeigte, treten negative psychische Entwicklungen gehäuft auf bei Personen mit unsicherem Aufenthaltsstatus (ACKERMANN *et al.* 2007: 124).

Konflikte ergeben sich immer wieder aus den widersprüchlichen staatlichen und gesellschaftlichen Haltungen und Massnahmen: z.B. Durchsetzung fremdenpolizeilicher Aufgaben (wie z.B. die Ausschaffung) gegenüber dem Recht auf Hilfe und Unterstützung in Notlagen.

Belastende Umstände

Belastungen finden sich oft bereits im Vorfeld, also vor der Einreise, wie z.B. die existentiellen Gründe für die Migration (Armut, Verfolgung, Traumata) und die Erfahrungen während der Migration.

Nach der Ankunft sind dann häufig die basalen Lebensgrundlagen problematisch und beeinträchtigen das gesundheitliche und insbesondere das psychische Befinden. So ist es aufgrund der fehlenden Papiere zumeist schwierig, eine Wohnmöglichkeit zu finden. Und da keine Arbeitserlaubnis vorhanden ist, bleibt nur die Arbeit auf dem sogenannten Schwarzmarkt übrig. Diese Arbeit ist verbunden mit einem ungesicherten Rechtsschutz, z.B. der Unmöglichkeit, sich gegen unzumutbare Arbeitsbedingungen arbeitsrechtlich zu wehren. Schlecht bezahlte Arbeiten ergeben sich im Baugewerbe, bei Ernteeinsätzen und in privaten Haushalten. Manche sehen nur in der Prostitution eine Möglichkeit, ihr Leben finanzieren zu können.

Alle diese Schwierigkeiten sind bei den Sans-Papiers nochmals potenziert im Vergleich zu den anderen MigrantInnen.

Die Probleme und Sorgen gehen aber über die Regelung des basalen Lebensunterhaltes hinaus. Dies sei am Beispiel des Themas Kinder kurz erläutert: So haben viele Sans-Papiers Schuldgefühle wegen ihrer in der Heimat zurückgelassenen Kinder. Andere, die sich hier mit ihren minderjährigen Kindern ohne Papiere aufhalten, haben Schwierigkeiten, arbeiten zu gehen, da sie ihre Kinder nicht alleine lassen können. Davon sind natürlich insbesondere alleinerziehende Mütter betroffen. Aber auch die weitere Sorge um die Zukunft und die Ausbildung ihrer Kinder stellen eine gravierende Belastung dar.

Wegen der ganz im Vordergrund stehenden Existenzschwierigkeiten und -ängsten, können häufig die ganz normalen Wünsche und Lebensentwürfe, wie z.B. der Wunsch nach weiteren Kindern, gar nicht ins Auge gefasst werden (HUNKELER & MÜLLER 2004: 139ff).

Trotz der prekären finanziellen Situation erwarten aber die Angehörigen im Heimatland von den Sans-Papiers, dass sie Geld zur finanziellen Unterstützung der Herkunftsfamilie nach Hause schicken.

Für psychisch Kranke kommt noch die Gefahr hinzu den Rückhalt in ihrer Gruppe oder in ihren Beziehungen zu verlieren und damit ein zweites Mal ausgegrenzt zu werden.

Schutzfaktoren

Die Belastungen lassen sich z.T. wenigstens etwas mildern durch soziale Unterstützungen. Von besonderer Bedeutung ist dabei die Vernetzung mit anderen Menschen aus dem vertrauten Kulturkreis. An vielen Orten bilden sich Gruppen von Menschen aus den gleichen Herkunftsländern. Hilfe und Unterstützung stellen auch stabile und tragende Partnerschaften dar, wie auch individuelle Ressourcen. Notwendig zur Klärung all dieser Faktoren sind noch ausführlichere problem- wie auch ressourcenorientierte Forschungen. Allerdings sind entsprechende Untersuchungen schwierig, weil diese Personengruppen nicht leicht zu erreichen sind. Die Fragestellung, warum Sans Papiers gesund bleiben oder erkranken, kann noch nicht ausreichend beantwortet werden. Eine wichtige Rolle für das Befinden und den Gesundheitszustand spielt auch die Haltung der aufnehmenden Gesellschaft.

„Migration als solche macht aber nicht krank" (WEISS 2003: 15). MigrantInnen sind nicht einfach nur Opfer, sondern, getragen von Wünschen und Hoffnungen, wird die Migration häufig bewusst gewählt und durchgeführt.

Aber trotz aller persönlicher und sozialer Ressourcen ist die Bewältigung der Aufgaben des täglichen Lebens für die Betroffenen schwer. Und dazu kommt noch, dass auf die belastenden Erfahrungen im Herkunftsland oder während der Migration kaum adäquat eingegangen werden kann.

Psychiatrisch-psychotherapeutische Behandlung bei Sans-Papiers

Nach einer Untersuchung in der Schweiz aus dem Jahre 2000 nahmen 5% AusländerInnen von sich aus den Kontakt zur Psychiatrie auf, verglichen mit 21,7% der SchweizerInnen (zitiert nach WEISS 2003: 264). Was schon für die MigrantInnen insgesamt gilt, trifft in besonderem Masse für Sans-Papiers zu, dass sie nämlich die psychiatrisch-psychotherapeutischen Angebote weniger nutzen (können) als die einheimische Bevölkerung (WEISS 2003: 262ff). Zugangsprobleme ergeben sich wegen der mangelnden Vertrautheit mit den Angeboten des Gesundheitswesens und den einzelnen Abläufen. Dazu kommen finanzielle Probleme und Sprachschwierigkeiten. Die angebotenen therapeutischen Hilfen sind, wenn sie überhaupt zustande kommen, deutlich geringer. So ist zum Beispiel die durchschnittliche Aufenthaltsdauer in der psychiatrischen Klinik deutlich kürzer als bei der einheimischen Bevölkerung. Dabei ist heute allen in der Psychiatrie Tätigen bewusst, dass möglichst frühzeitig die Behandlung beginnen sollte zur Verbesserung der Prognose (s. z.B. die mit grossem Aufwand betriebenen Bemühungen zur Behandlung ersterkrankter psychotischer PatientInnen).

Wie sieht es nun aus, wenn eine oder ein Sans-Papiers einer medizinischen, einer psychiatrisch-psychotherapeutischen ambulanten oder stationären Behandlung bedarf?

Eine materielle Grundlage für jede Behandlung stellt die Krankenversicherung dar. Eine positive Errungenschaft in der Schweiz ist, dass Sans-Papiers sogar die Pflicht haben, sich zu versichern. Dies stellt ein Recht dar, das allerdings immer wieder auch gegenüber den einzelnen

Krankenversicherungen durchgesetzt werden muss. Auf der anderen Seite wird diese Pflicht in ca. 90% der Sans-Papiers nicht wahrgenommen! Dies liegt zum einen daran, dass viele Betroffene Angst vor einer Registrierung haben, da sie sich nicht vorstellen können, dass andere staatliche Stellen nicht doch informiert werden und sie so befürchten, aufgegriffen und ausgewiesen zu werden. Ein weiterer Grund liegt darin, dass die Versicherungen vielen zu teuer sind. Für die einheimische, ärmere Bevölkerung gibt es die Möglichkeit, eine Prämienverbilligung in ihrem jeweiligen Kanton zu beantragen. Diese Möglichkeit, einen Zuschuss für die Krankenkassenprämien von 50-70% zu erreichen, besteht für Sans-Papiers bisher nur in den Kantonen Basel-Stadt und im Kanton Waadt. (WOLFF 2006b: 126).

Bemerkenswert und auffällig ist, dass trotz der vielfältigen Belastungen relativ wenige sich wegen psychischer Beschwerden von sich aus in fachärztliche Behandlung begeben. Auch dies liegt z.T. in der Angst begründet entdeckt zu werden, da viele aufgrund ihrer Erfahrungen in den Herkunftsländern von einer Zusammenarbeit der verschiedenen Institutionen ausgehen und der ärztlichen Schweigepflicht nicht trauen. Ausserdem haben, wie bereits ausgeführt, die Mehrzahl keine Krankenversicherung. Eine weitere grosse Barriere stellt die Schwierigkeit dar, sich sprachlich zu verständigen, da viele Sans-Papiers (auch aus Mangel an Kontakten mit der einheimischen Bevölkerung und weil Sprachkurse meist nicht finanziert werden) kaum die deutsche Sprache oder eine andere bei uns gängige Sprache sprechen. Die Beiziehung eines Dolmetschers oder einer Dolmetscherin in der Praxis scheitert vor allem an den finanziellen Möglichkeiten. (Demgegenüber haben wir jetzt in unserer Klinik erreichen können, dass Übersetzerinnen und Übersetzer rund um die Uhr beigezogen werden können und durch die Klinik finanziert werden). Ein weiterer Grund der wenigen psychiatrisch-psychotherapeutischen Behandlungen sind die unterschiedlichen Krankheitsvorstellungen und Krankheitskonzepte und dass die schwierigen Lebensumstände nicht selten ihren Ausdruck in somatischen Symptomen finden, sodass die Indikation für eine psychiatrisch-psychotherapeutische Behandlung übersehen wird.

Aber es bestehen nicht nur Barrieren und Hemmnisse auf Seiten der Sans-Papiers, sondern es besteht auch auf der Angebotsseite ein Mangel an kompetenten Fachpersonen, die trotz der Schwierigkeiten (nicht zuletzt auch der Finanzierung) Behandlungen durchführen.

Dies führt dazu, dass erst in Notsituationen Psychiaterinnen und Psychiater aufgesucht werden oder dass eine Behandlung erst mit einer zwangsweisen Zuweisung in eine Psychiatrische Klinik beginnt.

Die Möglichkeiten und Angebote in der Schweiz sind kantonal unterschiedlich. Insgesamt kann man sagen, dass es in der französischsprachigen Schweiz mehr Angebote gibt als in der deutschsprachigen Schweiz.

Als ein positives Beispiel sei erwähnt die Unité mobile de soins communautaires der Universitätspoliklinik Genf, die seit 1996 besteht und u.a. auch von der Psychiatrischen Universitätsklinik Genf unterstützt wird. Eingerichtet wurde dieses Angebot für sozial benachteiligte Personen und Menschen ohne Krankenversicherung. Etwa 89% der betreuten und behandelten Klientel sind Sans-Papiers. Das Ziel dieser Einrichtung ist den Zugang zum Gesundheitssystem und die Integration in das Gesundheitswesen zu erleichtern und zu verbessern und auch präventiv tätig werden zu können. Die Kosten übernimmt das Universitätsspital Genf und d.h. letztlich der Kanton Genf. (vgl. zu dieser Einrichtung insbesondere die Arbeiten von WOLFF u.a. 2006a: 61-62; 2006b: 116-129.)

Die Besonderheiten dieser Einrichtung bestehen u.a. in einer kontinuierlichen Anpassung an die Bedürfnisse der Zielgruppe. Das heisst z.B., da 75% der Patientinnen und Patienten aus Lateinamerika kommen, dass alle Mitarbeitenden Spanisch lernen. Auch stehen Übersetzungsdienste zur Verfügung. Die Einrichtung wird, und das ist nicht unwichtig, durch die Klinikleitung unterstützt. Es wurde in der Etablierung dieser Einrichtung auch historisch argumentiert, nämlich dass es das Hauptziel der 1876 gegründeten Medizinischen Poliklinik war, die Gesundheitsversorgung der ärmsten und schwächsten Mitglieder der Gesellschaft zu verbessern.

Hauptanlässe für die Konsultationen sind frauenspezifische Probleme (in 22% der Fälle). So zeigte sich z.B., dass 83% der ausgetragenen Schwangerschaften ungeplant waren. Die meisten Patientinnen und Patienten standen unter psychischem Leidensdruck, bedingt durch die drohende polizeiliche Verfolgung, sowie Trennung von der Familie und die Arbeitsbedingungen. Psychiatrische Probleme im engeren Sinne fanden sich bei 8%. (WOLFF 2006b: 125).

Ganz konkret gestaltet sich der Ablauf in der Unité in folgender Weise: Mitarbeitende der Institution gehen im Sinne einer aufsuchenden Hilfe z.B. in die Suppenküchen oder die Wohnheime, also an die Orte, an denen sich die Sans-Papiers treffen. Dort erkundigt man sich nach dem gesundheitlichen Befinden oder es besteht die Möglichkeit, sich niederschwellig in gesundheitlichen Fragen Rat zu holen. Dieses Vorgehen erforderte bei dieser besonders ängstlichen Personengruppe vorgängig den geduldigen Aufbau eines Vertrauensverhältnisses, auch um deutlich zu machen, dass es sich nicht um eine besondere Art der staatlichen Kontrolle handelt. Ausserdem gibt es eine Anlaufstelle, zu der ein freier und kostenloser Zugang besteht. Pflegekräfte sind die ersten Kontaktpersonen, die dann auch entscheiden, ob eine ärztliche Behandlung nötig ist. Wenn diese bejaht wird, werden die betreffenden Personen an Allgemeinärztinnen und -ärzte der Poliklinik weiterverwiesen, durch die die Behandlung erfolgt. Entscheiden die Allgemeinärztinnen und -ärzte, dass eine weitere, spezielle Behandlung erforderlich ist, so werden die Patientinnen und Patienten an Spezialisten der Universitätsklinik Genf weiterverwiesen. Mit diesem Vorgehen ist gewährleistet, dass die medizinischen Leistungen gründlich überdacht werden, ohne dass deren Qualität in Frage gestellt wird.

Neben dieser beispielhaften, staatlich unterstützten Institution, finden sich in der Schweiz ansonsten zumeist private Initiativen. Vermittelt über eine Anlaufstelle, erfolgt in erster Linie die ambulante Versorgung durch engagierte Ärztinnen und Ärzte, oft gratis oder zu niedrigen Preisen. Beispiele dafür sind in Zürich „Meditrina", getragen von „Médecins sans frontières" oder das Angebot des Schweizerischen Roten Kreuzes im Ambulatorium für Folter- und Kriegsopfer in Bern. Bei diesen Angeboten ist aber der Zugang zur stationären Klinikbehandlung oft schwierig, mit Ausnahme des angeführten Beispieles von Genf oder auch den entsprechenden Angeboten in Lausanne und in Basel.

Handlungsbedarf

Weil der Zusammenhang zwischen dem psychischen Gesundheitszustand und dem Aufenthaltsstatus eindeutig ist und weil die Nachfrage nach Behandlungen aufgrund der Zunahme der Sans-Papiers steigt, müssen weitere Angebote aufgebaut werden. Dies gilt insbesondere in den Städten, wo sich die Sans-Papiers vor allem aufhalten. Ausserdem ist der Zugang zur stationären Behandlung zu verbessern. Für die Durchsetzung dieser Anliegen ist eine Vernetzung der Beteiligten im Gesundheitswesen erforderlich unter Gewährleistung der Schweigepflicht. Die Regelung der Finanzierung der Behandlungen und der Übersetzungsleistungen ist dabei meist noch ein offenes und ungelöstes Problem.

Literatur:

ACKERMANN CH., MOHAMMED A., STUTZ D. & WETLI E. 2007. Katamnestische Studie über Langzeitverläufe bei Personen des Asylrechtes mit psychischen Belastungen. Studie im Auftrag des Bundesamtes für Migration, 2007, www.bfm.admin.ch.

DEPATEMENT MIGRATION SCHWEIZERISCHES ROTES KREUZ (Hg.) 2006. Sans-Papiers in der Schweiz. Zürich: Seismo.

HUNKELER B. & MÜLLER E. 2004. Aufenthaltsstatus und Gesundheit. Lizenziatsarbeit der Universität Zürich; Forschungsbericht im Auftrag des Bundesamtes für Gesundheit. Psychologisches Institut Universität Zürich, September 2004.

RÖTHLISBERGER S. 2006. Sans-Papiers in der Schweiz: Begriffe, Prozesse und Akteure. In: DEPARTEMENT MIGRATION SCHWEIZERISCHES ROTES KREUZ (Hg.), a.a.O.: 20-51.

SALADIN P. (Hg.) 2006. Diversität und Chancengleichheit. Bundesamt für Gesundheit, Bern.

STUKER R. & RÖTHLISBERGER S. 2006. Einleitung. In: DEPARTEMENT MIGRATION SCHWEIZERISCHES ROTES KREUZ (Hg.), a.a.O.: 9-14.

WEISS R. 2003. Macht Migration krank? Zürich: Seismo

WOLFF H. 2006a. Gesundheitsversorgung für Sans-Papiers: Unité mobile de soins communautaires an der Universitäts-Poliklinik in Genf. In: SALADIN P. (Hg.), a.a.O.: 61-62

WOLFF H. 2006b. Gesundheitsversorgung für Sans-Papiers in der Schweiz In: DEPARTEMENT MIGRATION SCHWEIZERISCHES ROTES KREUZ (Hg), a.a.O.: 116-129.

Autor:

Dr.med. BERNHARD KÜCHENHOFF; nach Medizinstudium, Zweitstudium in Philosophie u. Germanistik; Facharzt für Psychiatrie, Psychotherapie und Neurologie; seit 1989 an der Psychiatrischen Universitätsklinik in Zürich; Arbeits- und Forschungsschwerpunkte, neben der täglichen klinischen Tätigkeit: Geschichte der Psychiatrie; Psychiatrie und Philosophie; Angehörigenarbeit; transkulturelle Psychiatrie.

Leitender Arzt – Psychiatrische Universitätsklinik
Lenggstrasse 31 • CH 8008 Zürich
e-mail: Bernhard.Kuechenhoff@puk.zh.ch

Die sozioökonomische Integration der zugewanderten Sepharden und Ashkenasen in Wien. Rückblick und Ausblick

ALEXANDER FRIEDMANN

Die Ausgangslage der jüdischen Gemeinde in Wien

Aufgrund von Funden aus der römischen Zeit ist bekannt, dass es in der Garnison des Limes-Walls in Vindobona auch Juden gegeben haben muss. Der Beginn einer Geschichte der Juden in Österreich ist aber erst mit einem Dokument aus dem 11. Jahrhundert belegt, in dem von einem höfischen jüdischen Münzmeister namens „Schlom" die Rede ist, der von unbekannten Tätern ermordet worden war.

In den folgenden Jahrhunderten ist die Geschichte der Juden in Österreich eine einzige Abfolge von Zuwanderung und Niederlassung, von Diskriminierung, Ausplünderung, Vertreibung, und sogar von Massenmord. Bis zum Ende des 20. Jahrhunderts war es keinem Enkel vergönnt, am Geburtsort seines Großvaters in Frieden zu sterben.

Noch in der Ära der Kaiserin Maria-Theresia war es Juden nur unter Ausnahmedingungen gestattet, sich im österreichischen Kernland und in Wien niederzulassen. Die Situation änderte sich jedoch, als Maria-Theresias ältester Sohn Joseph II. Kaiser wurde und im letzten Viertel des 18. Jahrhunderts die sogenannten „Toleranzpatente" erließ, die die bürgerliche Gleichstellung von Nicht-Katholiken, von Protestanten, Orthodoxen und von Juden förderten. Diese Reform war der Beginn einer geradezu unglaublichen Erfolgsgeschichte der Juden in Österreich, die das Reich und vor allem das Kernland und die Hauptstadt Wien nachhaltig prägte, zu einem emanzipatorischen Höhenflug der Juden führte, dessen Höhepunkt um das Jahr 1900 ebenso erstaunlich, wie dessen Endpunkt 1938 vernichtend war. Die jüdische Bevölkerung im österreichischen Kernland wuchs ab der Mitte des 19. Jahrhunderts und wurde vor allem in Wien, bis sie ihr Maximum in den 20er Jahren des 20. Jahrhunderts mit 220.000 erreichte (cf. ADUNKA E., LAPPIN E. & LICHTBLAU A.). Als Österreich im März 1938 in das nazistische Deutsche Reich eingegliedert wurde und damit der Anfang vom Ende der jüdischen Gemeinde begann, zählte Wien etwa 185.000 Einwohner.

1938 setzte unter dem Druck des Naziregimes und unter der daran beteiligten Bevölkerung eine jüdische Fluchtbewegung ein, die etwa 120.000 Menschen betraf. Die Verbliebenen fielen der Vernichtungsmaschinerie der Nazis zum Opfer.

Nach dem Ende des 2. Weltkrieges 1945 waren Österreich und Wien praktisch „judenrein". Nur eine Handvoll Juden hatte in Verstecken überlebt, zu ihnen kamen etwa 1500 Überlebende von Konzentrationslagern und einige Tausend „displaced persons" nichtösterreichischer Provenienz, sowie mehrere Tausend, die aus dem sowjetisch besetzten Teil Europas nach Westen geflüchtet waren. Die wenigen österreichische Juden, die nach Wien zurückkamen, fanden ihr Gut geraubt, ihre Wohnungen, Häuser, Geschäfte und Betriebe „arisiert" und sich selbst durch die ablehnende Haltung von Behörden und Bevölkerung zurückgewiesen. Die allermeisten unter ihnen gingen daraufhin verbittert in ihre Emigrationsländer, vornehmlich nach Israel, England, die USA und Australien, zurück.

Die Wiener jüdische Gemeinde, seit ihrer offiziellen Anerkennung durch Kaiser Franz Josef I. 1852 „Israelitische Kultusgemeinde" (IKG) genannt, wurde wiedergegründet und dann von Wiener Juden geführt, die übergroße Mehrheit ihrer Mitglieder aber stammten aus Osteuropa, aus Ungarn, Polen, der Slowakei und aus Rumänien. (cf. ADUNKA E.)

1970 zählte die IKG etwa 8000 Seelen, davon 1000 österreichische Juden. Die Gemeinde war stark überaltert, ihre demographische Struktur zeigte die „Holocaustlücke" der umgebrachten oder ungeborenen Jahrgänge 1930-1945. Damals ergaben die demographischen Prognosen ein Schrumpfen der als Einheitsgemeinde geführten IKG auf 3500 Personen im Jahr 2000.

Die kulturelle und soziale Struktur der zuwandernden Juden aus der Sowjetunion

Die Zuwanderung: In den frühen 1970er Jahren setzte eine massive Auswanderungswelle von Juden aus den Gebieten der Sowjetunion ein. Diese wurde möglich, weil die sowjetische Führerschaft sich einem wachsenden internationalen Druck gegenüber sah, insbesondere jenem seitens der USA, die die Erteilung eines Begünstigtenstatus für die Belieferung mit Weizen von der sowjetischen Ausreiseerlaubnis für Juden abhängig machte. Darüber hinaus war die UdSSR auch wegen der Niederschlagung der Reformbestrebungen in der CSSR („Prager Frühling") unter der „Breschnew-Doktrin" ins Visier einer öffentlichen Kritik geraten und war geneigt, die kritische *Intelligentsia* im eigenen Lager, die vielfach auch eine jüdische war, los zu werden. Die jüdische Bevölkerung ihrerseits war mehrheitlich vom Kommunismus sowjetischer Prägung nach 70 Jahren der weitergehenden kulturellen Unterdrückung enttäuscht und war seit längerem schon bemüht gewesen, nach Westen und nach Israel gelangen zu können.

Bei der nun einsetzenden zehntausendfachen Auswanderung sowjetischer Juden kam Österreich die Rolle einer Migrationsdrehscheibe zu, und so kam es zu einem Durchzug von insgesamt bis zu 300.000 Juden, die mehrheitlich nach Israel, minderheitlich in die USA gingen. Einige Jahre später wurde Rumänien zu dieser Drehscheibe und ab Beginn der Ära Gorbatschow und danach setzten Direktflüge sowjetischer Juden nach Israel ein.

Im Zuge dieser Transmigration blieben vorerst und aus verschiedensten Gründen einige hundert jüdische Migranten in Wien; später kamen einige Hundert aus Israel zurück, nachdem sie sich an die dortigen Bedingungen nicht anpassen konnten. Bald darauf holten manche dieser Familien Angehörige zu sich nach, manchmal aus Israel und manchmal aus der UdSSR. Als Österreich sich etwa ab 1990 gegen jegliche Zuwanderung verschloss und sukzessive immer unüberwindbarere Hürden in ihr Ausländergesetz einbaute, hörte auch die jüdische Zuwanderung auf.

In der Bilanz sah sich also ab den 1970er Jahren die Wiener jüdische Gemeinde mit ihren 7500 weitgehend überalterten Mitglieder einer etwa 3000-köpfigen Zuwanderung konfrontiert.

Die soziokulturellen Kennzeichen der einzelnen Gruppen

Die aufnehmende Wiener jüdische Gemeinde war davon gekennzeichnet, dass sie praktisch ausnahmslos „aschkenasisch" geprägt war, d.h. aus Mittel- und Osteuropa stammte; sie hatte einen etwa 20%igen religiös-orthodoxen Anteil mit chassidischer Prägung („Städtel-Kultur"), 60% waren zwar von jüdischen Traditionen geprägt, aber lebten ein mehr oder weniger säkulär geprägtes Leben und 20% waren weitgehend säkularisiert und religiös nicht praktizierend. Praktisch alle waren pro-zionistisch oder zumindest mit dem Staat Israel solidarisch, nur sehr vereinzelte Juden hatten eine diesbezüglich kritische Haltung.

Diese Bevölkerung war ein urbanes Leben inmitten einer christlichen Bevölkerungsmehrheit gewöhnt. Sozioökonomisch zählte sie 20% Akademiker, 40% Angestellte, 30% Pensionisten und nur 10% Hausfrauen. Mit wenigen Ausnahmen war sie dem bürgerlichen Mittelstand zuzuordnen, es gab ein etwa 8% der Gemeindepopulation zählendes Großbürgertum und einen etwa gleich großen Anteil an Proletariat. Armut betraf eine kleine Gruppe älterer bis alter Menschen ohne familiären Anhang, die etwa 3 bis 4% zählte.

Sofern alt genug, hatten alle entweder eine Verfolgungs- (Untergrund, KZ, Flucht) oder eine Erfahrung erzwungener Migration hinter sich. Ihre zweite (Nachkriegs-)Generation war von der Vorgeschichte ihrer Eltern mitgeprägt.

Die zugewanderten *Juden europäisch-sowjetischer Herkunft* (Baltikum, Russland, Weißrussland, Ukraine, Moldawien) hatten ebenfalls überwiegend einen aschkenasischen und urbanen Hintergrund, Erfahrung im Leben unter (meist orthodoxen, teilweise auch katholischen) Christen, allerdings im Rahmen einer aufgezwungenen atheistisch-kommunistischen Kulturpolitik. In ihrer Vorgeschichte hatten sie unter dem traditionellen Antisemitismus der Mehrheitsbevölkerung und dem stärksten assimilatorischen Druck seitens der Sowjetbehörden gelitten und waren auch am stärksten von der nazistischen Ausrottungspolitik betroffen gewesen. Als Soldaten der Roten Armee im II. Weltkrieg hatten gerade sie besonders hohe Opfer erbracht. Traditionsgemäß neigte dieser Bevölkerungsanteil trotz allem bis heute zu einer gewissen Kommunismusnostalgie. Soweit diese Menschen Kinder (und Enkelkinder) haben, leben diese mehrheitlich in Israel oder nach wie vor in Russland. Sozioökonomisch handelte es sich um Anteile von 20% Akademikern, 30% Angestellten, 40% Pensionisten und 10% Hausfrauen.

Die Juden *kaukasisch- und zentralasiatisch-sowjetischer Herkunft* (Georgien, Tschetschenien, Dagestan, Aserbaidschan, Usbekistan, Tadschikistan) hatten zum Teil einen urbanen und zum Teil dörflichen Hintergrund, hatten (außer in Georgien) vor allem unter Muslimen gelebt und relativ wenig unter antisemitischem Druck gelebt. Aufgrund der Entfernung von den Machtzentren des Staates waren sie auch weitgehend von der sowjetischen Assimilationspolitik verschont geblieben und lebten in ihren alten Traditionen. Aufgrund des Kriegsverlaufs waren sie außerhalb des nazideutschen Besetzungsgebietes geblieben und wurden so von der Schoa verschont. Als Soldaten der Roten Armee im II. Weltkrieg hatten sie durchschnittlich hohe Verluste und waren nie kommunistisch ideologisiert worden. In den meisten Fällen sind die Familienmitglieder in Wien vereint. Ihr Lebensstil ist traditionalistisch, mehr bei den „Bucharen" aus Zentralasien und bei den Georgiern, als bei den „Gorski" aus dem Kaukasus.

Sozioökonomie der georgischen Juden: 5% Akademiker, 20% Angestellte, 40% Kaufleute, 15% Pensionisten, 20% Hausfrauen.

Sozioökonomie der bucharischen Juden: 5% Akademiker, 25% Handwerker, 45% Kaufleute, 25% Hausfrauen.

Sozioökonomie der kaukasischen (Gorski) Juden: 25% Angestellte, 60% Kaufleute, 10% Pensionisten, 5% Hausfrauen.

Die Soziodemographie der Wiener Jüdischen Gemeinde Mitte der 1980er Jahre

	„Aschkenasische", europäische Juden		„Sephardische" Juden		
N=	~ 5000		~ 3000		
	Wiener Juden	„Russische Juden"	Georgische Juden („Grusinim")	Kaukasische Juden („Kavkasim", Gorski")	Juden aus Tadschikistan, Usbekistan („Bucharim")
N=	~ 4700	~ 300	~ 900	~ 300	~ 1800
Altersstruktur:	50% > 55a	60% > 55a	20% > 55a		
	25% > 40a	30% > 40a	30% > 40a		
	25% < 40a	10% < 40a	50% < 40a		

Tabelle 1: Die demographische Struktur der Wiener jüdischen Gemeinde Mitte der 1980er Jahre

Wie in Tabelle 1 dargestellt, hatten die Juden aus der europäischen UdSSR das höchste Durchschnittsalter und den geringsten Jugendanteil. Juden aus Mittel- und Osteuropa beziehungsweise die in Wien ansässige jüdische Bevölkerung zeigen den selben demographischen Aufbau, wie die österreichische Gesamtbevölkerung. Die oben erwähnte „Holocaust-Lücke" wird hier bis zu einem gewissen Grad durch den Kinderreichtum der religiösen Orthodoxie ausgeglichen. Die sephardischen Juden hingegen zeigen die selbe demographische Struktur wie die Türken in Österreich (cf. FRIEDMANN A., STOMPE TH. & BENDA N.) und stellen nun 1/3 der jüdischen Bevölkerung dar, haben aber 55% an Jugendanteil der Gemeinde hervorgebracht.

	„Aschkenasische", europäische Juden		„Sephardische" Juden		
N=	~ 5000		~ 3000		
	Wiener Juden	„Russische Juden"	Georgische Juden („Grusinim")	Kaukasische Juden („Kavkasim", Gorski")	Juden aus Tadschikistan, Usbekistan („Bucharim")
Religiosität	+ bis ++++	+	+++	+++	+++
Traditionalismus	++ bis ++++	+	++++	+++	++++
Umgebungskultur	Europäisch Urban Christlich	Russisch Urban Orthodox Kommunistisch	Georgisch Urban Orthodox	Kaukasisch z.T. urban, z.T. dörflich Muslimisch	Asiatisch z.T. urban, z.T. dörflich Muslimisch
Altersdurchschnitt	50,3	59,8	44,8	39,0	31,3
Durchschnittliche Familiengröße in Personen	3,8	3,2	7,2	5,1	10,3
Sprachen	Deutsch Englisch Sprache des Herkunftslandes	Russisch Jiddisch	Russisch Georgisch Hebräisch	Russisch Tschetschenisch z.T. Hebräisch	Russisch Bucharisch (Farsi) z.T. Hebräisch
Ausbildung Berufsniveau	20% Akademiker Kaufleute 20% 40% Angestellte 30% Pensionisten 10% Hausfrauen	20% Akademiker 0% Kaufleute 30% Angestellte 40% Pensionisten 10% Hausfrauen	5% Akademiker 20% Kaufleute 40% Angestellte 15% Pensionisten 20% Hausfrauen	0% Akademiker 60% Kaufleute 25% Angestellte 10% Pensionisten 5% Hausfrauen	5% Akademiker 45% Kaufleute 25% Handwerker 5% Pensionisten 25% Hausfrauen

Tabelle 2: Gesamtschau der verschiedenen Sub-Gruppen der Wiener jüdischen Gemeinde

Anzumerken ist, dass die Zuwanderung aus der UdSSR bis etwa 1990 weiter ging, dass es aber auch eine Ab- und Weiterwanderung gab, zum Teil in Richtung Israel und zum Teil in die USA. Ab 1990 blieb die Zahl an Zugewanderten bei etwa 3000 stabil.

Die in Tabelle 2 wiedergegebenen Daten zeigen, dass die Zuwanderung aus der Sowjetunion von Anbeginn an gleichermaßen als Bürde wie als Chance für die lokale jüdische Gemeinde anzusehen war: Eine Bürde, weil die Zuwanderer aufgrund ihrer unterschiedlichen Riten und Traditionen nicht in die bestehenden religiösen Einrichtungen integriert werden konnten, sondern eigene brauchte; weil sie die lokale Landessprache erst erlernen mussten und vorerst keinen Zugang zum Arbeitsmarkt hatten; weil ihre Grundbedürfnisse, wie Wohnung, Nahrung und medizinische Versorgung aus dem Sozialfonds der Gemeinde abgedeckt werden mussten und vieles andere mehr. Eine Chance, weil die Versorgung dieser Menschen zugleich auch zur Verbesserung und Auslastung der bestehenden Einrichtungen dienen konnte und weil die durch die Zuwanderer verjüngte Gemeindedemographie die Zukunft der Gesamtheit sichern helfen konnte.

Die weiteren Jahre, insbesondere ab 1981, sollten dann zeigen, dass diese Vorabeinschätzung richtig war und dass die tatsächlich gesetzten Maßnahmen für die Integration der Zuwanderer zur Wahrnehmung der Chancen geführt haben. Doch das geschah nicht sofort.

Die Reaktionen der Wiener Jüdischen Gemeinde auf die Zuwanderung aus der UdSSR

Die Ankunft der ersten Sowjetjuden in Wien stieß in den ersten 5 Jahren (1970-1975) auf eine Mauer von Indolenz, Unverständnis und Gleichgültigkeit, zuweilen auch von Feindseligkeit bei der lokalen Gemeinde: Die Zuwanderer waren kulturell fremd. Nach langem Kampf um eine Ausreisemöglichkeit nach Israel war ihr Hierbleiben nicht nachvollziehbar. Man fürchtete, dass ihre äußerliche Auffälligkeit zu antisemitischen Problemen führen würde. Also ignorierte man die Neuankömmlinge vorerst.

Etwa 1975/76 aber wurden die Probleme auch für die Gemeinde unübersehbar: Erste Fälle von Kriminalität unter jüngeren Zuwanderern traten auf, eine Tendenz zur Bandenbildung, sowie erste Fälle von Drogenmissbrauch und anderen psychischen Störungen. Eine Arbeitsgruppe jüngerer Psychiater, Psychologen und Philanthropen entstand, die vorerst ohne Unterstützung der Gemeinde mit Hilfsmaßnahmen für die Zugewanderten begann. Unter anderem wurde ein „Verband jüdischer Mediziner" gegründet, der dann kostenlose allgemeinmedizinische und psychiatrische Dienste anbieten konnte, die auch angenommen wurden. Auch fanden Kleidersammlungen, Geldspenden, Job- und Wohnraumvermittlungen statt.

Spätestens 1980 konnte die jüdische Gemeinde nun schon aus „innen-(d.h.: gemeinde-)politischen" Gründen die Probleme nicht mehr ignorieren und begann, die Arbeitsgruppe bzw. die Zuwanderer zu unterstützen.

Erste Maßnahmen bestanden in finanziellen Aushilfen, in der Organisation von Deutschkursen und eines Kindergartens, sowie in der Bereitstellung von Wohnraum. Dann wurden die Sozialbudgets um 220% erhöht. Die durch die Zuwanderung gewachsene Zahl von Kindern machte es möglich, eine lange schon gewünschte Schule zu gründen (1981). Die dort kostenlose Aufnahme von Zuwandererkindern führte zu einer ersten Annäherung zwischen der Gemeinde und den Zuwanderern. Diese wurden dann aktiv dazu eingeladen, eigene Vertreter zu wählen und in den Gemeindevorstand zu entsenden. 10 Jahre nach Zuwanderungsbeginn hatte die Gemeinde also ihre Verantwortung angenommen.

Sozialpsychiatrische Forschung

Ab 1975 haben der Autor dieses Artikels und D. Vyssoki begonnen, sich der psychischen Probleme und Krisen anzunehmen, die unter den Zuwanderern aufgetreten sind. Im Laufe der Zeit ergaben die ausgewerteten Daten einige interessante Ergebnisse, die an dieser Stelle wiedergegeben werden sollen (cf. FRIEDMANN A. & RIEDER N.; FRIEDMANN A. & VYSSOKI D., 1997):

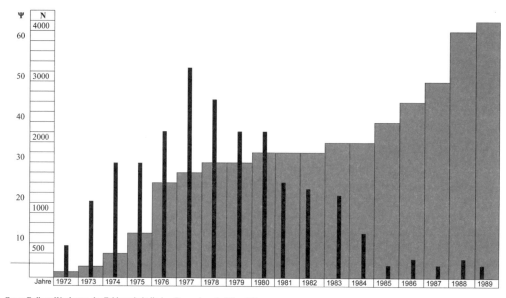

Graue Balken: Wachstum der Zahl sowjetjüdischer Zuwanderer in Wien (**N**)
Schwarze Balken: Zahl der Fälle von psychotischen Erkrankungen unter sowjetjüdischen Zuwanderern in Wien (**Ψ**)

Graphik 1: Zuwanderung und psychiatrische Neuerkrankungen

Die Zahlen zeigen recht eindrucksvoll, dass das Auftreten psychotischer Störungen unter den Zuwanderern nicht in erster Linie mit ihrer wachsenden Zahl zusammenhing, sondern eine Häufung im Zeitraum von wenigen Jahren nach der Zuwanderung bot und eine deutlich abnehmende Tendenz ab dem Zeitpunkt des Erreichens einer gewissen Populationsgröße.

Ein genauerer Blick auf die von solchen Störungen Betroffenen ließ ein weiteres Faktum deutlich werden:

Es zeigte sich also, dass die zugewanderten Sepharden aus Georgien, dem Kaukasusgebiet und aus Zentralasien nach ihrem Einlangen in Wien deutlich früher erkrankten (und rascher genesen sind), als die Aschkenasen aus dem Westen der UdSSR (die dann für ihre Restabilisierung länger brauchten). Es bot sich für diese Auffälligkeit folgende Erklärung an:

Die Sowjetjuden aus den nicht-europäischen Gebieten der UdSSR waren im Hinblick auf das Tempo ihrer soziokulturellen und ökonomischen Integration in Österreich ohne Illusion. Von Anbeginn an hatten sie die Tendenz, sich ein landsmannschaftliches „Schutzghetto" aufzubauen, in welchem sie „wenigstens zu Hause ein Heimatgefühl" haben konnten.

Im Gegensatz dazu meinten die Juden aus der europäischen Sowjetunion, eine Integration in Österreich sollte nicht allzu schwer sein, da auch sie sich als Europäer fühlten und über ihre jiddische *Lingua franca* schnell Deutsch lernen würden. Bis sich diese Vorstellungen als illusionär

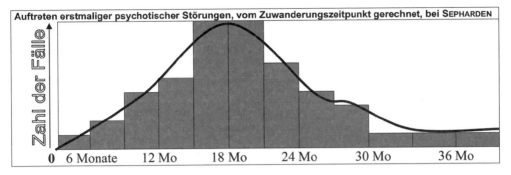

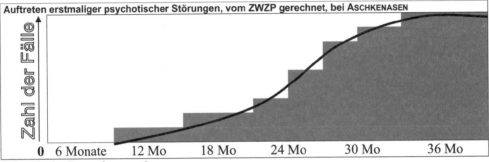

Zeitpunkt der Zuwanderung = 0

Graphik 2: Das Auftreten psychotischer Störungen bei Zuwanderern, ab dem Zeitpunkt ihrer Zuwanderung und nach Subgruppen dargestellt

herausstellten, waren sie optimistisch und neigten nicht dazu, sich zusammen zu schließen (cf. KOVRIGAR J.). Mit dem Illusionsverlust setzten erste psychische Erkrankungen ein und erst mehr als 10 Jahre später als die Sepharden begannen auch sie, miteinander einen Kultur- und Sozialverein zu bilden, wo sie ein Sozialleben entwickelten, das jenem in ihrer früheren Heimat glich.

Die hier geschilderten Beobachtungen wurden schließlich publiziert (FRIEDMANN A., HOFSTÄTTER M. & KNAPP I., 1993), jedoch schon 1981 wurden sie den Entscheidungen zugrunde gelegt, die die Wiener jüdische Gemeinde im Bezug auf die Integrationsmaßnahmen für die zugewanderten Juden aus der UdSSR getroffen hat.

Integrationsmaßnahmen in der Wiener jüdischen Gemeinde

Eine wesentliche psychologische und politische Grundlage aller Entscheidungen und Maßnahmen bestand in der Akzeptanz der soziokulturellen Verschiedenheit der Zuwanderer und in der Bereitschaft, diese Verschiedenheit nicht als Makel anzusehen. Mit der Erkenntnis, dass es letztlich darum gehen würde, bei der Integration Erfolg zu haben und dass dies dem Gemeinwohl ebenso der jüdischen Gemeinde, wie auch der Stadt Wien und Österreichs dienen würde, ergab es sich quasi von selbst, dass die „Autochthonen" (die mehrheitlich Jahrzehnte zuvor selbst Zuwanderer gewesen waren) den (neuen) „Zugewanderten" auf gleicher Augenhöhe begegneten und deren als negativ beurteilten Eigenheiten (Patriarchalismus, Gerontokratie, Machismus etc.) vorerst ignorierten.

Auf *gemeindepolitischer Ebene* führte diese Haltung zu einer Änderung des Gemeindestatuts und 1980 zur Erteilung des aktiven und passiven Wahlrecht in der Gemeinde.

Nach den Vorstellungen über die Schutzfunktion von Kommunikation innerhalb der Ent- und noch nicht Verwurzelten wurde die Tendenz zur Kongregation der Sepharden unterstützt und ihnen schon früh ein Vereinslokal zur Verfügung gestellt. (Später kamen auch die aschkenasischen Zuwanderer in den Genuss dieser Unterstützung).

Auf der *Bildungsebene* wurde das nun schon institutionelle Deutschkurssystem ausgeweitet. Alphabetisierungsmaßnahmen reduzierten die Zahl von Lese- und Schreibunkundigen von 8% auf Null. Die neugegründete jüdische Schule (12 Klassen mit Matura) wird mittlerweile von 85% der Zuwandererkinder und von 55% der „Autochthonen" besucht. Etwa 1986 wurde zusätzlich auch eine Hauptschule gegründet. In der Zwischenzeit haben die Zuwandererkinder annähernd so viele Universitätsabsolventen, wie die Autochthonen.

1998 wurde ein „Jüdisches Berufliches Bildungszentrum" (JBBZ), eröffnet, in der berufliche Aus- und Weiterbildung, sowie berufliche Umschulung angeboten werden. Derzeit haben annähernd 2000 Personen, darunter 89% Zuwanderer und deren Kinder, diese Schule absolviert. Dadurch konnte die Arbeitslosigkeit unter den Zuwanderern (die heute keine mehr sind) auf 5% gesenkt werden. In Anerkennung seiner Leistungen für den Aufbau dieses wirtschaftsorientierten Zentrums wurde sein ehrenamtlicher Direktor Dr. I. Knapp von der Republik mit der Verleihung des Berufstitels Professor geehrt.

Auf *religiöser und kultureller Ebene* errichtete die IKG 1981 ein eigenes sephardisches Zentrum mit je einer Synagoge nach dem georgischen und nach dem bucharischen Ritus und übergab sie den gewählten Zuwanderervertretern in Selbstverwaltung. Das Gehalt der dort tätigen Rabbiner wird von der IKG getragen (mittlerweile – 2006 – gibt es zwei weitere sephardische Synagogen). Auch die kleinere Gruppe der Kavkasen bekam eine eigene Betstube. Die Aschkenasen aus der westlichen Sowjetunion hingegen frequentieren die schon vorhandenen Bethäuser der Wiener Juden.

2000 eröffnete ein Gruppe von Zuwandererfrauen aus Eigenem eine private Musik- und Kunstakademie, in welcher Ausbildungen in Gesang, Musik und Kunsthandwerk angeboten werden und die in gleichem Maße von Aschkenasen wie von Sepharden in Anspruch genommen wird.

Die *psychosoziale Ebene:* Die im ersten Jahrzehnt partisanenhafte und nichtinstitutionelle psychosoziale Versorgung der Zuwanderer wurde nun in geregelte Bahnen gebracht: 1994 öffnete ESRA, ein mehrsprachiges multidisziplinäres Ambulatorium der Gemeinde, seine Pforten, wo nicht nur Kranke Therapie bekommen und Krisenbewältigung betrieben wird, sondern auch Sozial-, Rechts- und Erziehungsberatung. Diese Dienste wurden übrigens bald auch von den „Autochthonen" in Anspruch genommen.

Bilanz

Die Probleme, die gemeinhin als „zuwanderertypisch" gelten, konnten bei der sowjetjüdischen Immigration nach Wien gelöst werden:

– Es gibt praktisch keinen Zuwanderer dieser Provenienz mehr, der der deutschen Sprache nicht mächtig wäre.
– Die Bildungsbarriere konnte beseitigt werden, so dass die Zuwanderer Zugang zu allen höheren Bildungen haben. Die Zahl der Maturanten stieg von 15% auf 18%, die Zahl der Akademiker von 6 auf 18%.

- Die Arbeitsplatzprobleme konnten in hohem Maß beseitigt werden, die Arbeitslosenzahlen unterschreiten mit 5% sogar jene der österreichischen Gesamtbevölkerung.
- Das Berufsbildungzentrum konnte erreichen, dass die Zahl berufsqualifizierter junger Frauen mehr als vervierfacht werden konnte. Parallel dazu stieg das Heiratsalter an und kommt jenem der Autochthonen nahe.
- Die drohende Kriminalisierung und der Abstieg in die soziale Depravation konnten abgewendet werden. Die Zahl der Vorbestraften liegt unter 1%.
- Im Laufe der vergangenen 10 Jahre kam es –wenn auch in geringem, aber bedeutsamen Maß –zu „Mischehen" zwischen den diversen jüdischen Untergruppen. Angesichts des ursprünglich hohen Traditionalismus, der Diversität der Sitten und Gebräuche und der anfänglichen Vorurteile ist dieses Faktum bemerkenswert.
- Die Zahl von psychischen Neuerkrankungen, die in der ersten Dezennie nach Zuwanderung deutlich höher war als bei Ansässigen, hat sich auf dem lokal-durchschnittlichen Niveau stabilisiert.

Zusammenfassend kann gesagt werden:
- Es ist der beschriebenen Zuwandererpopulation gelungen,
- sich ökonomisch sehr gut zu integrieren,
- sich bildungsmäßig sehr gut zu integrieren,
- sich sprachlich gut zu integrieren,
- sich sozial zumindest innerhalb der jüdischen Gemeinde gut zu integrieren
- sich partizipatorisch sowohl auf Gemeinde-, wie auf gesamtösterreichischer Ebene gut zu integrieren
- sich kulturell recht gut zu integrieren, ohne das Eigene zu verlieren.

Zu verdanken ist diese Erfolgsgeschichte
- dem Engagement der lokalen Gemeinde, die anfangs *nolens* und dann *volens* Solidarität aufzubringen vermochte,
- der Professionalität zahlreicher Akteure,
- dem mitmenschlich-respektvollen Zugang,
- der wertungsfreien Akzeptanz von Verschiedenheit
- dem Angebot an medizinischer, psychischer, sozialarbeiterischer, legistischer, administrativer, kultureller und materieller Hilfe
- und der Zeit.

Literatur:

ADUNKA E. 2000. „Geschichte der Juden in Wien" (6 Bände, Band 6: „Die Vierte Gemeinde – die Wiener Juden in der Zeit von 1945 bis heute", Philo Verlagsges.

ADUNKA E., LAPPIN E. & LICHTBLAU A. 2004. „Die Wiener Juden in der Zeit von der Jahrhundertwende bis zur Vernichtung der Wiener jüdischen Gemeinde", Philo Verlagsges.

FRIEDMANN A., HOFSTÄTTER M. & KNAPP I. 1993. „Eine Neue Heimat? Jüdische Emigranten und Emigrantinnen aus der Sowjetunion", Verlag für Gesellschaftskritik, Wien.

FRIEDMANN A., STOMPE TH. & BENDA N. 1999. „Türken in Wien: Integration und Segregation aus psychiatrischer Sicht." [pp. 49-63] In: „Fremde Seelen ? ausländische Patienten in der psychiatrischen Versorgung" (Hg.: W. SCHÖNY, R. DANZINGER, H.-J. MÖLLER, CH. STUPPÄCK & H.G. ZAPOTOCZKY), edition Pro Mente, Linz

Friedmann A. & Rieder N. 1994. „Migration et Psychohygiène: Réflexions sur le choc culturel et l'intégration de migrants de culture étrangère" Annales Médico-Psychologiques, Vol.152/1, II/94.
Kovrigar J. 2002 „Einwanderung und individuelle Bewältigungsstrategien – Die Integration aschkenasischer Sowjetjuden in Wien", Diplomarbeit, Wien

Autor:
Ass.Prof. Dr. Alexander Friedmann, geb. am 12.09.1948, verstorben am 30.03.2008 in Wien.
Facharzt für Psychiatrie und Psychotherapie, Mitglied des Vorstands der Israelitischen Kultusgemeinde, Vorsitzender der Sozialkommission. Gründer der transkulturellen Ambulanz der AKH-Wien, Klinik für Psychiatrie und Psychotherapie.
Publikationen:
* Alexander Friedmann, Elvira Glück, David Vyssoki (Hrsg.): Überleben der Shoah – und danach. Spätfolgen der Verfolgung aus wissenschaftlicher Sicht. Picus-Verlag, Wien 1999.
* Alexander Friedmann, Peter Hofmann, Brigitte Lueger-Schuster, Maria Steinbauer, David Vyssoki (Hrsg.): Psychotrauma. Die Posttraumatische Belastungsstörung. Verlag Springer, Wien 2004.

Sinngebung bei Schizophrenie.
Ihr Konstruktionsprozess in spiritistischen Zentren in Brasilien

MARKUS WIENCKE

1. Einleitung

In der brasilianischen Großstadt Recife habe ich im Sommer 2004 in drei Zentren der synkretistischen Religionen Candomblé und Umbanda sowie des aus Frankreich kommenden Kardezismus untersucht, wie Schizophrenie konzeptualisiert und wie mit psychisch Kranken umgegangen wird (WIENCKE, 2007)[1]. Hier wurde deutlich, wie ein wechselseitig abhängiges Selbstkonzept, in dem die Grenzen zwischen Innen und Außen fließend sind und Identität[2] sich immer wieder verändert, die Voraussetzung für Akzeptanz und Integration der ungewöhnlichen Erfahrungen, die mit Schizophrenie verbunden sind, schaffen kann. Das zeigt sich bei den Candomblé-Festen, die mehrmals im Monat in dem hauptsächlich betrachteten Tempel stattfinden. Hier stehen Tanzen und *manifestadas* (Manifestationen) der *orixás* (Naturgötter), *exus*, *pomba giras* (Götterboten) und *erês* (Kindergeister) im Vordergrund. Neben den teilnehmenden Medien, die im Saal tanzen, gibt es auch immer eine Menge an Zuschauer auf den oberen Fluren, die klatschend und tanzend am Fest teilhaben. Insofern haben die Feste auch einen therapeutischen Effekt für andere Personen. Das Oberhaupt des Tempels eröffnet die Veranstaltungen mit dem Vaterunser, das alle Anwesenden mitbeten. Anschließend küssen alle Medien seine Hand und der *pai-de-santo* („heilige Vater") küsst die ihre. Bei der ersten Feier, an der ich teilnehme, sind eine menschengroße *exu*- und eine *pomba gira*-Figur am Eingang des Saales aufgestellt, vor denen ca. 120 Medien tanzen und Umbanda- und Candomblé-Lieder singen. Unterstützt werden sie dabei von mehreren Trommlern und Sängern. Oben auf den Fluren stehen vielleicht noch weitere 70 Personen, die oft mitsingen, klatschen oder tanzen. Im Laufe der nächsten Stunden manifestieren sich *exu* und *pomba gira* in immer mehr Medien, teilweise auch oben auf den Fluren. Direkt neben mir inkorporiert eine junge Frau. Ihre Verwandten räumen die Stühle um den sich wild drehenden Körper weg. Als sie auf mich fällt, halte ich sie fest, um ihren Kopf vor der Wand zu schützen. Die anderen Medien haben einen unterschiedlich hohen Grad an Kontrolle über die *manifestadas*.

---

1. Dieser Artikel ist eine zusammengefasste und leicht überarbeitete Version von Material, das vorher in einem Buch veröffentlicht wurde. Ich danke dem IKO-Verlag für Interkulturelle Kommunikation (Frankfurt am Main/London), dass ich Ausschnitte aus meinem 2007 in der zweiten Auflage publizierten Buch „Wahnsinn als Besessenheit. Der Umgang mit psychisch Kranken in spiritistischen Zentren in Brasilien" hier verwenden darf.

2. Das gesamte Set an Identitäten, das ein Mensch zu einem bestimmten Zeitpunkt besitzt, ist sein Selbst (STRYKER 1987).

Oft gehen diese mit starken Zuckungen des Körpers einher. Um Missverständnissen vorzubeugen, möchte ich an dieser Stelle schon vorwegnehmen, dass die entwickelten, in die Zentren integrierten Medien nicht psychisch krank sind und keine Schizophrenie haben. Sie sind gesunde Menschen, die effizient im Alltagsleben agieren.

2. Theoretisches Erkenntnisinteresse

Die Mainstream-Psychologie und Psychiatrie begreifen sich als ahistorisch und versuchen, ihre Konzepte über psychische Krankheiten[23] universal zu etablieren. In der klinischen Forschung und Praxis sind die gebräuchlichen Klassifikationssysteme psychischer Störungen die *International Classification of Diseases and Causes of Death* (ICD) der World Health Organization (WHO) und das *Diagnostic and Statistical Manual of Mental Disorders* (DSM) der American Psychiatric Association (APA). Krankheiten und Krankheitsbilder werden durch die Grenzziehung zwischen verschiedenen Symptomen konstruiert und durch Forschung bestätigt oder revidiert. Einzelne Diagnosen, Klassifikationen und Krankheiten entstehen als ontologische Kategorien, indem durch Differentialdiagnose zwischen verschiedenen Krankheiten genau getrennt wird (BERGSCHMIDT 2000: 11; WELTGESUNDHEITSORGANISATION 1993; AMERICAN PSYCHIATRIC ORGANIZATION 1998). Das DSM-IV und die ICD-10 setzen voraus, dass psychische Krankheiten natürliche Phänomene sind, die sich durch objektive Beobachtung verifizieren lassen. Doch Kritiker aus der Medizinsoziologie und Gemeindepsychiatrie zeigen, dass sie kulturelle und soziale Vereinbarungen sind, genauso wie ihr Verlauf nicht von dem sozialen und kulturellen Kontext getrennt werden kann (KLEINMAN 1988, 1996; ANGERMEYER & ZAUMSEIL 1997). Denn die psychiatrischen Konzepte über psychische Krankheiten sind in soziale Systeme eingebettet. Sie entstehen in einem Interaktionsprozess von biologischen Faktoren mit symbolischen Bedeutungen. Insofern ist die psychiatrische Diagnose eine Interpretation, eine semiotische Handlung, in der die Symptome des Patienten reinterpretiert werden als Zeichen bestimmter Krankheitszustände. Eine konsequente kulturvergleichende Forschung zeigt, dass in unterschiedlichen Kulturen auch unterschiedliche Systeme von Abweichung und sozialer Kontrolle dieser Abweichung existieren. Damit hängt zusammen, dass die Klassifizierung „kranken" Verhaltens ebenfalls stark durch die jeweilige Kultur geprägt ist. Eigene kulturelle Kategorien dürfen nicht einfach auf andere Kulturen übertragen werden (VGL. LEWIS-FERNÁNDEZ & KLEINMAN 1994). Dabei beziehe ich mich auf GEERTZ' (1999: 9, 25) semiotischen Kulturbegriff. Die Menschen sind für ihn in selbstgesponnene Bedeutungsgewebe verstrickt, und Kultur ist dieses Gewebe. Insofern ist Kultur etwas Öffentliches, da Bedeutung etwas Öffentliches ist. Die Menschen richten ihr Handeln nach dem Bedeutungsgewebe aus. Der Ablauf des sozialen Handelns bietet andererseits den Rahmen, in dem kulturelle Formen ihren Ausdruck finden.

2.1 Schizophrenie

Besonders deutlich zeigt sich die Problematik, die mit der Vernachlässigung der Kultur verbunden ist, bei der Schizophrenie (ADERHOLD & BOCK 2000; ZAUMSEIL 1997). Der Wahnsinn, den es in Westeuropa immer gab, wurde vor etwa 100 Jahren zur Schizophrenie mit spezifischen

---

3.   Die Begriffe „Geisteskrankheit", „psychische Krankheit" und „psychische Störung" (im Sinne von ICD-10 und DSM-IV) werden in dieser Arbeit synonym verwendet.

Bewertungen und Bedeutungen. Wenn jemand als „schizophren" identifiziert ist, wirken diese Bewertungen und Bedeutungen auf ihn zurück. Schizophrenie kann als Krankheit der in der Moderne entstandenen Subjektivität gelten und ist zutiefst mit den Bedeutungen verknüpft, die heute Subjektivität ausmachen. Die biologischen Wurzeln des Modells der Schizophrenie verbinden den Wahnsinn jedoch mit der Natur des Menschen. Dabei werden im westlichen Wissenschaftsverständnis Natur und Kultur meist als Gegensätze gesehen, und der Körper wird als zur Natur gehörig gesehen. Fatalerweise ist in dem Konzept der Schizophrenie die Vorstellung von Chronizität mit lebenslangem Defekt, progessiver Verschlechterung und schwerer Behinderung enthalten. In diesem Zusammenhang kam es zu stigmatisierenden Praktiken im Umgang mit psychisch Kranken, die sich in den Psychiatrien materialisieren und in kulturspezifische Vorstellungen über Geisteskranke eingelassen sind (ZAUMSEIL 2006: 333-334).

So spielen im Behandlungskonzept Psychopharmaka die entscheidende Rolle. Die Beziehung zu ihrem Arzt wird von Psychoseerfahrenen oft als patriarchalisch erlebt. Krankheitseinsicht und Compliance werden pathologisch definiert. Insofern wird weiter gehender Psychotherapie von vornherein die Grundlage entzogen. Denn das eigene Verständnis der Erkrankung wird bestenfalls für die Belehrung im Rahmen der Psychoedukation benutzt. Hinter den unkooperativen Behandlungsstrukturen steht ein unzureichendes Menschenbild, das mit dem Erleben der Patienten und ihrer Angehörigen zu wenig kompatibel ist. Denn wenn Schizophrenie nur als Stoffwechselerkrankung wahrgenommen wird, die sich mit bestimmten Medikamenten behandeln lässt, werden viele Erfahrungen der Betroffenen einfach ignoriert. Veränderungen im Hirnstoffwechsel sind Teil einer komplizierten Wechselwirkung von psychischem Erleben, angeborener oder früh erworbener Vulnerabilität und somatischer Eigendynamik und bewirken eben nicht ursächlich schizophrene oder affektive Psychosen. Ein weiteres Problem ist, dass Medikation oft zum Symbol für eine Krankenidentität wird, welche die ganze Person durchdringt und zu einem „Schizophrenen" werden lässt. Sie ist ein wesentlicher Teil eines Prozesses, in dessen Verlauf die Patienten die Identität eines „Schizophrenen" annehmen. Der Verlust einer krankheitsunabhängigen Ich-Identität ist hierbei der Kern der Chronifizierung. Insofern könnte die im Allgemeinen positiv verstandene „Krankheitseinsicht", die „Erziehung zum schizophrenen Patienten", ein schädlicher professioneller Beitrag zur Chronifizierung sein (vgl. ADERHOLD & BOCK 2000). Die Chronifizierung ist ein Teil verschiedener Arrangements mit der Umgebung und sich selbst und hochgradig abhängig von der spezifischen Kultur.[4] In diesem Sinne sind Chronizität und Identität bei Personen mit der Diagnose „Schizophrenie" eng miteinander verknüpft (ZAUMSEIL 1997: 156; vgl. ZAUMSEIL 2006; KLEINMAN 1988; CHARLIN 1996; HARDING 1987).

3. Die Untersuchung

Mit bestimmten Vorstellungen und Praktiken wird also eine kulturell spezifische Wirklichkeit im Umgang mit psychischem Kranksein geschaffen, die für psychisch Kranke sehr folgenreich ist (ZAUMSEIL 2006). Im Sinne des sozialen Konstruktionismus führen unterschiedliche Erzählungen über Ursachen, Aufrechterhaltung und soziale Konsequenzen von Problemen auch zu verschiedenen Erzählungen über notwendige und hilfreiche Umgangsweisen und Reaktionen. Daraus ent-

---

4.   ESTROFF (1994) sieht Chronizität konstruiert durch: "the temporal persistence of self-and-other-perceived dysfunction; continual contact with powerful others who diagnose and treat; gradual but forceful redefinition of identity by kin and close associates who observe, are affected by, or share debility; and accompanying loss of roles and identities that are other than illness-related." (259)

stehen ebenfalls unterschiedliche Erzählungen über erstrebenswerte Resultate, über Heilung und Erfolg (GERGEN 1985, 1996). Untersuchungen in anderen Kulturen schärfen auch das Bewusstsein für das eigene kulturelle und soziale Eingebettetsein und können positive Impulse für die transkulturelle Psychiatrie sowie gemeindepsychiatrische und -psychologische Ansätze geben. Deswegen fuhr ich nach Brasilien, um die emische Konzeption von Wahnsinn zu untersuchen. Die Datenerhebung führte ich unter Berücksichtigung der *Grounded Theory* mit teilnehmender Beobachtung sowie ethnographischen und problemzentrierten Interviews durch (SPRADLEY 1979, 1980; WITZEL 1982, 1989). Im Rahmen der *Grounded Theory* wurde aus den Daten heraus eine Theorie entwickelt, die Konzeption und Umgang mit psychischer Krankheit in spiritistischen Zentren der Religionen Candomblé, Umbanda und Kardezismus erklärt (STRAUSS & CORBIN 1996). Ich untersuchte in Recife – einer Hafenstadt mit ca. 1,5 Mio. Einwohnern im Nordosten Brasiliens – in drei Zentren dieser spiritistischen Glaubensgemeinschaften vier Fragen: Wie wird „Geisteskrankheit" konzeptualisiert? Wie werden ihre Auffälligkeiten und Ursachen erklärt? Wie wird mit „Geisteskrankheit" bzw. den „Geisteskranken" umgegangen? Welche Rolle spielt die Sinngebung? Insgesamt führte ich 17 Interviews mit 21 verschiedenen Personen zwischen 13 und 72 Jahren durch, 10 waren weiblich, 11 männlich. Die Personen waren unterschiedlicher sozialer Herkunft und kamen alle aus Recife bzw. seinen Vororten.

Ich stelle hier nur Candomblé und Umbanda vor, die in meinem wichtigsten Untersuchungsort gemeinsam praktiziert werden.[5]

3.1 Candomblé

Unter allen brasilianischen spiritistischen Bewegungen ähnelt Candomblé am meisten den ursprünglichen Religionen Westafrikas. Der Name *Candomblé* stammt vermutlich von dem Wort *candombe*, einem Gemeinschaftstanz, der von den Sklaven auf Kaffeeplantagen aufgeführt wurde. Candomblé lässt sich am besten innerhalb des Kontextes von Kolonialismus und Sklavenhandel verstehen. Die afrikanischen Sklaven wurden ab etwa 1550 nach Brasilien gebracht, um auf Plantagen im Nordosten der portugiesischen Kolonie zu arbeiten. Es wurden schätzungsweise über vier Millionen Sklaven von der Westküste Afrikas nach Brasilien geholt. Nach ihrer Ankunft wurden die Bräuche und Sprachen der Sklaven verboten. Sie wurden als Christen getauft und gezwungen, an katholischen Gottesdiensten teilzunehmen. Sie durften ihre eigenen religiösen Treffen abhalten, solange diese christlicher Natur waren, was durch Bilder von Jesus, Maria und katholischen Heiligen auf den Altären bewiesen wurde. Auf diese Weise haben die Sklaven ihren *orixás* (Naturgöttern) die „weißen Masken" der christlichen Heiligen gegeben. Eine geordnete Beziehung zu den Kräften der Natur, personifiziert durch die *orixás*, war essentiell für das Wohlergehen der Individuen und der ganzen Gemeinschaft. Die Afrikaner wussten, dass Krankheiten natürliche Ursachen haben, aber sie glaubten, dass diese Ursachen durch gestörte Beziehungen zwischen den Menschen und ihrer sozialen und natürlichen Umgebung entstünden (KRIPPNER 2000: 67-69).

---

5.   Kardezismus (brasilianisch: *Kardecismo*) ist eine Variante des Spiritismus, die von Allan Kardec in Frankreich Mitte des 19. Jahrhunderts gegründet wurde und anschließend in Brasilien eine große Bedeutung erlangte.

3.2 Umbanda

Die Religion der Umbanda entwickelte sich um 1904, wurde aber erst mit einer Mitgliederversammlung im Jahre 1941 eine geschlossene Bewegung. Sie legt ein stärkeres Gewicht auf Brasiliens christliches Erbe als auf die afrikanischen *orixás*. Umbanda ist trotz ihrer animistischen Naturverehrung ein urbanes Phänomen. Sie ist in Rio de Janeiro und São Paulo zwar aus den verschiedenen Formen des Candomblé entstanden, hat sich jedoch durch einen synkretistischen Prozess mit den Elementen anderer europäischer und indigener Glaubensrichtungen zu einer eigenständigen Religion entwickelt. Neben dem Kardezismus und der Heiligenverehrung und den Moralvorstellungen des Volkskatholizismus sind sogar Ideen und Zeichen der jüdischen Kabbala sowie orientalische Elemente in Form des Geistes einer Zigeunerin (*cigana*) eingeflossen. Auch heute werden neue „Angebote des esoterischen Marktes" (SCHARF DA SILVA 2004: 56) integriert (KRIPPNER 2000).

3.3 Der Candomblé- und Umbanda-Tempel

Mein wichtigster Untersuchungsort existiert seit etwa dreißig Jahren. Der *Candomblé-* und *Umbanda-terreiro* (Tempel) liegt in einem ärmeren Viertel Recifes. Die Behandlungen sind kostenlos, Spenden sind willkommen. Es arbeiten hier mehrere hundert Medien, insgesamt gehören mehrere tausend Personen zum Besucherkreis des Tempels.

Candomblé besteht einerseits aus einer strikten Hierarchie und Autorität und andererseits aus individuellen Interessen (VGL. SJØRSLEV 1999). Da insofern das Oberhaupt eines *terreiro* (Tempel) die Schlüsselfigur ist, die dem Ort seine individuelle Charakteristik gibt und deren Autorität kaum angezweifelt werden kann, möchte ich die Biographie des *pai-de-santo* („heiligen Vaters") des beschriebenen Tempels kurz schildern. Der *pai-de-santo* (Jahrgang 1932) ist ein ehemaliger leitender Bankangestellter. Als er um die vierzig war, fing er an, Geister und *orixás* (Naturgötter) zu hören, zu sehen und zu inkorporieren. So zerriss er auf einer Abendveranstaltung mit Bankdirektoren im Stadttheater während seiner Rede mit wilden Armbewegungen Sakko und Hemd. Diese spontane Manifestation galt als öffentlicher Skandal. Er fühlte sich unwohl mit diesen Phänomenen und versuchte, sie zu bekämpfen. Insbesondere, als ihm die Wesen erzählten, dass er ein Heiler werden solle. Aber die Geister machten eine Reihe von schrecklichen Vorhersagen, die sich alle bewahrheiteten. Daraufhin fing der *pai-de-santo* mit der Praxis des Handauflegens an. Seine Freunde und Klienten behaupteten, sie würden eine positive Energie verspüren, und viele berichteten auch von einer Verbesserung ihrer physischen Befindlichkeit. So vollzog sich die soziale Rekonstruktion des Bankangestellten zu einem „heiligen Vater".

3.4 Sinngebung bei Schizophrenie

Ich habe die folgende Theorie konstruiert: Wirft man aus der Sicht der spiritistischen Zentren einen Blick auf die Psychiatrie, so befinden sich dort viele Menschen als Patienten, die nicht psychisch krank sind, sondern spirituelle Probleme haben. Insofern wird das Phänomen „Geisteskrankheit" in zwei Kategorien unterteilt. Erstens in die bedeutend kleinere Gruppe jener Personen, die im psychiatrischen Sinne geisteskrank sind. Diese Menschen, bei denen Vererbung oder körperliche Ursachen zu ihrer Erkrankung geführt haben, können auch nicht in einem spiritistischen Zentrum behandelt werden. Die zweite, größere Gruppe bilden jedoch Personen, die zwar in der Psychiatrie als psychisch krank angesehen werden, im spiritistischen Kontext jedoch spirituelle Probleme haben. Aus dieser Sicht können sie nur in spiritistischen Zentren effizient behandelt werden. Und hier setzt nun die entwickelte Theorie an.

Wenn Menschen mit psychischen Krankheiten, beispielsweise einer Psychose, in einen *terreiro* wie den des *pai-de-santo* kommen, wird ihrer Krankheit eine neue Bedeutung gegeben. Im Sinne des sozialen Konstruktionismus wird ihre Krankheit neu konstruiert.[6] Während sie in der Psychiatrie als Individuen gesehen werden, in deren Innerem ein biologischer Krankheitsprozess abläuft, der massiven Einfluss auf ihre Persönlichkeit nimmt, bekommen sie im *terreiro* die Diagnose „spirituelle Probleme". Damit wird große Last von den „Kranken" genommen. Denn die Krankheitsursachen – und z.T. auch die Krankheit selbst – werden externalisiert. Außerdem bekommen diese Personen Unterstützung durch die Gruppe und werden integriert. Auch wenn die psychotischen Erfahrungen weiterhin bestehen bleiben sollten, lassen sie sich in das spiritistische Welt- und Selbstbild eingliedern und erhalten entsprechend Akzeptanz. Und die Betroffenen selbst können diesen Erfahrungen eine neue Bedeutung im Sinne der spiritistischen Religionen geben, was ihnen hilft, bedeutend besser mit ihnen umzugehen – zumal solche Erfahrungen hier nicht außergewöhnlich sind. Insofern hat die Integration der zunächst psychisch Kranken in das Tempelleben eine wichtige Funktion für ihr Zurechtkommen mit diesen Erfahrungen.

In dem Tempel werden also keine Krankheiten behandelt, sondern „spirituelle Probleme". Diese Kategorie lässt sich weiter unterteilen in Besessenheit (*obsessáo*) und mediale Fähigkeiten (*manifestadas*). Menschen, die sich durch negative Gedanken in einem geschwächten Zustand befinden, sind besonders durch *obsessáo* bedroht. Und während der *obsessaó* verstärken sich die negativen Gedanken immer mehr. Insbesondere Kommunikations- und Beziehungsstörungen innerhalb der Familie machen eine Person anfällig für die Inbesitznahme durch Geister. Deswegen schützen sich wissende Menschen vor den schädigenden Geistern durch regelmäßige Gebete, Handlungen aus Nächstenliebe und den Versuch, positiv zu denken. Die Besessenen (*obsediados*) verhalten sich der Besessenheit entsprechend, abhängig von ihrem körperlichen und seelischen Zustand, dem besitzenden Geist und ihrem Umfeld. Geister von Friedhöfen bewirken, dass die Opfer sich sehr „kalt" fühlen (also lethargisch, depressiv), Geister von Straßen hingegen, dass sie sich sehr „heiß" fühlen (manisch, nervös). *Obsessáo* kann sich in den verschiedensten Symptomen äußern. Es ist ein Zustand, in den jeder – selbst weit entwickelte Medien – geraten kann. So können Menschen bei stärkerer Besessenheit zum Beispiel sehr aggressiv werden, suizidale Tendenzen zeigen, niedergeschlagen und traurig sein, übermäßig Alkohol konsumieren, starke Kopfschmerzen, Schwindelzustände, Schlafstörungen und Weinkrämpfe haben, nervös oder verzweifelt sein oder sich isoliert fühlen. Eine Person, die nicht besessen ist, ist in Abgrenzung hierzu glücklich und schläft gut.

Es gibt verschiedene Ursachen für Besessenheit:

Der böse Blick (mau-olhado)

Mau-olhado ist wahrscheinlich die häufigste Ursache für Krankheiten und Unfälle der verschiedensten Art. *Mau-olhado* ist ein schlechter Gedanke, der einem gesteigerten Neid für die materiellen Güter anderer entspringt. Teilweise unabsichtlich, oft ohne bewusste Wahrnehmung, überträgt der Täter negative Energie direkt auf die Personen seiner Gier.

---

6.   Vgl. dazu auch die Untersuchungen von Caroso *et al.* 1997 in Bahia, Brasilien.

Schwarze Magie (catimbó)

Einigen *pais-de-santo* oder *mães-de-santo* wird nachgesagt, für Geld oder aus persönlichen Gründen verschiedene magische Praktiken durchzuführen, um einem Opfer Schaden zu zufügen. Dazu führen sie ein Ritual durch, bei dem Tiere – meistens Hühner – rituell geschlachtet werden.

Exus und pomba giras, die männlichen und weiblichen Götterboten

Ein *exu* bzw. eine *pomba gira* kann in den Körper eines Menschen eindringen und dessen Funktionsfähigkeit einschränken. Sie können dies aus eigenem Antrieb tun, weil der Mensch ein erforderliches Opfer (*ebó*) nicht erbracht hat oder weil sie aufgrund von Schwarzer Magie (*catimbó*) geschickt wurden.

Totengeister (egums)

Wenn ein Mensch ungeschützt ist, kann ein *egum* von ihm Besitz ergreifen. *Egums* waren in der Regel zu Lebzeiten schlechte Menschen und schaden ihrem Opfer aus Böswilligkeit. Sie saugen diesem das Blut aus oder versuchen, sich in seinem Körper zu inkarnieren. Es kommt allerdings auch vor, dass sie jemandem aus Liebe folgen und trotz der guten Absicht einer Person schaden. Meistens befallen sie nicht nur eine einzelne Person, sondern die ganze Familie.

Vorige Leben (vidas passadas)

Menschen können „offene Rechnungen" aus vorigen Leben mitbringen, die sie im gegenwärtigen Leben krank machen.

Viele Menschen, die zu dem *pai-de-santo* in den Tempel kommen, sind Medien, die erst lernen müssen, mit ihren Fähigkeiten umzugehen. Sie werden manchmal von ihren *orixás* (Naturgöttern) – wie der *pai-de-santo* – zu ihrer Arbeit gerufen. Gewöhnlich sind sie dadurch sehr verwirrt und wehren sich dagegen. Die Krise, die zur Initiation führt, kann u.a. die Symptome Stimmenhören, Geistersehen, extreme Unruhe, Aggression, große Traurigkeit, Verzweiflung, Isolation, sozialen Rückzug oder Verwirrung umfassen.

Die Fähigkeiten der Medien sind unterschiedlich ausgeprägt. Einige hören die Geister besser, einige sehen sie eher und in noch anderen manifestieren sie sich leichter. Medien können neben den hilfreichen Geistern auch die schlechten inkorporieren, die von Menschen mit einer *obsessáo* Besitz ergriffen haben. Der große Unterschied ist jedoch, dass Medien darauf vorbereitet sind und deswegen die Kontrolle über die *manifestadas* behalten. Während bei der *obsessáo* der Geist den Menschen beherrscht, beherrschen die Medien den Geist, indem sie ihn belehren.

Die drei Konzepte *obsessáo*, *manifestada* und *spirituelle Probleme* sind die abstraktesten explizit von den Interviewpartnern genannten Kategorien. *Obsessáo* und *manifestada* gehören sehr eng zusammen. Ich habe sie in der von mir aus den Interviewdaten heraus konstruierten Schlüsselkategorie „relationales abhängiges Selbst" zusammengefasst. Das Erleben eines Menschen ist in diesem Sinne der Außenwelt gegenüber offen und definiert sich über die Beziehungen zur Geister- und sozialen Welt. Damit habe ich schon den Kern der Theorie, die Verbindung zwischen den beiden Kategorien „Medium" und „Besessenheit", angesprochen. Sie sind nicht klar unterschieden; multiple Rollenzuschreibungen einer Person sind in diesem System möglich. Da jeder besessen werden kann, können sogar weit entwickelte Medien, welche die besessenen Personen behandeln, selbst von Geistern in Besitz genommen und damit zum Klienten werden. Andererseits können die Besessenen unter Umständen selbst Medien werden. Und beide Gruppen können potentiell auch geisteskrank werden. Diese Unschärfe findet sich auch in anderen Bereichen. Es ist nicht klar zu bestimmen, ob sich die Geister außerhalb oder innerhalb eines Menschen befinden. Die Medien inkorporieren im *desobsessáo*-Ritual („Exorzismus-Ritual") dieselben Geister,

Konzeption von Geisteskrankheit

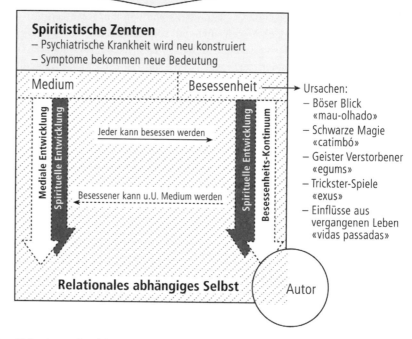

Abbildung 1

unter denen der besessene Klient leidet. Gleichzeitig bleiben sie jedoch auch im Klienten. Die besessene Person ist einerseits ein Gefangener der Geister, die sie in Besitz genommen haben, andererseits aber werden die Geister von den Medien ebenfalls gefangen genommen.[7]

7. Ich bin den Transkriptionsregeln von DREW (1995: 78) gefolgt: Überlappende Rede: Der genaue Punkt, an dem jemand anfängt zu sprechen, während der andere noch spricht, oder an dem beide gleichzeitig anfangen zu sprechen, was zu überlappender Rede führt, ist gekennzeichnet durch: {. Pausen: Pausen zwischen den Worten eines Sprechers oder zwischen Sprechern sind in Sekunden dargestellt: (0.2).

D: Ah::: he says that the spirit is <u>loosed</u>, <u>chained</u> o.k?. So in a tie (2). You know to TIE. To tie is this. *Tied, chained*, (1) with the chains. <u>Prison</u>, äh::: (2) in prison. How do you say? Is PRISONER. There is only this <u>prisoner</u> in a <u>chain</u> really <u>tied</u>.[8]

Sowohl die Medien als auch ihre besessenen Klienten entwickeln sich im Zentrum spirituell weiter. Auch ein Blick auf die möglichen Ursachen für Besessenheit macht deutlich, dass Innen- und Außenwelt sich nicht voneinander trennen lassen und dass der Mensch sich im permanenten Austausch mit der spirituellen und sozialen Welt befindet. Deswegen halte ich das Konzept des „relationalen abhängigen Selbst" für eine sinnvolle Schlüsselkategorie. Hier möchte ich kurz auf meine Rolle eingehen: Ich selbst war nicht direkt ein Teil des untersuchten Systems, andererseits aber auch nicht strikt von ihm getrennt. Im Rahmen meiner Forschung kam ich mit den spiritistischen Zentren in Kontakt und im Laufe des Forschungsprozesses begab ich mich selbst ein Stück weit hinein und wurde gleichzeitig hereingeholt. Die Unschärfe, die fließenden Grenzen, die als zentrales Element den Forschungsgegenstand charakterisieren, finden sich auch in meiner Beziehung zu ihm wieder. Die folgende Grafik stellt die Zusammenhänge der Kategorien vereinfacht und idealisiert dar (siehe Abbildung 1).

Das Konzept des „relationalen abhängigen Selbst" lässt sich weiter differenzieren. Der einzelne Mensch ist Teil eines umfassenden Beziehungsgeflechts, das die Geisterwelt, die soziale Welt, die Vergangenheit mit vorherigen Leben sowie die Zukunft umfasst. Zwischen dem Mensch und diesem Geflecht findet ein intensiver Austausch statt. Es ist nicht exakt feststellbar, wo ein Teil aufhört und der andere anfängt. Ist die Kommunikation mit den spirituellen Kräften bzw. anderen Menschen gestört, so kann dies zu spirituellen Problemen führen. Oder, in der Sprache der westlichen Psychiatrie, zu psychischer Krankheit. Nicht der Mensch steht im Mittelpunkt, sondern die Beziehungen. Das zeigt sich u.a. auch darin, dass der Ort, an dem sich ein leidender Mensch befindet, eine große Wirkung auf seinen Zustand haben kann. Eine endgültige Heilung ist nicht möglich.

D: He says that if the person goes to a place that is <u>positive</u> it is again <u>healed</u>. But if he goes to a <u>negative</u> place it is also, <u>everything</u> is a <u>problem</u> again.

I: Like <u>this</u> temple is a <u>positive</u> place?

D: Yes.[9]

(Siehe Abbildung 2)

Der Umgang mit den Menschen, die mit spirituellen Problemen in die Zentren kommen, lässt sich in mehrere Kategorien einteilen. Die Menschen, die neu in das Zentrum kommen, befinden sich in einem Schwellenzustand. Hier lernen sie, im Sinne WITTGENSTEINS (1984), neue Sprachspiele zu spielen. Das zeigt sich besonders deutlich im Heilungsprozess, der nächsten wichtigen Kategorie. Menschen, die mit – im psychiatrischen Sinne – psychischen Leiden in die Zentren kommen, geben ihrer Krankheit durch die Diagnosen „Manifestation" (*manifestada*) bzw. „Beses-

---

Ausgedehnte Laute: Die ausgedehnten Laute sind durch Doppelpunkte dargestellt, in Proportion zu der Länge der Ausdehnung: z.B. „Ah:::". Betonung: Laut-Betonung ist durch Unterstreichung markiert. Abbruch eines Wortes: Ein Bindestrich markiert den Abbruch eines Wortes. Lautes Sprechen: durch große Buchstaben gekennzeichnet. Unsichere Transkription: Runde Klammern kennzeichnen unsichere Transkriptionen. Drei Punkte in den Klammern geben an, dass ein Wort bzw. mehrere Wörter nicht verstanden wurde(n). Die Abkürzungen in den unteren Zitaten bedeuten: I: Interviewer; IP: Interviewpartner; D: Dolmetscher.

8. Erstes Interview mit dem *pai-de-santo*.

9. Erstes Interview mit dem *pai-de-santo*.

Relationales abhängiges Selbst

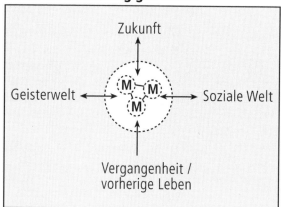

Außen- und Innenwelt sind nicht getrennt.
M – Mensch

Abbildung 2

senheit" (*obsessáo*) eine neue Bedeutung.[10] Für WITTGENSTEIN (1984) ist das Sprachspiel Teil einer Lebensform. In diesem Sinne werden in dem bedürfnisorientierten System der Zentren produktiv neue Formen von Beziehung, Verhalten und Identität geschaffen. Oder, mit VYGOTSKYS (1978) Worten, die spiritistischen Zentren stellen „Zonen proximaler Entwicklung" zur Verfügung, in denen die hilfe- und ratsuchenden Menschen gemeinsam lernen, die Krankheitssymptome in ihr Leben zu integrieren. Dazu bekommen die Menschen in den Zentren Funktionen zugeschrieben, die sich innerhalb der von mir besuchten Zentren unterscheiden. Eine wichtige Gemeinsamkeit ist jedoch die Einteilung in Medien, Besessene und Ratsuchende, wobei die Grenzen zwischen diesen drei Gruppen fließend sind. Eine Person kann potentiell mehreren dieser Kategorien gleichzeitig angehören oder von einer in die andere wechseln. Im Umgang mit Schizophrenie bzw. mit ihren Symptomen wird auf die Geister Bezug genommen, welche die Symptome hervorrufen. In diesem Sinn kann man davon sprechen, dass die Schizophrenie externalisiert wird.[11] Diese Externalisierung hilft den Betroffenen, besser mit den Symptomen umzugehen und sie in ihr Leben zu integrieren.[12] Dazu kommt, dass Phänomene wie Stimmenhören, Verlust der Alltags-Identität oder Wahrnehmung von geisterhaften Erscheinungen in diesem Kontext nicht nur nicht ungewöhnlich, sondern in der Arbeit als Medium sogar nützlich für andere sind. Insofern werden die Menschen in den Umbanda- und Candomblé-Tempeln in eine spirituelle Familie integriert. Die soziale Integration der Menschen in den Zentren ist die zentrale Kategorie, die Medien und Besessene umfasst. Sie ist mit ihrem Kategorienkomplex direkt der Schlüsselkategorie des „relationalen abhängigen Selbst" untergeordnet. In den Umbanda- und Candomblé-Tempeln wird

---

10. Die konstruktivistische Therapie betont, wie sehr die Definition und die Kommunikation von Problemen deren Erleben beeinflussen (RASKIN & LEWANDOWSKI 2000).

11. Die Attributionsveränderungen finden nach FÖRSTERLING (1986: 154, 172) auf drei Ebenen statt:
     1. Durch das Einholen und Umbewerten von Informationen.
     2. Durch operante Methoden und Modelllernen.
     3. Indirekt durch Emotionsäußerungen anderer Menschen und Aufgabenzuweisungen.

12. Vgl. dazu die Konzeption von GERGEN & MCNAMEE (2000): Hier ist eine Psychose nicht ein Persönlichkeitsmerkmal des Betroffenen, sondern eine mögliche Weise, komplexe und sich ständig verändernde Handlungsmuster zu verstehen.

versucht, die Familien der behandelten Menschen möglichst mit einzubeziehen. Die Bedeutung der Familie für den einzelnen Menschen wird deutlich, wenn man sich ihre Spiegelung als „spirituelle Familie" im *terreiro* (Tempel) bewusst macht, die wiederum in engem Bezug zur Welt der Götter steht, in der man auch die Familienordnung wiederfinden kann. Die folgende Grafik verbildlicht die obigen Ausführungen (siehe Abbildung 3).

Mit der sozialen Integration geht eine strikte Hierarchie einher, in die sich die Menschen in den Zentren einordnen müssen; anders können sie hier nicht integriert werden. An der Spitze steht das Oberhaupt des Tempels, der *pai-de-santo* oder die *mãe-de-santo*. Dann folgen die höher entwickelten Medien, die wiederum den Anfängern übergeordnet sind.

Im Candomblé und in der Umbanda ist die Voraussetzung für Gesundheit ein ungestörtes Verhältnis zwischen dem Menschen und der übernatürlichen Welt sowie zwischen den Menschen untereinander (vgl. MINZ 1992). Mit anderen Worten: Schizophrenie hängt mit einem gestörten Verhältnis zu den Göttern und anderen Menschen zusammen. Die Candomblé- und Umbanda-Kosmologien können mit dem Selbst des Menschen in Beziehung gesetzt werden, das weit mehr als die individuelle Biographie umfasst. Eine Interviewpartnerin hat auf den Zusammenhang von Jungs Archetypen und den *orixás* hingewiesen. Sie sind eine Art beschützende Lebensenergie.

D: It's a kind of <u>energy</u> (2) that <u>protects</u> them.[13]

Das komplexe Selbst-Konzept, das sich von den *orixás* auf die Menschen auswirkt, dient im Candomblé als Ausgangspunkt und Erklärungsmuster des Handelns. Jede Person wird von zwei *orixás* dominiert, die dichotome Kräfte oder entgegengesetzte Energien repräsentieren (vgl. VOEKS 2003).[14]

D: Ah the two, like everyone has two <u>orixás</u>. Like the <u>mother</u> and the <u>father</u>.[15]

Daneben besitzt ein Mensch seinen persönlichen *exu* bzw. seine *pomba gira* (Götterboten) und seine eigene Kindergottheit (*erê*).[16] Die *orixás* befinden sich permanent im Konflikt miteinander, der eine ist dominant, der andere rezessiv. Diese Dichotomie entspricht der Trennung von *ayé* und *orum*, der Welt der Sterblichen und der spirituellen Welt. Der dominante *orixá* ist am augenscheinlichsten. Sein Archetyp – ob wütend, neugierig oder sensibel – korrespondiert mit dem äußeren Verhalten des Menschen.

D: She says that the <u>behaviour</u> of the person is up to the *ORIXÁ*.[17]

Aufgrund der Dichotomie setzt sich von Zeit zu Zeit der untergeordnete *orixá* durch. So kann jemand, der gewöhnlich ruhig und akzeptierend ist, in einigen Situationen aufbrausend und intolerant sein (VGL. SCHARF DA SILVA 2004). Dabei können Frauen auch von männlichen *orixás* oder Männer von weiblichen *orixás* geleitet sein. Jeder Mensch kann sich nur innerhalb der durch die *orixás* bestimmten Grenzen bewegen.

D: Your <u>spiritual</u> guide chooses. (3) For example <u>chooses</u> like this so that you could be more <u>studious</u>.[18]

Allerdings bieten die Grenzen genügend Spielraum für starke persönliche Veränderungen. Und die Persönlichkeitsvariablen verändern sich mit der Umgebung, Menschen verhalten sich

---

13. 16. Interview mit einer *mãe-de-santo*.

14. In anderen *terreiros* (Tempeln) können es auch drei sein (WAFER 1994).

15. 16. Interview mit der *mãe-de-santo*.

16. In anderen Vorstellungen kann ein Mensch neben seiner Hauptgottheit und der primären Nebengottheit bis zu sechs Nebengottheiten besitzen (SCHARF DA SILVA 2004).

17. Zehntes Interview mit einem 59-jährigen weiblichen Medium beim *pai-de-santo*.

18. Zehntes Interview mit einem 59-jährigen weiblichen Medium beim *pai-de-santo*.

Umgang mit psychisch Kranken

Spirituelle Familie
- Psychisch Kranke befinden sich in einem Schwellenzustand.
- Sie werden in ein komplexes System integriert.
- Sie bekommen Funktionen in den Zentren.

Heilungsprozess durch Inkorporieren derselben Geister

Medium

Externalisierung der Krankheit:
Interaktion immer mit den Geistern

Besessener

Familien

Gibt dem Medium eine Aufgabe

Gibt dem Medium eine Aufgabe
Geister geben Rat

Fließender Übergang

Familien

Ratsuchender

Soziale Integration

Soziale Integration
- Die soziale Integration hat eine wichtige Funktion
  für das Zurechtkommen der psychisch Kranken.
- Die Symptome lassen sich ins Leben integrieren.

Abbildung 3

ihrer Umgebung entsprechend. Interessanterweise wurde als ein Kriterium für spirituelle Erkrankungen mangelnde Anpassungsfähigkeit an die Umgebung genannt. Auch in der umbandistischen Vorstellung hat ein Mensch verschiedene Identitäten, mit denen in den Sitzungen gearbeitet wird. So besitzt eine Person u.a. eine *caboclo-* bzw. *cabocla-, preto velho-* bzw. *preta velha, pomba gira* bzw. *exu*-Identität, die alle im Widerstreit miteinander liegen können (vgl. Scharf da Silva 2004: 141). Die folgende Grafik stellt Candomblé und Umbanda idealtypisch dar. Denn es geht mir hier nicht um religiöse Exaktheit, sondern um die Verdeutlichung der Idee der relationalen Offenheit. Die individuelle Identität eines Menschen befindet sich als nach außen offene Insel in einem kollektiven Meer, mit dem sie im permanenten Austausch steht. Die kollektiven Elemente äußern sich im einzelnen Menschen wiederum individuell, allerdings in einem kollektiven Rahmen. So ist jedem Eingeweihten klar, wie sich die *orixás, pretos velhos* bzw. *pretas velhas, caboclos* bzw. *caboclas, erês, egums* sowie *exus* bzw. *pomba giras* in der Manifestation grundsätzlich verhalten (siehe Abbildung 4).

In den Medien wird der Austausch mit der äußeren Welt, die nach innen geholt werden kann, besonders deutlich.

> IP: It´s like a (way). Is, äh::: WE ARE LIKE a <u>tool</u>, instruments of <u>communication</u> between the <u>spirits</u> and the one who are in need of <u>help</u>. And <u>through</u> this communication we <u>gain</u> things too, we <u>develop</u> ourselves.[19]

Im oberen Sinne tritt also ein Medium mit diesen einzelnen Identitäten des Klienten direkt in Kontakt, indem es sie „inkorporiert". Die Beziehung zu einem Geist, der jemanden in Besitz genommen hat, kann durch den Besessenen mit Liebe zum Geist verbessert werden. Ich denke, insofern kann man von einem interdependenten Selbst sprechen, das in einer relationalen Offenheit zur Umwelt steht und von *obsessáo* bedroht ist. Das zeigt sich auch darin, dass ein gegen einen Menschen gerichtetes *catimbó* auch eine diesem Menschen nahe stehende Person treffen kann.

> IP: *Catimbó* (laughing). That's it. Someone has done it to <u>me</u>, to <u>me</u>. And my <u>mother</u> äh::: took it, and it reached my <u>mother</u> <u>first</u>, and then I (0.5), I::, all of this happened.[20]

Ein 22-jähriger Mann, der als Medium arbeitet, beschreibt, wie jeder Aktion eine Reaktion folgt.

> IP: We are, we are among, ah:: we are, we are in a society <u>that</u> (0.5) <u>everything</u>, every <u>act</u>, every <u>thought</u>, every <u>look</u> has a <u>meaning</u>, has a <u>power</u>. Äh::: and we have to learn to <u>handle</u>, how to live in this, in this <u>society</u>.[21]

Im Umgang mit den kranken Menschen wird nicht auf die Person Bezug genommen, sondern auf die Wesen, die von ihr Besitz ergriffen haben. Bei der Heilung inkorporieren die behandelnden Medien entweder helfende Entitäten oder dieselben Wesen, von denen die erkrankten Menschen besessen sind. Diese Wesen geben durch das Medium die Diagnose, die nicht angezweifelt werden kann. Eine Diskussion über die Ursachen ist nicht möglich. In den von mir beobachteten Behandlungen verhielten sich die Klienten entsprechend unterwürfig, ängstlich und hoffnungsvoll. Der Diagnose folgt sofort die lösungsorientierte Behandlung durch die Geister. In der rituellen Inszenierung werden die Angehörigen des Patienten mit einbezogen. Es wurde betont, dass der Glaube der Patienten an ihre Heilung notwendig sei. Er lässt sich als Dreieck sehen. Der Heiler glaubt, er könne heilen. Der Patient glaubt, er werde geheilt. Und die anderen anwesenden Personen glauben, eine Heilung finde statt.

---

19. 15. Interview mit einem 22-jährigen männlichen Medium beim *pai-de-santo*.
20. 15. Interview mit einem 22-jährigen männlichen Medium beim *pai-de-santo*.
21. 15. Interview mit einem 22-jährigen männlichen Medium beim *pai-de-santo*.

Relationale Offenheit

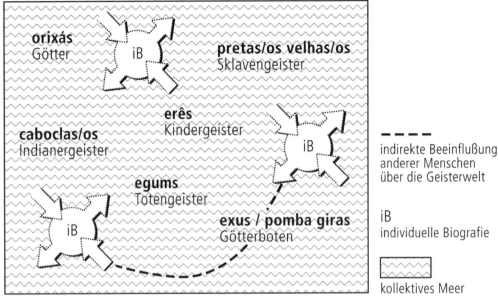

Abbildung 4

Die beschriebenen performativen Praktiken haben eine große unterstützende Wirkung auf diesen Glauben. Der Glaube trägt dazu bei, die innere Logik des Systems zu bestätigen: Wenn jemand nicht geheilt wird, kann es u.a. auf seinen nicht ausreichenden Glauben zurückgeführt werden. So gesehen muss nicht an den Heilungsmethoden selbst gezweifelt werden. Andererseits lässt sich nicht exakt bestimmen, was Heilung bedeutet. Jedenfalls müssen nicht die Symptome verschwinden, damit im spiritistischen Kontext von einer Heilung gesprochen werden kann. Die entscheidenden Kriterien liegen in dem „Zurechtkommen" mit dem eigenen Leben und der Integrationsfähigkeit in die soziale, spirituelle und göttliche Familienordnung.

4. Schlussfolgerung

In einer wechselseitig abhängigen Perspektive auf das Selbst – wie sie im brasilianischen Candomblé und in der Umbanda zu finden ist – steht die Verbundenheit mit anderen im Vordergrund. In der Konzeption von MARKUS & KITAYAMA (1991) besitzt und zeigt das interdependente Selbst auch situationsspezifische internale Attribute wie eigene Fähigkeiten, Meinungen oder persönliche Charakteristika. Allerdings spielen die eigenen Überzeugungen und Fähigkeiten in vielen Bereichen des sozialen Lebens nur eine untergeordnete Rolle. Das Individuum wird erst ganz und heil, indem es seinen richtigen Platz in der sozialen Einheit einnimmt. Das hat entscheidende Auswirkungen auf Handeln, Wahrnehmung und Attributionsprozesse.

Psychische Krankheiten lassen sich in den betrachteten Zentren nicht individuell verstehen, sondern als Beziehung zwischen dem Einzelnen, seinen Mitmenschen und der spirituellen Welt. Der einzelne Mensch steht in offenem Austausch mit seiner Umwelt. Durch Einflüsse aus vorigen Leben, Neid, einer bösen Tat oder das Intervenieren verstorbener Geister kann er krank werden. Oder er wird krank aufgrund einer besonderen Sensibilität für die Kommunikation mit der Geisterwelt, mit der er noch nicht umgehen kann. Beide Fälle treffen sich im *desobsessáo*-Ritual (Exorzismus-Ritual). Denn *obsessáo* lässt sich als Kontinuum sehen, durch *desobsessáo* kann sie behoben werden. Doch derjenige, der das Ritual durchführt, kann später selbst besessen werden. Dabei möchte ich noch einmal betonen, dass die integrierten, entwickelten Medien nicht psychisch krank sind und keine Schizophrenie haben. Im Gegenteil: sie sind gesunde Menschen.

Daneben macht diese Studie die Bedeutung der Mitmenschen für das Zurechtkommen mit psychischer Krankheit deutlich. Ein Persönlichkeits- und Krankheitsbild, in dem die Symptome mehr Akzeptanz bekämen, könnte helfen, psychisch kranke Personen besser in ihr Umfeld zu integrieren. Und auch sie selbst könnten sich besser integrieren und anderen Menschen mit ihren ungewöhnlichen Erfahrungen nützlich sein. Psychische Krankheit ist in kulturelle und soziale Kontexte eingebettet. Somit bietet das Veränderungspotential dieser Kontexte noch viel Spielraum für einen besseren Umgang mit psychischer Krankheit und den von ihr Betroffenen (WIENCKE 2007, 2006).

Glossar

ayé/aiê: Das Diesseits, eine der zwei Existenzeben im *Yoruba*-Universum. Als die irdische, physische Welt ist sie das Paralleluniversum zum *orum*.

axé: Lebenskraft, magische Kraft, persönliche Kraft, spirituelle Energie.

caboclos/caboclas | tupi: *kari'boka*: von Weißen abstammend, Halbblutindianer/innen: Indianergeister, die im Candomblé und insbesondere in der Umbanda kultiviert werden.

Candomblé | Bantuwort: „ein Ort, an dem getanzt wird": Synkretistische Religionsform, die in Brasilien entstanden ist und auf die verschiedenen Glaubensvorstellungen der afrikanischen Sklaven sowie auf katholische Einflüsse zurückgeht.

catimbó: Schwarze Magie.

desobsessáo: Heilungs-Ritual, in dem die schädlichen Geister aus einem besessenen Menschen vertrieben werden.

ebó: Opfer für einen Geist, besonders für *exu*.

egum: Der Geist eines Verstorbenen, der einen Lebenden besetzen und ihm so Schaden zufügen kann.

erê: Infantiler Begleiter der *orixás*.

exu: Trickster-Figur; im Candomblé ist er der Bote zwischen den Menschen und den *orixás*; in der Umbanda gibt es eine Gruppe von *exus*, die als Geister angesehen werden und auf Anfrage der Menschen Böses wie Gutes bewirken.

Kardecismo: Eine Variante des Spiritismus, die von Allan Kardec in Frankreich Mitte des 19. Jahrhunderts gegründet wurde und anschließend in Brasilien eine große Bedeutung erlangte.

mãe-de-santo | brasilianisch: heilige Mutter: Weibliche Person, die in der religiösen Hierarchie des Candomblé und der Umbanda den höchsten Rang einnimmt. Sie initiiert die Anhänger und kümmert sich um das spirituelle Leben der Angehörigen des *terreiro*.

mau-olhado: Böser Blick; Hexerei.

manifestada: Verkörperung der Geister und Götter in den Medien.

obsessáo: Besessenheit, Inbesitznahme durch einen Geist, die Probleme für den betroffenen Menschen mit sich bringt.

orixá | yorùbá: *orìsá*, abgeleitet von *ori*: Kopf: Yorubanische Gottheit, die mit Naturkräften assoziiert wird.

orum/orun: Das Jenseits, der Himmel, die übernatürliche Welt. Die eine der zwei Existenzebenen im *Yoruba*-Universum, das Paralleluniversum zum *ayé*.

pai-de-santo | brasilianisch: heiliger Vater: Männliches Gegenstück zur *mãe-de-santo*.

pomba gira | kimbundu: *pambuanjila*: Kreuzweg: Weiblicher *exu*.

pretos velhos/pretas velhas | brasilianisch: Alte Schwarze: Ahnengeister von Schwarzfrikanern, die während der Kolonialzeit als Sklaven in Brasilien lebten.

Synkretismus: Vermischung verschiedener Religionen.

terreiro | brasilianisch: Gelände, freier Platz: Sozioreligiöser Raum des Candomblé, in dem die afrobrasilianischen Gottheiten bzw. Geister kultiviert werden. Der *terreiro* ist auch die Anlaufstelle für Nichtinitiierte, die mit ihren Problemen kommen können. Bisweilen wird der Begriff auch für die Umbanda-Häuser verwendet.

Umbanda | *umbundu, kimbundu*: Medizin, Heilkunst: Synkretistische brasilianische Religion. In ihrem Zentrum steht das Verkörperungsgeschehen von Geistern brasilianischer sozialer Randgruppen wie den *caboclos / caboclas* und den *pretos velhos / pretas velhas*.

Literaturverzeichnis

ADERHOLD V. & BOCK T. 2000. Selbstbefähigung bei der Medikation? Argumente für einen anderen Umgang mit Psychopharmaka. In KNUF A. & SEIBERT U. (Hg). *Selbstbefähigung fördern. Empowerment und psychiatrische Arbeit*. Bonn: Psychiatrie-Verlag: 172-195.

AMERICAN PSYCHIATRIC ORGANIZATION 1998. *Diagnostisches und statistisches Manual psychischer Störungen DSM-IV*. Zweite Auflage. Herausgegeben und übersetzt von SASS H. *et al*. Göttingen, Bern, Toronto, Seattle: Hogrefe.

ANGERMEYER M.C. & ZAUMSEIL M. (Hg) 1997. *Verrückte Entwürfe. Kulturelle und individuelle Verarbeitung psychischen Krankseins*. Bonn: Psychiatrie-Verlag.

BERGSCHMIDT V. 2000. *Die kulturelle Konstruktion von „Sucht" am Beispiel der Substitution Opiatabhängiger*. Unveröffentlichtes Manuskript einer Diplomarbeit, Berlin: Freie Universität.

CAROSO C., RODRIGUES N., ALMEIDA-FILHO N., CORIN E. & BIBEAU G. 1997. When Healing Is Prevention: Afro-Brazilian Religious Practices Related to Mental Disorders and Associated Stigma in Bahia, Brazil. In LEIBING A. (Ed.). *The Medical Anthropologies in Brazil*. Berlin: VWB – Verlag für Wissenschaft und Bildung: 195-214.

CHARLIN M.-B. 1996. *Schizophrenie und Identität. Psychiatrische, sozialpsychologische und philosophische Dimensionen*. Münster: LIT.

DREW P. 1995. Conversation Analysis. In SMITH J.A., HARRE R. & LANGENHOVE L. v. (Eds.). *Rethinking Methods in Psychology*. London, Thousand Oaks, New Delhi: Sage: 64-79.

ESTROFF S.E. 1994. Identity, disability and schizophrenia. The problem of chronicity. In Lindenbaum S. & LOCK M. (Eds.). *Knowledge, power and practice. The anthropology of medicine and everyday life*. Berkeley, Los Angeles: University of California Press: 247-286.

FÖRSTERLING F. 1986. *Attributionstheorie in der klinischen Psychologie*. München: Beltz.

GEERTZ C. 1999. *Dichte Beschreibung. Beiträge zum Verstehen kultureller Systeme*. Sechste Auflage. Frankfurt am Main: Suhrkamp.

GERGEN K.J. 1985. The social constructionist movement in modern psychology. *American Psychologist*, 40: 266-275.

GERGEN K.J. 1996. *Das übersättigte Selbst. Identitätsprobleme im heutigen Leben*. Heidelberg: Carl-Auer-Systeme.

GERGEN K. & MCNAMEE S. 2000. From Disordering Discourse to Transformative Dialogue. In NEIMEYER R.A. & RASKIN J.D. (Eds.). *Constructions of Disorder. Meaning-Making Frameworks for Psychotherapy*. Washington, D. C.: American Psychological Association: 333-349.

HARDING C.M. 1987. Chronicity in Schizophrenia: Fact, Partial Fact, or Artifact? *Hospital and Community Psychiatry*, 38: 477-491.

KLEINMAN A. 1988. *Rethinking Psychiatry—From Cultural Category to Personal Experience*. New York: The Free Press.

KLEINMAN A. 1996. How Is Culture Important for DSM-IV? In MEZZICH J., KLEINMAN A., FABREGA H. & PARRON D. (Eds.). *Culture and Psychiatric Diagnosis*. Washington, D. C.: American Psychiatric Press: 15-25.

KRIPPNER S. 2000. Transcultural and Psychotherapeutic Aspects of a Candomblé Practice in Recife, Brazil. In KRIPPNER S. & KALWEIT H. (Hg). *Jahrbuch für Transkulturelle Medizin 1998/1999*. Berlin: VWB: 67-86.

LEWIS-FERNÁNDEZ R. & KLEINMAN A. 1994. Culture, Personality, and Psychopathology. *Journal of Abnormal Psychology*, 103 (1): 67-71.

MARKUS H.R. & KITAYAMA S. 1991. Culture and the Self: Implications for Cognition, Emotion, and Motivation. *Psychological Review*, 98 (2): 224-253.

MINZ L. 1992. *Krankheit als Niederlage und die Rückkehr zur Stärke. Candomblé als Heilungsprozess*. Bonn: Holos.

RASKIN J.D. & LEWANDOWSKI A.M. 2000. The Construction of Disorder as Human Enterprise. In NEIMEYER R.A. & RASKIN J.D. (Eds.). *Constructions of Disorder. Meaning-Making Frameworks for Psychotherapy*. Washington, D. C.: American Psychological Association: 15-40.

SCHARF DA SILVA I. 2004. *Umbanda. Eine Religion zwischen Candomblé und Kardecismo – Über Synkretismus im städtischen Alltag Brasiliens*. Münster: LIT.

SJØRSLEV I. 1999. *Glaube und Besessenheit*. Gifkendorf: Merlin.

SPRADLEY J. P. 1979. *The Ethnographic Interview*. New York: Holt, Rinehart & Winston.

SPRADLEY J.P. 1980. *Participant Observation*. New York: Holt, Rinehart & Winston.

STRAUSS A.L. & CORBIN J. 1996. *Grounded Theory. Grundlagen qualitativer Sozialforschung*. Weinheim: Beltz.

STRYKER S. 1987. Identity theory: Developments and extensions. In YARDLEY K. & HONESS T. (Eds.). *Self and identity: Psychosocial perspectives*. New York: Wiley: 89-103.

VOEKS R.A. 2003. *Sacred Leaves of Candomblé. African Magic, Medicine, and Religion in Brazil*. Austin: University of Texas Press.

VYGOTSKY L. 1978. *Mind in Society*. Cambridge: Harvard University Press.

WAFER J. 1994. *The Taste of Blood: Spirit Possession in Brazilian Candomblé*. Philadelphia: University of Pennsylvania Press.

WELTGESUNDHEITSORGANISATION 1993. *Internationale Klassifikation psychischer Störungen ICD 10*. Bern: Huber.

WIENCKE M. (2007). *Wahnsinn als Besessenheit. Der Umgang mit psychisch Kranken in spiritistischen Zentren in Brasilien*. Zweite Auflage. Frankfurt am Main, London: IKO.

WIENCKE M. (2006). Schizophrenie als Ergebnis von Wechselwirkungen: Georg Simmels Individualitätskonzept in der Klinischen Psychologie. In KIM D. (Ed.). *Georg Simmel in Translation: Interdisciplinary Border-Crossings in Culture and Modernity*. Newcastle: Cambridge Scholars Press: 123-155.

WITTGENSTEIN L. 1984. *Philosophische Untersuchungen*. In Werkausgabe Band 1. Frankfurt am Main: Suhrkamp.

WITZEL A. 1982. *Verfahren der qualitativen Sozialforschung – Überblick und Alternativen*. Frankfurt am Main: Campus.

WITZEL A. 1989. Das problemzentrierte Interview. Zweite Auflage. In JÜTTEMANN G. (Hg). *Qualitative Sozialforschung in der Psychologie*. Weinheim: Beltz: 227-255.

ZAUMSEIL M. 1997. Modernisierung der Identität von psychisch Kranken? In ZAUMSEIL M. & LEFERINK K. (Hg). *Schizophrenie in der Moderne – Modernisierung der Schizophrenie. Lebensalltag, Identität und soziale Beziehungen von psychisch Kranken in der Großstadt*. Bonn: Psychiatrie-Verlag: 145-200.

ZAUMSEIL M. 2006. Der „alltägliche Umgang" mit Schizophrenie in Zentraljava. In WOHLFAHRT E. & ZAUMSEIL M. (Hg). *Transkulturelle Psychiatrie – interkulturelle Psychotherapie. Interdisziplinäre Theorie und Praxis*. Berlin: Springer: 331-360.

Autor:

WIENCKE, MARKUS, Dipl.-Psych., Ethnologe M.A.; zurzeit Promotion an der Freien Universität Berlin zu dem Thema „Die Zusammenhänge zwischen Kultur und psychischer Gesundheit und Krankheit"; weitere Arbeitsschwerpunkte: Entwicklungszusammenarbeit, Empowerment, Partizipation, organisationsethnologische Forschung und Beratung; Feldforschungen in Brasilien, Chile, Deutschland, Tansania.

e-mail: markuswiencke@gmx.de

Suizidmotive und Kultur – Modernisierungsgrad, Antwortverhalten und Akzeptanz

Kristina Ritter, Haroon Rashid Chaudhry, Erhabor Idemudia, Hanna Karakula, Ninö Okribelashvili, Palmira Rudaleviciene & Thomas Stompe

Einleitung

Suizid ist in den letzten Jahrzehnten zu einer der weltweit führenden Todesursachen geworden und kommt nach WHO Studien in nahezu allen menschlichen Gemeinschaften vor. In den meisten Kulturen sind vor allem ältere Menschen und Menschen zwischen 15 und 34 Jahren betroffen, wobei bei letzterer Gruppe der Suizid global unter den drei häufigsten Todesursachen rangiert. Die Suizidraten variieren zwischen den verschiedenen untersuchten Ländern in hohem Ausmaß, während sie sich im zeitlichen Längsschnitt innerhalb eines Landes als relativ stabil erweisen (Lester 2002).

Nur in wenigen, meist isolierten Gesellschaften ist Selbstmord unbekannt wie zum Beispiel bei den Zuni in den südlichen USA, bei der indigenen Bevölkerung der Andamanen und einigen australischen Stämmen (Pfeiffer 1994). In vielen Ländern ist allerdings das Thema Suizid soweit tabuisiert, dass es keine offizielle Zahlen zu dieser Todesart gibt. Zu diesen Ländern zählen die meisten Staaten Afrikas, große Gebiete Indonesiens, einige Staaten in Asien und Südamerika. Einer der Gründe für das häufig auffallende Desinteresse verschiedener Staaten Zahlen zu Suiziden und auch Suizidversuchen zu erheben, liegt in der starken sozialen Stigmatisierung der Familienangehörigen von Suizidenten und der Betroffenen nach einem Suizidversuch. Es besteht daher vielfach die Tendenz unerwartete Todesfälle eher als Unfälle zu klassifizieren und nicht als Suizide, um das Ansehen der betroffenen Familie zu wahren. In einigen afrikanischen Ländern, wie etwa in Nigeria, kann der Suizid eines Familienmitgliedes sogar zur Folge haben, dass weibliche Familienangehörige nicht mehr verheiratet werden können. In anderen Ländern, wie Pakistan, stehen Suizidversuche sogar unter Strafe und werden mit Gefängnis- oder hohen Geldstrafen geahndet. Hintergrund dieser starken Stigmatisierungen scheinen einerseits Befürchtungen über bestehende Geisteskrankheiten beim Betroffenen zu sein, andererseits stellen sie aber auch eine religiöse Provokation angesichts der offensichtlichen Auflehnung gegen den Willen Gottes dar, der als alleiniges Wesen über das Leben und Sterben des Einzelnen entscheiden darf. In den großen Weltreligionen wie dem Islam, dem Christentum und dem Judentum gilt der Suizid als eine bewusste Entscheidung gegen Gottes Willen. Lediglich der Buddhismus sieht den Suizid nicht als Auflehnung gegen eine höhere Macht an, sondern als unsinnige Handlung, da man durch diese Tat sein Karma verschlechtert und im nächsten Leben wieder vor den gleichen Problemen stehen wird.

Es ist allerdings nicht unbedingt entscheidend welcher Religion man angehört, sondern vielmehr wie streng gläubig der Einzelne innerhalb seiner Religion denkt und lebt.

Auch in europäischen Ländern, wo Suizid vielfach mit depressiven oder anderen psychischen Störungen assoziiert wird, handelt es sich um eine eher tabuisierte Todesart. Hier mögen vielleicht weniger religiöse Motive, als gesellschaftliche Vorstellungen von einer intakten und damit sozial akzeptierten Familie auslösend für die Stigmatisierung sein. Familien, wo sich ein Angehöriger freiwillig das Leben nimmt, können aus dieser Perspektive nicht „in Ordnung" sein und lösen Gefühle der Hilflosigkeit, der Aggressivität und der Ablehnung bei Außenstehenden aus. Ebenso haben die Hinterbliebenen nach einem Suizid einer nahe stehenden Person mit Gefühlen der Aggressivität gegen den Suizidenten, mit Gefühlen des Verlassenseins (durch den Suizidenten, wie auch durch die Gesellschaft), mit Schuldgefühlen und Selbstvorwürfen und dem Druck das Geschehene verheimlichen zu müssen, zu kämpfen.

Warum, wie bereits anfangs erwähnt, Suizidraten weltweit so stark voneinander abweichen können, wird durch verschiedenste Modelle zu erklären versucht. So gibt es Arbeiten, die Zusammenhänge von dem ökonomischen Entwicklungsstand eines Landes und der Suizidrate feststellen, ebenso wie Überlegungen die Höhe von Suizidraten mit unterschiedlichen genetischen Ausstattungen von ethnischen Gruppen in Verbindung zu bringen. DAVID LESTER (1987) etwa fand in einer Studie eine positive Korrelation der Suizidraten von Nationen mit einem hohen Anteil an Personen mit der Blutgruppe 0. Je niedriger der Anteil von Menschen mit der Blutgruppe 0 in einer Population war, umso höher war der Anteil von Menschen mit den Blutgruppen A, B und AB, was wiederum mit niedrigen Suizidraten einherging.

Es gibt auch psychologische (FREUD 1999; HENSELER 1981, 2000, HILLMAN 1984) und soziologische (DURKHEIM 1997) Versuche, die enormen Unterschiede in den Suizidraten oft benachbarter Staaten und Regionen zu erklären. Die Suizidforschung hat allerdings gerade im Bereich der Motivationsforschung schon seit längerem erkannt, dass man westliche Konzepte zur Suizidalität nicht einfach als universelle Gegebenheiten annehmen kann, sondern dass auch kulturspezifische Motive zu berücksichtigen sind.

In unserer Arbeit versuchen wir nun einen weiteren Aspekt zu untersuchen, der die Prävalenz der Suizide in einem Land beeinflussen könnte. Es ist bekannt, dass unterschiedliche Kulturen zu verschiedenen Zeiten, gegenüber dem Faktum des Suizids teilweise völlig divergente Wertehaltungen einnehmen. Während im traditionellen Japan Harakiri in manchen Situationen geradezu einer Frage der Ehre und der gesellschaftlichen Verpflichtung war, lastet im orthodoxen Islam auf Selbsttötung ein schweres Tabu. Wir gehen daher von der Annahme aus, dass die kulturgebundenen Einstellungen und Kognitionen zu dieser Thematik einen nicht unerheblichen Einfluss auf die Suizidraten eines Landes haben können.

In diesem Studienabschnitt wollen wir untersuchen, (1) ob sich die Probanden der einzelnen Länder in ihrer Antworttendenz unterscheiden und (2) ob es Suizidmotive gibt, denen eine allgemein hohe Akzeptanz in allen Ländern zukommt und (3) ob es Motive gibt, die nur in traditionellen bzw. (post)modernen Gesellschaften Verständnis erfahren.

Methode:

In unserer Untersuchung befragten wir psychisch gesunde Mitglieder aus mehreren ethnischen und nationalen Gruppen mit unterschiedlichem kulturellem Hintergrund nach ihrer Akzeptanz und ihrem Verständnis für Suizidmotive in ihrer Gesellschaft.

Der von uns entworfene Fragebogen zur „Bewertung von Motiven zum Suizid" besteht aus einem kurzen einführend- erklärenden Teil, einem Abschnitt, in dem die soziodemographischen Daten erfasst werden (Alter, Geschlecht, Beruf, Religion, Beruf des Vaters, Staatszugehörigkeit und Familienstand) und 46 – geschlossenen Fragen zur Nachvollziehbarkeit von Motiven für

Suizid (mit den Antwortmöglichkeiten „überhaupt nicht", „unter bestimmten Umständen" und „ja"). Basis für die Konzeption dieses Fragebogens war die systematische Zusammenstellung aller Motive für Suizid, die sich in der Literatur zu dieser Thematik finden ließen (z.B. LESTER 1995, 2002, 2003, 2004, 2006; BHUGRA 2004; CANETTO 2002; FAROOQI 2004) Dabei haben wir besonders die unterschiedlichen kulturellen Aspekte des Suizids fokussiert. Nach ausführlichen Literaturrecherchen konnten wir folgende Schwerpunkte als zugrunde liegende Motive zum Suizid herausarbeiten: Schuldgefühle, Schamgefühle/Ehrverlust, Altruismus, narzisstische Kränkung, Rache, Gefährdung der körperlichen Integrität (Krankheit, Entstellung, Folter), wirtschaftlich-existentielle Bedrohung, interpersonelle Konflikte und religiöse Gründe.

Neben der Befragung von Personen aus den verschiedenen Ländern, die keine Professionisten zum Thema Suizid sein sollten, entwickelten wir ein semistrukturiertes Interview mit kulturspezifischen Fragen zu Suizidalität für Fachärzte für Psychiatrie, als der Berufsgruppe, die naturgemäß am häufigsten mit suizidalen Personen zu tun hat. Dadurch erhofften wir die nötigen landesspezifischen und kulturspezifischen Informationen zum Thema Suizid zu erhalten. Der „Interviewleitfaden für Psychiater" setzt sich aus sieben größeren Frageblöcken zusammen, die schriftlich oder mündlich zu beantworten waren und die Möglichkeit längerer Ausführungen zu wichtiger erscheinenden Punkten gaben. Wir interessierten uns dabei vor allem auch für die Bewertung der Motive für Suizid durch Fachleute im jeweiligen Land. Außerdem erhoben wir allgemeine Informationen zur Häufigkeit von Suizid und anderen Todesursachen im Land, ob bestimmte psychologische, soziologische oder besonders volksnahe Erklärungsmodelle zum Suizid in dieser Kultur bevorzugt vertreten werden, über den professionellen Umgang mit suizidalen Personen, den institutionellen Einrichtungen für diese Zielgruppe und ob bevorzugte Suizidmethoden und Motive schon bekannt seien. Außerdem erkundigten wir uns nach den sozialen Konsequenzen für Angehörige von Suizidenten bzw. Menschen nach missglücktem Suizidversuch.

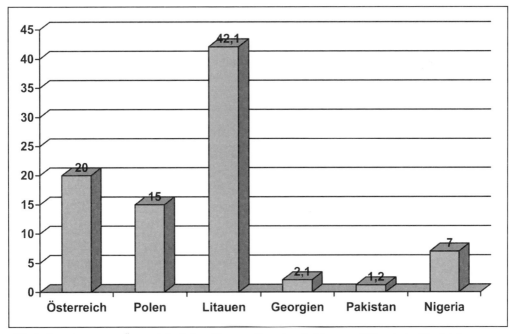

Abb. 1: Suizidraten von Österreich, Polen, Litauen, Georgien, Pakistan und Nigeria im Vergleich (N/100000)

Für dieses Projekt entwickelte sich eine Zusammenarbeit von Österreich mit den Ländern Georgien, Litauen, Polen, Pakistan und Nigeria. Die an der Untersuchung teilnehmenden Personen wurden in ihren Heimatländern von Psychiatern, die zu unserer „Arbeitsgruppe für Transkulturelle Psychiatrie" gehören, rekrutiert. Insgesamt nahmen insgesamt 610 gesunde Probanden aus Georgien, Litauen, Nigeria, Österreich, Pakistan und Polen an der Untersuchung teil.

Zur Bestimmung des Modernisierungsgrads der beteiligten Länder wurde der jährlich berechnete Human Development Index der WHO (UNITED NATIONS DEVELOPMENT PROGRAMME 2006) herangezogen. Dieser setzt sich aus der Lebenserwartung bei der Geburt, dem Brutto pro Kopfeinkommen und der Alphabetisierungsrate zusammen (Österreich: 0,936, Polen: 0,858, Litauen: 0,852; Georgien: 0,732, Nigeria: 0,527; Pakistan: 0,453).

Resultate

Wie schon in der Einführung erwähnt, sind die unterschiedlich hohen Suizidraten der einzelnen Länder auffallend (Abbildung 1).

Litauen zeigt die bei weitem höchste Suizidrate der Länder, die an unserer Untersuchung teilnahmen, gefolgt von Österreich und Polen. Die übrigen drei Länder bieten hingegen deutlich niedrigere Suizidraten.

Abbildung 2 zeigt das Antwortverhalten der Probanden der einzelnen Länder. Dabei sind einerseits die Items nach der Rangordnung ihrer Wichtigkeit und andererseits nach dem Mittelwert der Antwort gereiht. Auffällig ist, dass es in jedem der europäischen Länder etwa 10 Motive gibt,

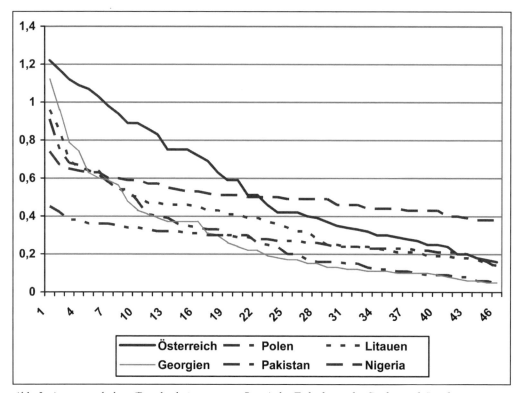

Abb. 2: Antwortverhalten (Durchschnittswert pro Rang) der Teilnehmer der Studie nach Ländern

die mit hohem Verständnis rechnen können, etwa zwischen dem zehnten und fünfzehnten Rang beginnen die Kurven zu verflachen.

Bei den Pakistanis und Nigerianern ergibt sich ein anderes Bild des Antwortverhaltens. Beide Länder zeigen wesentlich flachere Kurven als die europäischen Samples. Dies lässt den Schluss zu, dass es hier keine eindeutig herausragenden Motive gibt, die auf hohes Verständnis hoffen können. In beiden Ländern scheinen die Menschen wesentlich indifferenter den von uns erfragten Suizidmotiven gegenüber zu stehen als in Europa. Allerdings zeigen sich auch innerhalb der europäischen und der außereuropäischen Gruppe Unterschiede. In Europa beziehen die Österreicher für die erstgenannten Motive eine deutlicher bejahende Position als die Befragten aus den drei osteuropäischen Staaten. In den beiden außereuropäischen Ländern weisen bei gleichem Kurvenverlauf die Nigerianer ein durchschnittlich höheres Akzeptanzniveau auf als die Pakistanis.

Da Abbildung 2 gezeigt hat, dass vor allem in den europäischen Ländern die ersten zehn am häufigsten bejahten Motive von den anderen Items absetzen, wollten wir untersuchen, ob es Einzelmotive gibt, die in allen sechs untersuchten Ländern mit einer hohen Akzeptanz rechnen können, und weiters ob es Motive gibt, die eher in modernen oder eher in traditionellen Kulturen Akzeptanz erfahren. Um von einem global akzeptierten Motiv sprechen zu können, musste dieses von beiden außereuropäischen Ländern und von zumindest zwei der europäischen Länder unter den zehn höchstgereihten sein.

Abbildung 3 zeigt, dass es zwei Motive gibt, die in allen sechs Ländern unter den zehn am häufigsten genannten vorzufinden sind. Es handelt sich dabei um massive Einschränkungen der Lebensqualität durch chronische, nicht behandelbare Krankheiten sowie um die Pflegebedürftigkeit, die sich aus diesen Krankheiten heraus ergibt.

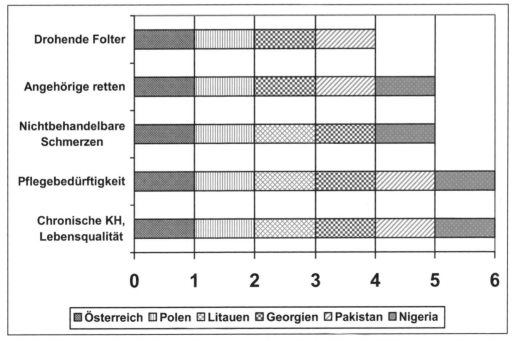

Abb. 3: Selbstmordmotive, für die sowohl in modernen als auch in traditionellen Kulturen großes Verständnis herrscht (unter den zehn am häufigsten genannten)

Auch das zweite Motiv, das in fünf der untersuchten Länder unter den ersten 10 genannt wurde, ist in diese Kategorie einzureihen. Es handelt sich dabei um das Erleben nicht behandelbarer Schmerzen. Nicht zu dieser Motivgruppe gehört das fünfte hier vertretene Item, das – wie die nicht behandelbaren Schmerzen - in fünf von sechs Ländern unter den ersten zehn am häufigsten genannten Motiven rangierte. Während in den anderen vier Motiven der zentrale Bezugspunkt eindeutig das Ich in seiner Körperlichkeit ist, so gehört das Item durch den eigenen Tod, Angehörige retten zu können, eindeutig zu den altruistischen Suizidmotiven.

Zwei der Items, die ausschließlich in den europäischen Ländern unter den zehn am häufigsten genannten gefunden werden, sind direkt mit Schuld verbunden. Vor allem das Motiv, sich nach dem verschuldeten Tod des eigenen Kindes das Leben zu nehmen, stößt in allen vier europäischen Ländern auf hohe Akzeptanz (Abbildung 4). Dieses Item nimmt eine Mittelposition zu den beiden anderen Motiven ein, die ebenfalls nur in den europäischen Ländern unter den zehn höchstgereihten vorzufinden sind. Auf der einen Seite verbindet das Schuldgefühl dieses Item mit dem Motiv, den Tod eines anderen Menschen verschuldet zu haben, auf der anderen Seite ist es die Erfahrung des Verlusts eines Kindes, die unabhängig, ob verschuldet oder nicht verschuldet, ein in Europa verständliches Suizidmotiv ist. In Nigeria und in Pakistan wird im Gegenzug dazu ein typisches Schammotiv, Suizid nach Vergewaltigung unter den ersten 10 gereiht.

Diskussion

Das Antwortverhalten bildet relativ gut den Modernisierungsgrad der Länder ab, woraus vorsichtig geschlossen werden kann, dass mit dem Übergang von segmentalen oder hierarchisch stratifizierten zu funktional differenzierten Gesellschaftsformen, ein Prozess, der üblicherweise

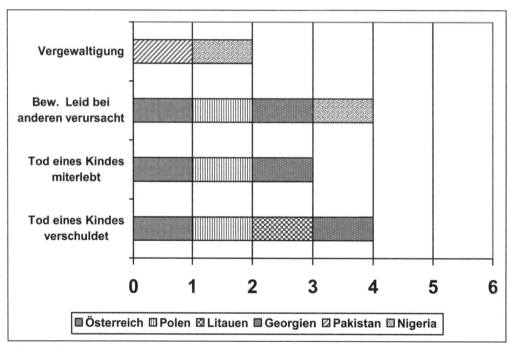

Abb. 4: Selbstmordmotive, für die entweder in modernen oder in traditionellen Kulturen großes Verständnis herrscht (unter den 10 am häufigsten genannten)

mit dem Führungsverlust der Religion als richtunggebendes Funktionssystem einhergeht, die Toleranz und damit auch die Bejahungstendenz für einzelne Motive für Suizid ansteigt.

Die Entstigmatisierung von Suizid scheint in den europäischen Ländern deutlich weiter fortgeschritten zu sein. Dies scheint Voraussetzung zu sein, dass man aktiver den seelischen Nöten von Menschen, die ihrem Leben ein Ende setzen wollen, begegnen kann. Die Einschätzung, dass der Mensch das Recht hat, seinem Leben durch eigene Hand ein Ende zu setzen, ist seinerseits wieder eine Voraussetzung dafür, dass eigene Selbstmordideen und Fantasien nicht a priori abgewehrt werden müssen und einzelne Suizidmotive dadurch eine hohe Akzeptanz erfahren können.

Während in Österreich überhaupt keine offiziellen Sanktionen für eine Person nach überlebtem Suizidversuch oder deren Angehörige zu erwarten sind, herrscht in den osteuropäischen Ländern noch immer offiziell die Haltung, dass Suizidenten kein christliches Begräbnis erfahren sollen. Diese offizielle Norm wird allerdings häufig umgangen, in dem eine andere Todesursache als der Suizid angegeben wird. Hier zeigt sich eine Ungleichzeitigkeit zu den österreichischen Verhältnissen. Auch in Österreich war es noch vor wenigen Jahrzehnten die Norm, dass durch Suizid Verstorbenen ein christliches Begräbnis verweigert wurde. Mit der fortschreitenden funktionalen Differenzierung (LUHMANN 1997) wurde jedoch der Einfluss der katholischen Kirche in Österreich soweit zurückgedrängt, dass diese sich gezwungen sah, sich den allgemeinen gesellschaftlichen Wertehaltungen anzupassen. In den osteuropäischen Ländern, in denen dieser Prozess noch nicht so weit fortgeschritten ist, kommt die ursprüngliche Haltung von allen christlichen Kirchen zu dieser Thematik noch deutlicher zu tragen. Allerdings sind auch hier Unterschiede zu registrieren, die vermutlich mit der Geschichte der lokalen christlichen Kirchen unter dem kommunistischen Regime, das sich ja in den verschiedenen Ländern des Warschauer Paktes ganz unterschiedlich entwickelt hat (TOMKA & ZULEHNER 2000) zusammenhängen dürften. In Georgien etwa, das nach INGLEHART (1998) die geringste religiöse Verankerung der von uns untersuchten Länder aufweist, werden die Gebote der Gregorianisch-orthodoxen Kirche umgangen und die durch Suizid Verstorbenen werden in den Familiengruften beigesetzt.

Ganz anders stellt sich die Situation in Nigeria und Pakistan dar. In diesen Ländern ist die strikte Ablehnung der Selbsttötung, die allen großen monotheistischen Religionen gemeinsam ist, im Einzelnen weit tiefer verankert, als in den europäischen Ländern. Dies hat vermutlich damit zu tun, dass die Position der Religion sowohl in Nigeria als auch in Pakistan sich grundlegend von der der europäischen Länder unterscheidet.

Pakistan ist eine Gesellschaft, die sich in einem Übergang von einer hierarchischen zu einer funktionalen Differenzierung befindet. Daneben finden sich zumindest in den ländlichen Bereichen noch soziale Strukturen, die durchaus als segmentale Differenzierungsformen zu sehen sind. Gesellschaften mit hierarchischer Differenzierung haben die Eigenschaft, dass ein Funktionssystem eine Führungsrolle übernimmt und die anderen Funktionssysteme dominiert. Für gewöhnlich übernimmt die Religion diese Führungsrolle. In Pakistan beansprucht der Sunnitische Islam diese Position. Man kann daher nur ansatzweise von einer Autonomie des Rechtssystems, der Politik, der Wissenschaft, der Künste und anderer Funktionssysteme sprechen. Pakistan befindet sich daher in einer Situation, die mit der gesellschaftlichen Entwicklung in Europa zwischen dem 15. und 18. Jahrhundert vergleichbar ist. Die Konsequenzen der Haltung des dominierenden dogmatischen Islams zum Suizid sind einerseits eine niedrige Suizidrate, andererseits Verachtung und Verspottung von Menschen, die Suizidversuche überlebten oder Angehörige von Suizidanten sind.

Auch Nigeria ist eine Übergangsgesellschaft, in der sich sowohl Elemente segmentaler als auch hierarchischer und funktionaler Differenzierung finden. Der Akzent ist allerdings noch deutlicher als in Pakistan auf segmentale Differenzierungsformen gelegt, daher kommt in den meisten Gebieten Nigerias Stammesstrukturen und Verwandtschaftssysteme noch immer einer zentraler Stellenwert in der Vergesellschaftung zu. Im Unterschied zur Rolle des Sunnitischen Islams in Pakistan gibt es in Nigeria keine Religion, die eine derartig klare Führungsrolle beanspruchen könnte. Im Süden findet sich ein kaleidoskopartiges Mosaik christlicher Kirchen, häufig Pfingstgemeinden mit ekstatischem Charakter (Pencostals) (Gifford 2004), im Norden des Landes, dominiert der Islam, der, wie auch das Christentum, Elemente von Stammesreligionen integriert hat (Robinson 2004) Offiziell bekennen sich zwar nur mehr etwa 15% der Population zu Stammesreligionen, inoffiziell ist jedoch zum Beispiel der Glaube an Ahnengeister in allen Schichten der Bevölkerung weit verbreitet (Witte H.A. 1991). Wie schon in Pakistan, wird das Verbot des Suizids durch die Sozialisation in hohem Maße verinnerlicht, was zu ähnlichen Konsequenzen wie in Pakistan führt. Auch Nigeria zeigt eine niedrige Suizidrate und ein hohes Ausmaß an Stigmatisierung, die sogar so weit führen kann, dass ein begangener Suizid in einer Familie ein Heiratshindernis für die Angehörigen des Verstorbenen darstellt.

In allen von uns untersuchten Ländern ist das Ausgeliefertsein an den körperlichen Verfall, der Verlust an Autonomie und Lebensqualität und die damit verbundene Abhängigkeit vom sozialen Umfeld ein starkes nachvollziehbares Motiv, seinem Leben ein Ende zu setzen. Obwohl, nicht auf den ersten Blick erkennbar, beruht die Angst vor der drohenden Folter auf ähnlichen Grundlagen. Auch hier gesellen sich zum Schmerz die Ohnmacht des Ausgeliefertseins und die Unfähigkeit, diesen Zustand aus eigenen Willen heraus zu beenden.

Das Faktum, dass der Tod des eigenen Kindes als Suizidmotiv in Pakistan und Nigeria auf weniger Verständnis stößt, scheint auf der einen Seite mit wesentlich höheren Geburtenraten, allerdings auch mit der deutlich höheren Kindersterblichkeit zusammenzuhängen. Sowohl in Nigeria als auch in Pakistan sind Eltern häufiger mit dem Tod eines eigenen Kindes konfrontiert als in Europa, wo diesem Ereignis inzwischen eher ein traumatisierender Ausnahmecharakter zukommt.

Zwar werden insgesamt durchaus ähnliche Sets von Motiven in allen Ländern genannt, die Betonung liegt allerdings in Nigeria und Pakistan auf Motiven, die in Zusammenhang mit Ehrverlust und Beschämung stehen, während in den europäischen Ländern eher auf Schuldmotive und Verlust der existenziellen Lebensgrundlage verwiesen wird.

Scham- und Schuldaffekte gehören zu den „ethischen" Gefühlen, die dann im Bewusstsein auftauchen können, wenn Verpflichtungen gegenüber sich selbst, gegenüber den Mitmenschen oder gegenüber einer höheren Instanz, wie Gott, verletzt werden. Nach Leon Wurmser schützt Scham die Integrität des Selbst und wird im Wesentlichen durch das Ich-Ideal gesteuert (Wurmser 1990). Umgekehrt schützen Schuldgefühle die Integrität des anderen, die durch das Handeln oder nicht Handeln des Subjekts gefährdet ist. Schuldgefühle entstehen dabei im Wesentlichen durch Spannungen zwischen dem Es und dem Über-Ich. Während Schamgefühle zumeist mit der Gefahr eines Ehrverlustes verbunden sind, so zeigen Schuldgefühle eine Gefährdung des Moralsystems einer Gesellschaft an.

Der Begriff Scham- und Schuldkultur wurde durch das Buch "Crysanthenum and Sword" von Ruth Benedikt einer breiteren wissenschaftlichen Öffentlichkeit bekannt (Benedict 1967). Sie definierte und beschrieb diese Begriffe anhand des Beispiels der japanischen Kultur. Diese Unterteilung in Scham- und Schuldkulturen wurde inzwischen auch auf andere Kulturen wie das antike Griechenland (Dodds 1991), das antike Judentum und China angewandt (Wurmser 1990).

Bei genauerer Betrachtung von Kulturen wird allerdings klar, dass Scham und Schuld Regulationsmechanismen sind, die sich in jeder Kultur wieder finden. Es gibt Verhaltensweisen, wie die Kontrolle über Körperausscheidungen, die ausschließlich über Schamgefühle reguliert wird, andererseits werden in nahezu allen Kulturen Verpflichtungen gegenüber Gott oder den Göttern durch Schuldgefühle reguliert. Dazwischen existiert allerdings ein weites Feld an Verhaltensweisen, die entweder durch Schuld oder durch Scham gesteuert werden. Ein wichtiges Beispiel dafür ist das Sexualleben. Verletzungen von Sexualnormen lösen in manchen Kulturen eher Schamgefühle aus, in anderen Kulturen eher Schuldgefühle. Erst für diese, nicht eindeutig festgelegten Bereiche des menschlichen Lebens machen die Begriffe Schuld- und Schamkulturen Sinn.

Es ist allerdings zu beachten, dass Kulturen nicht ein für allemal auf eine dieser beiden Gefühlsqualitäten festgelegt ist. DODDS (1991) etwa beschreibt präzise die Entwicklung in der griechischen Antike von der Homerischen Schamkultur zur klassischen Schuldkultur, die auch mit einer Veränderung der Bedeutung der Familie einhergeht. In Schamkulturen erweist der Sohn dem Vater denselben unerbittlichen Gehorsam, den er seinerseits wiederum von seinen Kindern erwarten darf. Mit der Lockerung der Familienbindung, mit dem wachsendem Anspruch des Individuums auf personale Rechte und personale Verantwortung geraten immer breitere Bereiche menschlicher Verhaltensweisen unter den Einfluss der Schuldgefühle.

Eine ähnliche Entwicklung hat Europa zwischen dem 12. und 18. Jahrhundert durchlaufen, die von verschiedenen Autoren wie GURJEWITSCH (1994) und vor allem NORBERT ELIAS (1976) beschrieben wird. Während ähnlich wie in den Homerischen Mythen, in den Altgermanischen und Isländischen Mythen das Verhalten des Helden zentral durch die Angst um seine Ehre gesteuert wird, setzt mit dem Aufblühen der höfischen Kultur ein Umwandlungsprozess ein, der von Norbert ELIAS in seinem Buch über den Zivilisationsprozess ausführlich beschrieben wird. NORBERT ELIAS bringt die gesellschaftlichen Veränderungen, die durch demographische Prozesse initialisiert werden in einen Zusammenhang mit parallel verlaufenden Veränderungen der psychischen Strukturen. In den Höfen des ausgehenden Mittelalters und der beginnenden Neuzeit wird ein veränderter Verhaltenskodex eingefordert, der im Laufe der Jahrhunderte weiter differenziert und schrittweise introjiziert wird. Ähnliches ist im entstehenden Bürgertum zu beobachten. Ein weiterer bedeutungsvoller Faktor, der ganz wesentlich für die Herausbildung des abendländischen Individuums und seine Verhaltenssteuerung durch Schuldgefühle war, ist in der Entwicklung der abendländisch-christlichen Kirche zu sehen. Ohrenbeichte und Gewissenserforschung sind nach BOHN & HAHN (1999) als Subjektgeneratoren zu betrachten, die entscheidenden Einfluss auf die Genese der personalen Identität, wie sie für die abendländische Kultur typisch sind, gehabt haben. Dieser Prozess scheint allerdings inzwischen seinen Höhepunkt überschritten zu haben. In unserer Kultur ist zwischenzeitlich ein Rückgang der Steuerung von Verhaltensweisen durch Schuld zu registrieren, der sich bis in die Psychopathologie von Psychosen hinein bemerkbar macht (STOMPE *et al.* 2003).

Die westafrikanischen Gesellschaften (QUACK 2006) und Pakistan (FREMBGEN 1990) beruhen hingegen auf ganz anderen Werteordnungen. Zur menschlichen Person gehört hier wesentlich der Bezug nach außen. Sie ist relational, sie lebt vom Austausch, ohne den sie ihre Bedeutung verliert. Je mehr ein Individuum sich in gegenseitigen Beziehungen engagiert, umso mehr wird es zur Person. Im Gegensatz zu der europäischen Kultur sind traditionelle Gemeinschaften vor allem soziozentrisch orientiert. Obwohl das Individuum nicht in diesem Ausmaß autonome Person ist wie im Abendland, behält es seine Subjektivität. Durch seine Intelligenz und seinen Willen kann es reziprok Beziehungen mitbestimmen, ihnen zustimmen oder sie ablehnen.

In keinem Fall geht das Individuum konturlos in der Gemeinschaft unter. Feste, dauerhafte und sichere Beziehungen lassen sich allerdings nur erreichen, wenn die Beteiligten sich im von der Gesellschaft vorgegebenen Rahmen, nämlich den Sitten und Gebräuchen und der Gemeinschaft bewegen. Sie sind also im Wesentlichen der Tradition unterworfen. Was immer dem Einzelnen widerfährt, geht die ganze Gruppe an und was der ganzen Gruppe widerfährt, ist ebenso

Sache des Einzelnen. Diese Haltung bedingt einerseits eine große soziale Unterstützung des Einzelnen durch sein unmittelbares Umfeld, führt andererseits auch zu gesellschaftlichen Phänomenen, wie etwa der Blutrache, die zum Beispiel in ländlichen Bereichen Pakistans noch immer weit verbreitet ist. Gemeinschaft und Loyalität richtet sich naturgemäß zuerst auf die engere Familie, dann auf die Verwandtschaft, sei sie biologisch oder klassifikatorisch begründet und die Nachbarschaft, die in den meisten Fällen ja auch Teil der Verwandtschaft ist.

Unter diesen Aspekten ist auch das Phänomen der Selbsttötung zu betrachten, das sich in traditionellen Gesellschaften noch viel offensichtlicher gegen das gesamte gesellschaftliche System richtet und somit auch als aggressivere Handlung gegen Gott und die Familie gewertet wird. In westlichen Ländern werden hingegen die Individualisierung und damit auch das Recht auf Entscheidungen, die ausschließlich auf die eigenen Bedürfnisse und Vorteile abzielen, als akzeptierter Wert angesehen. Deshalb wird auch die Entscheidung zur Selbsttötung als eine durchaus persönliche Sache angesehen, die dadurch eine gewisse Legitimation erhält.

Gemeinschaft lebt von der Teilhabe der innerlichen und äußerlichen Partizipation am Leben des nächsten. Wer sich dieser Teilhabe entzieht, provoziert Unfrieden, Zorn und Neid. Moralische Verantwortung ist primär Verantwortung der Familie, der Sippe. Unter diesen Bedingungen entstehen durch die Sozialisation Strukturen, die von PARIN (1983) als Clan-Gewissen bezeichnet wurden. Das individuelle Verhalten in diesen traditionellen Gesellschaften wird in wesentlich höherem Ausmaß durch das Ich-Ideal und wesentlich weniger durch dieses kollektive Über-Ich gesteuert. Diese Unterschiede in den Wertehaltungen finden sich auch in vielen Details unserer Untersuchung wieder und stellen einen ersten Hinweis dar, dass Werte und Weltbilder einen Teil der erheblichen Unterschiede der nationalen Suizidraten erklären könnten.

Literatur

BENEDICT, R. (1967): The Chrysanthemum and The Sword. Patterns of Japanese Culture. London, Routledge & Kegan Paul.

BHUGRA, D. (2004): Culture and Self-Harm. Attempted Suicide in South Asians in London. Psychology Press, Hove and New York.

BOHN, C. & HAHN, A. (1999): Selbstbeschreibung und Selbstthematisierung: Facetten der Identität in der modernen Gesellschaft. In: WILLEMS, H. & HAHN, A.: Identität und Moderne. Suhrkamp, Frankfurt am Main.

CANETTO, S. & LESTER, D. (2002): Love and Achievement Motives in Women´s and Men´s Suicide Notes. The Journal of Psychology 136(5): 573-576.

DODDS, E.R. (1991): Die Griechen und das Irrationale. Wissenschaftliche Buchgesellschaft, Darmstadt.

DURKHEIM, E. (1997): Der Selbstmord. Suhrkamp, Frankfurt am Main.

ELIAS, N. (1976): Über den Prozess der Zivilisation. Soziogenetische und psychogenetische Untersuchungen. Suhrkamp, Frankfurt am Main.

FAROOQI, Y.N. (2004): Comparative study of suicide potential among Pakistani and American psychiatric patients. Death Stud. Jan; 28(1): 19-46.

FREMBGEN, J. (1990): Alltagsverhalten in Pakistan. Mundo Verlag, Rieden/ Allgäu.

FREUD, S. (1999a): Gesammelte Werke. Totem und Tabu. Neunter Band, Fischer Taschenbuch Verlag, Frankfurt am Main.

FREUD, S. (1999b): Gesammelte Werke. Werke aus den Jahren 1913-1917. Trauer und Melancholie. Zehnter Band. , Fischer Taschenbuch Verlag, Frankfurt am Main.

GIFFORD, P. (2004): Ghana´s New Christianity. Pentecostalism in a Globalizing African Economy. Indiana University Press, Bloomington 2004.

GURJEWITSCH, A.J. (1994): Das Individuum im Europäischen Mittelalter. Beck, München.

HENSELER, H. (2000): Narzisstische Krisen. Zur Psychodynamik des Selbstmordes. Westdeutscher Verlag, Wiesbaden.

HENSELER, H. & REIMER, CH. (1981): Selbstmordgefährdung. Zur Psychodynamik und Psychotherapie. Frommann-Holzboog Verlag, Stuttgart-Bad Cannstatt.

HILLMAN, J. (1984): Selbstmord und seelische Wandlung. Daimon Verlag, Zürich.

INGLEHART, R. (1998): Modernisierung und Postmodernisierung. Campus Verlag, Frankfurt am Main, New York.

LESTER, D. (1987): National distribution of blood groups, personal violence (suicide and homicide), and national character. Personality & Individual Differences 8: 575-576.

LESTER, D. (1995): Explaining the regional variations of suicide and homicide. Archives of Suicide Research 1: 159-174.

LESTER, D. (2002): National Character and Rates of Suicide and Homicide. Psychological Reports 91, 192.

LESTER, D. (2004): Thinking about suicide. Hauppauge, NY: Nova Science.

LESTER, D. (2006): Suicide and Islam. Archieves of Suicide Research, 10:77-97.

LESTER, D., WOOD, P., WILLIAMS, C. & HAINES, J. (2003): Correlates of Motives for Suicide. Psychological Reports, 93, 378.

LESTER, D., MCINTOSH, J. & ROGERS, J. (2005): Myths about Suicide on the Suicide Opinion Questionnaire : an Attempt to Derive a Scale. Psychological Reports 96, 899-900.

LUHMANN, N. (1997): Die Gesellschaft der Gesellschaft. Suhrkamp, Frankfurt am Main.

PARIN, P. (1983): Aspekte des Gruppen-Ich. In: ders.: Der Widerspruch im Subjekt. Ethnopsychoanalytische Studien. Syndikat Verlag, Frankfurt am Main, 153-174.

PFEIFFER, W. (1994): Transkulturelle Psychiatrie. Ergebnisse und Probleme. Georg Thieme Verlag, Stuttgart.

QUACK, A. (2006): Afrikanische Kulturen. In: GRABNER-HAIDER, A. (Hrsg.): Ethos der Weltkulturen. Vandenhoeck & Ruprecht, Göttingen, S. 319-330.

ROBINSON, D. (2004): Muslim Societies in African History. Cambridge University Press, Cambridge.

STOMPE, T., ORTWEIN-SWOBODA, G., RITTER, K. & SCHANDA, H. (2003): Old Wine in New Bottles? Stability and plasticity of the contents of schizophrenic delusions. Psychopathology 36:6-12.

TOMKA, M. & ZULEHNER, P.M. (2000): Religionen im gesellschaftlichen Kontext Ost (Mittel) Europas. Schwabenverlag, Ostfildern.

UNITED NATIONS DEVELOPMENT PROGRAMME (2006): Human Development Report 2006. Palgrave Macmilian, New York.

WITTE, H.A. (1991): Familiengemeinschaft und kosmische Mächte – Religiöse Grundideen in westafrikanischen Religionen. In: ELIADE M.: Geschichte der religiösen Ideen, Band 3/2. Herder, Freiburg – Basel – Wien.

WURMSER, L. (1990): Die Maske der Scham. Die Psychoanalyse von Schamaffekten und Schamkonflikten. Springer Verlag New York.

Autoren:

Dr. Dr. KRISTINA MIRIAM RITTER; Fachärztin für Psychiatrie, Psychotherapeutin, Kulturanthropologin
Neurologisches Zentrum Rosenhügel Wien
Wolkersbergenstraße 1• 1130 Wien • Österreich
e-mail: kristina.ritter@chello.at

HAROON CHAUDHRY
e-mail: profhrc@hotmail.com

SUNDAY IDEMUDIA
e-mail: sundayidemudia@yahoo.com

Der anaholistische Ansatz – eine interkulturelle Traumatherapie auf der Basis indigenen Heilwissens aus dem südamerikanischen Andenraum

CAROLIN JUEN DE QUINTERO

„La curacion del susto" ist ein spanischer Ausdruck aus den indigenen Kulturen Lateinamerikas und bedeutet zu deutsch „die Heilung des Schreckens." In diesem Volksglauben geht man davon aus, daß durch traumatische Erlebnisse aber auch durch sonstige Belastungen des Lebens so etwas wie Seelenanteile oder auch Lebensenergie verloren gehen. Diese Seelenanteile beinhalten Teile des Selbst im Sinne von Eigenschaften, Qualitäten oder Fähigkeiten, aber auch Erinnerungen und Gefühle.

Die Hochlandkultur der Aymara und Quechua Stämme, welche Nachfahren der Inka-Hochkultur sind, kennen seit Jahrhunderten dieses Heilritual „La curación del susto" zur Rückführung verlorengegangener Selbstanteil. Dadurch soll dem Menschen dazu verholfen werden, in seiner körperlich-seelischen Ganzheit zu bleiben, bzw. sie zurückzuerlangen. Die Kosmologie dieser traditionellen Völker zeichnet sich unter anderem dadurch aus, daß sie die Welt, die Menschen und die Schöpfung als „miteinander in Beziehung stehend" wahrnehmen. Wie auch im Buddhismus und im systemischen Denken geht man von einer sogenannten "interconnectedness" aus, das bedeutet daß alle Dinge miteinander in Verbindung stehen. Wenn in Brasilien die Regenwälder zerstört werden, beeinflußt das auch uns in Österreich, obwohl es geographisch so weit auseinander liegt.

In der europäisch-westlichenTradition gab es seit der Aufklärung eine strikte Unterteilung in verschiedene wissenschaftliche Disziplinen wie Medizin, Philosophie, Theologie und seit dem letzten Jahrhundert auch die Psychologie. Vertreter der einzelnen Disziplinen waren lange auf eine strenge Trennung voneinander bedacht. Man würde sich hüten, in der Psychologie zum Beispiel den Begriff „Seele" zu verwenden. Dafür ist für die Theologen die Psychologie oft kritisch betrachtet. Das interdisziplinäre Zusammenarbeiten dieser Wissenschaften ist ein Kind, welches in unseren Breiten erst im Entstehen ist.

Das Konzept der Seele sieht bei den Aymaras und Quechuas folgendermaßen aus:

Das Wort für Seele heißt „ajayo". „Ajayo" bedeutet eigentlich die Seele der Ahnen oder Vorfahren.

Es gibt ein Vierteilemodell:

Sentido: Kraft der Sinnhaftigkeit
Sinnerfülltheit
Berufung
Persönliche Identität
Wohin gehe ich?

Animo: Kraft des Geistes   *Kamasa: Kraft des Körpers*
Stabilität   Körperliche Stärke
Durchhaltevermögen   Widerstandsfähigkeit
Willensstärke   Ausdauer
Klarheit   Gesundheit

Ajayo: Kraft der Vorfahren
Verwurzelung
Zugehörigkeit
Kulturelle Identität
Woher komme ich?

In dieser andinischen Volkstradition, kann der Verlust von Seelenanteilen erfolgen durch:
– Alterungs- und Reifungsprozeß
– traumatische Erlebnisse, Schocks
– Liebeskummer
– Heimweh
– Drogen
– dauerhaft widrige Lebensumstände

„Seelenverlust" zeigt sich durch:
– Traurigkeit, „tiefe Melancholie"
– das Gefühl, nicht ganz zu sein: „wie wenn man auf der Suche nach etwas ist, aber nicht genau weiß, was"
– Antriebslosigkeit, Müdigkeit, „alles ist so anstrengend"
– Appetitverlust
– Gefühllosigkeit: „ich spüre nicht viel, weder Trauer noch Freude"
– Leere, Gefühl der Sinnlosigkeit: „ach, es ist doch eh alles so sinnlos"
– Lustlosigkeit, „nichts macht mir Freude"
– Gedächtnislücken, entweder die Kindheit, oder auch die nahe Vergangenheit betreffend
– Gefühl, nicht Teil des Lebens zu sein, „ich hab den Absprung ins Leben verpaßt"
– gesteigerte Anfälligkeit für seelische und körperliche Beschwerden
– Vergleich im körperlichen Bereich: ein geschwächtes Immunsystem
– Selbstentfremdung, „kenn ich mich überhaupt? Mag ich mich?"
– Gefühl, innerlich gelähmt zu sein
– Depression
– Psychose
– Suchtneigung: Alkohol, Drogen, Essstörungen, Sexsucht, Spielsucht
   Es gibt eine graduelle Abstufung des Seelenverlust, in gewissem Rahmen ist es ein ganz normales Phänomen des „Sich-an-das-Leben-Verschenkens". Nur wenn es zuviel ist, zeigen sich die oben angeführten Symptome.

Gelungene Heilung zeigt sich durch:
- vermehrte Lebensenergie
- größere Wachheit, Konzentration und Aufmerksamkeit
- Lebenslust u. Lebensfreude
- Begeisterungsfähigkeit und Einsatzbereitschaft
- Liebesfähigkeit
- Gefühl von Ruhe und innerer Frieden
- Gefühl von Sinnhaftigkeit im Leben
- größere Widerstandsfähigkeit bei körperlichen oder seelischen Belastungsfaktoren
- Gefühl eines freien Aktionsradius, "ich tu was mich interessiert und kann es auch"
- neue, bisher ungekannte Perspektiven auf das eigene Leben

Ritual „La curacion del susto"

Grundideen im schamanistischen Denken:
a. Austausch mit der Pachamama, Seelenanteil ist sozusagen irgendwo auf der Erde frei herumschwebend, man "opfert" ihr eine Gabe, damit sie auch den verlorengegangenen Seelenanteil wieder hergibt
b. um den Seelenanteil wieder zurückzukommen, braucht man die Unterstützung der Hilfsgeister, Ahnen oder Krafttiere. Sie sind sozusagen die Alliierten aus den anderen Welten. Es ist wichtig, bei jedem Heilritual, sie zuerst um Erlaubnis zu fragen, ob es in Ordnung ist, was man tut. Dann bekommt man entweder die Zustimmung oder eine Ablehnung, die dann auch ihren guten Grund hat.
c. Es gibt drei Welten im Schamanismus: die mittlere, die obere und die untere Welt. Untere Welt: Ahnen, Vorfahren, Vergangenheit und Unterbewußtsein – nicht Hölle!
d. Schamanistische Reise passiert in der Vorstellung, normalerweise führt die der Schamane selber durch, wir werden jetzt selber zu kleinen Schamanen und werden selber schamanistisch reisen. Phantasie, Vorstellungskraft, für Schamanen ganz reales Geschehen. Ritual für unseren Gebrauch etwas abgeändert, geht aber genauso.
e. Egal, was dir auf dieser Reise begegnet oder nicht begegnet, nimm es an wie es kommt und laß es so richtig sein. Es wird dir ganz bestimmt das gezeigt, was gut ist für dich. Es kommt auch nicht immer zu einer vollständigen Reintegration des Seelenanteils, je nachdem ob die Zeit schon reif ist oder ob es noch Entwicklung braucht. Auch ein Wahrnehmen oder ein Annäherung sind schon gut und wichtig, der Rest kann auch später passieren. Was passiert, ist immer richtig. Es wird nichts passieren, was zu früh ist. Wenn der Teil zur Rückkehr noch nicht reif oder bereit ist, dann wird es nicht so kommen.
   Es ist auch wichtig zu wissen, daß solch eine Reintegration immer auch eine Verantwortung bedeutet. Denn dieser Anteil hatte ursprünglich seinen Grund, vor dir und deinem Leben zu fliehen. Das heißt, wenn du ihn zurückwillst, mußt du auch sicherstellen, daß die Lebensumstände nun so sind, daß er auch sicher und gut wieder bei dir leben kann. Es wird einen Teil des Rituals geben, wo du deinen Seelenanteil die Frage stellen kannst, was er von dir braucht, um wieder bei dir sein zu wollen. Höre da gut hin, vielleicht sind das Bedingungen, die du nicht erfüllen kannst oder willst. Dann ist auch eine Reintegration nicht gut. Dann ist dieser Teil besser ohne dich aufgehoben. Aber es ist genauso legitim.
   z.B. Heiler, Alkoholiker, Leber
f. Wenn eine Integration oder "Heimholung" ein Teils deiner Selbst passiert, dann ist das ein Grund zum Feiern.

Der anaholistische Ansatz

Der anaholistische Ansatz ist eine kulturell adaptierte Version des ursprünglichen Rituals von „curacion del susto". Es werden die Grundelemente übernommen, aber so angepaßt, daß es für

Menschen aus dem mitteleuropäischen Raum in ihrer Weltanschauung nachvollziehbar und vorstellbar ist.

Folgende Elemente werden dem Klienten für Durchführung der Intervention erklärt:

— ich kann dem/der Klientin nur helfen, wenn er/sie mir die explizite Erlaubnis erteilt, das zu tun.

— um etwas Verlorengegangenes wieder zurückzugewinnen, muß man innerlich Platz dafür machen: wovon möchte ich mich reinigen oder befreien, was möchte ich hinter mir lassen (alte Gewohnheiten, Süchte, Menschen, die mir nicht gut tun)?

— Wenn man etwas bekommen will, ist es auch wichtig, etwas dafür zu geben: bin ich bereit, in naher Zukunft jemandem anderen etwas gutes zu tun?

— Es besteht die Möglichkeit, himmlische Wesen (z.B. Schutzengel, Jesus, Gottesmutter) oder auch verstorbene Verwandte um Unterstützung in diesem Prozess zu bitten.

— Während der Intervention findet die Person ihr persönliches Krafttier, welches in seiner Symbolik eine besondere Bedeutung für die inneren Themen der jeweiligen Person hat.

Letztlich ist der anaholistische Ansatz eine Visualisierungsübung, der eine Tiefenentspannung vorausgeht. Die Person wird in einen tiefen Entspannungszustand versetzt, in dem sie selbst sich auf die Suche nach einem verlorengegangen Selbstanteil begibt. Alle obengenannten Elemente werden in die Intervention eingebaut und vor Beginn der Intervention wird dem Klienten das Wichtigste erklärt. Alles, was passiert, ist richtig.

Prinzipiell bekommen die Klienten sehr viel Information über ihr Leben und auch zum Teil über frühere Traumata. Dies wird zum Teil als sehr berührend erlebt. Der Ansatz ist sehr schonend, eine Retraumatisierung wird auf jeden Fall vermieden. Letztlich ist der Ansatz ressourcenorientiert, das heißt es geht weniger darum, was Schlimmes passiert ist, sondern mehr, wie das dadurch Verlorene zurück erworben werden kann.

In einer klinischen Studie berichteten 20 PatientInnen über verschiedene Faktoren, die ihnen diese traumatherapeutische Intervention gebracht hat. Darunter wurden neben anderen genannt: ein tieferes Verständnis für ihre persönliche Art der Traumatisierung und die daraus resultierenden Abwehrmechanismen, Verantwortung für den Heilungsprozeß zu übernehmen, mit Scham und Schuldgefühlen besser fertig zu werden. Der am meisten genannte Nutzen war eine beträchtliche Steigerung der persönlichen Lebensenergie und Lebensfreude. Das war genau das, was nach dem ursprünglichen schamanistischen Konzept durch Trauma verloren geht: Lebensenergie. Wenn also es nun dem anaholistischen Ansatz gelingt, Lebensenergie dem Individuum wieder zurückzubringen, dann ist es mir wohl auch gelungen, dem Konzept in seiner Grundidee treu zu bleiben.

Autorin:
Dr. CAROLIN JUEN DE QUINTERO, M.A.; Klinische und transkulturelle Psychologin und Traumatherapeutin
Arbeitsfeld: Klinische Psychologie und Traumatherapie
Dorfgasse 54a • 6020 Innsbruck • Österreich
e-mal: carolin.juen@i-med.ac.at

Die Bedeutung des Zusammentreffens von transkultureller psycho-medizinischer Forschung mit der Ethnomedizin am Beispiel der neuesten TCM- und Qigong-Forschung

I. Der Mensch als kulturgebundenes Wesen im Rahmen der Wissenschaft

Der Mensch ist ein in jeder Hinsicht kulturgebundenes Wesen und das äußert sich auch in seinen wissenschaftlichen Paradigmen und der Art, wie er sich der Welt forschend nähert. So verstand man unter Forschung zu verschiedenen Zeiten und in verschiedenen Kulturen durchaus unterschiedliches. Trotzdem kamen alle zu Resultaten, die sich sehen lassen konnten und wir können trotz vieler wissenschaftlicher Erkenntnisse in den letzten beiden Jahrhunderten nicht davon ausgehen, dass wir hier und heute die Intelligentesten und am weitesten Fortgeschrittenen sind, egal in welcher gegenwärtigen Kultur. Wir wissen vieles aus der Menschheitsgeschichte nicht oder können es uns bis heute nicht erklären. Die frühe Blüte der Industalkultur im 6. Jahrtausend vor Christus mit der ältesten, nicht entzifferten Schrift und der Verwendung der Zahl Null schon in dieser Kultur und nicht erst zur Zeit der arabischen Hochkultur, der Bau der ägyptischen Pyramiden und ihr genauer Zweck, die Entstehung der Himmelsscheibe von Nebra um 1500 v.Chr., die auf astronomische Kenntnisse in Mitteldeutschland hinweist, die sich schon wenige Generationen später verloren haben usw. Es ist bekannt, dass die Chinesen schon lange vor Christi Geburt die Idee des Segelflugs erfanden, dies aber nicht weiter verfolgten, da sie z.B. die Beschäftigung mit philosophischen Fragen für wichtiger hielten. Ebenso zeigt das piktographische Zeichen für Herz die 4 Herzkammern, ein deutlicher Beweis für ihre anatomischen Kenntnisse. Diese hielten sie dennoch für weniger wichtig als ihre Forschungen über die lebensenergetischen Funktionen im Menschen, die sie versuchten zu beurteilen und therapeutisch zu beeinflussen. Im ptolemäischen Alexandria wurde schon viele Jahrhunderte früher als in Europa die Dampfkraft entdeckt aber ihr Wert nicht erkannt, da die Körperkraft der Sklaven billig und einfacher einzusetzen war.

In der modernen Physik sind sogar Versuche bekannt, dass wenn man vom Wellencharakter des Lichts ausgeht man im Versuch dieses verifiziert, während mit der Annahme des Teilchencharakters man mit dem gleichen Versuch jenes verifiziert.

Dies zeigt, dass man nicht nur die Idee einer sich ständig positiv bis heute weiter entwickelnden Wissenschaft verwerfen muß, sondern auch die Herrschaft eines veralteten Konzeptes einer „naturwissenschaftlichen Objektivität" nicht uneingeschränkt akzeptieren kann.

Umso deutlicher wird dann der kulturelle Einfluß, der Denkprozesse anleitet und steuert und wo schon allein die jeweils zur Verfügung stehende Sprache, welche die Denkprozesse mitprägt von Bedeutung ist. Das wird deutlich, wenn man an die Bedeutungsfelder von chinesischen Zeichen denkt, welche oft so verschiedene grammatikalische Kategorien wie Verb, Adjektiv und Substantiv vereinigen können, oder die sehr verschiedenen Zeitkonzepte der Hopi-Sprache bedenkt, so dass WHORF schon 1963 schreiben konnte

> „… dass das linguistische System jeder Sprache nicht nur reproduktives Instrument zum Ausdruck von Gedanken ist, sondern vielmehr selbst die Gedanken formt, Schema und Anleitung für die geistige Aktivität des Individuums ist, für die Analyse seiner Eindrücke und für die Synthese dessen, was ihm an Vorstellungen zur Verfügung steht."

II. Besonderheiten in der Konfrontation der deutsch-chinesischen Medizinkonzepte

Der westdeutsche Akupunkturpionier BACHMANN schrieb 1959: „Dass wir uns heute in einer krisenhaften, lange währenden Auseinandersetzung mit dem im vorigen Jahrhundert entwickelten mechanischen Weltbild befinden, wird immer klarer." Kritiker dieses alten Weltbildes betonen an dieser Stelle nicht nur die weiter weisenden Forschungen der modernen Physik der letzten Jahrzehnte, sondern auch den Hemmschuh des cartesianischen Paradigmas, das auf einer Interpretation des Christentums fußte, die das „machet euch die Erde untertan" zu wörtlich und naturfeindlich auffasste.

KELLNER, der in der Akupunktur forschend tätig war, sagte 1977: „Man soll sich darüber im Klaren sein, dass mit dem in der Schule erworbenen Wissen eine progressive Forschung nur dann möglich ist, wenn eine Lösung vom Althergebrachten gelingt, da das Werkzeug für die Forschung von der Schule nicht mitgegeben wird. Im anderen Fall hemmt das schulische Denken jede Progression, da es das wissenschaftliche Denken von gestern ist." In meiner sinologischen Dissertation konnte ich aufzeigen, dass sowohl in der Entwicklung der traditionellen chinesischen Medizin (TCM) wie der Astrologie/Astronomie im alten China die Außenseiter-Forschung und Wissensfindung wiederholt zum Erfolg führte und danach in den offiziellen Wissenskanon inkorporiert wurde.

Insbesondere beim Zusammentreffen mit Elementen aus anderen Kulturen, in diesem Fall der traditionellen Medizin Chinas, gilt es sich die verschiedenen Rahmenbedingungen zu vergegenwärtigen. Im Gegensatz zu unseren mitteleuropäisch-deutschen Konzepten gibt es dort:

1. unterschiedliche traditionelle kulturelle Vorstellungen von
   – Natur
   – Mensch
   – Zeit

2. ein unterschiedliches Selbstverständnis der Aufgaben von:
   – Heilung: Funktion steht im Vordergrund, nicht Anatomie
              Prävention und Rehabilitation ebenbürtig mit Therapie
              Lebensqualität steht vor Lebensquantität
   – Arztwissen
   – Medizintheorie (Mikrokosmos Mensch – Makrokosmos Natur)

3. Daraus folgert für die Arztausbildung:
   – nicht sezierend-anatomische Kenntnisse im Vordergrund
   – funktionelle Erfahrungen wichtig

– Diagnose von außen
– Ergänzende Ausbildung feinsensibler Wahrnehmungsfähigkeiten

4. Die TCM entwickelte daher
– das *yinyang*-System
– das feinenergetische Wahrnehmungs- und Denksystem mit:
– den 5 Grundsubstanzen
– den 5 elementhaften Wandlungsphasen *wuxing*
– den energetischen psychophysiologischen Vorstellungen
– dem Akupunkturmeridiansystem *jingluo*

5. Die Therapieformen mit der Beeinflußung o.g. Systeme durch
– Kräutermedizin *zhongyao*, Diätetik
– Akupunktur (mech., Elektro-, Laser-, Pharma-)
– Moxibustion, Schröpfköpfe
– *qigong, taiji quan*
– Manuelle Therapien

6. Die Unterschiede zeigen sich besonders in:
– Entwicklungsgeschichte, TCM-Verständnis, wissenschaftlicher Forschung
– Aber: Keine transkulturelle Einsatzbeschränkung
– Cave: Das Arzt-Patienten-Verhältnis in Ost und West ist verschieden

In der traditionellen chinesischen Medizin geht es um die gedankliche Entwicklung von zusammengehörigen Feldern wie bei den Bedeutungsfeldern der chinesischen Schriftzeichen auch. Hier betreffen sie jedoch das Krankheitsbild mit den morphologischen und funktionellen und feinenergetischen Einschränkungen, welche gemeinsam gesehen werden für die Ursachenfindung wie für die Therapie. So beinhaltet die TCM-Syndromtheorie die Beurteilung bezüglich der 5 energetischen Grundsubstanzen

qi	(„Feinstenergie")
jing	(Energieform gebunden an Sexualsekrete)
shen	(„Geist", Vitalität, "mind")
xùe	(blutgebundene Energieform)
jinyé	(Energie gebunden an die übrigen Körperflüssigkeiten)

Ursächlich sucht man über Befragung, Beriechen, Beschauen auch der Zunge, Befühlen besonders des Pulses nach Ungleichgewichten hinsichtlich der *qiqing* im Sinne von den sieben widrigen inneren Ursachen, d.h. wenn Emotionen zu einseitig und so im Ungleichgewicht sind

xi	Freude
nù	Zorn
you	Sorge
si	Grübeln
bei	Kummer, Trauer
kông	Angst
jing	Schrecken

Ebenso sucht man aber auch nach äußeren Ursachen oder solchen, die keines von beiden sind. Diese werden dann nach den *bagang*, den acht Grundsätze, beurteilt und schließlich wird der Mikrokosmos Mensch ins Verhältnis zum Makrokosmos Natur gesetzt. Man unterscheidet bei den sich entsprechende Beziehungen zum Menschen als Mikrokosmos:

1. die Naturelemente,
2. *zàng*-Organe (*yin*) mit Speicherfunktion,
3. *fû*-Organe (*yáng*) mit verarbeitender Funktion,
4. strukturgebende Elemente,
5. Sinnesorgane,
6. Emotionen,
7. psychophysikalische Zustandsformen.

Aber hier gilt es zu vermerken, dass in der gesamten traditionellen chinesischen Kultur inklusive Garten- und Hausarchitektur, Musik und Malerei mit Kalligraphie immer wieder die so genannten feinenergetischen Aspekte mit einflossen. In Europa sind uns nach der Vorbahnung durch Descartes mit dem Aufkommen der sogenannten modernen Medizinkonzepte im 19. Jahrhundert einerseits und der Mechanisierung bzw. dem Verlust der Idee der Geomantie zur gleichen Zeit diese Aspekte verloren gegangen. Heute gibt es einerseits auf der Suche nach einer neuen / alten Spiritualität mit „Orten der Kraft" in den alten Kirchen/Heiligtümern oder wichtigen Orten und andererseits in Teilaspekten der Komplementärmedizin u.a. erneute Akzeptanz für so etwas, wo früher das Kind mit dem Badewasser ausgeschüttet worden war.

III.   Zeitepochen – Zeitgeist(er) der TCM

Nachweisbar sind sowohl in China seit 2500 Jahren, wie in Europa seit 300 Jahren, die Entwicklung der TCM bzw. ihres Imports nach Europa, mit verschiedenen Stadien, welche auch die Erforschung und Entwicklung der Akupunktur betreffen. Bezüglich der europäischen Rezeption könnte man dies folgendermaßen skizzieren (HEISE, 1984/1996):

1) Kennenlernen, Beschreiben, Importieren
   1683 Durchbruch mit dem Werke von WILLEM TEN RHYNE über die Akupunktur
   Beschreibung durch Missionare und Gesandte von Kräutern, Akupunktur und Moxibustion in Asien ohne Anwendung in Europa, jedoch Import von Tee und Ginseng seit 1610 sowie von Pflanzen (z.B. Ginkgo in England 1754).
2) Experimentieren mit Nadelstechen seit Louis Berlioz 1816 ohne TCM-Kontext.
3) Nach dem II. Weltkrieg erst in Frankreich dann in Deutschland Beginn der Akupunkturanwendung im TCM-Kontext (Vorläufer: HÜBOTTER, Berlin 1929; SOULIÉ DE MORANT, Paris 1934).
4) Seit 1971 Akupunkturboom durch die Akupunktur-Analgesie.
5) Seit 1980 breitere Akupunkturanwendung und -erforschung, auch andere TCM-Themen.
6) Seit 1985 größere Themenvielfalt und deutlich mehr Dissertationen zur Akupunktur.

Ebenso kam man eine entsprechende Entwicklung in Europa bezüglich des *Qigong* feststellen (HEISE, 1999 und 2008).

1) 1779 machten Pater AMIOT bzw. Pater CIBOT daoistische *qigong*-Übungen in Frankreich mit Abbildungen bekannt. Dies führte zur Beeinflussung der Schwedischen Gymnastik von LING.
2) 1928 übersetzte der Sinologe RICHARD WILHELM das *Taiyi Jinhua Zongzhi* (Geheimnis der Goldenen Blüte) und C.G. JUNG fügte sein nicht nur tiefenpsychologisches Vorwort hinzu, so dass danach prinzipiell der Start zur spirituellen Diskussion (MASPÉRO, 1937) auch in diesem Gebiet, nicht nur wie zuvor im Yoga und tibetischer Meditation gegeben gewesen wäre.
3) 1961/62 die beiden *qigong* Nachkriegs-Erstlinge von STIEFVATER, 1968 allgemeingrundlegendes durch PÁLOS, 1980 einleitendes von MENG.

4) Beginnend um 1980 legten die Sinologen aus Frankreich, den USA und Deutschland ihre vertiefenden Forschungsarbeiten vor, meist zu Klassikern des *qigong* (ROBINET, DESPEUX, BALDRIAN-HUSSEIN, KOHN, ENGELHARDT, KUBNY, HEISE).

5) Mitte der 80er Jahre kamen ENGELHARDT (DAAD), HEISE (DAAD), HILDENBRAND, OTS (DAAD) und ZÖLLER über China-Aufenthalte zu ihren Veröffentlichungen, teils mehr sinologisch, teils mehr medizinisch ausgerichtet. *Qigong* wurde im medizinischen Rahmen immer mehr unterrichtet.

6) Um 2000 entstanden medizinisch wissenschaftliche Forschungen im Rahmen von Dissertation und Habilitation zum *qigong* von FRIEDRICHS, HEISE, REUTHER und SCHMITZ-HÜBSCH.

IV.   Moderne TCM-Forschung

In den letzten Jahren wurden einige große und ein paar kleine Studienprojekte initiiert, deren Ergebnisse meist schon vorliegen, die auch schon veröffentlicht und diskutiert wurden. Da wären als erstes die *Akupunkturstudien der Krankenkassen* zu nennen.

A) Gerac (AOK, BKK und IKK, Bundesknappschaft, Bundesverband der Landwirtschaftl. KK, See-KK)
1. Chron. Kreuzschmerz (chronic Low Back Pain)
2. Kniegelenksarthrose (Gonarthrose)
3. Migräne
4. Spannungskopfschmerz

B) Innungskrankenkassen, BKK-Post, BKK Bundesverkehrsministerium (DAAAM, durch die Uni Freiburg)
1. Rückenschmerzen
2. Kopfschmerzen
3. Atemwegserkrankungen

C) Techniker Krankenkassen (Charité, ART- u. ARC-Studien)
1. Kopfschmerzen
2. Nackenschmerzen
3. Heuschnupfen
4. Arthrose
5. Asthma
6. Dysmenorrhoe

D) Ersatzkassen (ZnF der TU München)
Diagnosen: siehe wie unter A)

Zu A): Definition von Sham-Akupunktur
− Definierte Sham-Areale/-Punkte
− Geringe Stichtiefe (1-3 mm)
   5 G's:
− Gleiche Anzahl von Nadeln
− Gleiche Nadeln (Ø; Länge)
− Gleiche Sitzungsdauer
− Gleiches "setting"/Kommunikation
− Gleiche Dokumentation

Zu A)1.: Wirksamkeit der Akupunktur bei chronischem Kreuzschmerz (gerac) (Haake)

1.162 Patienten

nach TCM-Regeln Erfolgsquote bei 71,1 %
Sham Akupunktur Erfolgsquote bei 76,7 %
Standardtherapie Erfolgsquote bei 57,6 %

unter Beachtung von nicht erlaubten Zusatztherapien (Krankengymnastik, Spritzen)
TCM-Regeln: 47,6 %
Sham Akupunktur: 44,2 %
Standardtherapie: 27,4 %

Zu A)2.: Wirksamkeit der Akupunktur bei Kniegelenksverschleiß (gerac) (Scharf)

1.039 Patienten (330 TCM; 367 Sham; 342 Standard)

nach TCM-Regeln Erfolgsquote bei 51 %
Sham Akupunktur Erfolgsquote bei 48 %
Standardtherapie Erfolgsquote bei 28 %

Patienten mit Einnahme von Diclofenac o. Rofecoxib:
n. TCM-Regeln: 35 %, Sham Akupunktur: 31 %,
Standardtherapie: 56 %

Patienten mit Einnahme zusätzl. Schmerzmedikation:
n. TCM-Regeln: 21 %, Sham Akupunktur: 21 %,
Standardtherapie: 25 %
Telefoninterviews, hilfreich für Homogenisierung

Zu B): Auswertung der Studie der Innungskrankenkassen

Mehr als 1.000 Patienten

– 80,7% chronisch krank, 17,5% akute Beschwerden, 54% mittel krank, 41% schwer krank
– Bei 85% d. Pat. Beschwerdelinderung (41% Rückenschmerzen, 10% Kopfschmerzen, 14% Atemwegserkrankungen: – 77% verbessert)
– Verbesserung der Lebensqualität (psychische Verfassung gebessert, Schmerzreduktion, vitaler, mehr soziale Kontakte, gesünder)
– Bei 94% keine unerwünschten Nebenwirkungen
– Bei 92% während der Behandlung keine weiteren Erkrankungen

Zu C): Studie Techniker Krankenkasse (- 2008)

250.000 Patienten

– *ARC-Studie* hochsignifikante und nachhaltige Besserung über 6 Monate (bei Behandlung mit schulmedizinischer Routineversorgung inklusive Akupunktur vs. alleinige Routineversorgung)
– *ART-Studie* hochsignifikante Verbesserung in der Akupunkturgruppe vs. Wartelistenkontrolle, auch zwischen Akupunktur- und „Minimalakupunktur" (außer bei Migräne)
– Responder-Raten von 50% Schmerzreduktion bei Rückenschmerzen

Insgesamt fanden sich bei den Studien der Techniker Krankenkasse:
• Verbesserungen im Wohlbefinden bei allen behandelten Diagnosen
    – 90 % Allergien
    – 75 % Kopf- oder Lendenwirbelsäulenschmerzen
    – 80 % Asthma, Arthrose-, Halswirbelsäulen- o. Menstruationsbeschwerden
• *Fazit:* 73-90% gaben Besserungen an (Schmerzreduktion), die über ein halbes Jahr bestehen blieben

- Lediglich 10 % gaben Nebenwirkungen an (meistens Blutungen oder Blutergüsse an den Einstichstellen)

Problempunkte aller oben genannten Akupunktur-Studien

- Punktestandardisierung ist untypisch für die TCM, die je nach den Umständen variiert, d.h. dem jeweiligem Verlauf, der Schwere, Lokalisation etc.
- ggf. wird daher in der TCM ergänzt mit Schröpfköpfen, Moxibustion, tuina- Manuelle Therapie, Kräutern etc.
- Beeinflussung der Akupunktur durch zusätzliches, bewusstes oder unbewusstes *waiqi* wurde konzeptuell nicht berücksichtigt
- weder die Ausbildung in den Nadelungstechniken gemäß TCM noch deren Einsatz wurde kontrolliert oder auch nur protokolliert (nach TCM-Theorie haben ableiten/sedieren und tonifizieren gegenteiligen Effekt, selbst wenn sonst alles gleich ist)
- Obiges bedeutet, daß die TCM in ihrer Anwendung kulturimmanent flexibler ist als die derzeitige, starre Idee der medizinischen (Natur-)Wissenschaft und damit nur begrenzt mit deren Konzepten alleine untersuchbar ist.

Weitere Forschungsprojekte

Dann gab es noch weitere Forschungsprojekte im kleineren Rahmen. MEISSNER u.a. (in: Anesth Analg, 2004) von der Friedrich-Schiller-Universität Jena zeigten, dass *Akupunktur die somatosensorisch evozierten Potentiale nach verletzender Stimulation bei anaesthesierten Freiwilligen senkt.*

Die SEPs wurden während jeder Stimulation vom vertex Cz abgeleitet.

Unter Akupunktur:
- P260 Amplitude nahm ab von 4.40 ± 2.76 µV vor der Behandlung auf 1.67 ± 1.21 µV nach der Behandlung.

Unter Sham Akupunktur:
- blieb sie unverändert (2.64 ± 0.94 µV vorher versus 2.54 ± 1.54 µV nachher)

Eine *experimentelle Untersuchung zur Akupunkturtherapie bei depressiven Episoden und Angststörungen* von EICH brachte folgende Ergebnisse.

- Studiendesign
  - 60 Patienten → Diagnose leicht bis mittelschwere depressive Episoden (ICD10: F32.0, F32.1) oder generalisierte Angststörung (ICD10: F41.1)
  - placebokontrolliert, modifiziert doppelblinde, monozentrische Verlaufsstudie bzgl. Akupunkturtherapie
  - Hälfte der Patienten an psychisch ausgleichenden Punkten akupunktiert (Verumakupunktur), andere Hälfte an oberflächlichen, vorher festgelegten Stellen ohne Relevanz (Placeboakupunktur)
  - Jeweils pro Sitzung 11 Nadeln
- Verumakupunktur
  - Du 20 (Baihui), Ex. 6 (Sishencong), Bds. He. 7 (Shenmen), Pe. 6 (Neiguan), Bl. 62 (Shenmai)
- Placeboakupunktur
- Kopf: temporal, Regionen mittig 3 Cun über dem Ohr, bds., insgesamt 3 Nadeln: 2 Nadeln re., eine Nadel links
  - Hand: Handrücken auf Verlängerung dritter Strahl, ca. 2 cm nach proximal ü. Mittelhandknochen, pro Hand 2 Nadeln
  - Fuß: Fußrücken in Verlängerung dritter Strahl 2 cm nach proximal des Mittelfußes bds., pro Fuß 2 Nadeln

– Akupunkturen an 10 aufeinander folgenden Werktagen (Wochenenden ausgespart)
– zentrale Prüfvariable = globales Arzturteil
 (CGI)
– weitere Beurteilungsskalen:
 – Hamilton-Angstskala (HAMA)
 – Hamilton-Depressionsskala (HAMD)
 – von Zerssen Befindlichkeitsskala (Bf-S)
 – von Zerssen Beschwerdeliste (B-L)

Der Vergleich:
• Verumgruppe
 – Responder: 60,7 %
 – Deutlich niedrigerer mittlerer HAMA-Score in der Hamilton Angstskala
• Placebogruppe
 – Responder: 21,4 %
 – Keine signifikanten Änderungen in den Skalen
• *Ergebnisse:*
 – 4 Patienten nicht erschienen ⟩ Ausschluss
 – Daten von 56 Patienten verfügbar
 – Durchschnittsalter: 41,1 Jahre ± 13,5 Jahre
 – 24 Patienten männlich, 32 weiblich
 – 43 x Diagnose: leichte bis mittelschwere depress. Episode
 – 13 x Diagnose: generalisierte Angststörung
 – 28 Patienten → Verumakupunktur
 – 28 Patienten → Placeboakupunktur
 – Responder: Patienten, deren Zustand als viel besser o. sehr viel besser eingestuft wurde
 – Nonresponder: Patienten, deren Zustand als etwas besser, unverändert o. schlechter eingestuft
 wurde

Diskussion:
– Signifikante Überlegenheit der Verumakupunktur (nach 10 Sitzungen)
– Nach 5 Sitzungen noch nicht nachweisbar ⟩ Anzahl der Akupunkturen ausschlaggebend
– Offenbar Akupunkturpunkte vorhanden, die psychisch ausgleichenden Effekt haben → wichtigster Faktor auf dem Weg zu psychischer Stabilisierung
– Dieser Effekt nur durch Verumakupunktur erreicht
– Angstreduktion möglicherweise durch günstige Beeinflussung des vegetativen Nervensystems ⟩ stabilisierend f. physiolog. Gleichgewicht zwischen Sympathikus und Parasymphatikus
– Abnahme Ruheherzfrequenz u. Zunahme d. parasympathisch medeierten Parameter im Verlauf der Verumakupunktur nachgewiesen

In einer *Akupunkturstudie zur Behandlung von Alkoholentzugssyndromen* – als randomisierte, placebo-kontrollierte Studie mit stationären Patienten – zeigte Karst (2000) folgende Ergebnisse.
– 34 Alkoholiker – über 14 Tage
– Tägliche Behandlung (insgesamt 10) ab dem 1. Tag der Aufnahme als Zusatztherapie zu der Standardmedikation mit Carbamazepin
– Getestet wurde: CIWA-Ar-Skala (Clinical Institute Withdrawal Assessment) am Tag 1-6, 9 und 14
– Initial keine wesentlichen Unterschiede in Bezug auf soziodemograf. Daten, Geschichte des Trinkens und alkoholbezogene Daten

- Längerfristige Analyse der CIWA-Ar-Skala: durch Akupunktur bessere Ergebnisse und *weniger Entzugssymptome am Tag 14* (Wilcoxon-W=177.500, Z=-2.009, p=0.045)
- Keine signifikanten Änderungen im Beck-Depressions-Inventar (BDI), STAI-X1 und X2, in der Eigenschaftswörterliste (EWL).
- Akupunktur als Zusatzbehandlung zu Carbamazepinmedikation könnte zur Behandlung der Alkoholentzugssymptome genutzt werden

Qigong Yangsheng *als Komplementärtherapie in der Behandlung von Asthma* benutzte Reuther in ihrer Studie (In: J Alt Comp Med, 4 (2), 1998). Vergleichsdatenpunkte: Woche 1, 10, 20, 52

Gute Asthmabehandlung wird definiert als PEF-Variabilität bei 20% oder weniger. Eine Verbesserung bedeutet die PEF-Variabilität um 10% oder mehr vermindert, PEF-Durchschnitt konstant oder verbessert und Medikation unverändert oder reduziert.

Eine *Verbesserung erlebten 14 Patienten die als "Excercisers"* qigong-Übungen auch außerhalb der Therapie machten *vs. 1 Patienten ohne Verbesserung.* Dahingegen hatten nur 3 Patienten die als "Non-exercicers" qigong-Übungen nur in der Therapie und nicht zu Hause machten eine Verbesserung vs 12 Patienten ohne Verbesserung.

Für eine *kontrollierte, randomisierte Pilotstudie zum Vergleich von* qigong-*Therapie aus der TCM mit der Maltherapie in der komplementären Behandlung Psychosekranker* bildete Heise (2008) **z**wei Kollektive zu je 16 Patienten *(ICD10: F2 und F3).*

Die *qigong*-Übungen wie auch die Maltherapie wurden vom gleichen Therapeuten zweimal wöchentlich je eine Stunde unter Anleitung durchgeführt, insgesamt 16 mal mit zwei Nachuntersuchungen ein und vier Monate später.

Hierzu gab es eine testpsychologisch-quantitative wie auch eine kasuistisch-qualitative Auswertung.

Testpsychologische Untersuchungsmethodik

- 1) *Zu Beginn:* BPRS (fremdbeurt.), IPC, MMPI, FBeK, STAI-X1 u. –X2, B-L, B-L', FAW (vorher + nachher), SCL-90-R, AT-EVA
- 2) *Nach vier Wochen:* VEV, FBeK, STAI-X2, FAW (vorher + nachher), SCL-90-R
- 3) *Nach acht Wochen:* VEV, FBeK, STAI-X2, FAW (vorher + nachher), SCL-90-R, AT-EVA, MMPI, BPRS, CGI
- 4) *Nach zwölf Wochen:* VEV, FBeK, STAI-X2, SCL-90-R, FAW (vorher + nachher), CGI
- 5) *Nach 24 Wochen (sechs Monaten):* VEV, FBeK, STAI-X2, SCL-90-R, FAW (vorher + nachher), BPRS, CGI
- Vor und nach jeder 2. Übung: B-L bzw. B-L', STAI-X1

Einige Ergebnisse der Fragebögen

- *A.* Fragebogen aktuelles körperliches Wohlbefinden (FAW, FRANK 1991)
  - *Ruhe/Muße* nur zu Beginn signifikant (t1: p = 0.006)
  - *Vitalität/Lebensfreude,* teilweise signifikante Änderung der Parameter (t1: p = 0.080, t3: p = 0.050, t4: p = 0.011)
  - *nachlassende Anspannung u. angenehme Müdigkeit,* gleichmäßiger u. signifikanter Erfolg (t1: p = 0.001, t2: p = 0.032, t3: p = 0.007, t4: p = 0.057, t5: p = 0.025)
  - *Genussfreude u. Lustempfinden* fast durchgängig signifikante Verbesserung (t1: p = 0.001, t2: p = 0.086, t3: p = 0.004, t4: p = 0.018, t5: p = 0.003)

- • *B.* Diagnostisches und evaluatives Instrumentarium zum Autogenen Training (AT-EVA, KRAMPEN 1991)
  - – *körperliche/psychische Erschöpfung:* signif. Verbesserung bis Therapiemitte, danach keine weitere Besserung f. Qigong-Gruppe (t1-2:p= 0.011; Zeit im multivariaten Test Wilks-Lambda: p = 0.023)
  - – *Leistungsschwierigkeiten:* signifikante Verbesserungen über Therapiezeit (t1-3: p = 0.033, t2-4: p = 0.035)
  - – *Gesamtwert:* insgesamt tendenziell verbessert mit einzelnen Signifikanzen (t1-2: p = 0.068, t1-3: p = 0.027, t1-4: p = 0.027; Zeit im multivariaten Test Wilks-Lambda: p = 0.068)
- • *C.* Symptom-Checkliste (SCL-90-R, FRANKE 1995)
  - – *Depressivität:* signifikante Verbesserung bis zur Therapiemitte (p = 0.015) beide Gruppen; bei Maltherapie-Gruppe Verbesserung signifikant ausgeprägter (Gruppenunterschied t1-2: p = 0.028), bei pathologischerem Ausgangswert f. Qigong-Gruppe, deshalb Gruppenunterschied auch bei Therapieende signifikant (t1-3: Gruppe by Zeit im multivariaten Test Wilks-Lambda: p = 0.056 u. im Test f. Zwischensubjekteffekte p = 0.046)
  - – *Psychotizismus:* keine signifikanten Gruppenunterschiede, jedoch therapeutische Verbesserung d. Psychotizismus (t1-2 p = 0.004, t1-3: p = 0.056, reine Therapiezeit im multiv. Test f. Wilks-Lambda p = 0.016)
  - – *GSI:* keine Signifikanzen f. Gruppenunterschiede aber mit signifikanter therapeutischer Verbesserung zu t1-3 (p = 0.024). Reine Therapiezeit Gruppe by Zeit im multivariaten Test f. Wilks-Lambda p = 0.018.
- • *D.* Beschwerdeliste (B-L) nach v. ZERSSEN (1976)
  - – prä/post-Vergleich und zur Längsschnitt-Untersuchung eingesetzt und statistisch ausgewertet (MANOVA). Ein zeitlicher Gesamtvergleich von vor der 1. mit nach der 16. Therapiesitzung ergab hinsichtlich der zeitlichen Entwicklung der Beschwerden eine Signifikanz mit F [1; 30] = 15,25 und p = .000
  - – Dabei war die Verschiedenheit der beiden Gruppen insgesamt nicht signifikant (p = .094) bei allerdings signifikanten Gruppenunterschieden zu t 3 (p = .045), t 4 (p = .039) und t 8 (p = .037).
- • *E.* Angstinventar (STAI) von LAUX *et al.* (1981)
  - – prä/post-Vergleich wie auch für die Längsschnitt-Untersuchung eingesetzt. Insgesamt lässt sich sagen, dass sich die Werte für den akuten Angstzustand im STAI-State (X 1) bei der statistischen Auswertung (MANOVA) zu 6 von 11 Meßzeitpunkten während der Therapiezeit jeweils signifikant (p = .001 bis p = .027) verbessert hatten. Dabei besserten sich pathologischeren Werte der *qigong*-Gruppe deutlich mehr als die der Maltherapiegruppe. Bis auf die beiden Ausnahmewerte t 9 und t 10 in der Maltherapiegruppe, bewegten sich die prä- und die post-Werte beider Gruppen jeweils in ihrer gleichbleibenden Schwankungsbreite. D.h. beide Therapien haben bezüglich dieses Akutangstwertes nur momentane aber keine bleibenden Einflüsse hinterlassen.
  - – Die Auswertung der allgemeinen Ängstlichkeit im STAI-Trait (X 2) zeigte bei der statistischen Auswertung (MANOVA) bei 6 Zwischenvergleichen signifikante Veränderungen (p = .004 bis p = .050) der Werte für den Unterschied zwischen den Therapiegruppen. Es hatte sich die allgemeine Angst während des Therapieverlaufs bis zum Ende für die *qigong*-Therapie signifikant (p = .018) gebessert.

Zusammengefasste Ergebnisse der *qigong*-Pilotstudie:

A. Verbesserung der Meßwerte in der *qigong*-Therapiegruppe für:
  - – allgemeine Beschwerden (teils signifikant, teils tendenziell);
  - – Akutangst (jeweils prä/post s) und allgemeine Ängstlichkeit (s);
  - – Körperzufriedenheit (s-t), Ruhe und Mußegefühl (anfangs s),
  - – Vitalität und Lebensfreude (s-t), nachlassende Anspannung u.
  - – allgemeine Müdigkeit (s), Genussfreude und Lustempfinden

- (jeweils prä/post s); körperlich/psychische Erschöpfung (s),
- Nervosität/Anspannung (t), Leistungsschwierigkeiten (s),
- Selbstbild (t); Depressivität (s-t), Psychotizismus (s);
- Angst/Depression (s), Anergie (s), Denkstörung (s).

B. Qualitative Auswertung *qigong*-Therapie

Folgende, als positiv erlebte Veränderungen konnten festgestellt werden:
- Körperliche Probleme realistischer wahrnehmen
- Zu hohe oder zu niedrige Selbsteinschätzungen korrigieren
- Soziale Kompetenzen verbessern u. Gruppengefühl entwickeln
- Antrieb steigern
- Akustische Halluzinationen reduzieren
- Coenaesthesien deutlich verbessern bzw. beseitigen
- Selbstunsicherheit vermindern
- Angst reduzieren
- Innere Unruhe verringern
- Körpergefühl u. Körperbewegung/-beherrschung verbessern
- Sexualität erlebbarer machen
- Depressivität vermindern
- Stimmungsspitzen ausgleichen
- Schwingungsfähigkeit steigern

V. Diskussion

Betrachten wir die hier kurz dargestellten Beispiele aus fremden Kulturkreisen mit anderen sprachlichen, gedanklichen, allgemein-konzeptuellen und wissenschaftstheoretischen Hintergründen. Es ist nicht leicht diese – unter Hinzufügung der Zeitachse um ihnen voll gerecht zu werden – zu verstehen und ethnomedizinisches Verständnis ist hier hilfreich.

Auf die sicherlich wichtige Placebo-Diskussion wurde hier nicht eingegangen angesichts der Tatsache, dass z.B. der Referent schon vor 2 Jahrzehnten die Nierenausscheidung nach erfolgloser Medikation mittels Akupunktur bei einem darob unwissenden Bewusstlosen wieder in Gang brachte.

So gibt es dann die Möglichkeit der Teiluntersuchung aus unserer westlich-wissenschaftlich geprägten Sicht- und Herangehensweise der universitären Medizin des 20. Jahrhunderts. Hierbei ergeben sich Anhaltspunkte, dass selbst unter einem solchen minimalistischen gemeinsamen Nenner signifikantpositive Ergebnisse zum wirkungsvollen Einsatz anderskultureller Methoden bei uns wie hier der Akupunktur (n.b.) als auch des *qigong* zur Behandlung psychischer Erkrankungen (Depression, Angst, Sucht, Psychose) zu finden sind.

VI. Literatur

BACHMANN, GERHARD (1959) Nomothetik und Idiopathik in der Akupunktur. In: Akupunktur, Theorie und Praxis, 8: S. 35-38

EICH H, HEISE T (2000) Konzeptuelle Integration von traditioneller chinesischer Medizin im Rahmen von stationärer und ambulanter psychiatrischer Behandlung. In: HEISE T (Hg.): Transkulturelle Beratung, Psychotherapie und Psychiatrie in Deutschland. „Das transkulturelle Psychoforum", Bd 5. Berlin: VWB, 391-399

HEISE, THOMAS (1996) Chinas Medizin bei uns. Einführendes Lehrbuch zur traditionellen chinesischen Medizin. Berlin: VWB

HEISE, THOMAS (1999) *Qigong* in der VR China: Entwicklung, Theorie und Praxis. „Das transkulturelle Psychoforum", Bd 8. Berlin: VWB

HEISE, THOMAS (2008) Qigong und Maltherapie. Komplementärtherapien Psychosekranker. „Das transkulturelle Psychoforum", Bd 12. Berlin: VWB

KELLNER, G (1977) Akupunktur – ein Auftrag zur integrierten Neuorientierung in der Medizin. In: Akupunktur, Theorie und Praxis, 20.2: S. 40-45

WHORF, BENJAMIN LEE (1963) Sprache, Denken, Wirklichkeit. Hamburg: Rowohlt.

Autor:

Priv.Doz. Dr. med. Dr. phil. THOMAS HEISE, Jg. 1953, CA der Klinik für Psychiatrie und Psychotherapie, Psychiater und Sinologe, 2-jähriges Studium der traditionellen chinesischen Medizin in der VR China (www.tradchinmed.de), Leiter des Behandlungszentrums für TCM und Komplementärmedizin am Klinikum Chemnitz, Herausgeber der Buchreihe *Das transkulturelle Psychoforum* (www.vwb-verlag.com).

Klinikum Heinrich Braun gGmbH
Karl-Keil-Str. 35 • 08060 Zwickau
e-mail: thomas.heise@hbk-zwickau.de

Das transkulturelle Psychoforum

herausgegeben von Thomas Heise & Judith Schuler

Band 1:
Transkulturelle Begutachtung. Qualitätssicherung sozialgerichtlicher und sozialmedizinischer Begutachtung für Arbeitsmigranten in Deutschland
hrsg. von J. Collatz, E. Koch, R. Salman & W. Machleidt
1997 • ISBN 3-86135-130-7

Band 2:
Psychiatrie im Kulturvergleich. Beiträge des Symposiums 1994 des Referats transkulturelle Psychiatrie der DGPPN im Zentrum für Psychiatrie Reichenau
hrsg. von K. Hoffmann & W. Machleidt
1997 • ISBN 3-86135-131-5

Band 3:
Psychosoziale Betreuung und psychiatrische Behandlung von Spätaussiedlern
hrsg. von Thomas Heise & Jürgen Collatz
2002 • ISBN 3-86135-132-3

Band 4:
Transkulturelle Psychotherapie. Hilfen im ärztlichen und therapeutischen Umgang mit ausländischen Mitbürgern
hrsg. von Thomas Heise
1998 • ISBN 3-865135-133-1

Band 5:
Transkulturelle Beratung, Psychotherapie und Psychiatrie in Deutschland
hrsg. von Thomas Heise
2. Aufl. 2002 • ISBN 3-86135-138-2

Band 6:
ZHAO Xudong: Die Einführung systemischer Familientherapie in China als ein kulturelles Projekt
2002 • ISBN 3-86135-135-8

Band 7:
Hamid Peseschkian: **Die russische Seele im Spiegel der Psychotherapie.** Ein Beitrag zur Entwicklung einer transkulturellen Psychotherapie
2002 • ISBN 3-86135-136-6

Band 8:
Thomas Heise: **Qigong in der VR China.** Entwicklung, Theorie und Praxis
1999 • ISBN 3-86135-137-4

Band 9:
Andreas Heinz: **Anthropologische und evolutionäre Modelle in der Schizophrenieforschung**
2002 • ISBN 3-86135-139-0

Band 10:
Julia Kleinhenz: **Chinesische Diätetik.** Medizin aus dem Kochtopf
2003 • ISBN 3-86135-140-4

Band 11:
Hans-Jörg Assion: **Traditionelle Heilpraktiken türkischer Migranten**
2004 • ISBN 3-86135-141- 2

In Vorbereitung:

Murat Ozankan: **Verhaltensauffälligkeit türkischer Kinder im Einschulalter im Urteil der Eltern aus transkultureller Sicht.** Ergebnisse der Kölner Einschulstudie

Thomas Heise: **Qigong und Maltherapie.** Komplementärtherapien Psychosekranker

Thomas Heise: **Das Yijing in der Psychotherapie**

VWB – Verlag für Wissenschaft und Bildung, Amand Aglaster

Postfach 11 03 68 • 10833 Berlin
Tel. 030 - 251 04 15 • Fax 030 - 251 11 36
e-mail: info@vwb-verlag.com • www.vwb-verlag.com